Francisco Asensio Cerver

ÖLMALEREI

für Einsteiger

KÖNEMANN

Bonner Straße 126
D-50968 Köln

Originaltitel: Óleo
Redaktionelle Leitung, Text und Layout: Arco Editorial, S.A.

Übersetzung aus dem Spanischen: Marita Döring, Ute Klein, Barbara Seckler (für Delius Producing Berlin)
Redaktion und Satz der deutschen Ausgabe: Kathleen Wünscher, Holger Pingel (für Delius Producing Berlin)
Covergestaltung: Peter Feierabend, Claudio Martinez
Herstellungsleitung: Detlev Schaper
Druck und Bindung: EuroGrafica
Printed in Marano Vicenza, Italy

ISBN 3-8290-1925-4

10 9 8 7 6 5 4 3 2

INHALT

Materialien

MÖGLICHKEITEN DER ÖLMALEREI

Die Vorteile der Ölmalerei gegenüber anderen Maltechniken liegen zum einen in der starken Leuchtkraft der Farben, zum anderen in der hohen Widerstandskraft gegenüber sämtlichen Umwelteinflüssen. Durch die geschmeidige Konsistenz der Farben sind Ölbilder praktisch unbegrenzt haltbar.

Bei der Ölmalerei handelt es sich um ein Verfahren, das eine große Vielfalt gestalterischer Möglichkeiten bietet. Der Ursprung dieser noch recht jungen Technik liegt in der Renaissance. Seitdem zählen Ölfarben zu den gebräuchlichsten Materialien in der darstellenden Kunst. Dem Hobbymaler stehen derzeit eine Reihe verschiedenster Produkte zur Verfügung, die einen leichten Einstieg in die Ölmalerei ermöglichen.

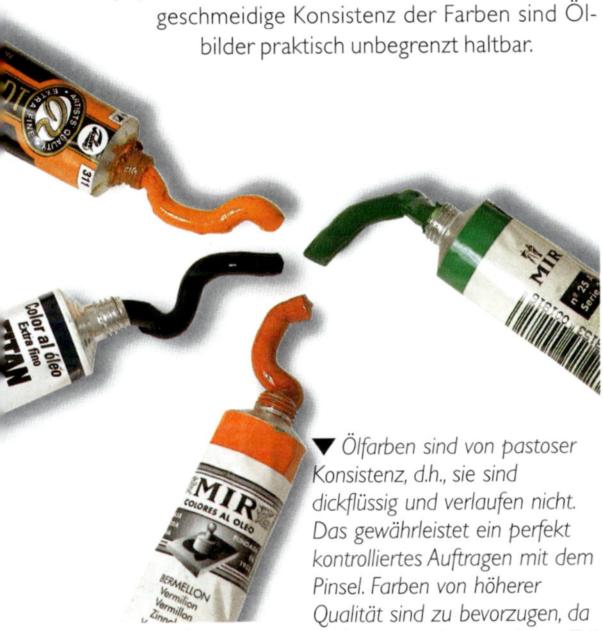

▼ *Ölfarben sind von pastoser Konsistenz, d.h., sie sind dickflüssig und verlaufen nicht. Das gewährleistet ein perfekt kontrolliertes Auftragen mit dem Pinsel. Farben von höherer Qualität sind zu bevorzugen, da sie besser trocknen und zum Teil auch eine stärkere Leuchtkraft besitzen.*

Die Ölfarbe besteht aus Leinöl (Bindemittel) und Farbstoff. Hat man diese Bestandteile gründlich miteinander vermischt und verrieben, entsteht eine Paste, die sich leicht auftragen und erneut mischen läßt.

▲

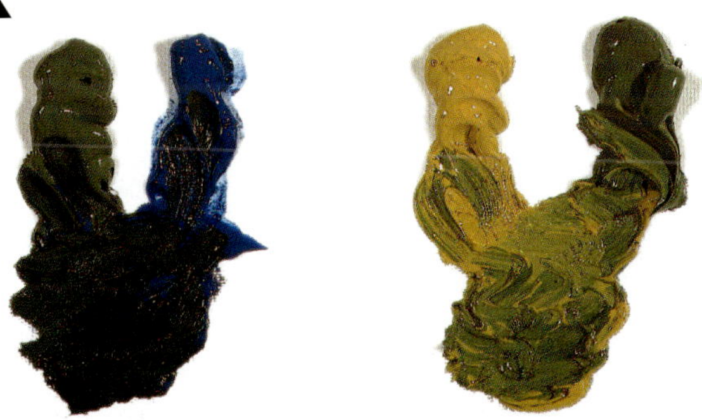

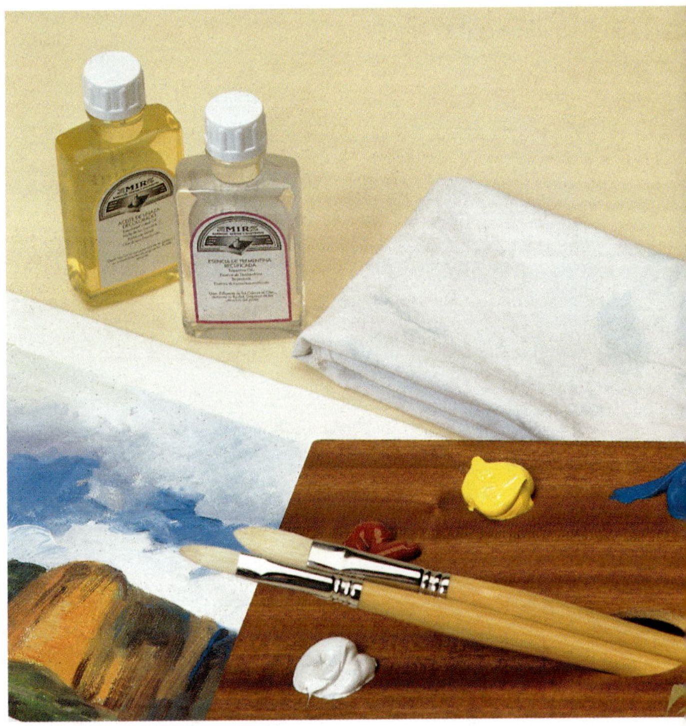

▼ *Die Grundausstattung für die Ölmalerei ist nicht besonders umfangreich. Die wichtigsten Ölfarben können einzeln erworben werden. Jeweils eine Tube Weiß, Gelb, Rot, Grün und Schwarz sind zunächst ausreichend. Außerdem benötigt man ein Set Schweineborstenpinsel, eine Palette zum Mischen der Farben, Leinöl, Terpentin, mit Leinwand überzogene Pappe und mehrere Lappen.*

DIE ANORDNUNG DER ÖLFARBEN AUF DER PALETTE

Ölfarben setzen sich aus Öl und Farbstoff zusammen. Man kann sie nur mit Terpentinessenz bzw. rektifiziertem Terpentinöl auflösen. Im Gegensatz zu anderen Maltechniken trocknen die Farben hier nicht durch Verdunstung, es sei denn, sie enthalten Wasser. Vielmehr vollzieht sich die Erhärtung durch die Oxidation des Öls. Zu den herausragendsten Charakteristika der Ölmalerei zählt ein langsames Trocknen der Farbe und die Möglichkeit des Übereinanderlagerns verschiedener opaker und transparenter Schichten.

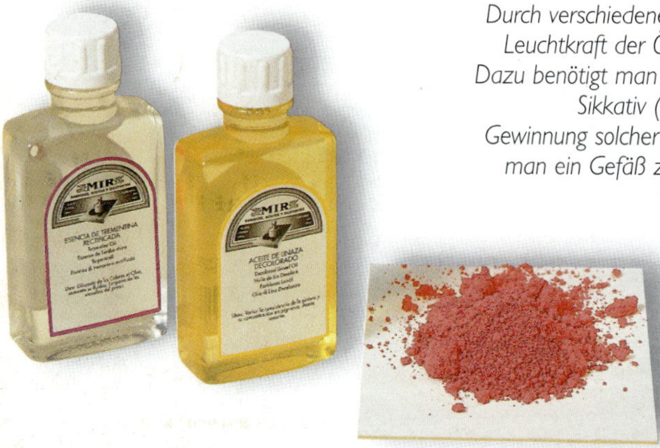

◀ *Durch verschiedene Lasuren läßt sich die Leuchtkraft der Ölfarben noch steigern. Dazu benötigt man Leinöl, Terpentinöl und Sikkativ (Trocknungsmittel). Zur Gewinnung solcher Lasurölfarben braucht man ein Gefäß zum Lösen der Farben.*

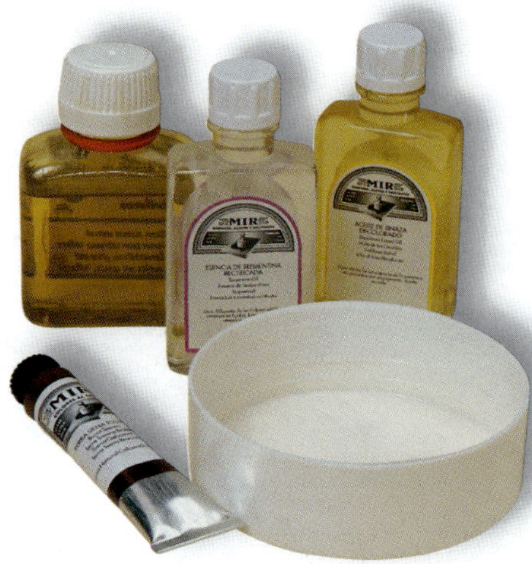

▼ *Die Ölfarbe setzt sich aus Leinöl und Farbstoff zusammen und kann außerdem noch ein wenig Terpentin enthalten. Mit diesen drei Bestandteilen läßt sich schon eine hochwertige Ölfarbe gewinnen. Das genaue Verfahren wird im folgenden noch detaillierter beschrieben werden. Nach dem Gebrauch müssen die Pinsel mit Terpentin und anschließend noch einmal gründlich mit Wasser und Seife gereinigt werden.*

EIN HINWEIS

Palettstecker sind kleine Metallnäpfchen mit einer Klemme, die man direkt an der Palette befestigen kann. Darin kann man Leinöl und Terpentin aufbewahren.

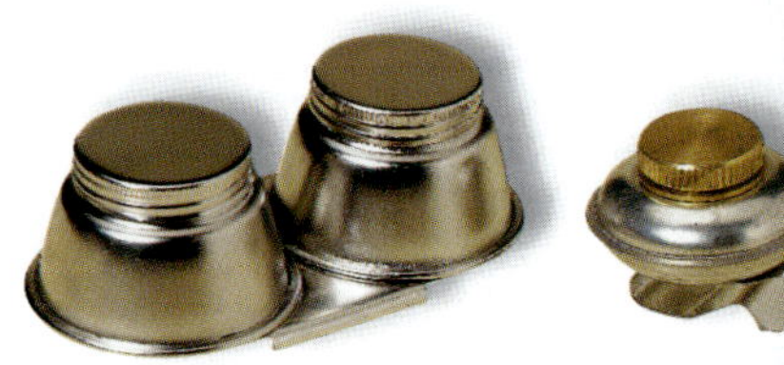

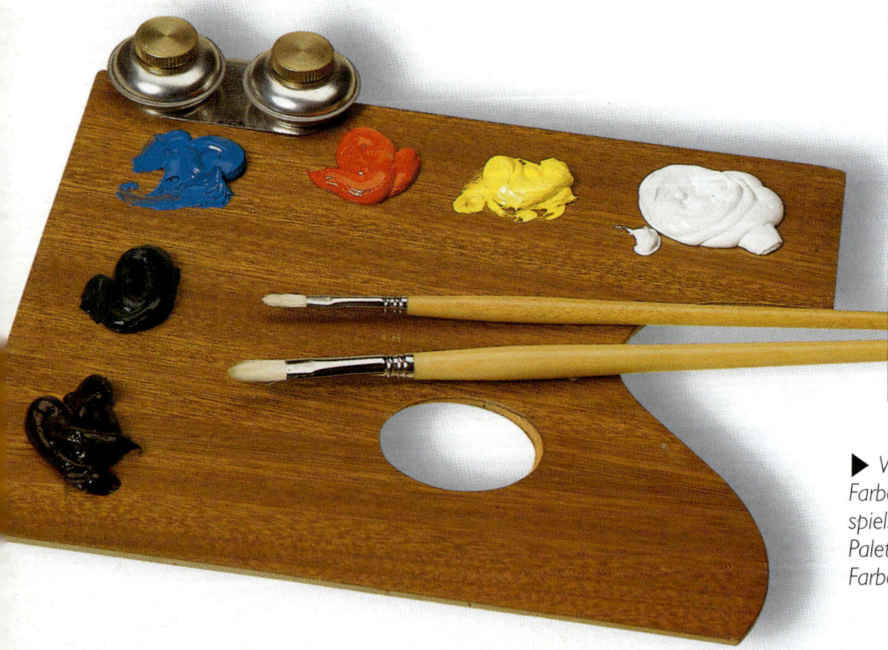

▶ *Wie auf dem Bild zu sehen ist, werden die Farben nach Farbgruppen und Tonwerten, beispielsweise von kalten zu warmen Farben, auf der Palette angeordnet. Zwischen den einzelnen Farben muß ausreichend Platz gelassen werden.*

HERSTELLUNG DER ÖLFARBE

Zu den praktischen Aspekten beim Erlernen der Ölmalerei gehören Kenntnisse über die Herstellung von Ölfarben, ein weniger schwieriges als vielmehr arbeitsaufwendiges Verfahren, das auf dieser Seite beschrieben werden soll. Natürlich kann man fertige Ölfarben verwenden, aber man sollte auch wissen, wie man die Farbe selber herstellen kann.

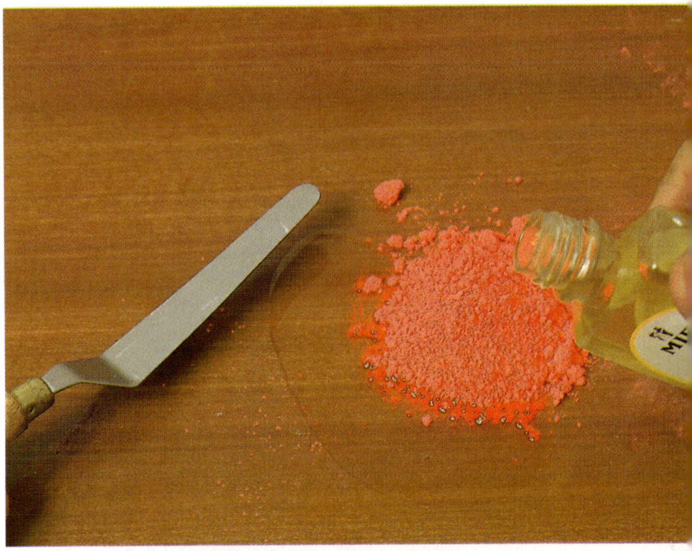

1. Für die Herstellung von Ölfarben benötigt man Leinöl, nach Möglichkeit gereinigt und farblos, erstklassige Farbpigmente, einen Malspachtel aus Eisen sowie eine saubere und geölte Palette. In die Mitte der Palette gibt man eine kleine Menge Farbstoff; daneben träufelt man eine wenig Öl.

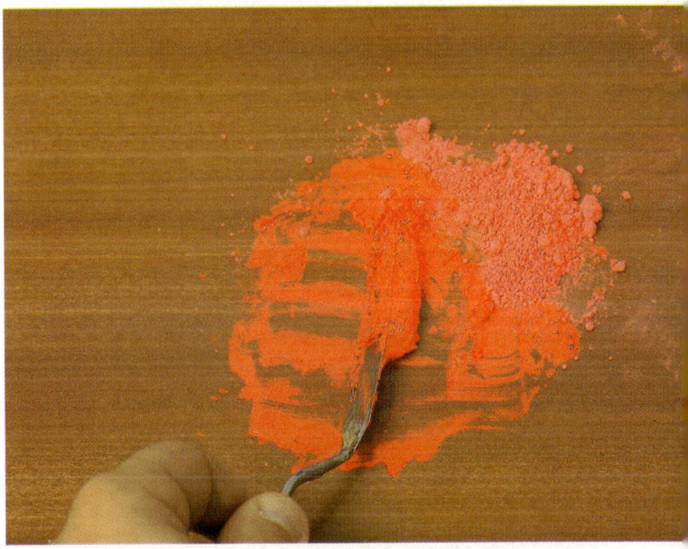

2. Mit der Kante des Spachtels nimmt man ein wenig von dem Farbpigment auf und vermischt es mit dem Öl. Nach und nach vermengt man die zwei Bestandteile miteinander, bis der separat auf der Palette befindliche Farbstoff komplett verschwunden ist. Die fertige Ölfarbe sollte leicht dickflüssig sein.

Glänzt die gewonnene Farbe zu stark und ist sie zu feucht, ist dies auf einen Überschuß an Öl in der Mischung zurückzuführen. Nach dem Trocknen entstehen so möglicherweise Falten oder Blasen. Ist die Farbe hingegen eher glanzlos oder weist sie Risse auf, ist in der Mischung zuwenig Öl enthalten.

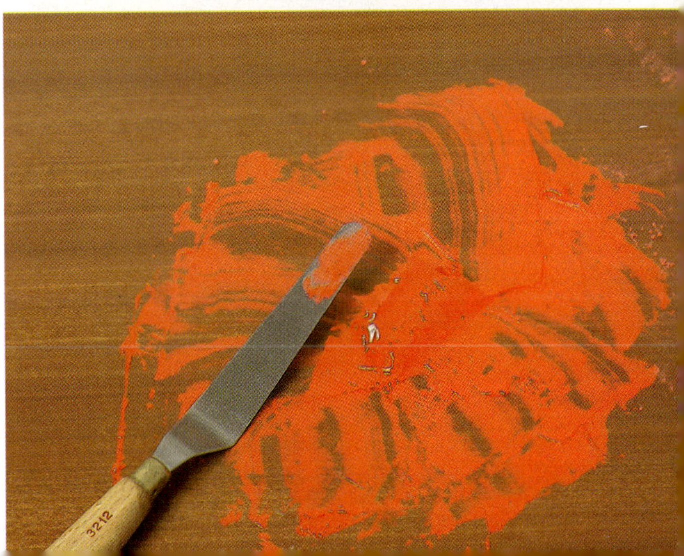

3. Einer sehr feuchten Mischung muß Farbstoff hinzugefügt werden. Sobald die Farbe pastos genug ist, sollte man sie noch einige Male vermischen, bis sie geschmeidig und elastisch ist und keine Klümpchen enthält. Danach kann man noch einige Tropfen Sikkativ hinzusetzen.

MALKÄSTEN MIT ÖLFARBEN

Für gewöhnlich werden Tuben mit Ölfarben im Handel einzeln verkauft. Von diesem Angebot sollte man Gebrauch machen, wenn man schon einen Kasten zum Aufbewahren und Transport der Farben besitzt. Andernfalls gibt es im Handel Einsteigersortimente in verschiedenen Preislagen. Die Anschaffung eines solchen Sortiments lohnt sich, da die Farben dann immer gut geordnet sind.

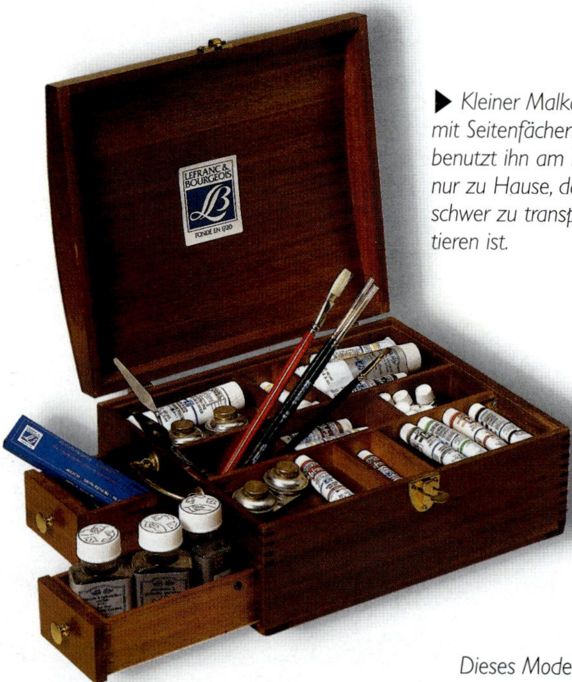

▶ *Kleiner Malkasten mit Seitenfächern. Man benutzt ihn am besten nur zu Hause, da er schwer zu transportieren ist.*

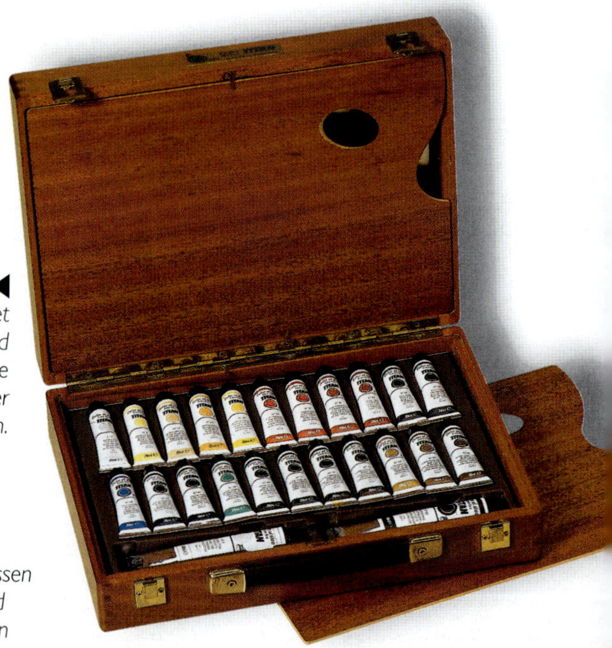

◀ *Dieses Modell beinhaltet zwei Reihen mit Farben und zwei Paletten, durch welche die Fächer voneinander getrennt werden.*

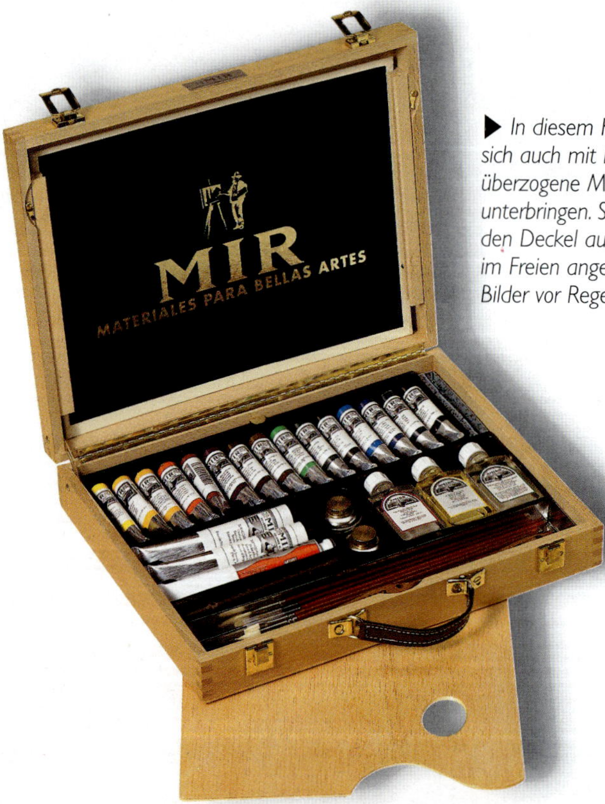

▶ *In diesem Koffer lassen sich auch mit Leinwand überzogene Malpappen unterbringen. Stellt man den Deckel auf, kann man im Freien angefertigte Bilder vor Regen schützen.*

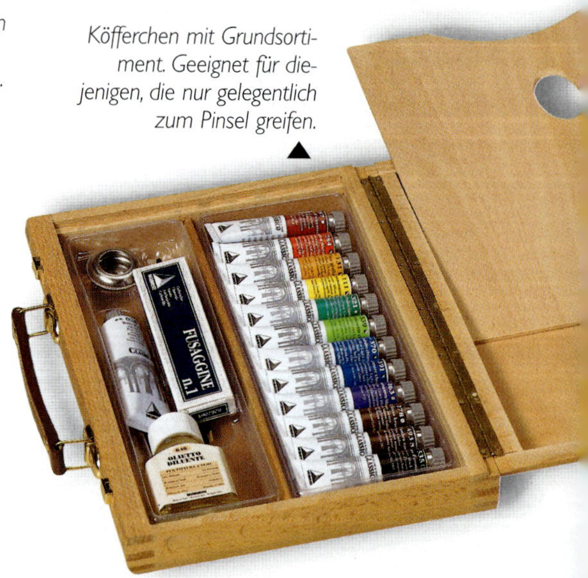

▲ *Köfferchen mit Grundsortiment. Geeignet für diejenigen, die nur gelegentlich zum Pinsel greifen.*

ZUSATZSTOFFE FÜR DIE ÖLMALEREI

Beim Malen in Öl gibt es zahlreiche Möglichkeiten zur Erzielung bestimmter Effekte. So kann man die Ölfarben als Lasurfarben völlig durchscheinend bzw. eher flüssig machen. Ferner lassen sich die Farben in verschiedenen Stadien des Gemäldes fusionieren, d. h., in einer Art neutralen Zone zwischen den Farbflächen werden weiche Übergänge geschaffen. Durch Hinzusetzung verschiedener Materialien läßt sich zum Beispiel auch eine körnige Oberfläche erzeugen.

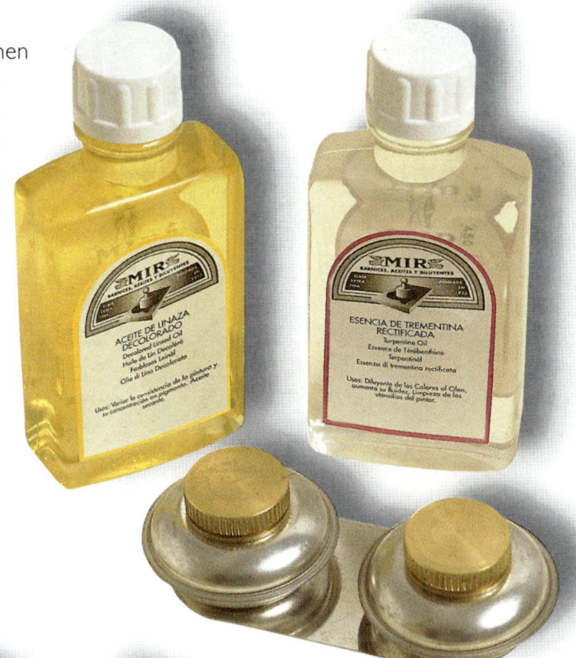

Marmor- und Bimssteinpulver sind die wichtigsten Zusatzstoffe zum Erzeugen einer groben Oberfläche. Zu diesem Zweck mischt man die Ölfarbe mit diesen Stoffen auf der Palette an. Durch diese körnigen Zusatzstoffe entstehen interessante Oberflächenmuster. ▲

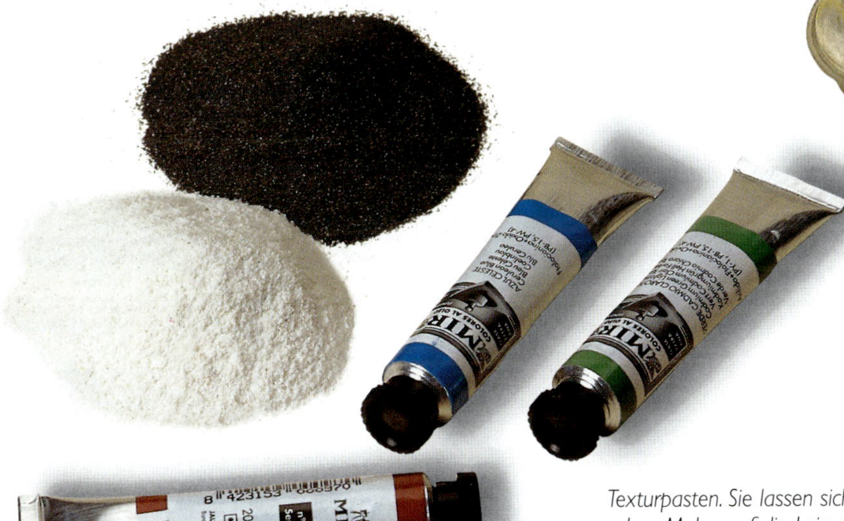

▼ *Leinöl und Terpentin. Materialien, die in einem Künstlerkoffer niemals fehlen dürfen. Sie sind nicht nur Bestandteile der Farbe selbst, sondern dienen auch zum nachträglichen Verflüssigen.*

Texturpasten. Sie lassen sich mit Leichtigkeit vor dem Malen auf die Leinwand auftragen. Nach dem schnellen Trocknen bildet sich eine Oberflächentextur mit individuellen Effekten. Auf diese kann man dann die Farbe auftragen.

▲

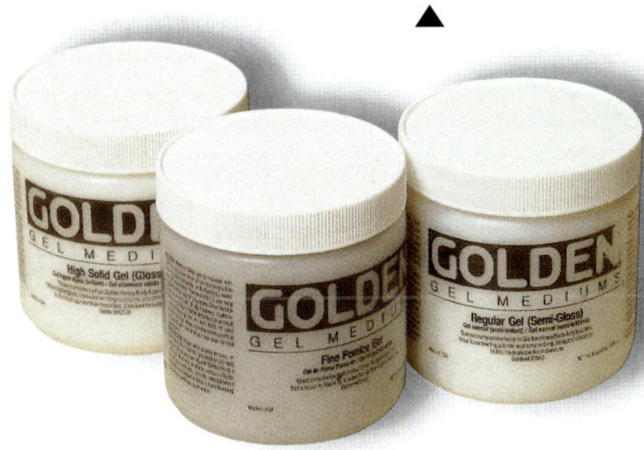

Die Schlußfirnis wird erst dann aufgetragen, wenn das Gemälde komplett getrocknet ist. Man schützt damit zum einen die Oberfläche, zum anderen kann man damit eventuelle Unterschiede hinsichtlich Schattierung und Glanz ausgleichen.

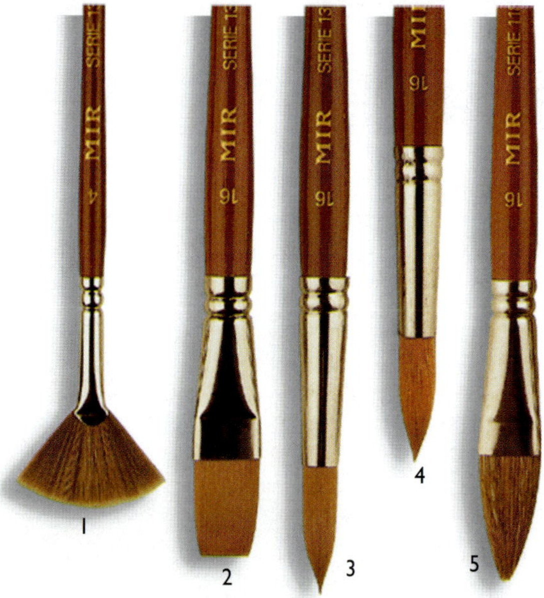

PINSEL UND SPACHTEL

Pinsel sind unentbehrliche Werkzeuge bei der Ölmalerei. Sie dienen zum Mischen oder Auftragen der Farbe. Spachtel verwendet man für besonders dicke Farbaufträge.

▶ *Es gibt zahlreiche und vielfältige Pinsel für die Ölmalerei. Grundsätzlich unterscheidet man die folgenden: fächerförmiger Pinsel (1), Flachpinsel (2), Rundpinsel (3-4) und Katzenzungenpinsel (5).*

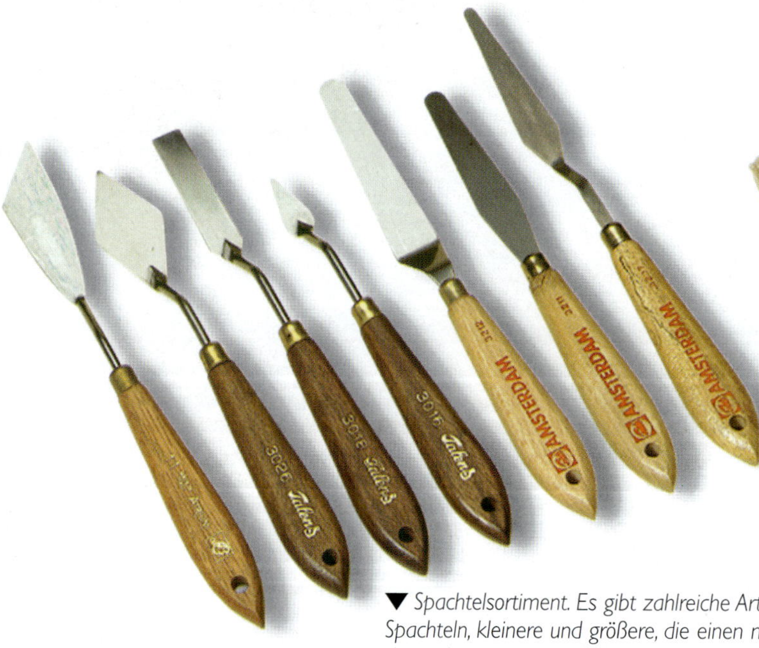

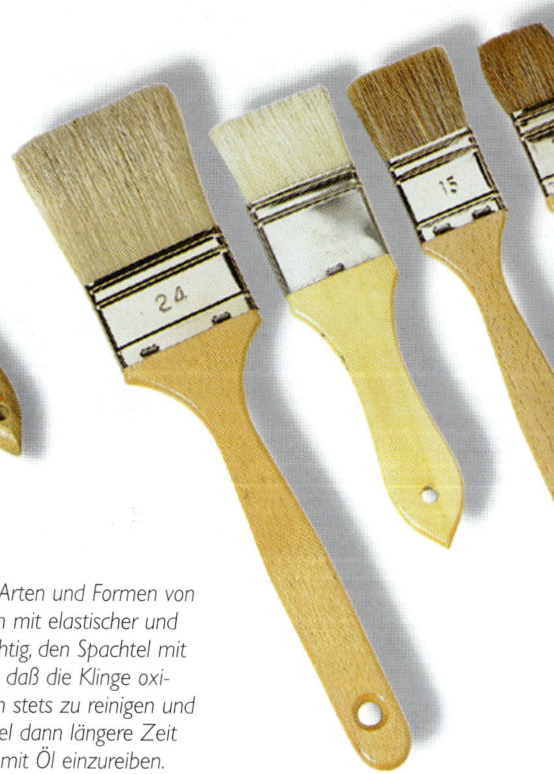

▼ *Spachtelsortiment. Es gibt zahlreiche Arten und Formen von Spachteln, kleinere und größere, die einen mit elastischer und die anderen mit starrer Klinge. Es ist wichtig, den Spachtel mit Sorgfalt zu behandeln, um zu vermeiden, daß die Klinge oxidiert. Deshalb ist sie nach dem Gebrauch stets zu reinigen und zu trocknen. Gebraucht man den Spachtel dann längere Zeit nicht, empfiehlt es sich, die Klinge etwas mit Öl einzureiben.*

▼ *Kleine Anstreicherpinsel eignen sich für vielfältige Aufgaben. So ermöglichen sie beispielsweise ein schnelles Grundieren der Leinwand.*

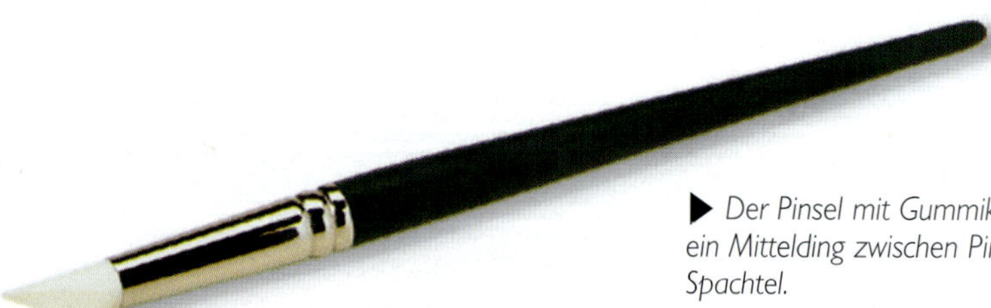

▶ *Der Pinsel mit Gummikopf ist ein Mittelding zwischen Pinsel und Spachtel.*

MALUNTERGRÜNDE

Auf welchem Untergrund soll man malen, und welche Abmessung soll dieser Untergrund haben – das sind die wichtigsten Fragen, die sich der Hobbymaler zunächst stellt. Es gibt zahlreiche Materialien zur Auswahl; die einen sind bereits perfekt bearbeitet, die anderen völlig unbearbeitet. Letztere müssen noch grundiert werden, bevor man mit dem Malen beginnen kann. Sämtliche hierfür notwendigen Materialien kann man in Künstlerbedarfsgeschäften erwerben.

Die Leinwand ist natürlich das gebräuchlichste Material für die Ölmalerei. Diese beiden Untergründe sind aus Leinen gefertigt und befinden sich noch im Rohzustand, d. h., sie sind noch komplett unbearbeitet. Die Leinwand kann man entweder als Meterware oder bereits fertig auf einen Rahmen montiert erwerben. Kauft man bereits grundierte Leinwand, kann man sofort mit dem Malen beginnen. Handelt es sich hingegen um Rohware, muß man sie zunächst grundieren.

Sowohl Leinwände als auch Malpappen werden im Handel in verschiedenen Größen angeboten. Die erforderliche Größe hängt vom gewählten Thema ab.

Auf Pappe gezogene, vorgrundierte Bildleinwände sind eine preiswerte und sehr praktische Lösung für das Malen in Öl. Sie bestehen aus einer starren Pappe von ca. 5 mm Dicke und einem Leinwandüberzug. Eine solche Leinwand eignet sich hervorragend für die Mehrheit der in diesem Buch vorgeschlagenen Übungen. Anfangs sollte man nur die kleineren Formate verwenden.

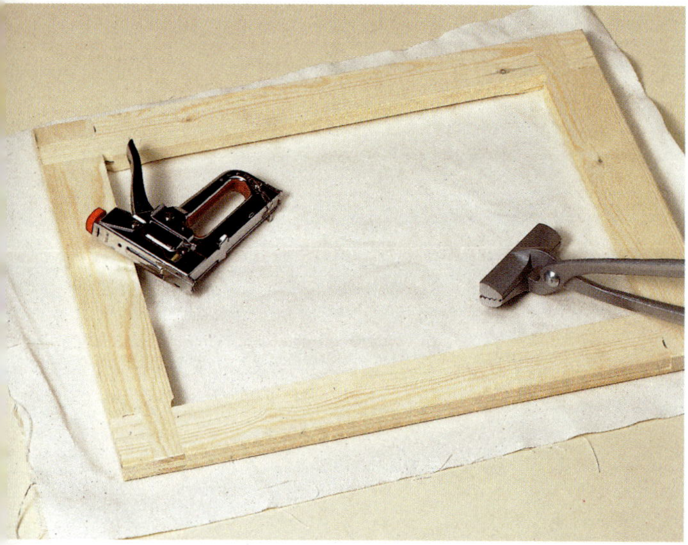

AUFSPANNEN DER LEINWAND

In guten Fachgeschäften für Künstlerbedarf gibt es sämtliches Zubehör, das zur Herstellung und Vorbereitung der grundlegenden Arbeitsmaterialien, wie zum Beispiel der Leinwand, nötig ist. Es ist natürlich bequemer, eine fertige Leinwand zu erwerben, aber es ist auch wichtig, einmal selbst eine Leinwand auf den Rahmen aufzuziehen, denn so können Sie beispielsweise entscheiden, welcher Rahmen Ihnen am besten gefällt.

▶ *Zu den am häufigsten verwendeten Leinwänden gehören diejenigen aus reinem Leinen, aus reiner Baumwolle, aus einer Leinen-Baumwollmischung oder solche aus einer Baumwoll-Polyestermischung. Die aus Leinen gefertigte Variante ist natürlich die hochwertigste, aber auch die teuerste. Die Leinwände aus Baumwolle sind nicht ganz so reißfest wie die aus Leinen, werden jedoch von einigen Künstlern bevorzugt. Der Mittelweg besteht im Benutzen einer Leinwand aus einer Leinen-Baumwollmischung. Zum Spannen der Leinwand auf den Rahmen benötigt man einen Rahmen, eine Leinwand, die nach allen Seiten hin den Rahmen um jeweils 5 cm überlappt, eine Heftmaschine für Polsterer und eine Spannzange.*

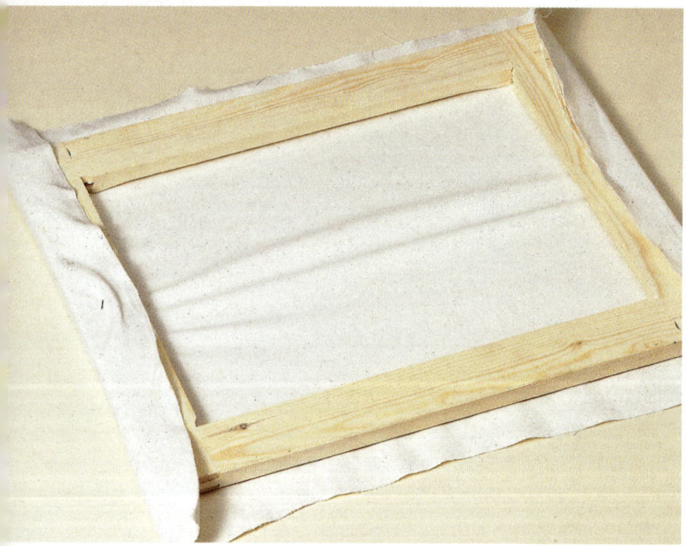

▶ *1. Zunächst wird der Rahmen auf die Leinwand gelegt und eine erste Klammer genau in die Mitte des Querbalkens geheftet. Vom gegenüberliegenden Querbalken aus spannt man die Leinwand vorsichtig, um die bereits geheftete Klammer nicht herauszuziehen. Aufgrund der Spannung zwischen den Querbalken entsteht eine Falte, die von einer Längsseite zur nächsten reicht.*

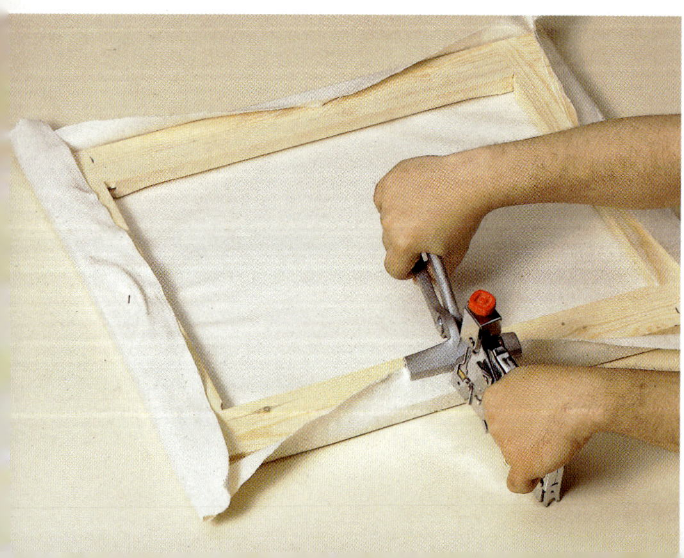

▶ *2. Von der Mitte der Leinwand aus zieht man erneut zu den beiden freien Seiten, spannt die Leinwand und setzt in die Mitte des Balkens eine Heftklammer. Hat man die drei Seiten befestigt, spannt man die vierte noch einmal mit Hilfe einer Spannzange. In diesem Stadium ist es äußerst wichtig, die Spannung gut zu verteilen. Die Spannzange weist eine etwas dickere Seite mit einem geraden Profil auf. Diese Seite muß auf dem Holz liegen. Hat man die Seite hinreichend gespannt, ist erneut eine Heftklammer anzubringen, ohne daß man die Spannklemme löst.*

NACHSPANNEN DER LEINWAND

Ob man eine unbearbeitete oder eine bereits grundierte Leinwand aufgespannt hat – das Nachspannen ist in beiden Fällen von höchster Wichtigkeit. Durch ein Verteilen der Spannungen kann man eventuelle Oberflächenfalten minimieren. Es ist auch wesentlich, daß die Ecken des Tuches korrekt übereinandergefaltet werden.

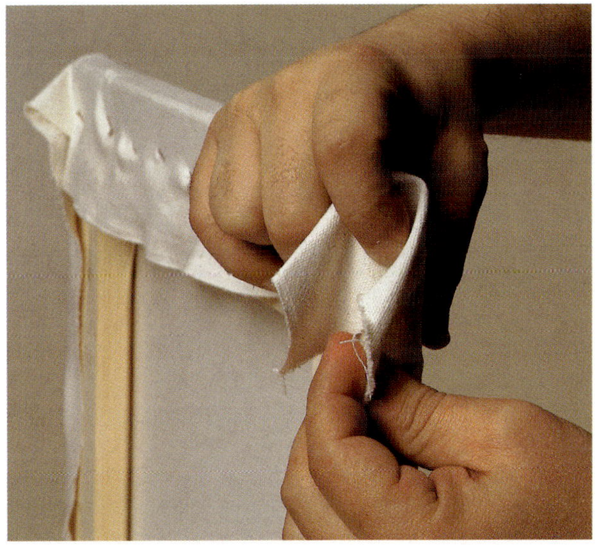

Etwa 10 cm von der mittleren Heftklammer entfernt, zieht man die Leinwand ein wenig zurecht und bringt eine weitere Heftklammer an. Dieses Verfahren wiederholt man auf der gegenüberliegenden Seite. An einer der nebenan gelegenen Seiten spannt man die Leinwand erneut, was die Querfalte ausgleicht, und befestigt eine Heftklammer. Dann wiederholt man dieses Verfahren bei der gegenüberliegenden Seite. Von den Ecken einmal abgesehen, ist die Leinwand nun fast komplett nachgespannt.. Dann nimmt man die Ecke der Leinwand und schlägt sie nach innen, so daß sie bündig mit der Rahmenkante abschließt. Beim Ausrichten der Ecke ist darauf zu achten, daß sie gerade nach innen gerichtet ist und mit der oberen Kante des Rahmens einen Winkel von 45° bildet.

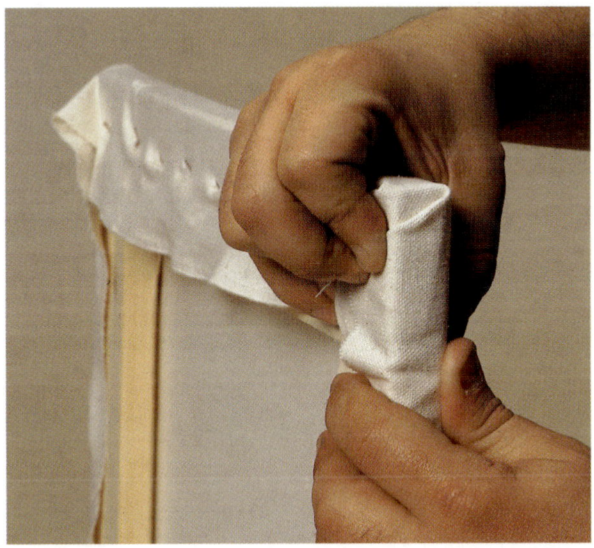

Nicht alle Leinwände lassen sich mit der gleichen Leichtigkeit spannen. So bietet eine bereits grundierte Leinwand einen größeren Widerstand als eine unbearbeitete. Befindet sich beim Abschluß des Verfahrens noch irgendeine Falte auf der Leinwand, kann man den hinteren Teil ein wenig mit Wasser anfeuchten.

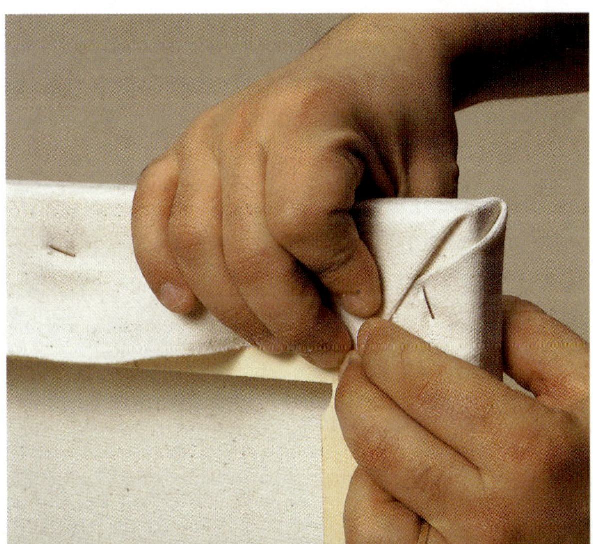

Ohne die umgeschlagene Ecke zu lösen, heftet man sie zur Befestigung an. Anschließend biegt man die andere überstehende Seite nach innen und bringt ebenfalls eine Heftklammer an. In der gleiche Weise verfährt man mit den drei restlichen Ecken, wobei man X-förmig die jeweils schräg gegenüberliegende Ecke als nächste befestigt.

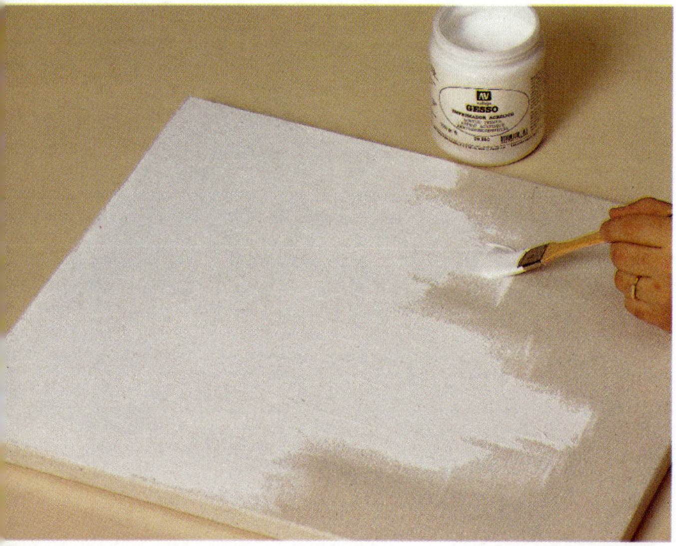

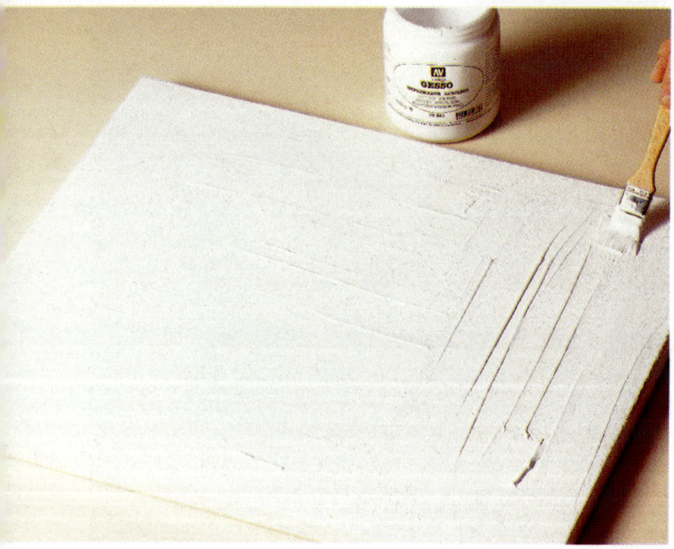

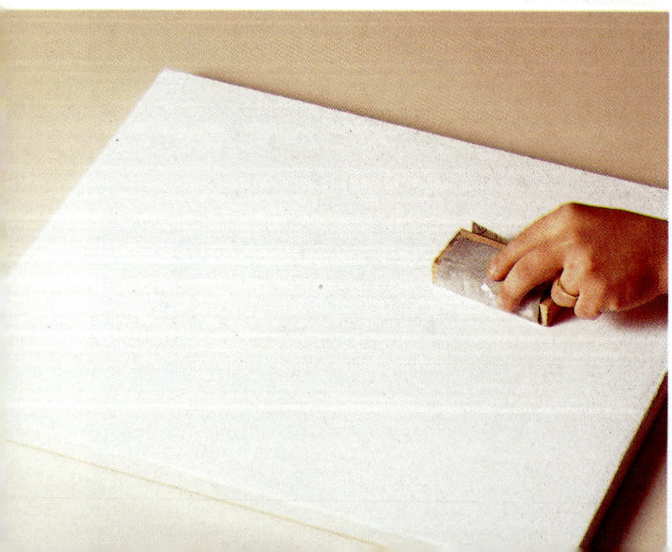

OBERFLÄCHENBEHANDLUNG

Ist die gespannte Leinwand bereits grundiert, kann man sofort mit dem Malen beginnen. Andernfalls muß noch grundiert werden. Dazu verwendet man entweder ein natürliches Produkt aus Tierhaaren oder ein synthetisches Produkt. Letzteres wird am häufigsten verwendet. Auch Holz, Karton und Pappe müssen vor der Bemalung mit Ölfarbe grundiert werden. Eine ordnungsgemäß behandelte Oberfläche ist schon der erste Schritt zum Gelingen eines Bildes.

▶ *1. Um eine unbehandelte Leinwand zu grundieren, braucht man eine Dose Gesso und einen breiten Pinsel. Auf die zu behandelnde Oberfläche trägt man einige in eine einzige Richtung führende, grobe Pinselstriche auf, damit der Stoff zur Bearbeitung in das Innere der Faser eindringt und die Poren schließt. Erst nach einigen Durchgängen ist jeder Bereich der Leinwand vollständig behandelt.*

▶ *2. Nachdem man die Leinwand längsförmig behandelt hat, wiederholt man den Vorgang mit querförmigen Pinselstrichen. Erst wenn jeder Winkel des Bildes abgedichtet ist, ist die Grundierung beendet. Besonders sorgfältig sollte man an den jeweiligen Enden arbeiten.*

▶ *3. Die grundierte Oberfläche muß man nun zunächst trocknen lassen. Ist das geschehen, wird man wahrscheinlich Unregelmäßigkeiten in der Oberflächenstruktur feststellen. Diese lassen sich jedoch leicht mit einem Stück Schmirgelpapier und einem Holzstab beheben. Beim Schmirgeln sollte man nur einen leichten Druck ausüben.*

WEITERE ÖLFARBENSORTIMENTE

Obwohl die Ölmalerei mittlerweile zu den traditionellen Techniken gehört, werden ständig neue Produkte für das Malen in Öl entwickelt. So kann man in jedem guten Fachgeschäft für Künstlerbedarf verschiedene Farbsortimente finden. Einige von ihnen werden auf dieser Seite vorgestellt. Sie lassen sich mit den herkömmlicheren Farben kombinieren.

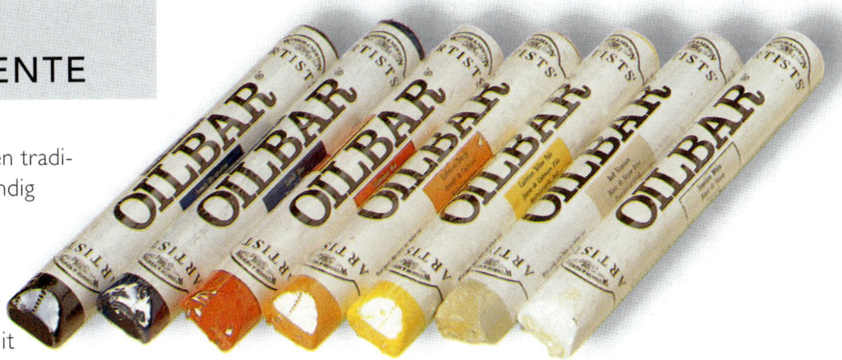

▼ *Ölfarben lassen sich auch in Form von Stiften erwerben, die die gleichen Eigenschaften wie traditionelle Ölfarben aufweisen. Sie werden genau wie andere Stifte verwendet. Es gibt sie in den verschiedensten Farben.*

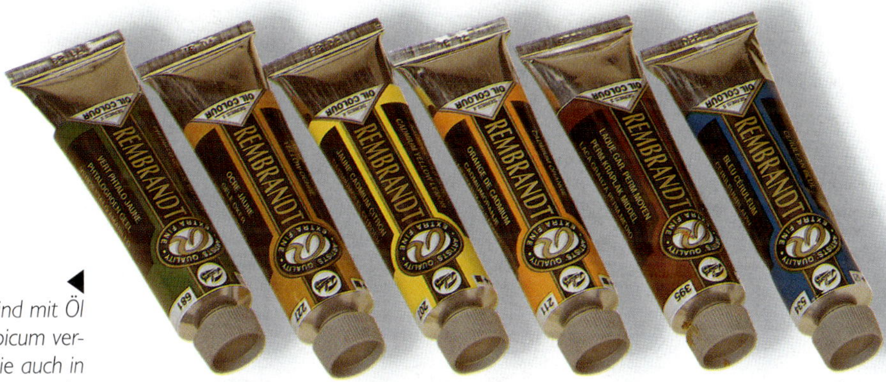

◀ *Ölpastellfarben sind mit Öl und Gummi arabicum vermischt, so daß sie auch in der Ölmalerei verwendet werden können.*

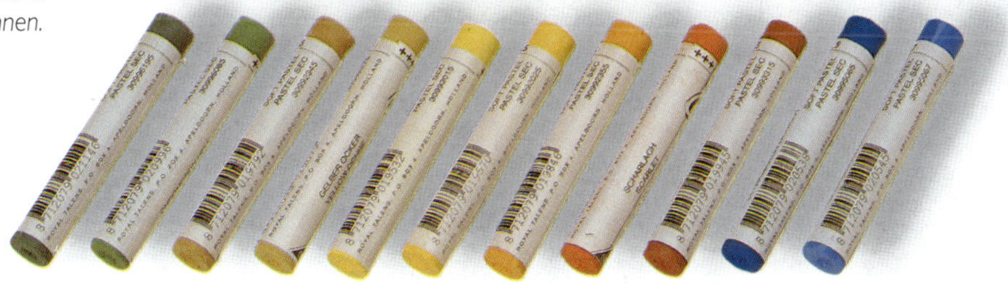

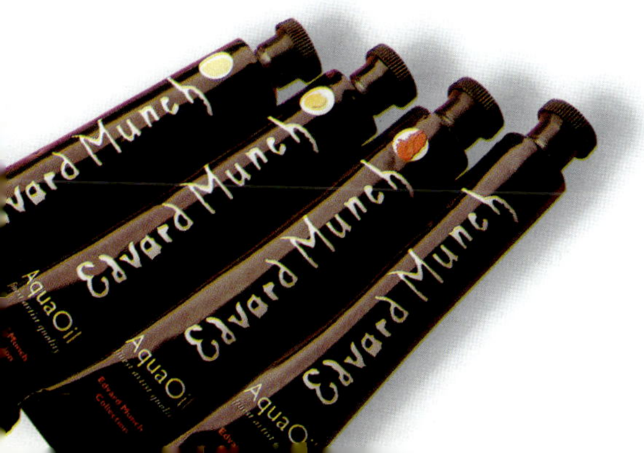

▶ *Der Maler Edward Munch beschäftigte sich intensiv mit den technischen Möglichkeiten der Ölmalerei. Er suchte nach einer Verbindung zwischen der fettigen Farbe und einem Harz, welches das Lösen der Ölfarbe in Wasser ermöglichen sollte. Kurz vor Erreichung seines Ziels mußte er mangels geeigneter Mittel aufgeben. Erst später konnte eine Farbe entwickelt werden, die die Eigenschaften der Ölfarbe aufweist, jedoch schneller trocknet und sich in Wasser lösen läßt.*

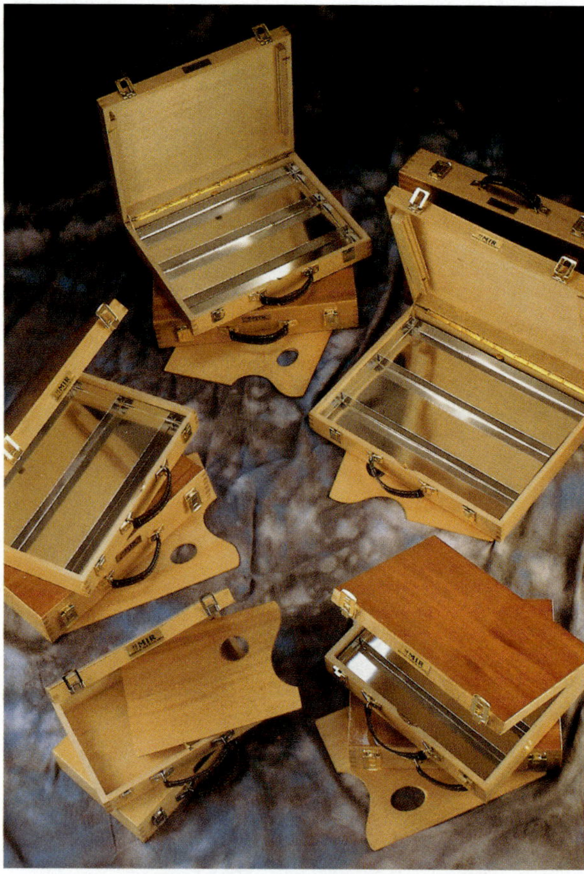

▼ *Koffer zum Transport von Farben und Zubehör. Zahlreiche Modelle – vom kleinsten und schlichtesten Kästchen ohne jedes Fach bis zum ausgeklügelsten Künstlerkoffer mit zwei Lagen – werden angeboten. Die hier abgebildeten haben Metallschalen zum Anordnen der Tuben und des übrigen Zubehörs. Dies stellt einen großen Vorteil gegenüber den vorgefertigten Sortimenten dar, die lediglich Plastikfächer enthalten.*

PALETTEN, KOFFER UND STAFFELEIEN

Einen speziellen Koffer zur Aufbewahrung der Farben sollte man sich unbedingt zulegen, wenn man die Farben einzeln erwirbt. Paletten sind in den meisten Komplettsortimenten enthalten, können jedoch auch einzeln erworben werden. Ein weiteres unentbehrliches Requisit ist die Staffelei, die es in verschiedenen Ausführungen gibt.

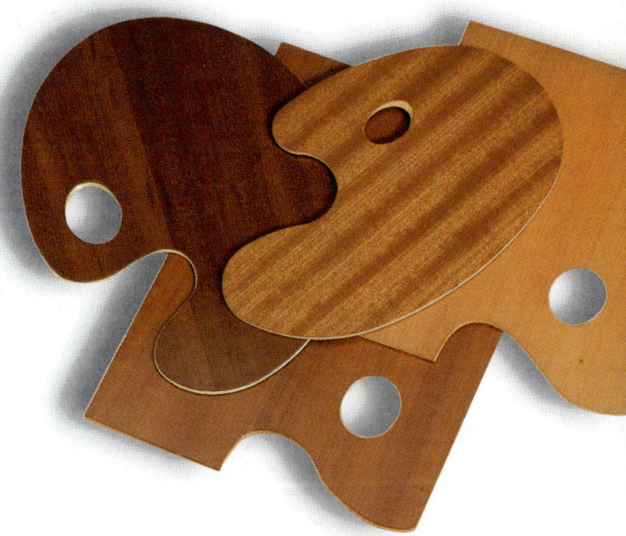

▼ *Möglicherweise braucht der Hobbymaler eine Palette zum Anfertigen seiner Farbenmischungen, die sehr viel größer oder sehr viel kleiner als die in den Komplettsortimenten enthaltenen ist. Paletten können nämlich die unterschiedlichsten Formen und Formate haben. Wichtig ist nur, daß die Oberfläche geölt ist. Ist dies nicht der Fall, empfiehlt es sich, sie vorher mit Schutzlack zu behandeln. Die Farbe der Palette ist unwichtig. Das oben abgebildete Palettensortiment enthält einige der geläufigsten Formen und Formate.*

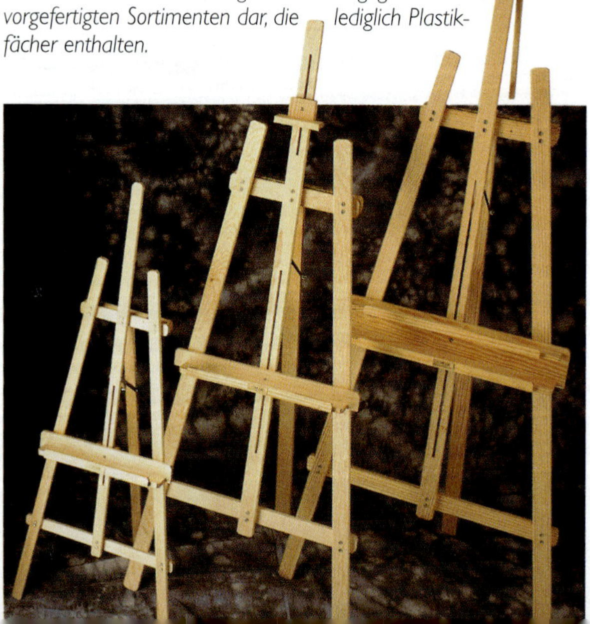

▶ *Eine Staffelei sollte in keinem Künstleratelier fehlen, denn sie bietet eine solide und stabile Unterlage. Man kann sich natürlich auch selbst eine Stütze bauen, aber es ist fraglich, ob man die Stabilität erreicht, die diese Staffeleien aufweisen.*

THEMA

1 Farben

ERSTE VERSUCHE MIT FARBEN

Die Palette sollte nie unnötig mit Farben überladen werden. Man trägt die erforderlichen Farben sparsam auf die Palette auf. Mit nur drei Farben lassen sich zunächst alle sieben Regenbogenfarben und im Anschluß daran sämtliche Farbtöne- und nuancen herstellen.

Das erste Kapitel dieser Einführung ist den ersten und allerwichtigsten Grundbegriffen der Ölmalerei gewidmet. Es kommt zunächst lediglich darauf an, die wichtigsten Grundkenntnisse wie das Mischen von Farben zu erwerben und dabei ein paar grundlegende Ratschläge zu beherzigen. Bevor man mit dem Malen beginnen kann, müssen die Farben auf eine Palette aufgetragen werden. Ölfarben lassen sich übrigens mit Leichtigkeit mischen. Zunächst aber soll kurz erläutert werden, wie man verschiedene Farbtöne erzielen kann.

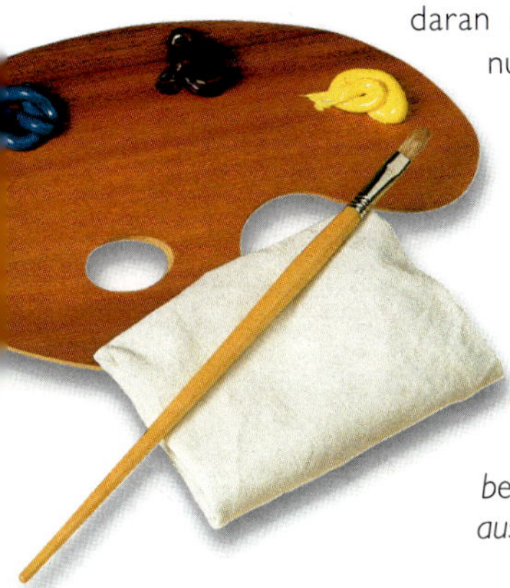

▶ *Die drei Primärfarben Blau, Karminrot und Gelb sind unsere Basis beim Arbeiten mit der Farbe. Beim Auftragen dieser Töne auf die Palette sollte man jeweils genügend Zwischenraum lassen, um beim Mischen ausreichend Platz zu haben. Die Palette sollte möglichst aus geöltem Holz sein, damit die Farbe nicht einziehen kann.*

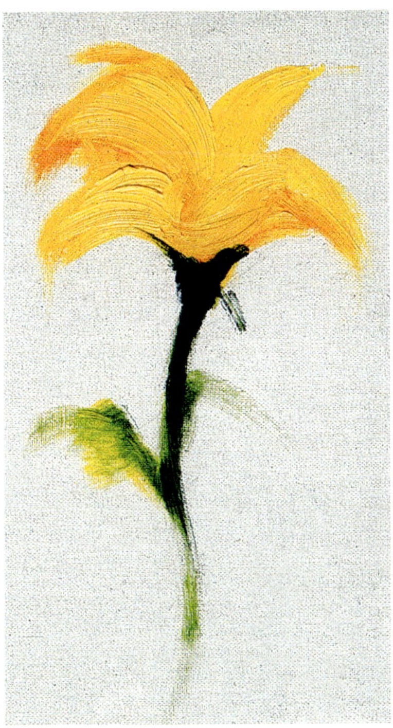

▶ *1. Um die Möglichkeiten der Ölfarbe zu erproben, ist es zweckmäßig, mit relativ einfachen Übungen, wie zum Beispiel der Zeichnung einer Blume, zu beginnen. Dazu nimmt man Gelb auf den Pinsel und zeichnet einen etwa fächerförmigen Umriß auf die Leinwand. Die Farbe ist ein wenig zäh. Mischt man Blau und Gelb, erhält man Grün. In dieser Farbe entsteht der Stengel. Mit etwas weniger Farbe auf dem Pinsel kann man daraufhin den Umriß der Blätter andeuten.*

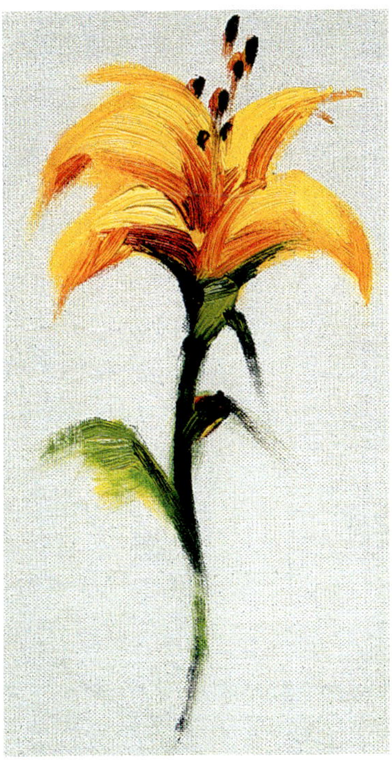

◀ *2. Auf die gelbe Blüte wird noch etwas Rot aufgetragen. Wo die Farben ineinander verlaufen, entsteht eine Orangetönung. Der Stengel erhält noch etwas Gelb. Ein Auftragen hellerer Farben auf eine dunklere Grundierung ist durch die Deckkraft der Farben stets möglich.*

WEITERE FARBEN AUF DER PALETTE

Nach dieser ersten Vorübung ist es notwendig, weitere Farben auf die Palette zu bringen, da es auf Dauer sehr mühsam ist, sämtliche Farben lediglich aus den Primärfarben zu mischen. Ein häufiger Anfängerfehler besteht darin, die Farben zunächst wahllos auf der Palette zu plazieren. Die Einhaltung der hier beschriebenen Reihenfolge hingegen gewährleistet ein müheloses Mischen und Auftragen der Farben.

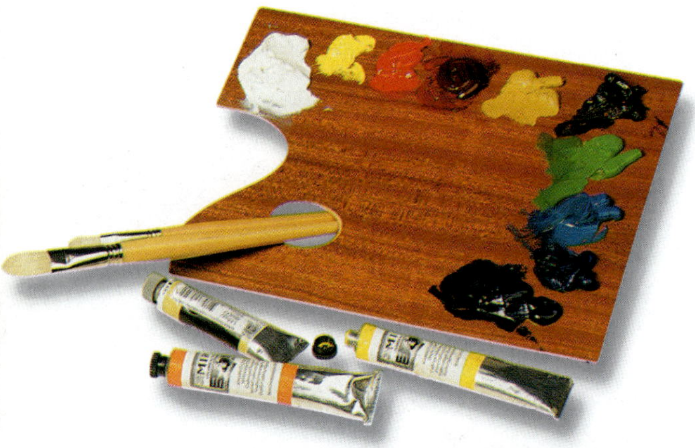

▼ *Eine klassische Methode der Anordnung von Farben auf der Palette besteht in der Gliederung nach Farbgruppen und –tönen. So steht Weiß an erster Stelle, gefolgt von Gelb, Rot, Karminrot. Als nächstes schließen sich die Erdtöne wie Ocker und Umbra gebrannt an. Und schließlich folgen Grün, Blau, Dunkelblau und Schwarz.*

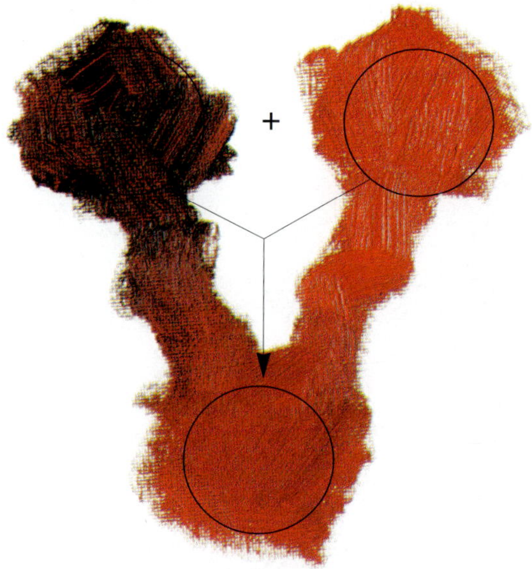

▼

Mit Weiß kann man Farben nicht leuchtender machen, sondern eher deckender oder Punkte maximalen Lichteinfalls darstellen. Um dies zu veranschaulichen, reicht eine Probe einfachster Art: So läßt sich ein karminroter Farbklecks mit Rot aufhellen bzw. leuchtender machen, mit Weiß hingegen tritt eine sogenannte Helltrübung ein.

▲

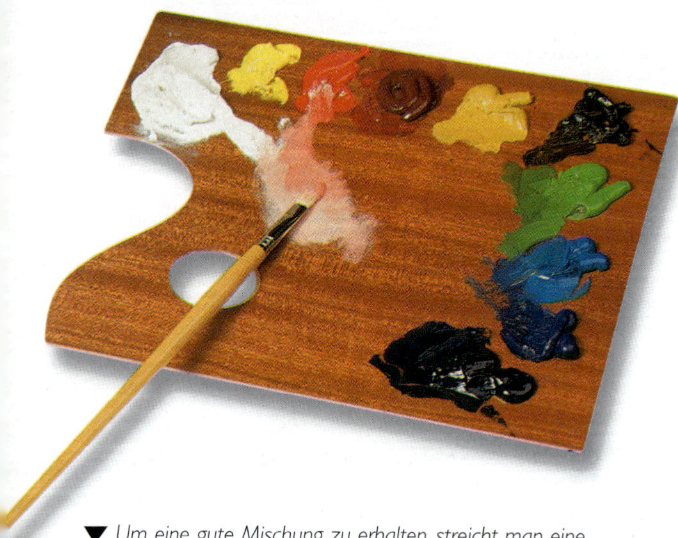

▼ *Um eine gute Mischung zu erhalten, streicht man eine kleine Menge der ersten Farbe in die Mitte der Palette. Darüber gibt man die zweite Farbe und vermischt beide, bis eine einheitliche Farbe entsteht. Darauf trägt man dann noch andere Farben auf, bis der gewünschte Ton erreicht ist.*

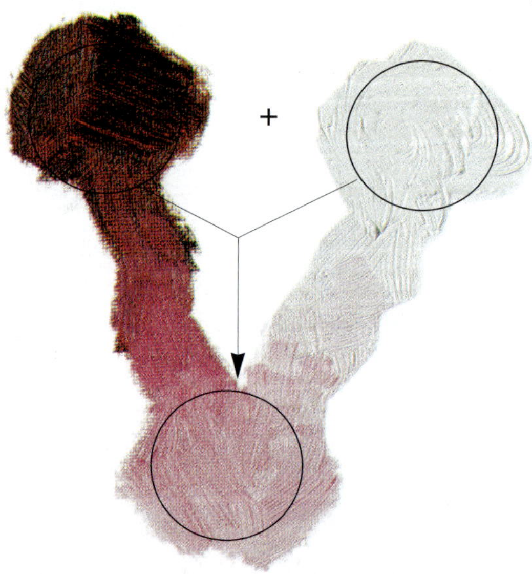

KLEINE FARBENLEHRE

Die Primärfarben sind diejenigen Farbtöne, über die wir eingangs in diesem Kapitel sprachen, also Gelb, Blau und Karminrot. Mischt man diese untereinander, erhält man die sogenannten Sekundärfarben. So werden Gelb und Karminrot zu Rot, Gelb und Blau zu Grün, und Blau und Karminrot ergeben die Skala der Violettschattierungen.

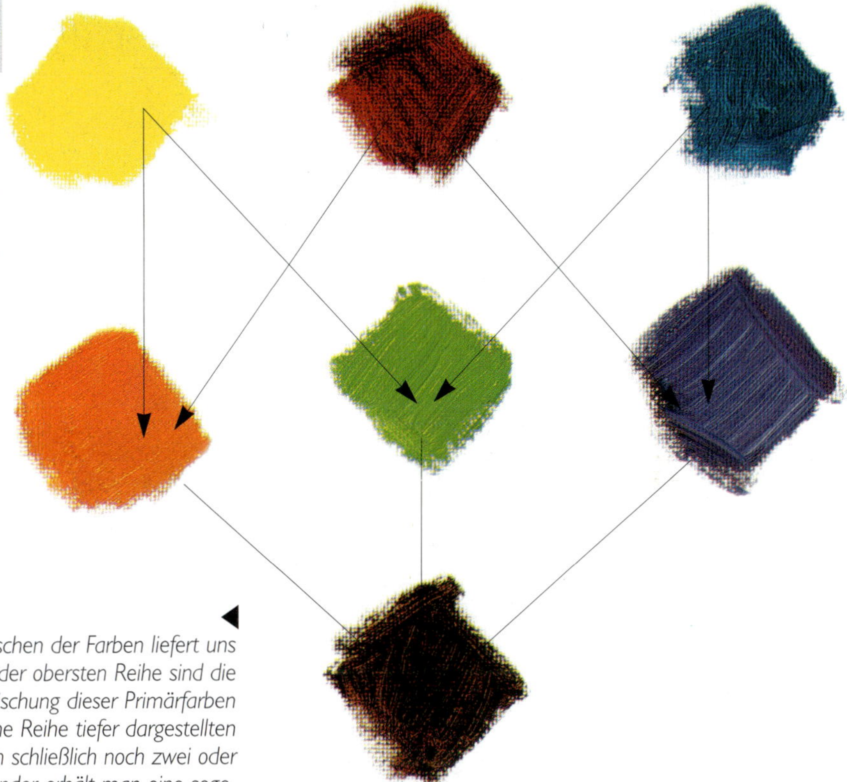

Eine Übersicht über das Mischen der Farben liefert uns die nebenstehende Grafik. In der obersten Reihe sind die Primärfarben zu sehen. Eine Mischung dieser Primärfarben untereinander führt zu den eine Reihe tiefer dargestellten Sekundärfarben. Mischt man schließlich noch zwei oder mehr Sekundärfarben miteinander, erhält man eine sogenannte Tertiärfarbe. Versetzt man eine solche mit Weiß, erhält man die Palette der Pastelltöne.

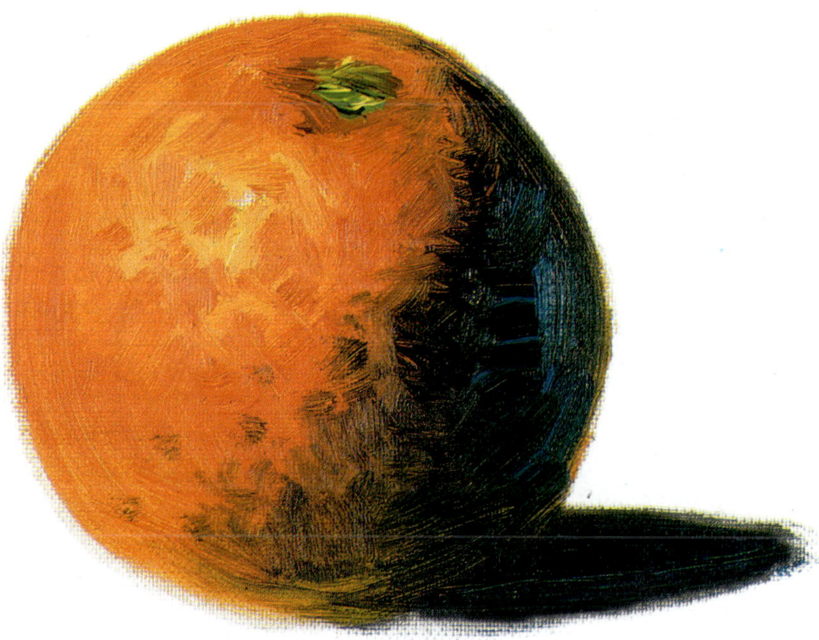

Eine Farbe zum Malen einer Orange ist kaum genau bestimmbar. Natürlich wird der Künstler stets unbewußt eine bestimmte Farbe mit einem konkreten Gegenstand in Verbindung bringen. Die Farbe eines Gegenstandes hängt von sehr vielen Faktoren ab. Je nach herrschenden Lichtverhältnissen kann dieser eine völlig andere Farbe annehmen. Schauen Sie beispielsweise einmal diese Orange an. Liegt ein blauer Gegenstand neben ihr, ist der Schatten schon nicht mehr orangefarben, sondern nimmt eine bläuliche oder sogar violette Tönung an.

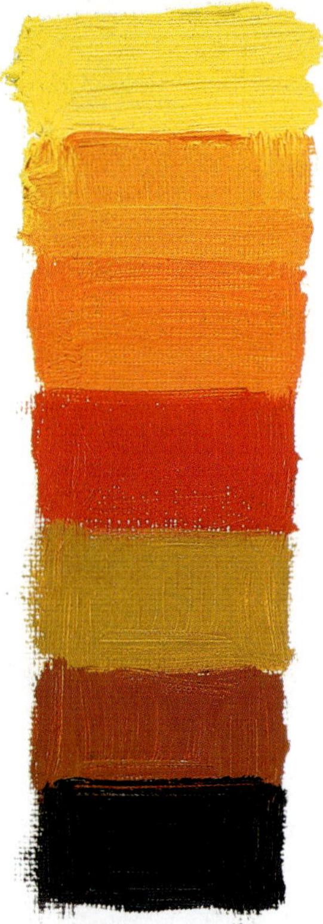

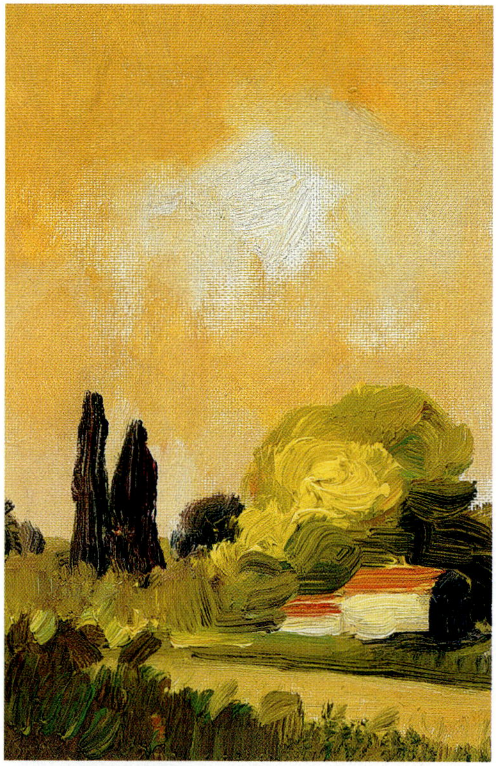

KLEINE HARMONIELEHRE

Die Farben werden stets nach bestimmten Farbgruppen und ihrer Intensität auf der Farbskala geordnet. Man unterscheidet kalte, warme und Pastelltöne. Warme Farbtöne sind Rot-, Rosa-, Karminrot-, Orangetöne sowie alle daraus resultierenden Mischungen. Ebenfalls als warme Farben bezeichnet man Erdtöne wie Braun und Ocker. Grün-, Blau- und Violettschattierungen gehören zur Palette der kalten Farbtöne. Der Skala der Pastelltöne gehören die Farben an, die man durch Hinzusetzen von Weiß erreicht.

▶ *Warme Farbtöne setzen sich aus Karminrot und Gelb zusammen; mischt man diese jedoch mit den Erdtönen, erhält man eine erweiterte Farbpalette wie Gelb, Orange, Rot, Karminrot zuzüglich der sogenannten Erdtöne Ocker, Siena, Umbra natur und Umbra gebrannt.*

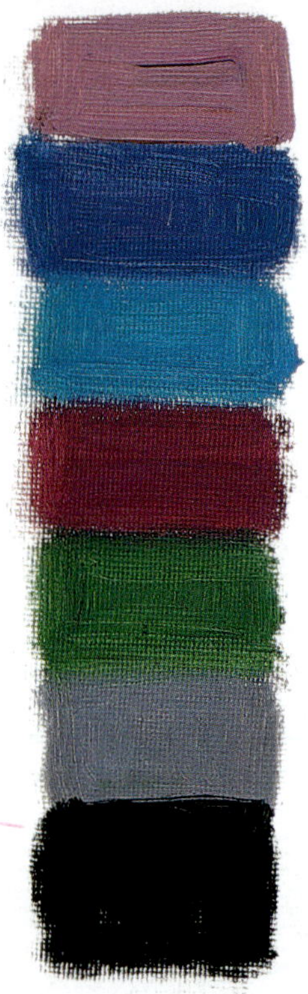

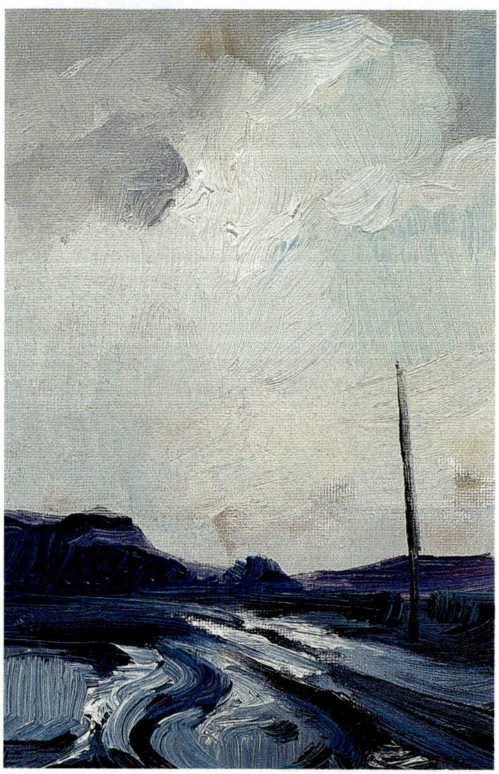

Die Skala der Pastelltöne setzt sich aus pudrigen bzw. gebrochenen Farbtönen zusammen. Verwendet man diese „unreinen“ Farben neben reinen und klaren Farben, ist das Ergebnis eine eher unreine Mischung. Besser ist es, ausschließlich pudrige Töne zu verwenden. Zum Gestalten eines Pastelltones mischt man zwei Sekundärfarben und fügt Weiß hinzu.

▶ *Kalte Primärfarben sind Gelb und Blau. Aufgrund der zahlreichen Kombinationsmöglichkeiten läßt sich diese Farbskala erweitern. Setzt man verschiedene Rottöne hinzu, erhält man die Palette der Violettschattierungen. Die Skala der kalten Töne setzt sich aus Grüntönen, grünlichen Gelbtönen und den Violettnuancen zusammen.*

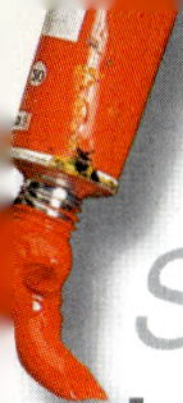

Schritt für Schritt

Landschaft mit Grundfarben

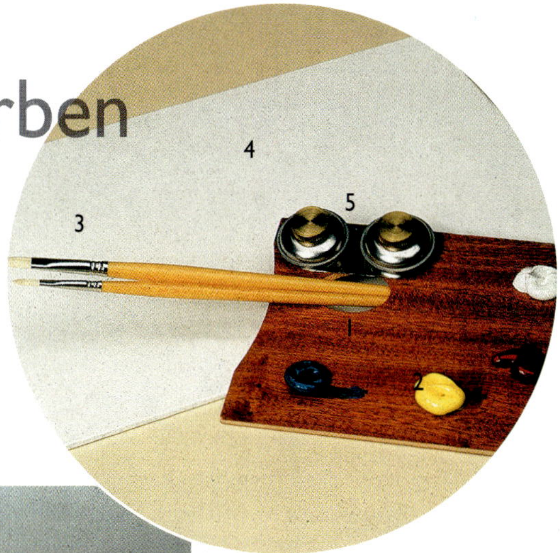

Schon mit den drei Grundfarben und Weiß lassen sich die meisten in der Natur vorkommenden Farben darstellen. Um dies einmal in die Praxis umzusetzen, wollen wir versuchen, diese Steilküste zu malen. Am Anfang kann es passieren, daß sich die verwendeten Farben alle zusammenklumpen; dies ist jedoch nicht schlimm. Verfolgen Sie aufmerksam die hier angegebenen Schritte, und achten Sie vor allem auf das richtige Mischen der Farben auf der Palette.

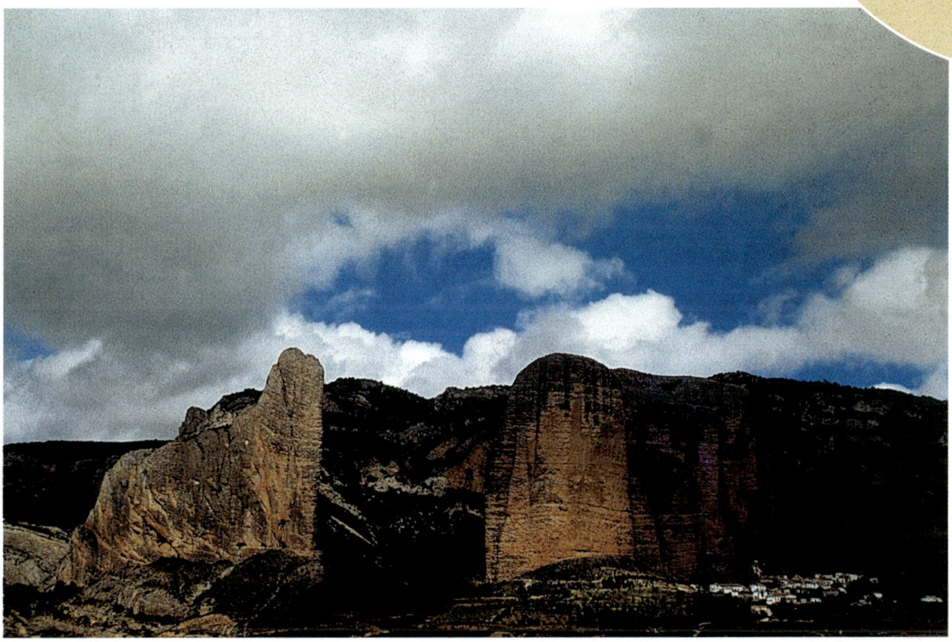

BENÖTIGTES MATERIAL

Palette (1), Ölfarben: Weiß, Blau, Karminrot und Gelb (2), Borstenpinsel (3), mit Leinwand überzogene Malpappe (4), Palettstecker mit Leinöl und Terpentinessenz (5).

1. Tauchen Sie den Pinsel in Terpentinessenz und achten Sie darauf, daß nichts von der Flüssigkeit verspritzt wird. Anschließend wird der Pinsel in die blaue Farbe getaucht. Dann beginnen Sie mit dem Vorzeichnen auf der Malpappe. Zunächst wird die Grundlinie gezeichnet. Darüber deutet man die Felswände an. Korrekturen können später jederzeit mit Ölfarbe vorgenommen werden. Zum Schluß werden die Umrisse der Wolken gemalt.

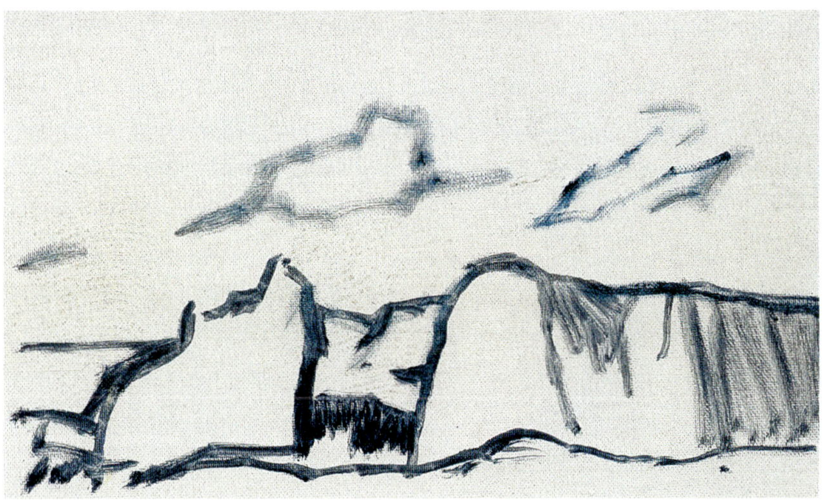

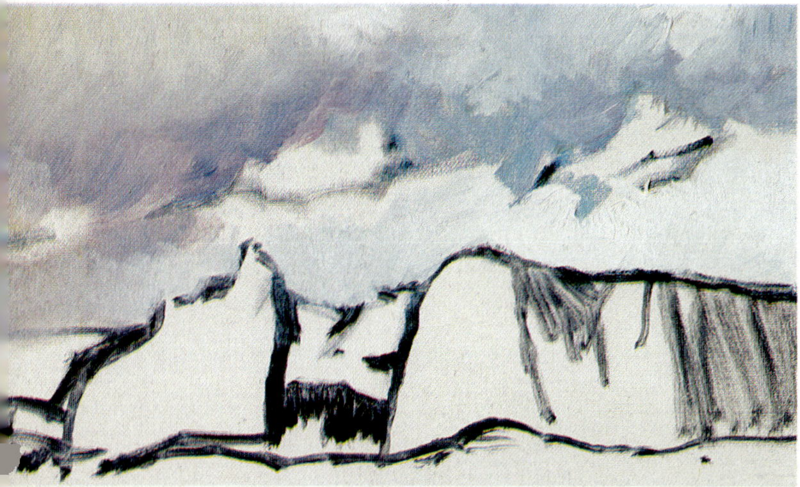

2. Nun mischt man auf der Palette Blau mit Weiß. Der Anteil der weißen Farbe sollte bei weitem überwiegen, denn es genügt eine winzige Menge Blau, damit das Weiß eine himmelblaue Tönung annimmt. Nun beginnt man den Himmel ganz oben zu malen, dort, wo das Weiß der Wolken am meisten hervorsticht. Man fügt ein Tröpfchen Karminrot hinzu, damit die Farbe eine violette Tönung annimmt. Mit dieser Farbe malt man den dunkelsten Bereich der Gewitterwolken.

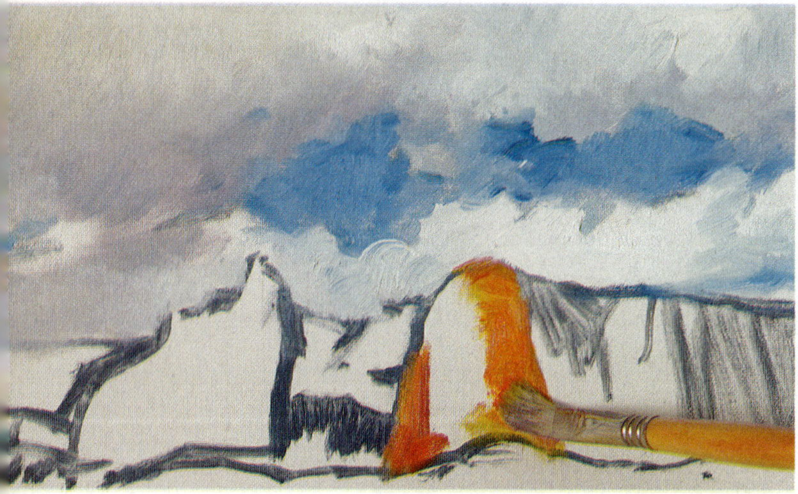

3. Als nächstes verwendet man Blau, das man mit etwas Weiß vermischt. So erhält man ein sehr viel leuchtenderes und dunkleres Himmelblau als das der Wolken. Zu dieser neuen Mischung ist jedoch kein Karminrot hinzuzufügen. Mit der erhaltenen Mischung malt man das Blau des Himmels. Mit einer nahezu reinweißen Tönung malt man die tiefergelegenen Wolken. Mischt man nun Karminrot und Gelb, erhält man einen orangefarbenen Ton, dem man etwas Blau hinzufügt. Mit dieser Farbe kann man das Malen der Steilwand in Angriff nehmen.

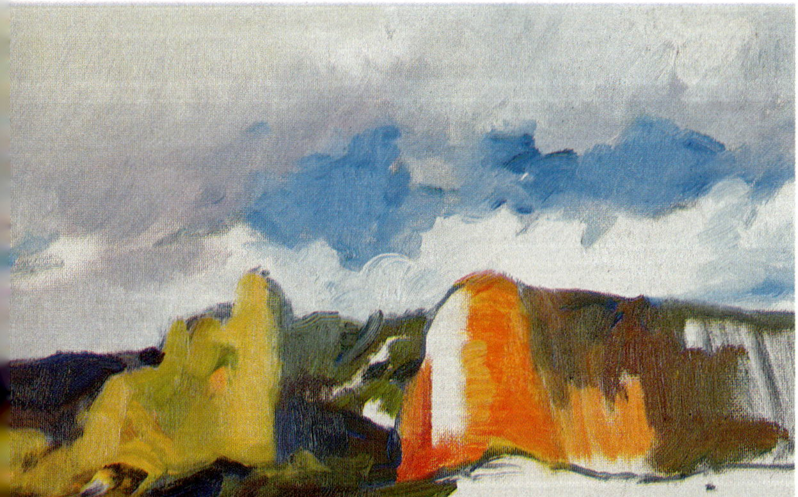

4. An der rechten Seite der Steilwand arbeiten Sie nun mit verschiedenen, auf der Palette zusammengemischten Farben. So erhält man aus Gelb und Blau Grün, während Blau und Karminrot eine violette Tönung ergeben. Gelb und Karminrot ergeben Rot; fügt man etwas mehr Gelb hinzu, erhält man Orange. Setzt man der grünen Farbe etwas Violett hinzu, erhält man die rechts zu sehende Farbe der Steilküste. Zum Erhalt der klareren Töne auf der linken Seite ist ein gelbliches Grün zu mischen, dem man Orange hinzusetzt. Schließlich wird das Ganze leicht mit Weiß aufgehellt.

5. Zur Verdeutlichung der Farbunterschiede auf dem Felsen werden die dunkleren Partien mit gebrochenen Farbtönen dargestellt. Die hellsten Bereiche der Steilküste malt man mit einem rosafarbenen Ton, der sich aus der Mischung von Karminrot mit Weiß zusammensetzt. Schließlich wird noch etwas Gelb hinzugegeben.

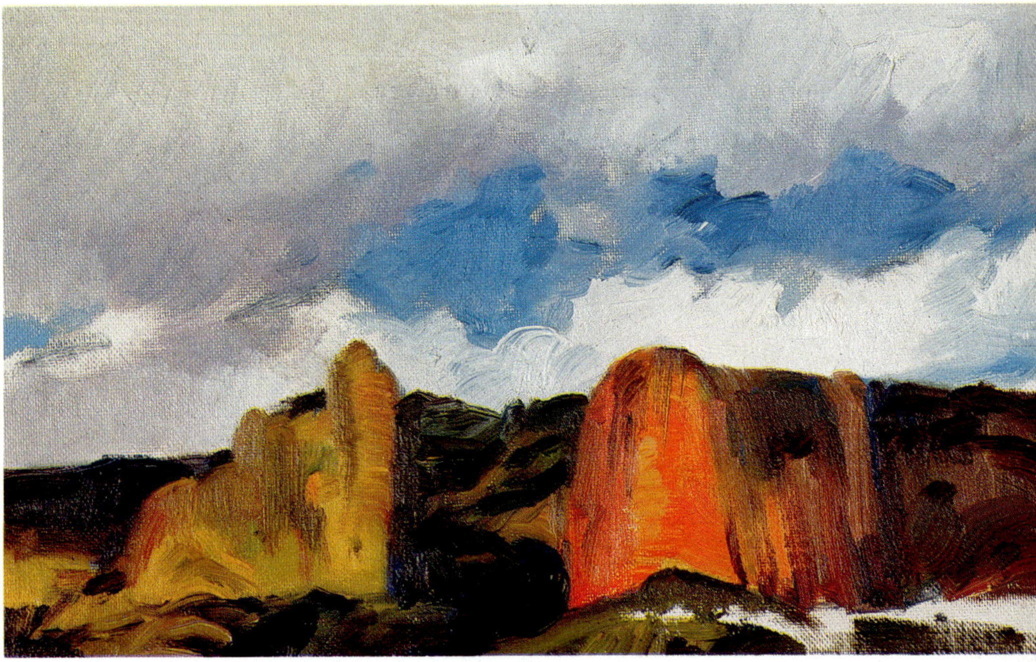

Je weiter der Prozeß des Malens eines Bildes fortgeschritten ist, desto dicker (pastoser) muß der Farbauftrag sein, die Farbe sollte also immer weniger Terpentin enthalten.

6. Die Grünskala der unteren Zone ist leicht gebrochen. Zunächst hat man das Grün durch ein Mischen von Blau und Gelb auf der Palette zu jeweils gleichen Teilen erzeugt. Dann wird diese Farbe durch Hinzusetzen von Karminrot mit ein wenig Weiß gebrochen und erdfarbener getönt. Unterhalb der Steilwand deutet man mit ein paar kleinen Pinselstrichen die Häuser an. Dazu verwendet man Weiß mit winzigen Spuren des vorher hergestellten Grundtones, so daß man eine leicht schmutzige Farbe erhält.

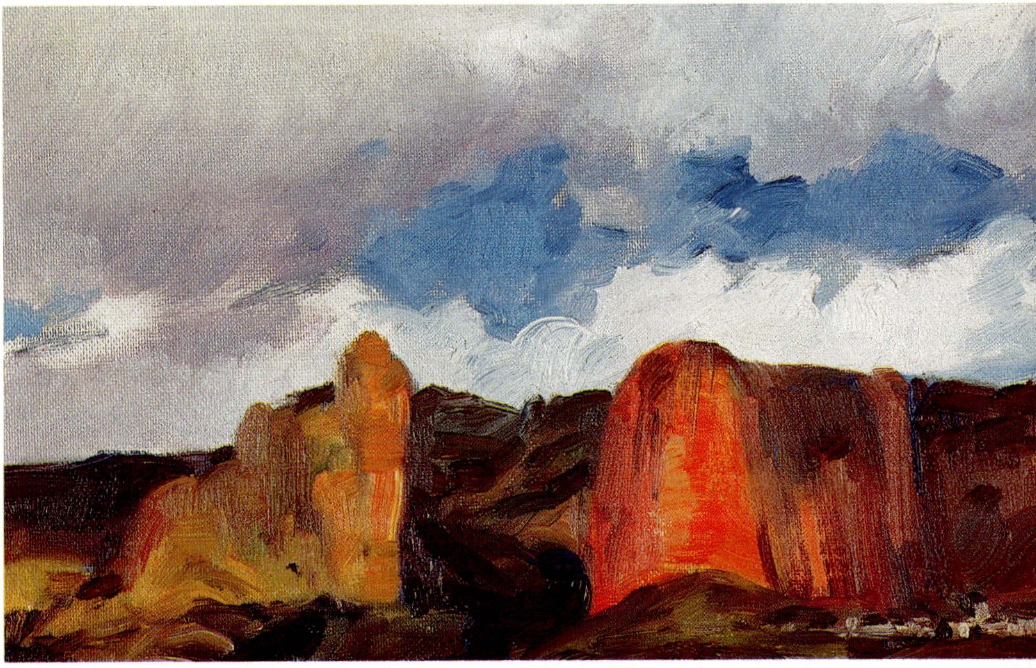

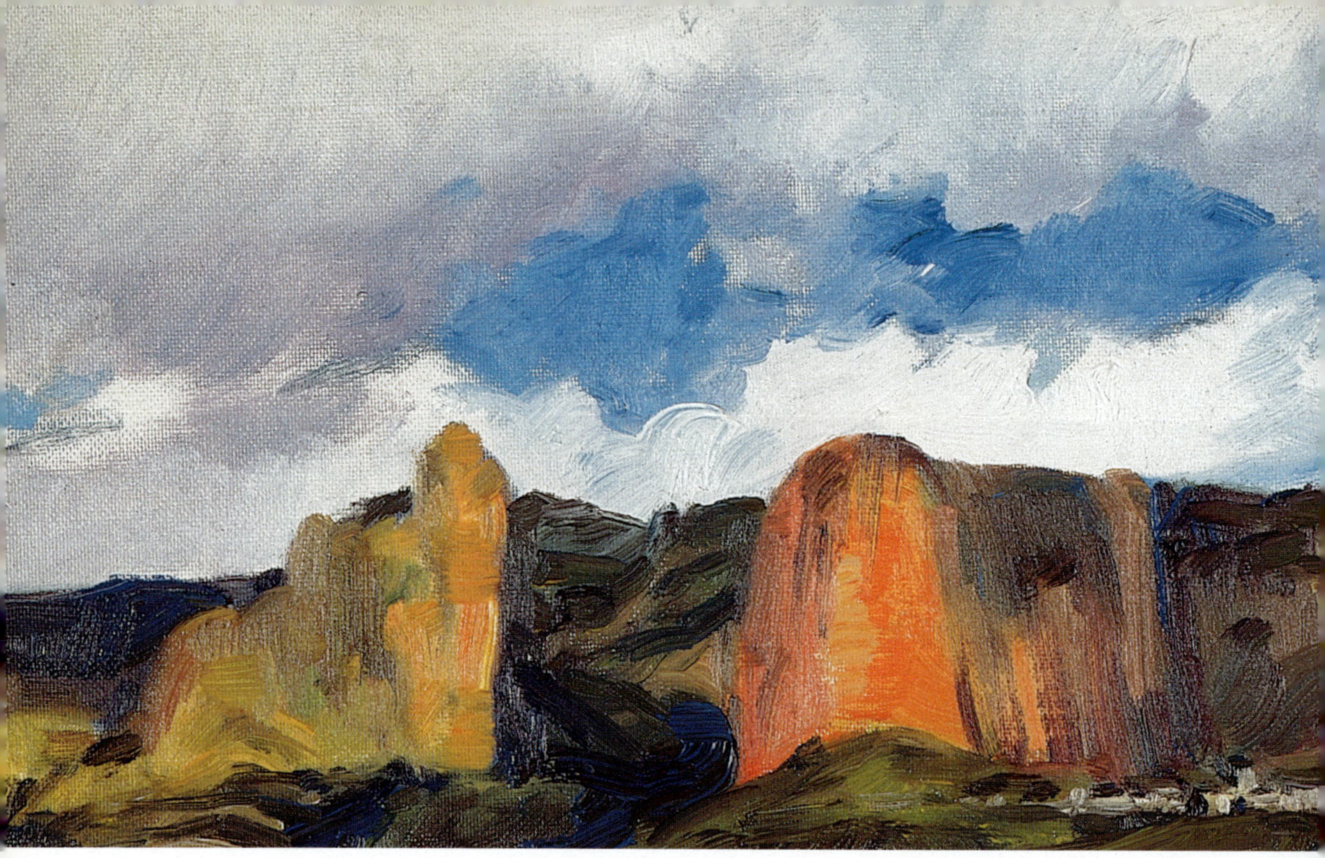

7. Zum Abschluß kann man die Kontraste noch ein wenig stärker durch dunkle Farbtöne hervorheben. Mit diesen streicht man auch rings um die kleinen Häuser herum, damit die weiße Farbe sich noch besser abhebt. Damit ist die Gestaltung dieser einfachen Landschaft beendet.

ZUSAMMENFASSUNG

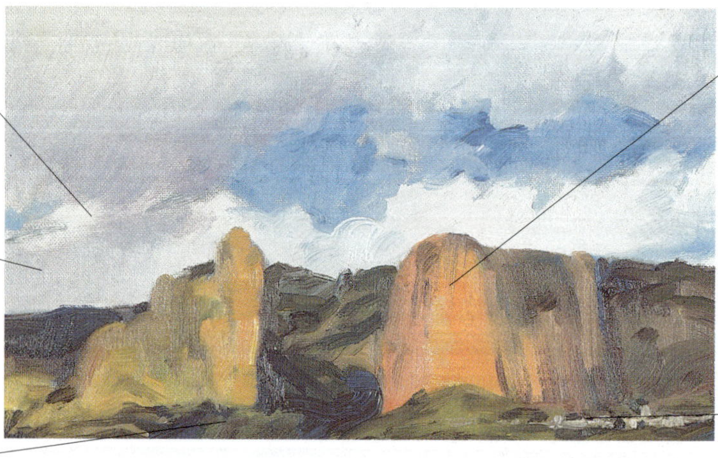

Der hellste Bereich der Wolken enthält einen großen Anteil Weiß und einen kleinen Anteil Blau.

Links sind die klareren Töne mit Weiß pudriger gestaltet worden.

Die grünlichen Töne des unteren Bereichs sind aus Blau, Gelb und ein bißchen Karminrot entstanden.

Das Orange der Steilküste setzt sich aus Karminrot, Gelb und ein wenig Blau zusammen.

Das Dorf wird mit kleinen, weißen Pinselstrichen angedeutet.

2 Der Pinselstrich

VERSCHIEDENE PINSEL

Das folgende Kapitel beschäftigt sich mit den optischen Effekten verschiedener Pinselstriche und im Anschluß mit der praktischen Anwendung unterschiedlicher Pinsel. Wie wir schon eingangs bemerkt haben, gibt es verschiedene Pinselarten, die durch den unterschiedlichen Pinselstrich für jeweils andere Aufgaben verwendet werden.

Ölfarben haben eine geschmeidige, aber auch sehr weiche Konsistenz. Man kann sie mühelos mit einem Pinselstrich modellieren. Mit Ölfarbe sind vielfältige Gestaltungsmöglichkeiten der Oberfläche zu erreichen. So lassen sich mit dem Pinsel Linien ziehen oder Farbtupfer auftragen und eine ganze Reihe weiterer Effekte erzielen.

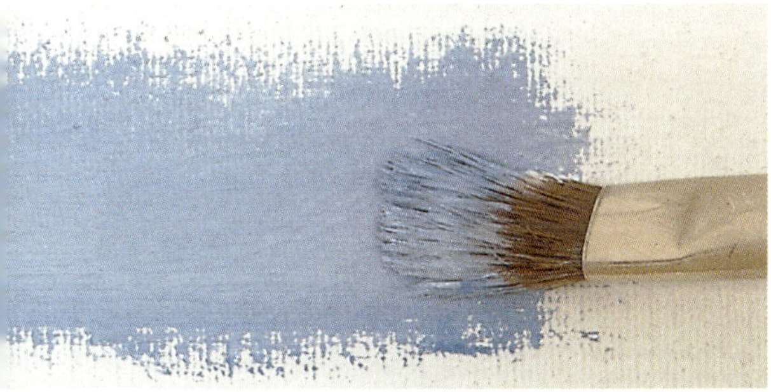

1. Hat man den Pinsel mit Ölfarbe durchtränkt, kann man die Farbe direkt auf die Leinwand auftragen. Die Länge des Pinselstriches hängt von der Farbmenge ab, die der Pinsel aufzunehmen vermag. Für jede Übung wird man auf einen jeweils anderen Pinsel zurückgreifen. Bei diesem Beispiel handelt es sich um einen kleinen Flachpinsel. Mit Flachpinseln erhält man gleichmäßige Pinselstriche.

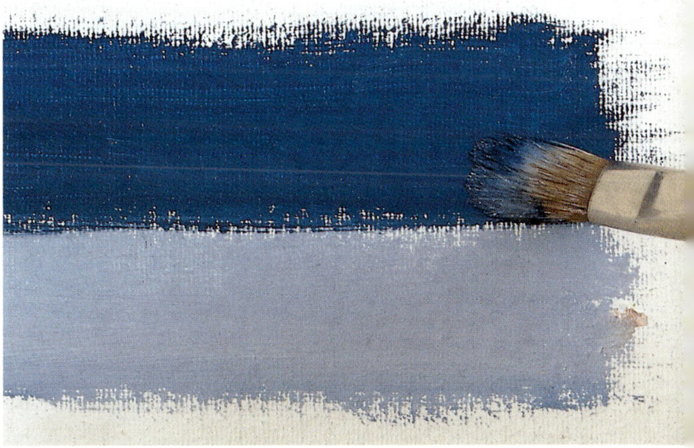

2. Möchte man einen sanften Übergang zwischen zwei Farbtönen erreichen, so daß die Farben nicht scharf konturiert auf der Leinwand erscheinen, muß man zunächst beide Farben getrennt auftragen. Dies ist die Ausgangsphase, wenn man zwei Farben auf der Leinwand in einer Art neutralen Zone zusammenführen und mischen möchte.

3. Mit dem Pinsel geht man nun zwischen den beiden frischen Farbfeldern hin und her. Nach mehreren solcher horizontalen Pinselstriche, die ohne erneutes Tränken des Pinsels mit Farbe durchgeführt werden, erreicht man die Verschmelzung der Flächen.

GEBRAUCH DER PINSEL

Einige Bildbereiche mögen eine neutrale Fläche beim Übergang der Farbflächen erforderlich machen; bei anderen hingegen ist eine klare Trennung erforderlich. Für diese unterschiedlichen Anforderungen können jeweils verschiedene Pinselarten verwendet werden. Einige Pinsel haben einen breiten Pinselstrich, andere einen schmalen, wieder andere sind ideal zum Abtönen der Oberflächen geeignet. Wie wir im folgenden sehen werden, kann man die unterschiedlichsten Pinselstriche erzeugen.

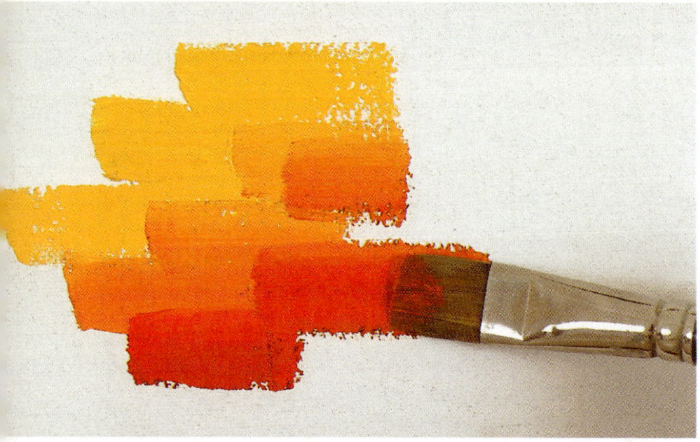

▼ *1. Zunächst wird mit einem Flachpinsel ein gelber Pinselstrich aufgetragen. Auf der Palette setzt man ein wenig rote Farbe hinzu und mischt diese mit Gelb. Anschließend wird ein orangefarbener Pinselstrich über den vorherigen gesetzt. Diesmal unterbleiben mehrfache Pinselstriche zum Verreiben der beiden Farbflächen. In dieser Übung werden die Pinselstriche lediglich horizontal durchgeführt. Danach werden immer neue Pinselstriche aufeinandergesetzt, die immer weniger Gelb enthalten, bis ein reines Rot entsteht.*

Ein Pinselstrich fällt je nach Farbdichte, Pinselstärke und -führung unterschiedlich aus. Diese Eigenschaften legen fest, ob die Farben in einer neutralen Farbzone miteinander verschmelzen oder ob im Gegensatz dazu scharf abgegrenzte Farbfelder entstehen.

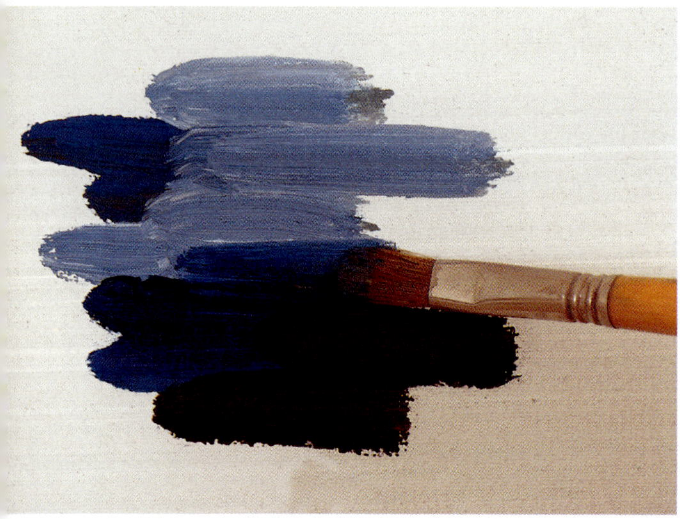

▼ *2. Jetzt arbeiten wir mit einem Katzenzungenpinsel und verwenden Farben aus der kalten Farbskala. Zunächst wird Blau mit ein wenig Weiß aufgehellt. Oberhalb der Pinselstriche in dieser Farbe setzen wir dann Striche in Dunkelblau, ohne daß sich die beiden Farbfelder miteinander vermischen. Nun tragen wir noch weitere Farbtöne auf, die sich ebenfalls nicht mit den anderen vermischen sollen.*

3. Die Pinselstriche können je nach Pinselführung unterschiedlich sein. Zuweilen ist der Pinsel so weich, daß die Spur der Borsten kaum sichtbar wird; bei anderen hingegen kann man diese Spuren deutlich erkennen, wie beispielsweise auf dieser Abbildung. Die Pinselstriche wurden mit dicht gefüllter Pinselspitze durchgeführt. ▲

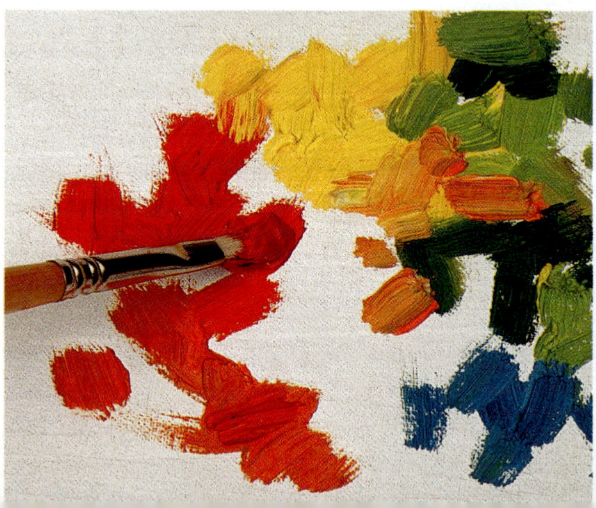

FARBFLÄCHEN UND PINSELSTRICHE

Jeder Pinsel hat ganz eigene Charakteristika. Diese Übung dient zum Einstudieren verschiedener Farbübergänge bzw. zum Erlernen des Einsatzes verschiedener Pinselarten gemäß der zu bearbeitenden Bildfläche.

1. Ausgedehnte Flächen sind immer als erstes zu bemalen. Schon während des Malens muß man sich jedoch darüber im klaren sein, wo die folgende Farbe beginnen soll, um entweder eine Verschmelzung beider Flächen mit einem neutralen Übergang oder eine scharfe Konturierung zu erreichen.

▲

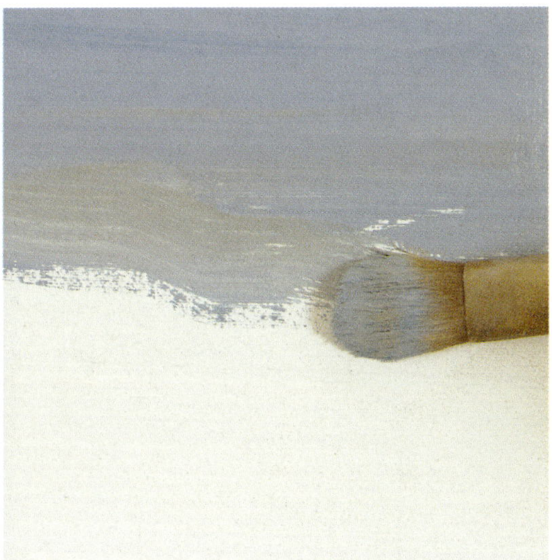

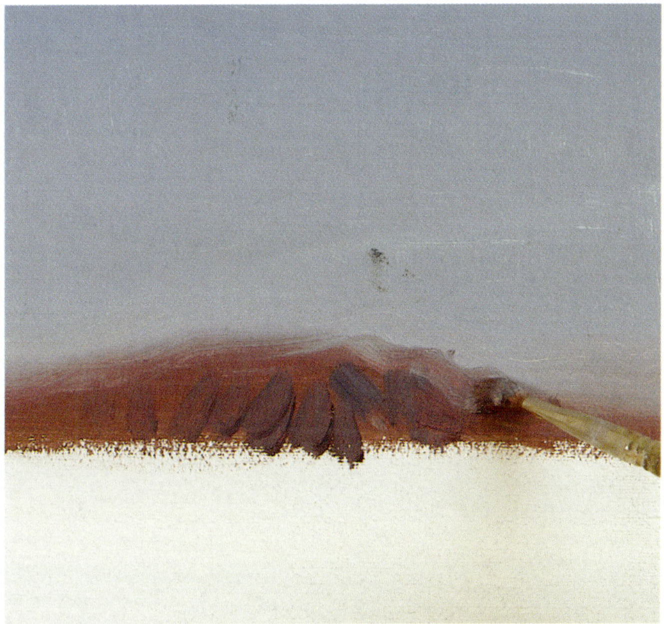

▼

2. In der gleichen Weise, wie wir im ersten Teil dieses Kapitels größere Flächen miteinander verschmolzen haben, wollen wir dieses Verfahren nun an den Übergängen anwenden. Dazu nehmen wir einen mittelstarken Pinsel. Dies erlaubt ein sanftes Ineinanderfließen zweier Farben.

◀

3. Die erste Bildebene ist mit zwei verschiedenen Farbtönen abgedeckt worden, aber zwischen diesen beiden hat keine Verschmelzung stattgefunden. Einige Zonen lassen sich miteinander verschmelzen, während andere getrennt bleiben.

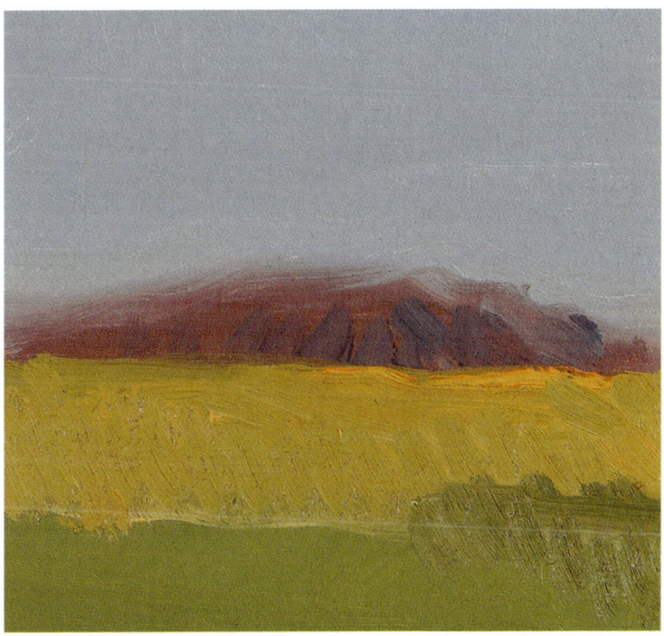

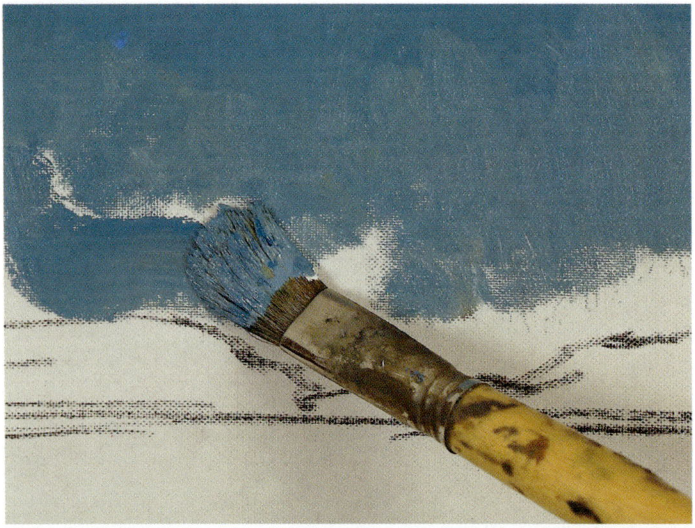

▶ *1. Nach dem ersten Andeuten des Horizonts mittels einer Linie kann man schon sehen, daß der Himmel einen Großteil der Landschaft einnimmt. Diesen Teil der Arbeit kann man also am besten mit einem dickeren Pinsel durchführen. Mit einigen langen und gleichmäßigen Pinselstrichen ist dieser Teil leicht abzudecken.*

IMPASTIEREN UND VERFLÜSSIGEN DER FARBE

Abhängig vom Pinsel und der aufgenommenen Farbmenge kann der Pinselstrich jeweils unterschiedlich ausfallen. Streichen Sie mit dickem Farbauftrag über eine frisch bemalte Farbfläche, so vermengt sich die obere mit der unten aufgetragenen Farbe. Bei einem gezielten Pinselstrich und einem eher zeichnerischen Malen hingegen ist der Mischeffekt mit der darunterliegenden Schicht nur minimal.

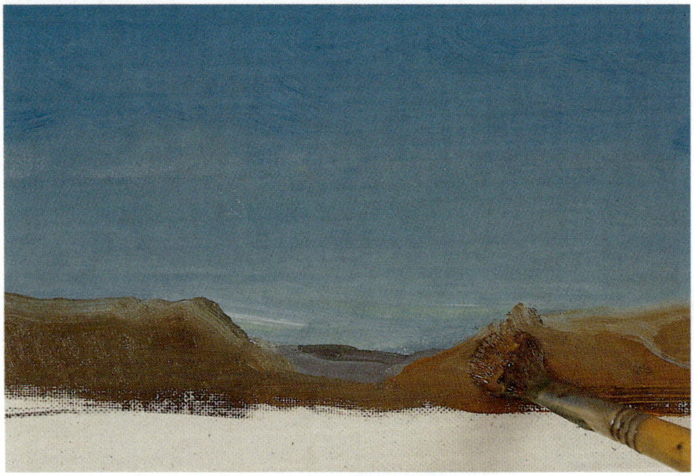

▶ *2. Der richtige Pinsel zum Ausmalen ist ein Flach- oder auch ein Katzenzungenpinsel mittlerer Stärke. Zunächst tränkt man die Pinselspitze mit ein wenig Weiß. Mit dieser Farbmenge führt man lange, horizontale Pinselstriche auf dem blauen Hintergrund aus. Mit gebranntem Siena werden nun die Berge im Hintergrund gestaltet. Dabei übermalt man den oberen Teil der Berge ein wenig mit dem Blau des Himmels.*

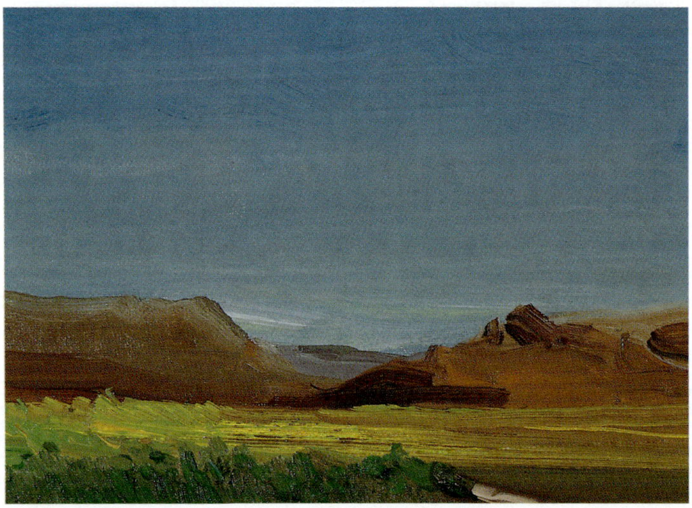

▶ *3. Mit einem kleinen Pinsel wird nun der im Hintergrund gelegene Teil der Landschaft dargestellt. Dazu verwendet man Grün, Gelb und Braun. Das Übereinanderlagern von Farbtönen bewirkt, daß die verwendeten Farben vor dem Auge des Betrachters verschwimmen. Der erste Bildbereich wird mit einem leuchtenden Grünton und mit langen Strichen eines mittelstarken Pinsels dargestellt. Das Gras wird mit kurzen, vertikalen Pinselstrichen angedeutet.*

Schritt für Schritt
Früchte

Als nächstes schließt sich eine Übung an, die sowohl vom zeichnerischen Aspekt als auch von der Komposition her recht einfach ist. Die Formen dieses Stillebens sind sehr grundlegend, d. h., alle haben einen kreisförmigen Ursprung. In dieser Übung lassen sich sowohl die Anwendung der Farben als auch der Pinselstrich üben. Zur Vereinfachung dieser Arbeit werden wir zunächst mit einer sehr begrenzten Anzahl von Farben arbeiten.

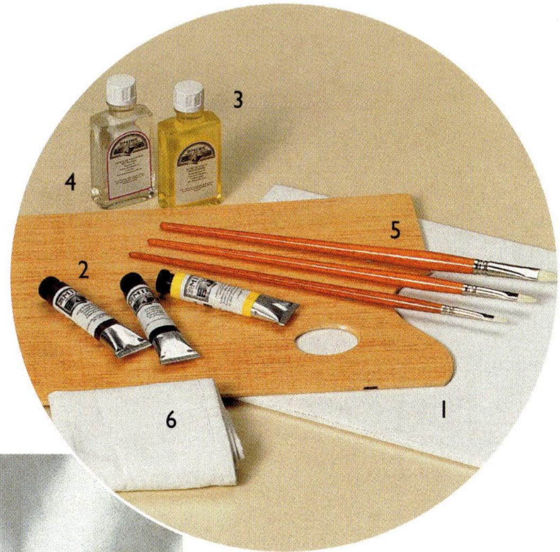

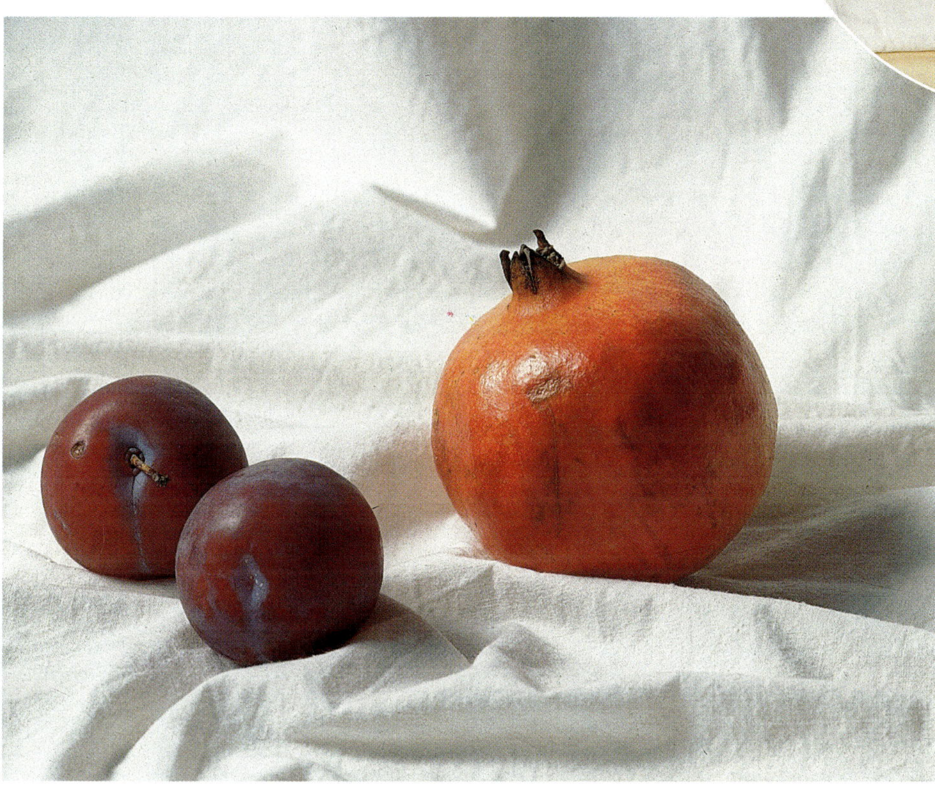

BENÖTIGTES MATERIAL

Mit Leinwand überzogene Pappe (1), Ölfarben (2), Leinöl (3), Terpentinessenz (4), Pinsel (5) und Lappen (6).

1. Das Grundschema des Stillebens ist sehr einfach, so daß man gar nicht erst mit dem Bleistift vorzuzeichnen braucht, sondern gleich mit Ölfarben beginnen kann. Wenn es sich um komplexere Motive handelt, kann man die wichtigsten Linien auch vorzeichnen. Für die ersten Linien verwendet man viel Terpentin. Auf diese Weise läßt sich jede nachträgliche Änderung oder Korrektur leicht durchführen, ohne daß man die einmal gezogenen Linien auswischen muß.

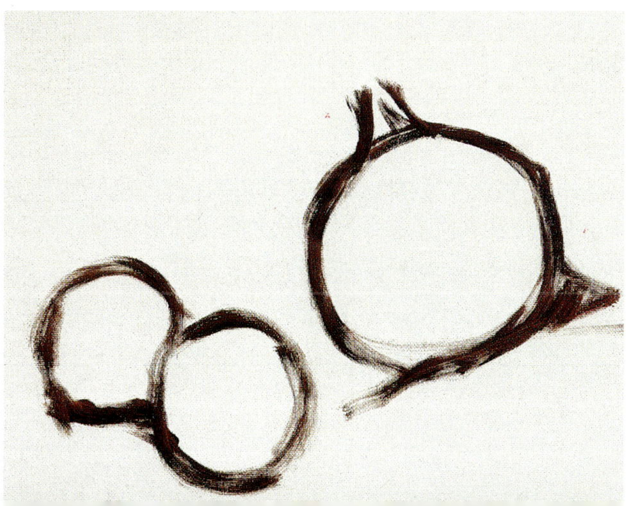

2. Hat man die Früchte skizziert, kann man damit beginnen, die Farbe aufzutragen. Zunächst wird der Hintergrund abgetönt. Die gebrochene Farbe setzt sich aus einer Mischung schmutziger Töne auf der Palette zusammen. Ist diese wieder sauber, kann man mit Grün, Umbra und Weiß fortfahren. Umbra wird für die Fläche des Granatapfels und den oberen Teil der Pflaume verwendet. Ein violettstichiges Karminrot bedeckt den leuchtendsten Teil des Granatapfels, wohingegen die glänzenden Stellen weiß gelassen werden.

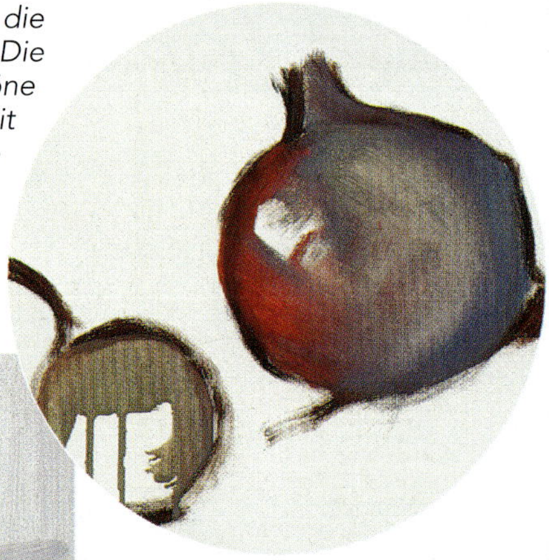

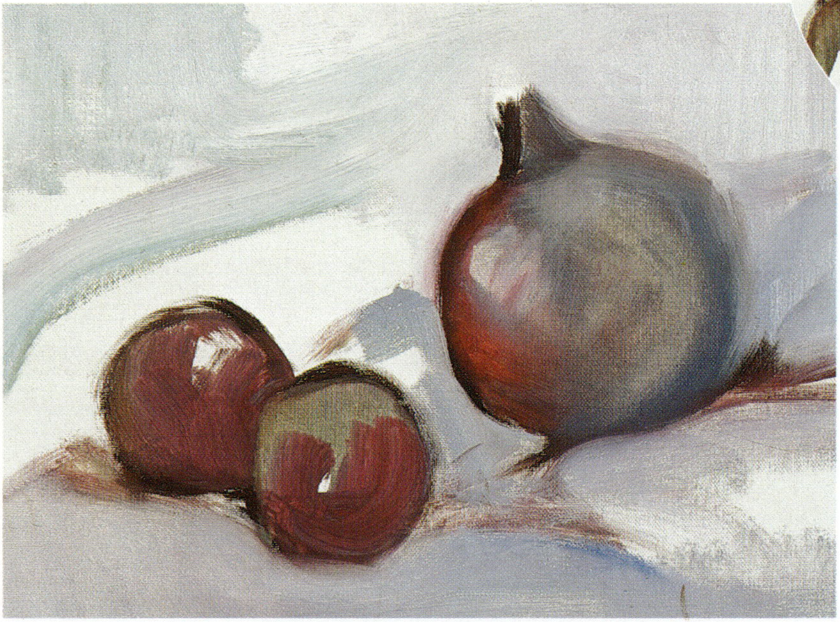

3. Die Pflaumen werden mit dem violettstichigen Karminrot des Granatapfels gemalt; die beiden Früchte sind durch eine neutrale graue Übergangszone voneinander getrennt. Dazu geht man mehrmals mit dem Pinsel hin und her, so daß die Töne verschmelzen. So bringt man allmählich die runde Form der Früchte auf die Leinwand. Mit viel Weiß, etwas violettstichigem Karminrot, Grün und Blau wird dann das Tischtuch ausgemalt.

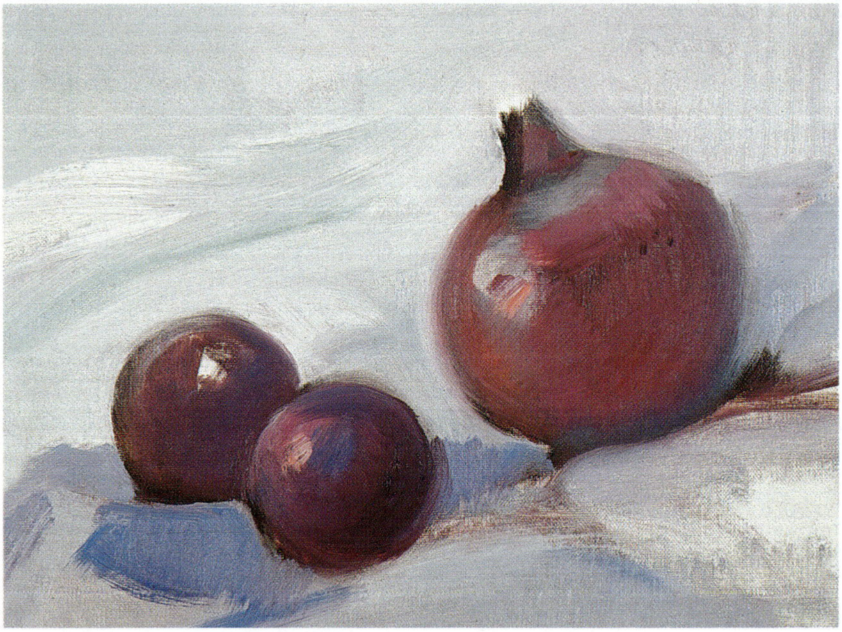

4. Auf dem Granatapfel malt man dessen runde Form mit gebogenen Pinselstrichen nach, die seine Fläche umreißen. Führt man den Pinsel über die graue Übergangszone hinweg, hellt sich die Farbe durch das Aufnehmen der tiefer gelegenen Farbtöne ein wenig auf. Pinselstriche in einem mit Kobaltblau vermischten Violett grenzen die Bereiche des Lichteinfalls ab. Mit dieser Farbe, der man ein wenig Ultramarinblau beimischt, wird die erste Bildfläche der Tischdecke gemalt. Auf diese Pinselstriche trägt man auch noch ein wenig von der vorherigen Grundfarbe auf.

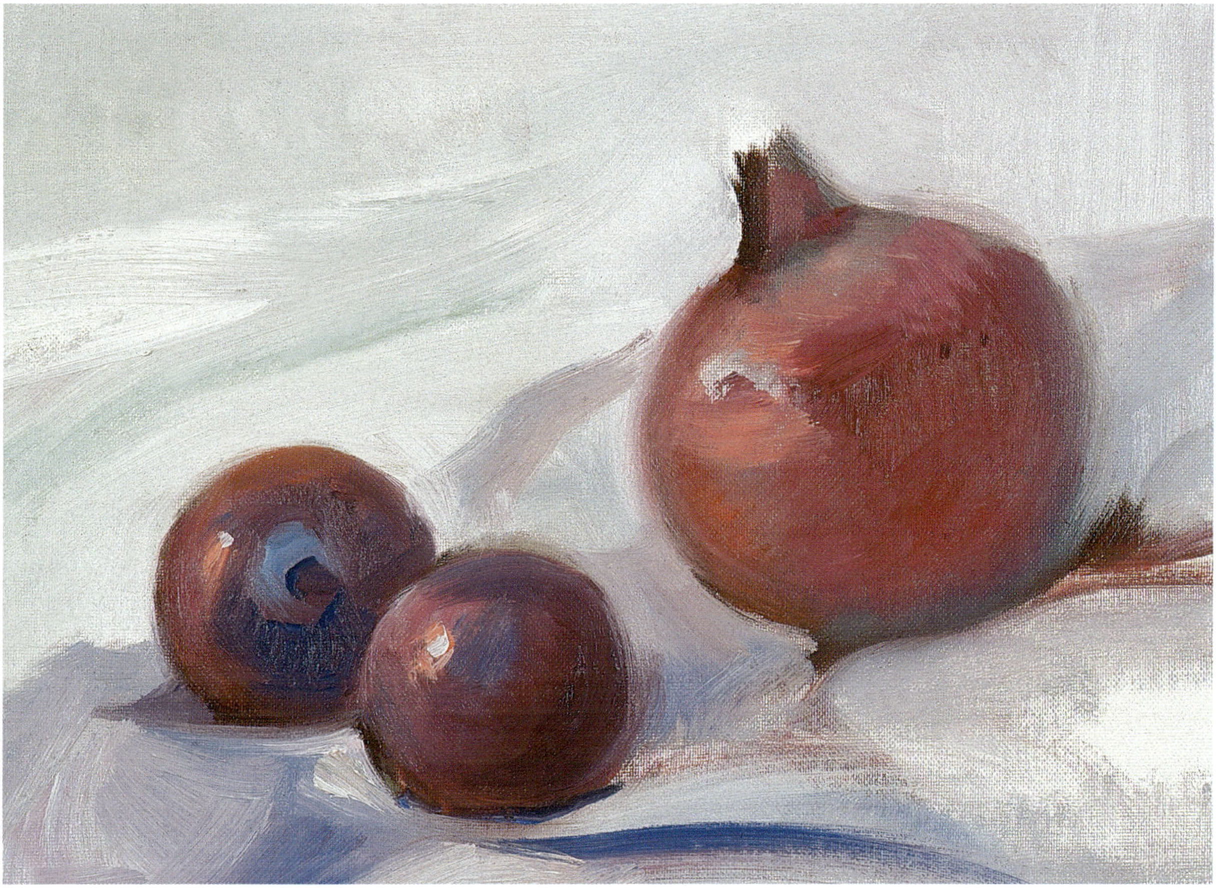

5. Auf die linke Pflaume gibt man nun einen Pinselstrich in Karminrot. Auf der rechten Seite tendieren die Farben eher zu kalten und bläulichen Tönen, während die Farben links entschieden wärmer sind. Der Punkt des Lichteinfalls stellt den Hauptbezugspunkt für das Plazieren der dunkleren Töne dar; die Blautöne im glänzendsten Bereich werden leicht mit Weiß aufgehellt. Die am stärksten beleuchteten Stellen des Granatapfels werden mit dem violettstichigen Karmin ausgefüllt, das mit Weiß leicht aufgehellt wird. Auf das Tischtuch malt man einige bläuliche Linien.

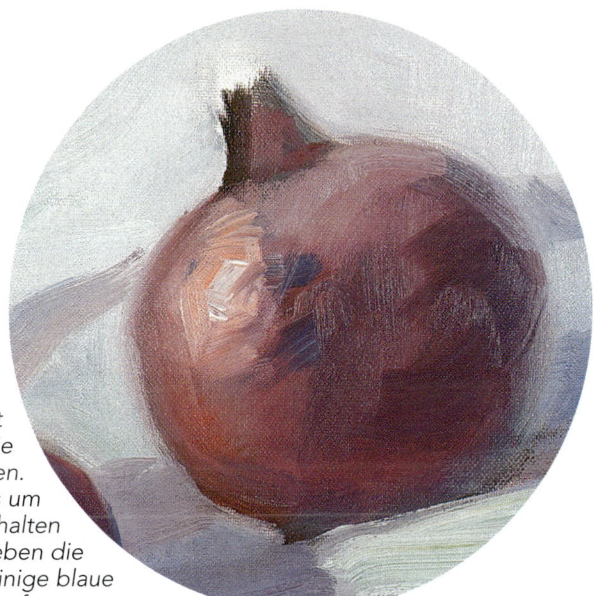

6. In diesem Bildausschnitt sieht man die klaren Töne, welche die Bereiche des Schattens festlegen. Die leuchtendsten Töne sind rings um das Weiß herum angelegt und enthalten eine komplette Karminrotskala. Neben die glänzendsten Stellen werden einige blaue Pinselstriche aufgetragen.

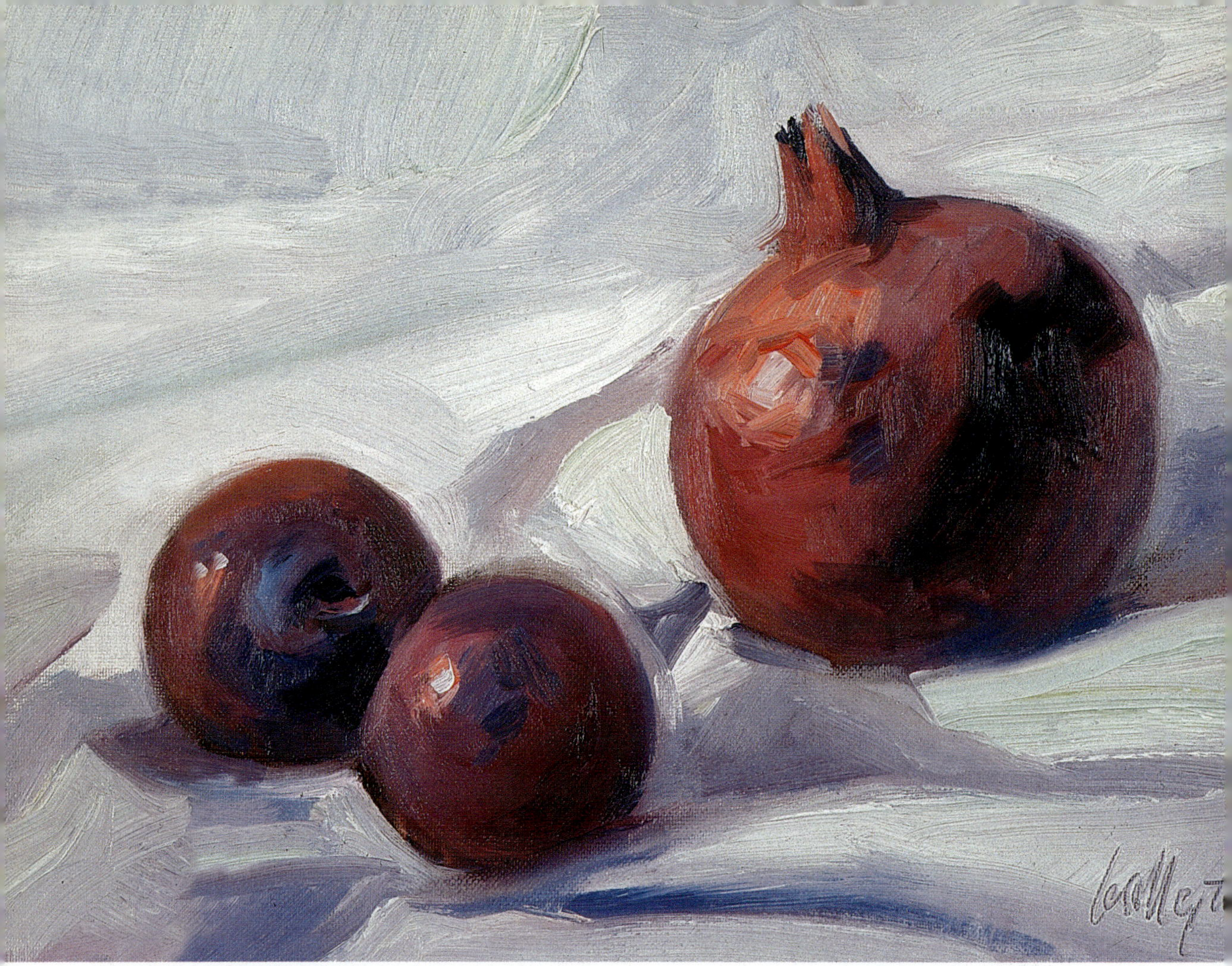

7. Auf dem Granatapfel werden die Glanzpunkte mit orangefarbenen Tönen angereichert, so daß ein Kontrast zu dem reinen Karminrot entsteht. Möchte man hellere Töne auf der Basis von Rot bzw. Karminrot erzielen, ohne daß dabei Rosa entsteht, empfiehlt es sich, Neapelgelb statt Weiß zu verwenden. Mit den dunklen Tönen der Pflaumen ist die runde Form der Früchte und damit die Arbeit abgeschlossen.

ZUSAMMENFASSUNG

Das anfängliche Schema wird direkt mit Pinsel und Ölfarben umgesetzt. Der Pinselstrich ist direkt und enthält einen großen Terpentinanteil.

Mit einer ins Graue gehenden Farbe und viel Terpentin malt man über die linke Pflaume und in den Granatapfel hinein. Einige Töne gehen ineinander über.

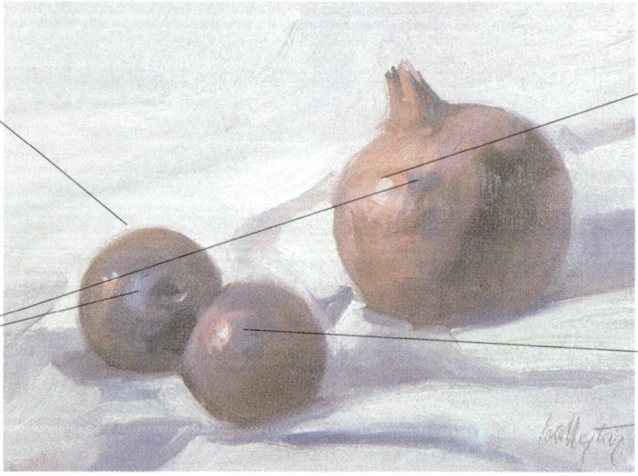

Die glänzenden Bereiche der Frucht werden weiß gelassen; später werden sie mit leuchtender Farbe gefüllt.

Der dunkelste Bereich der Pflaume wird mit Dunkelviolett und Kobaltblau dargestellt. Der Pinselstrich geht hin und her, damit die Töne ineinander übergehen.

THEMA

3 Der Entwurf von Formen

DAS ZEICHNEN VON KÄSTEN

Zunächst sollte man die Formen der Vorlage genau ansehen und versuchen einzuschätzen, mit welchen Linien sich diese am besten in die einfachste Form bringen lassen. In den unten aufgeführten Übungen können Sie sehr schön die Entwicklung eines Motives von den Hilfslinien der auf das Wesentliche reduzierten Skizze bis zum fertigen Bild verfolgen.

Das Bild als solches kann man als Zusammenstellung von Objekten verstehen, die auf verschiedenen Bildebenen gelegen sind. Das direkte Arbeiten in Öl nach Vorlage ohne vorheriges Skizzieren unter Vereinfachung der Formen würde für den einen oder anderen große Schwierigkeiten aufwerfen. Das Arbeiten mit Kästen hingegen führt zu einer vereinfachten Synthese der realen Vorlage, so daß jeder sich auf diese Art an deren Formen herantasten kann.

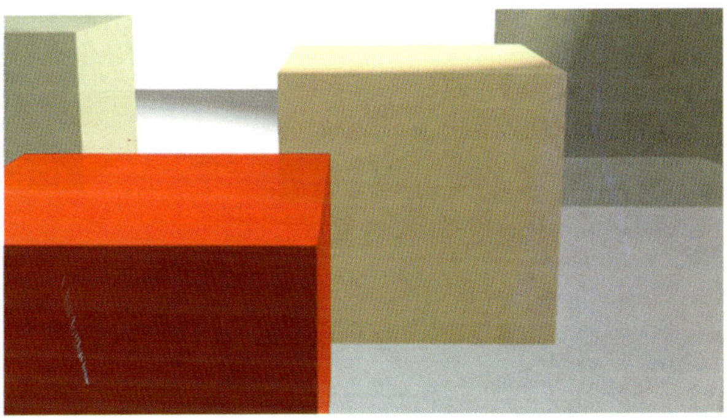

▼ *1. Auf der Basis dieser Grafik kann man ein Stilleben entwickeln. Jeder einzelne Block enthält ein noch weiter zu entwickelndes Element.*

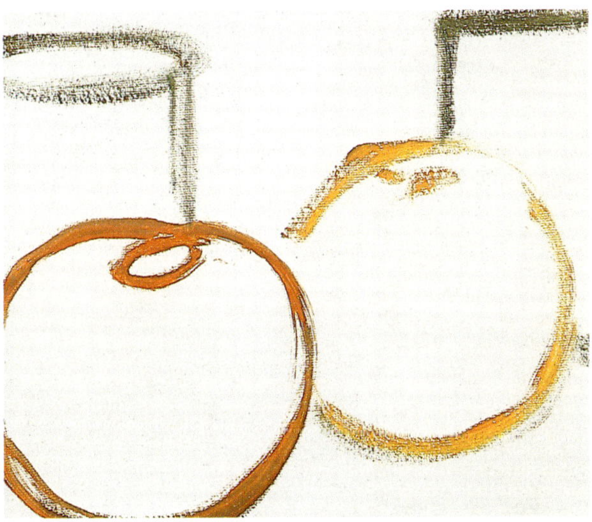

3. Hat man die wichtigsten Formen skizziert, kann man mit dem Farbauftrag beginnen. Er wird stufenweise vollzogen und richtet sich nach dem anfänglich erstellten Grundriß der Formen. Das Bearbeiten der vorderen Bildflächen wird gründlicher als bei den hinteren durchgeführt. ▲

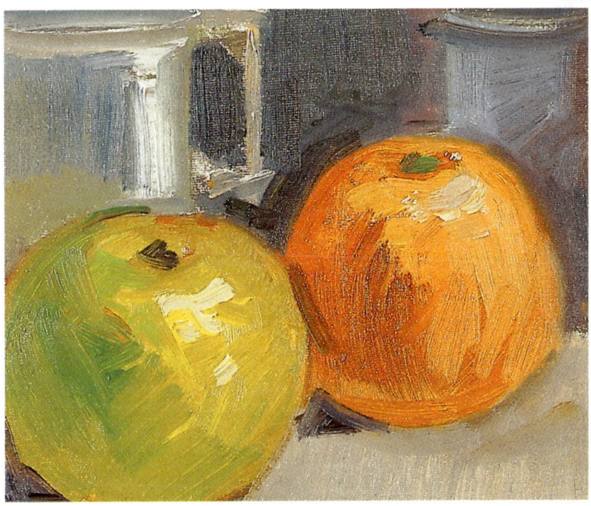

▶ *2. Aus den Elementen der Grafik wird nun ein Stilleben erstellt. Die erste Bildfläche wird mit einer rötlichen Farbe bedeckt. Es entsteht eine kreisförmige Gestalt, aus der später eine Frucht wird. Man arbeitet mit einer stark in Terpentin gelösten Farbe. In der folgenden Bildfläche wird mit einer orangefarbenen Tönung eine zweite Kugel gezeichnet. Im Hintergrund werden mit brauner Farbe zwei Büchsen dargestellt.*

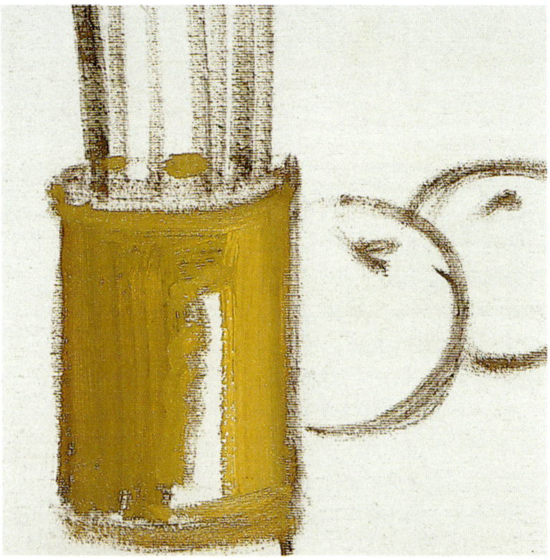

▶ *1. Als erster Schritt ist es erforderlich, die Formen in einfache nachzuvollziehende Elemente zu fassen. Hierzu bieten sich ein Rechteck und zwei Kugeln an. Rings herum sind die restlichen Objekte des Bildes plaziert. Nach dem Skizzieren des Stillebens wird die vorderste Bildfläche gemalt. Die dahinter befindlichen Flächen haben andere Farbtöne; somit entsteht ein Farbkontrast zwischen den vorderen Objekten und denjenigen im Hintergrund.*

GEOMETRISCHE FIGUREN

Beim Malen in Öl geht man stets vom Allgemeinen zum Spezifischen über, d. h., die ersten Gebilde setzen sich aus einfachsten Skizzen zusammen, die als Annäherung von sehr allgemeinen Linien an die letztendliche Form verstanden werden müssen. Geht man zum Arbeiten in Öl über, fängt man also sehr allgemein an und geht erst später zu den Details über. Hilfskästen und Farbskizze sind zwei Faktoren der Bildentstehung, die eng miteinander verbunden sind.

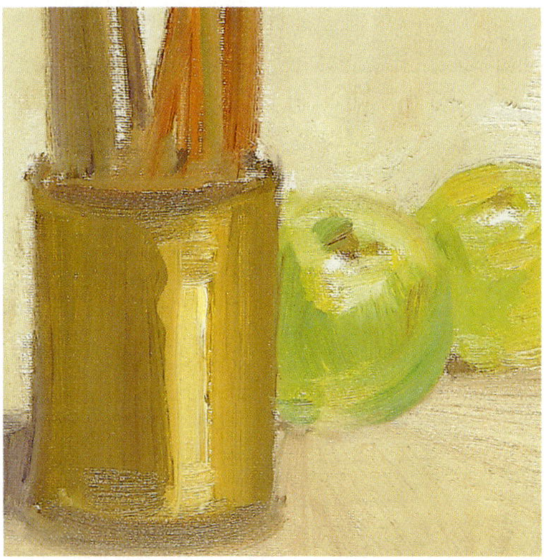

▶ *2. Aufgrund der Vorskizze können die in Öl darzustellenden Gegenstände mit raschen Pinselstrichen angedeutet werden, die sich mit den Tönen des Hintergrundes mischen. Rings um die vorderste herum entstehen die hinteren Bildebenen mit klar davon abweichenden Farbtönen.*

Die pastose Konsistenz der Ölfarbe erlaubt das Ineinanderübergehen der Farben. Ist man mehrmals mit dem Pinsel hin- und hergegangen, erreicht man ein Verwischen der Umrisse des Hintergrundes.

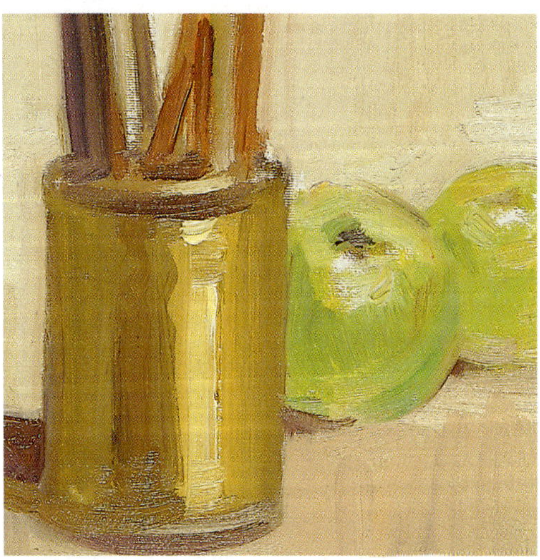

▶ *3. In dieser Übung läßt sich die enorme Wichtigkeit des Anlegens von Hilfskästen als erster Schritt der Bilderstellung nachvollziehen. Oft ist das Zeichnen von Hilfslinien so wichtig, daß man ein Bild ohne das vorherige Umreißen der einzelnen Formen gar nicht erst beginnen kann. Hat man die Farben auf die komplett umrissenen Objekte aufgetragen, kann man das Profil der Früchte in der hinteren Bildebene andeuten.*

RAHMEN

Das Ziehen von Rahmen zählt zu den grundlegendsten Verfahren bei der Bilderstellung. Tatsächlich ist seine richtige Durchführung der erste Schritt zu jedweder künstlerischen Technik, der man sich auch immer bedienen möchte. Diese kurze Übung dient als Beispiel dafür, wie sich die Pinselstriche einer vorderen Bildebene nach dem Grundschema ziehen lassen. Hier kann man von den gezogenen Rahmen direkt in die malerische Umsetzung übergehen.

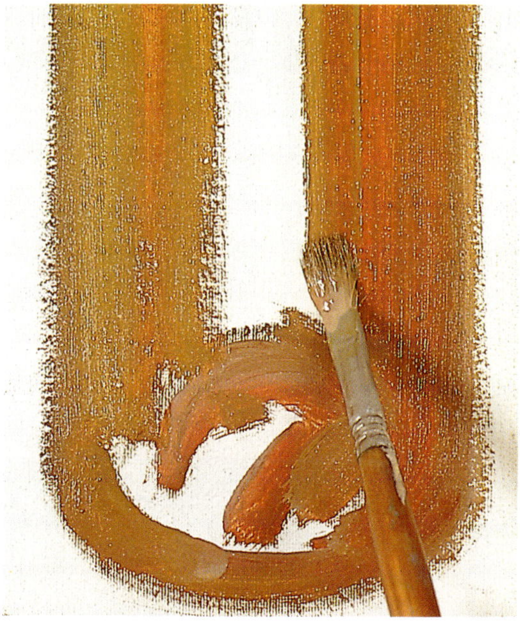

1. Nach dem Ziehen eines einfachen Rahmens, der der Grundform entspricht, wird das Innere der Form mit Farben eines niedrigen Tonwertes ausgefüllt. Licht und Schatten werden klar voneinander abgegrenzt.

2. Auf die anfängliche Struktur werden nun auf die vordersten und leuchtendsten Bereiche kurze, horizontale Pinselstriche aufgetragen. Es ist wichtig, der äußeren Skizze strikt zu folgen. Sie dient nämlich zur Festlegung sämtlicher Flächen und Perspektiven.

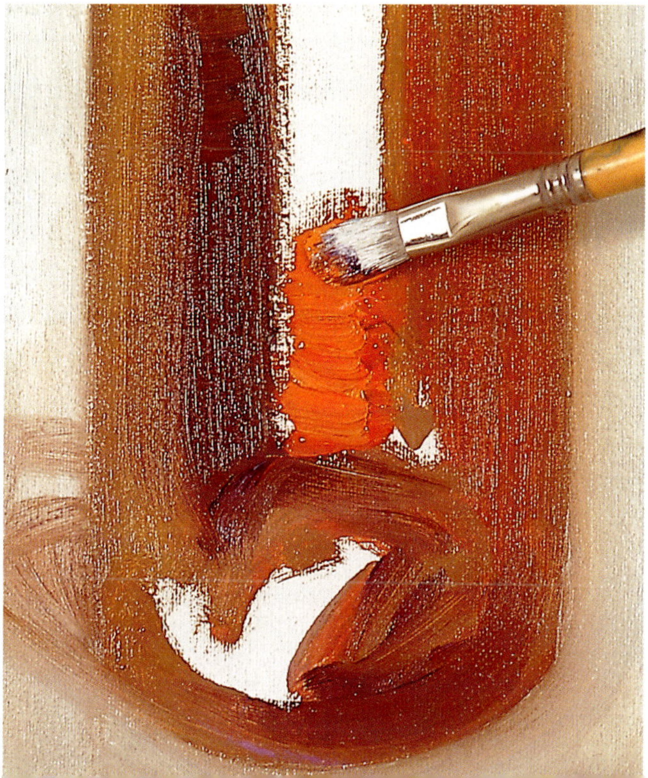

3. Die Längsseite der Flasche wird zum Schluß ausgefüllt.. Dies geschieht mit langen, vertikalen Pinselstrichen. Hätte man die äußere Form und die glänzenden Partien nicht von vornherein eingezeichnet, hätten sich die verschiedenen Bereiche nicht mit solcher Sicherheit malen lassen.

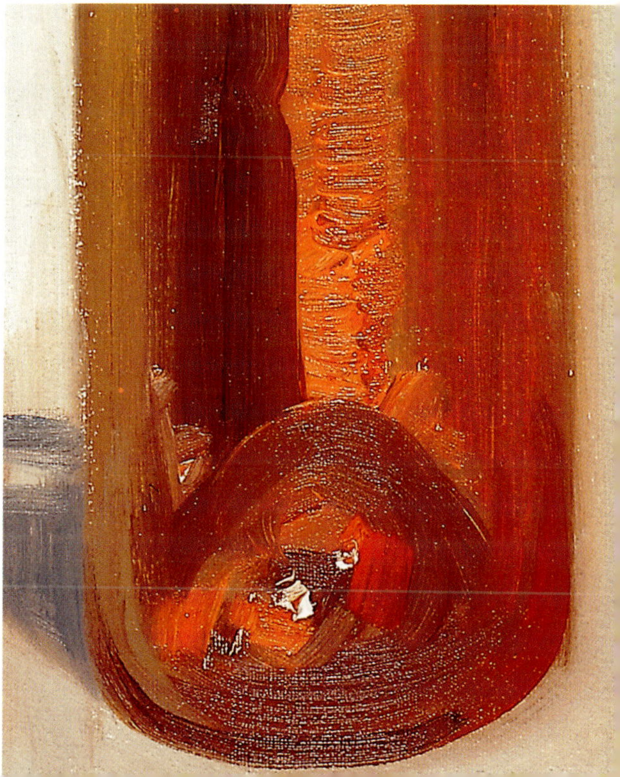

RAHMEN-TECHNIK

Das Plazieren verschiedener Objekte im Bild läßt viele Möglichkeiten bezüglich der Umrahmung zu. Je nach erforderlicher Präzision der verschiedenen Bildgegenstände ist ein mehr oder weniger komplexes Ausarbeiten der Umrahmungen angebracht.

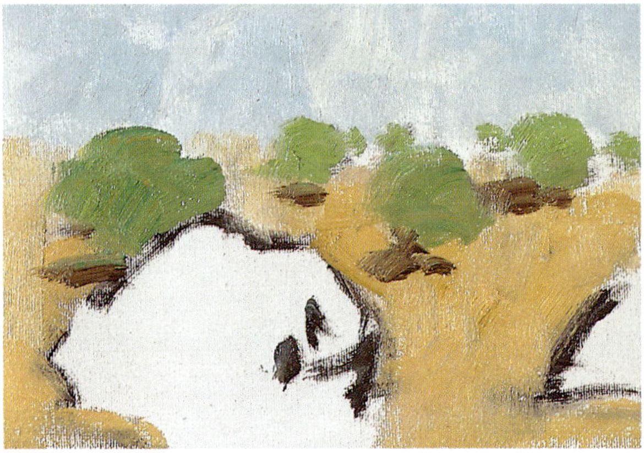

▼ 1. Der erste Grundriß dieser einfachen Landschaft erlaubt das Plazieren der Bildelemente und leuchtender Punkte.

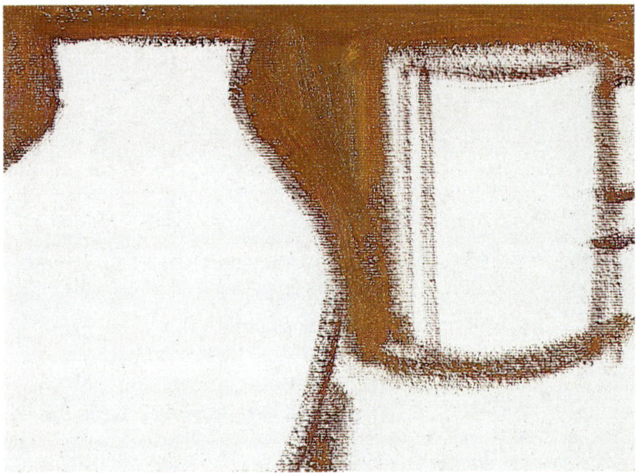

▼ 1. Die augenfälligsten Lichter werden als direkter Farbauftrag oder reiner Glanz behandelt. Diese Charakteristik beeinflußt von vornherein die Art, wie die Kästen gezogen werden. Nachdem die grundlegenden Formen mit lockerem Pinselstrich auf die Leinwand gebracht worden sind, wird der gesamte Hintergrund dunkel abgetönt.

2. Mit Ölfarben lassen sich die Formen mittels eines leichten Rahmens perfekt andeuten. Die entfernteren Bildflächen werden mit knapp angedeuteten Flecken stilisiert, während die Umrisse der vorderen Bildebenen detaillierter dargestellt werden. ▲

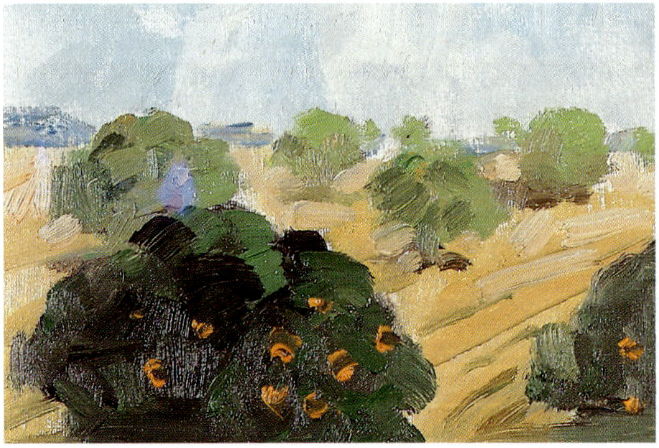

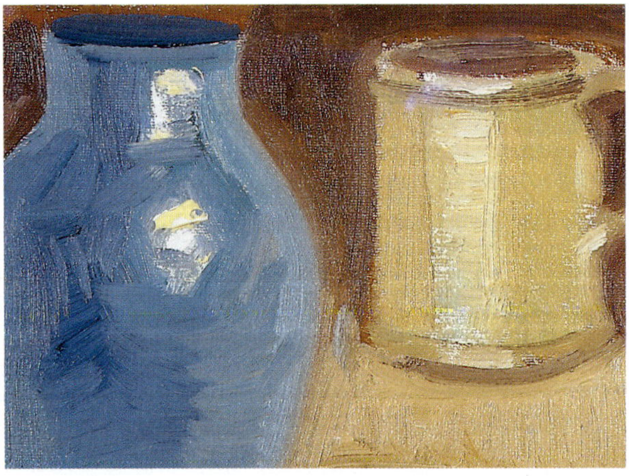

▶ 2. Der in der ersten Phase dunkel abgetönte Hintergrund der Skizze hat das Umreißen und perfekte Abgrenzen der Hauptelemente bewirkt. Die Lichter stellt man mit lockeren, scharf konturierten Pinselstrichen dar. Die Kontraste sind stark; das Spiel mit den Kontrasten wird noch verstärkt durch das Verwenden von Komplementärfarben; dunkle Farben werden mit helleren Tönen kontrastiert.

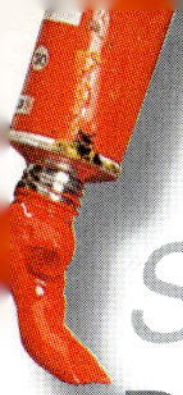

Schritt für Schritt
Bild mit Flaschen

Die Modellskizze bzw. die vereinfachte Rahmenzeichnung stellt den ersten Schritt bei der Erstellung eines Bildes dar. Jede noch so einfache Vorlage verlangt nach diesem einleitenden Schritt, der das korrekte Plazieren der wichtigsten Linien erlaubt, die die Struktur der wesentlichen Formen und Objekte beinhalten. Hat man die Gesamtumsetzung der Formen erreicht, kommt der vorderen Bildebene eine größere Bedeutung als der dahinter gelegenen zu. Dieser Grundsatz ist stets zu beachten.

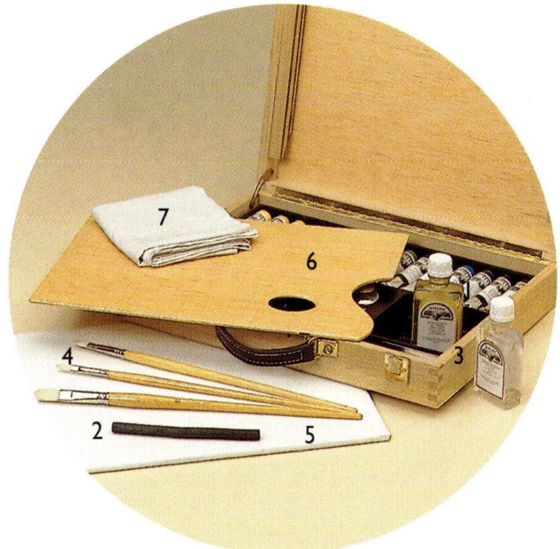

BENÖTIGTES MATERIAL

Ölfarben (1), Kohlestift (2), Leinöl und Terpentinessenz (3), Pinsel für Ölfarben (4), Pappe mit Leinwand (5), Palette (6) und Lappen für Reinigung (7).

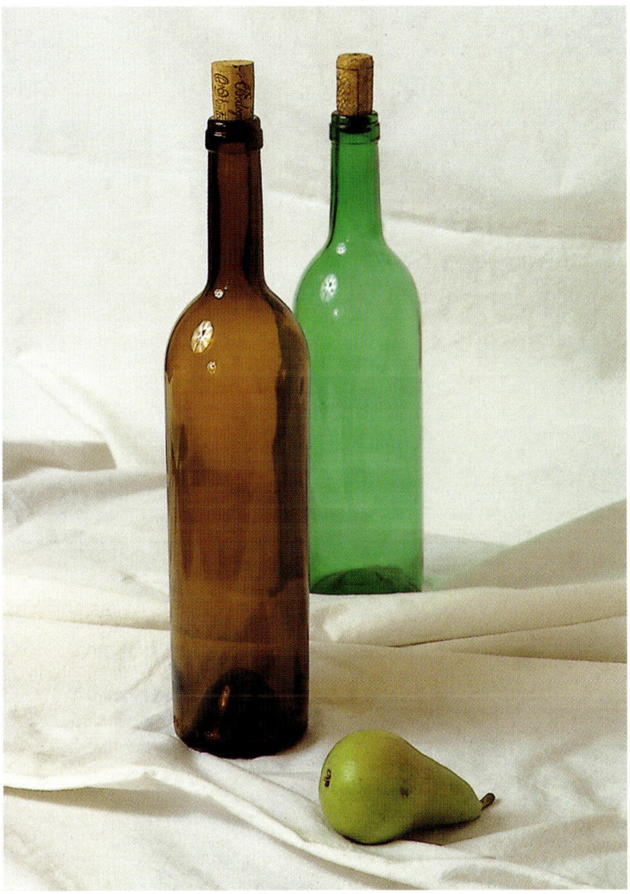

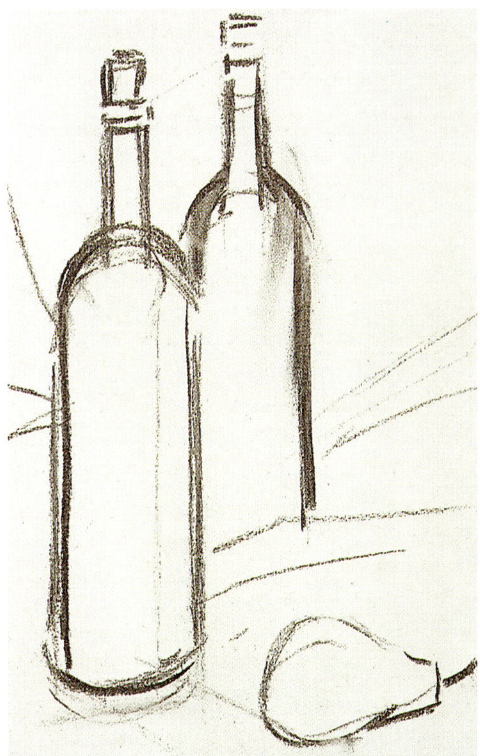

1. Die erste Andeutung der Formen erlaubt die Verteilung der Motive im Bild. Die wichtigsten Elemente der Bildkomposition sind die braune Flasche und die Birne. In der hinteren Bildebene ist die grüne Flasche zu sehen. Die Grundskizze soll nicht mehr Linien als unbedingt nötig enthalten. Wir wollen uns mit dem Umriß begnügen, da symmetrische Objekte wie eine Flasche oftmals sehr komplex sind.

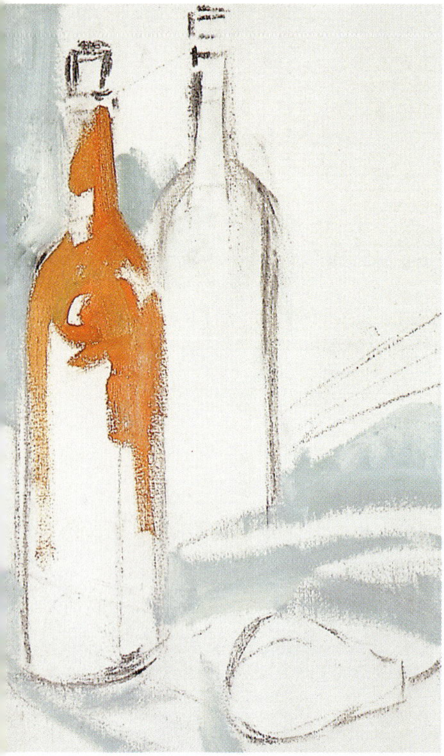

1. Die Fläche des Hintergrundes empfehlen wir, in stark mit Weiß abgetöntem Blau zu malen. Die Leinwand der ersten Bildebene ist mit sehr trockenem Pinsel zu bearbeiten und deutet so nur die Bereiche mit Schatten an. Die Flasche im Vordergrund wird mit einer Mischung aus Siena und Englischrot getönt. Diese Mischung entsteht nicht auf der Palette, sondern direkt auf der Leinwand mittels Farbauftrag auf den ersten Farbton. Beim Ausmalen der Flasche läßt man die Zonen mit Weiß zunächst ganz ohne Farbe. Diese Bereiche werden erst später farbig ausgefüllt.

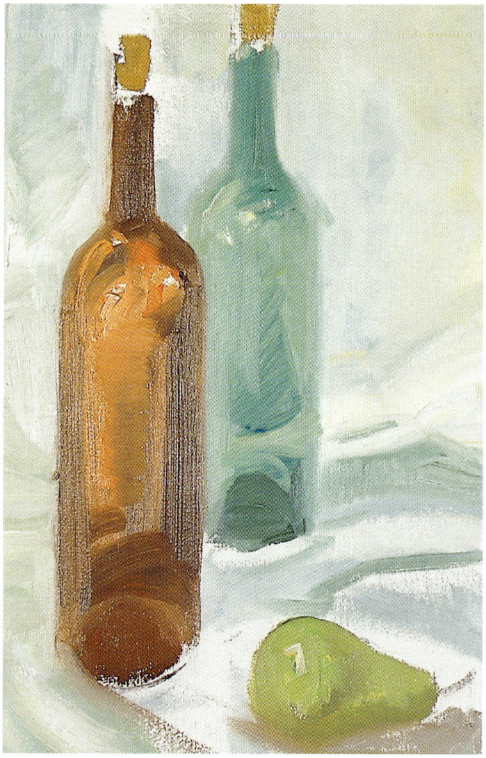

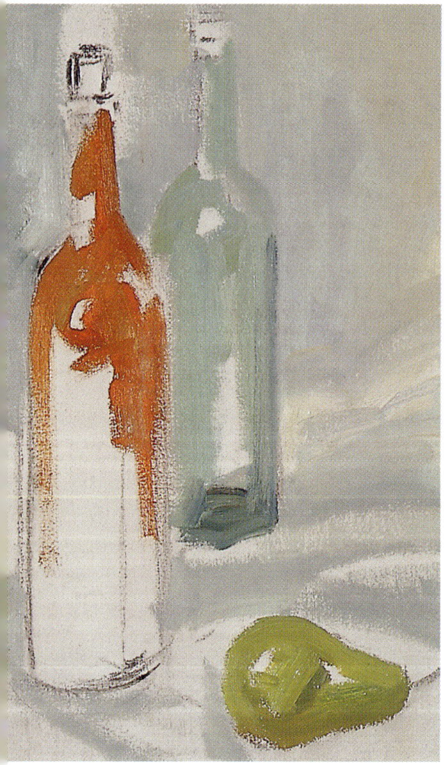

2. Der Hintergrund wird mit einer sehr leuchtenden Mischung aus Kobaltblau, Weiß und Neapelgelb gemalt. Die Flasche in der vorderen Bildebene wird am Flaschenhals mit langen Pinselstrichen ausgefüllt; im mittleren Feld wird links auf Siena natur zurückgegriffen. Auf die sienafarbene Fläche erfolgt nach vorherigem Mischen auf der Palette ein Farbauftrag aus Umbra gebrannt und Englischrot mit Siena. In der vorderen Bildfläche wird die Birne mit Goldgelb, Neapelgelb und Grün gemalt. Im unteren Bereich hingegen wird mit einem etwas reineren Grün gearbeitet. Die Flasche im Hintergrund wird weniger scharf konturiert als die vorderen Bildflächen.

3. Die Bilderstellung schreitet immer weiter fort. Im mittleren Bereich der Flasche im Vordergrund sind einige horizontale Pinselstriche von oben nach unten zu ziehen. Diese mischen sich mit dem im vorherigen Schritt verwendeten Umbra. Auf die rechte Seite gibt man einige Pinselstriche in Umbra gebrannt. Der untere Bereich der Flasche wird mit gebogenen Pinselstrichen gemalt, in welche sich die Farbe der vorherigen Fläche mischt. Bei der Flasche im Hintergrund ist die Arbeit ganz ähnlich, aber die Farbpalette bleibt auf einige mit Weiß gedämpfte Grüntöne beschränkt.

Bei der rahmenförmigen Planung sind die Farben je nach Standort des Objektes im Stilleben zu verwenden. Es wäre ja auch unlogisch, die hintere Bildebene mit sehr lebhaften Tönen zu bearbeiten, wenn man die erste mit gedämpften Tönen ausgemalt hat.

4. In diesem Arbeitsschritt kann man den Unterschied in der Durchführung der bisher aufgebrachten Pinselstriche nachvollziehen. Bei der ersten Flasche verläuft die Arbeit mit der Farbe kontrastreich. So ist der Flaschenhals in Dunkelbraun mit langen, vertikalen Pinselstrichen angelegt. In der Mitte hingegen sind die Pinselstriche kurz und horizontal. Sie bilden wieder eine andere Ebene. Der Körper der Flasche schafft ebenfalls neue Ebenen. So trägt die Mitte kurze, horizontale Pinselstriche in Rot. Der runden Ausbuchtung folgt man mit Orange, der Glanz wird mit Gelb gemalt.

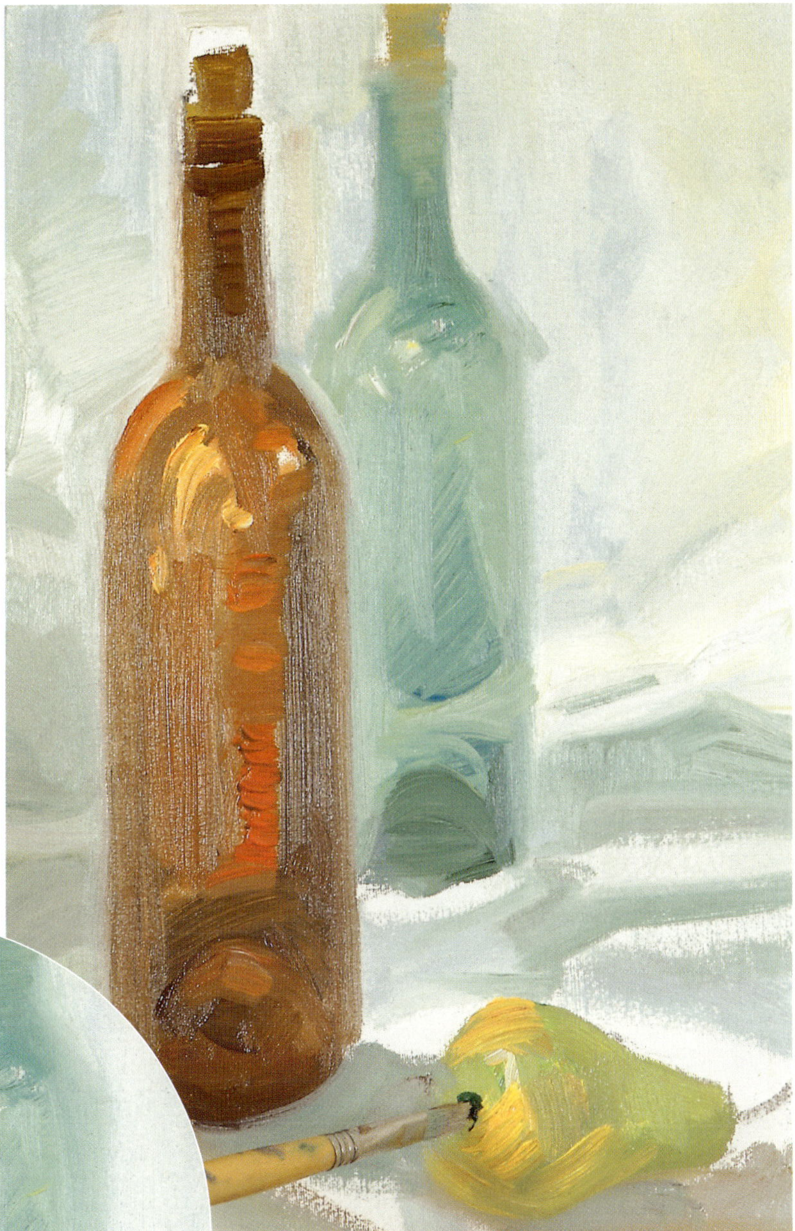

Um eine entferntere Bildfläche mit dem Hintergrund zu verwischen, muß man mehrmals mit dem Pinsel über die Konturen gehen.

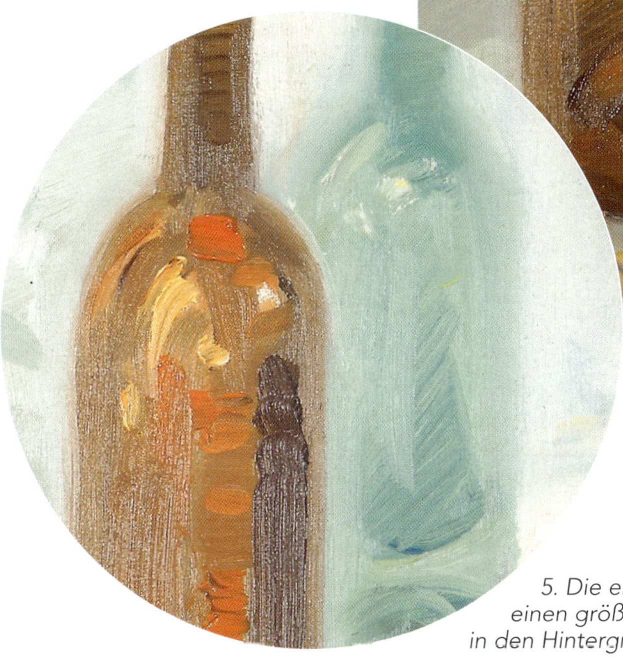

5. Die erste Fläche ist voller Kontraste und beinhaltet einen größeren Farbreichtum als die zweite, die praktisch in den Hintergrund übergeht.

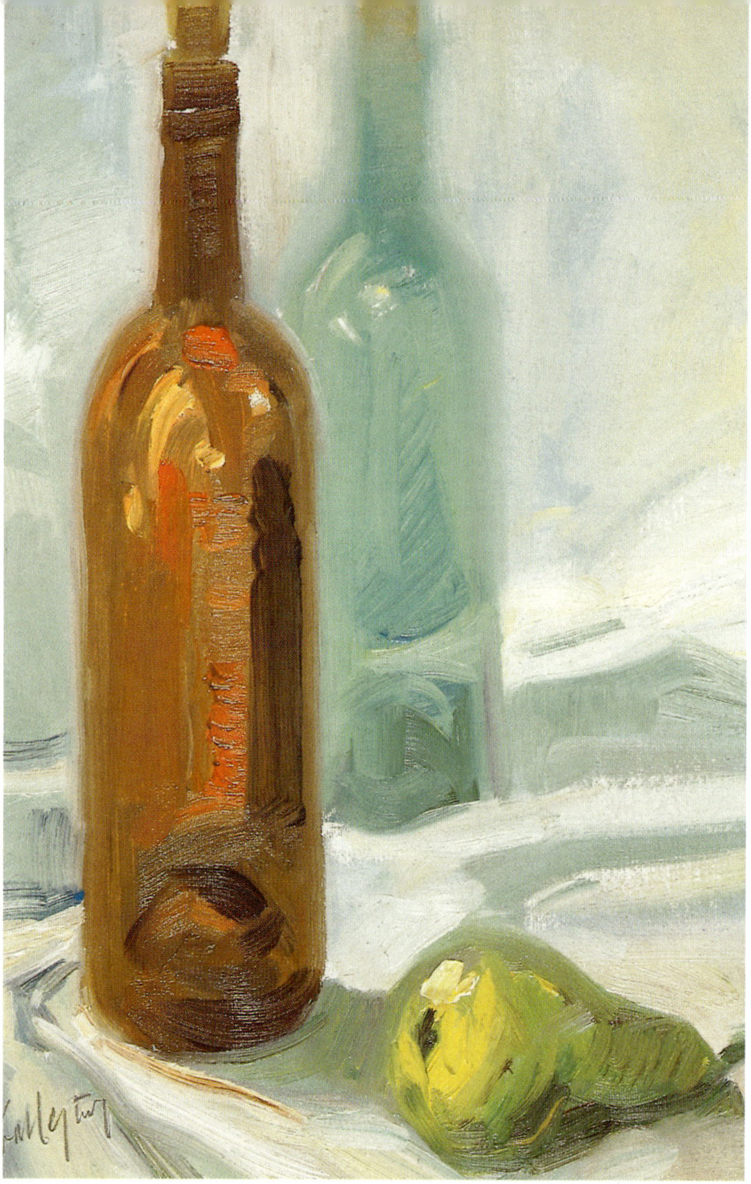

6. Die Arbeit an der Tischdecke mit ihren Falten ist einfach, erfordert aber in der vorderen Bildebene eine größere Aufmerksamkeit als der Hintergrund. Es ist wichtig, daß durch den ersten Hilfsrahmen die Linien bereits festgelegt werden, damit im gesamten Prozeß der Pinselstrich einen sicheren, vorgegebenen Weg hat. Die klaren Töne der ersten Bildebene sind viel leuchtender und reiner als diejenigen der hinteren Fläche. Nach wiederholten und sehr weichen Durchgängen mit dem Pinsel verwischen sich die Konturen der Flasche, die somit eine etwas undeutlichere und lediglich stilisierte Gestalt bekommt. Somit ist diese umfassende Arbeit mit dem Ziehen von Kästen und der Flächenabdeckung in Öl abgeschlossen.

ZUSAMMENFASSUNG

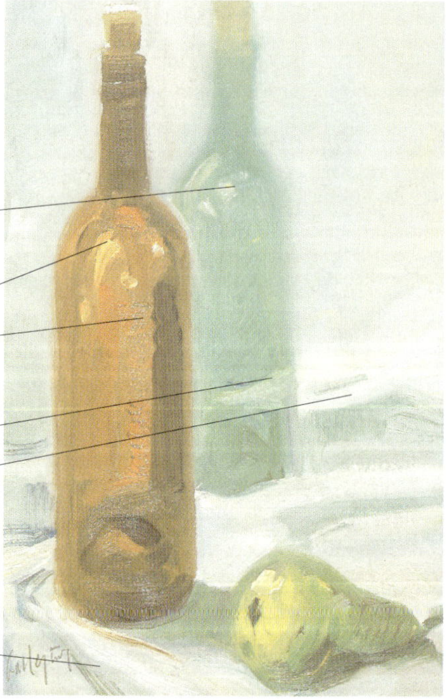

Die Töne und Farben der vorderen Bildflächen sind stark und kontrastreich; diejenigen im Hintergrund sind weich und neigen zum Verschwimmen.

Bei der ersten Flasche werden die Glanzpunkte mittels leuchtender Farbe ausgedrückt.

Nach dem ursprünglichen Schema geht der Umriß der Flasche im Hintergrund sanft in den Hintergrund selbst über, so daß sich keine scharf umrissene Form abzeichnet.

In der hinteren Bildebene neigen die Farben zum Verschwimmen. Das Tischtuch tritt in der vorderen Bildebene klarer hervor; hier sind die Pinselstriche exakter.

4 Der verdünnte Pinselstrich

PRIORITÄT DES FARBAUFTRAGES: FETT AUF DÜNN

Das in der Ölfarbe enthaltene Fett läßt sich mit Terpentin bzw. Leinöl verdünnen. In diesem Kapitel gehen wir nun ausführlicher auf die Vorgehensweise beim Erstellen eines Ölbildes ein. Wir beginnen zunächst mit stark in Terpentin gelösten Ölfarben.

Beginnt man mit dem Malen in Öl, folgt man im wesentlichen einem Prozeß, der anfangs ein wenig willkürlich und unübersichtlich erscheinen mag. Beherrscht man die Technik dann jedoch besser, verwandelt sie sich in ein intuitives Verfahren. Die Arbeit geht von einem stark verdünnten Pinselstrich mit viel Terpentin und wenig Farbe aus.

1. Ist der anfängliche Rahmen gezogen worden, trennen wir die Bereiche des Lichteinfalls und des Schattens. Hierzu tauchen wir den Pinsel in Terpentin und verdünnen die Farbe auf der Palette. Mit dieser Farbe werden die gesamten dunklen Flächen der Vorskizze abgetönt. Es macht nichts, wenn man mit dem Pinsel einmal irrtümlich in die Zonen des Lichteinfalls geraten sollte. Zum Korrigieren reicht es nämlich völlig, den Pinsel in reines Terpentin zu tauchen und damit über die frische Oberfläche des Bildes zu gehen. Auf diese Weise ist es einfach, das bereits Gemalte nötigenfalls wieder zu entfernen.

▲

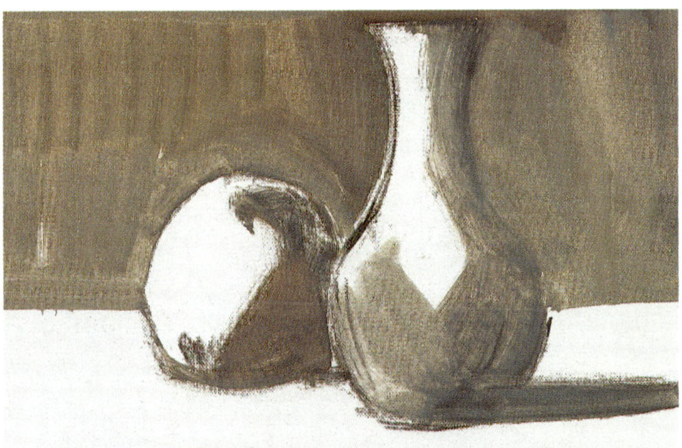

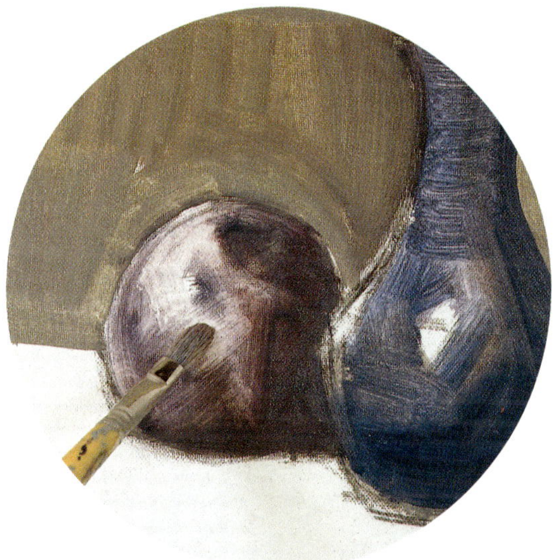

▼

2. Sind die Zonen von Licht und Schatten einmal im Bild entstanden, fährt man mit dem Abtönen des Bildes mit Terpentin auf dem Pinsel fort. Um eine weiße Öffnung zu schaffen, braucht man nun lediglich mit dem Pinsel über eine getönte Zone zu gehen.

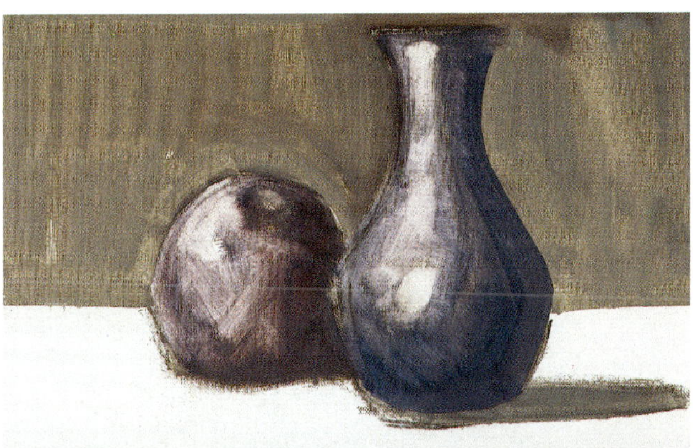

▶ *3. Die verdünnten Farben erlauben schon beim ersten Farbauftrag das Einteilen in dunkle und helle Farbtöne. Beim Abtönen, das zunächst mit einer verdünnten Farbe erfolgt, bleiben die Zonen des Lichteinfalls und des Schattens strikt voneinander getrennt. So genügt der mit Terpentin getränkte Pinsel und ein winziges bißchen Farbe, um ein mittleres Grau zu erzielen.*

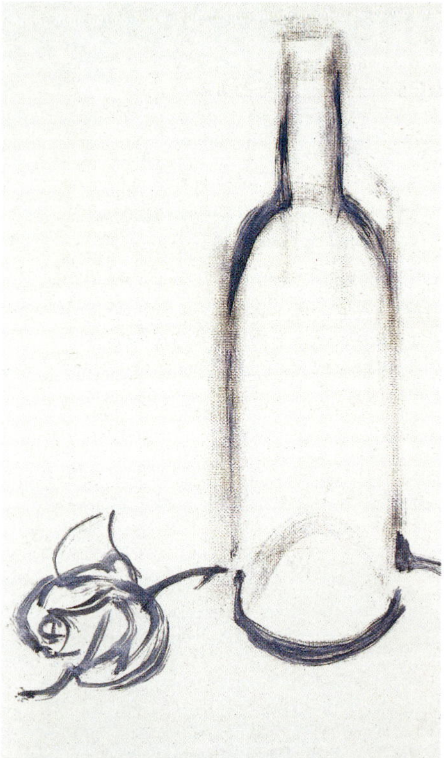

DAS VERDÜNNEN DER FARBE AUF DER PALETTE

Hat man einmal die vorherige Übung durchgeführt, in der ein Stilleben mittels stark verdünnter Farben entstanden ist, bietet sich nun eine Übung an, in der das Verfahren des Farbauftrages ein wenig weiterentwickelt wird. Zu Beginn dieses Prozesses arbeiten wir zunächst mit stark durch Terpentin verdünnten Farben, um das Arbeiten in mehreren Schichten zu ermöglichen oder das Gemalte so oft wie möglich korrigieren zu können. Nun verdünnen wir die Farben auf der Palette, um ein gezielteres Abtönen der Flächen zu ermöglichen.

▶ *1. Hat man einmal die wichtigsten Elemente des Bildes – die Zonen des Lichteinfalls und des Schattens – mit verdünntem Pinselstrich gemalt, kann man mit etwas dichterer Farbe fortfahren. Dieser Prozeß wiederholt sich in verschiedenen Stufen.*

3. Schließlich werden die Kontraste noch dunkler dargestellt. In dieser Übung werden die dunklen Töne direkt und ohne Zusatz von Terpentin auf die Leinwand gebracht. ▲

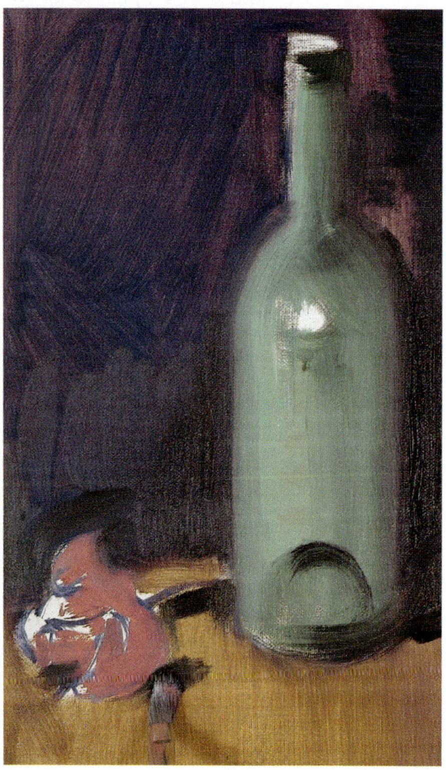

▶ *2. Wenn man eine dunkle über eine helle Farbe aufträgt, mischt sich die obere mit der unteren Farbe, sofern eine gewisse Menge Terpentin in ihnen enthalten ist. Bei mehreren Durchgängen geht die neue Farbe jeweils sanft in die untere über. So geht man mit dem Pinsel über die im ersten Durchgang aufgetragene grüne Farbe. Die darin enthaltene dunklere Farbe ist auf der Palette leicht mit Terpentin gemischt worden.*

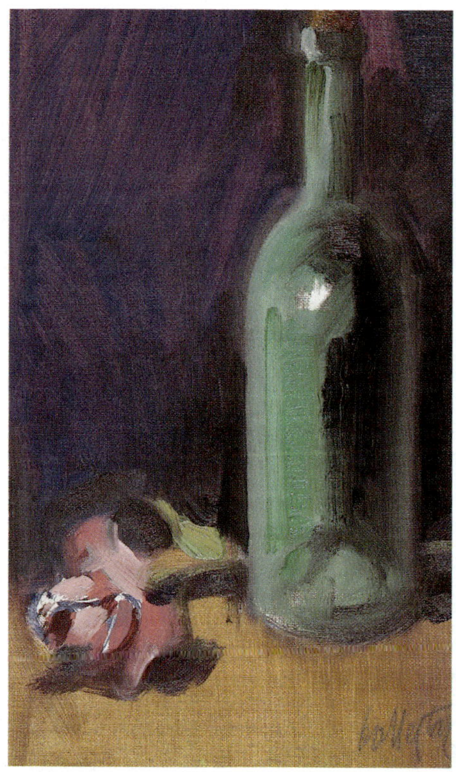

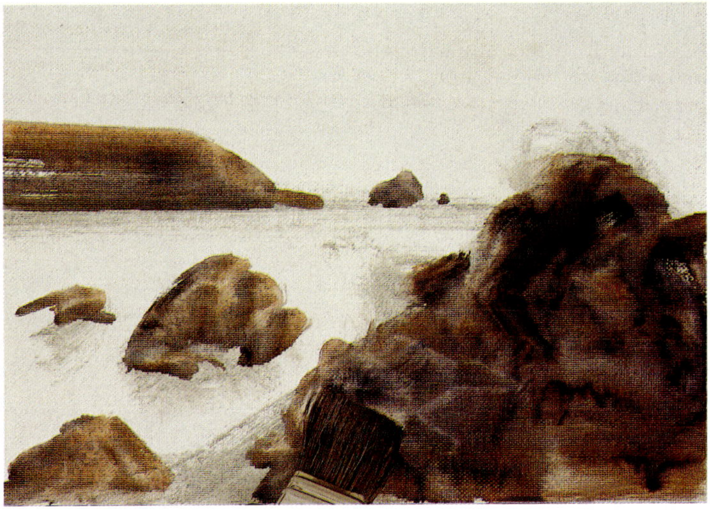

1. Die Pinselstriche mit dem Anstreicherpinsel sind breiter und großzügiger; somit ist sein Einsatz besonders für das Abtönen großer Flächen zu empfehlen. Trotz eines vielleicht gegenteiligen Anscheines kann man mit dem Anstreicherpinsel auch eine große Zahl weiterer Arbeiten durchführen, da sein Profil sehr genau sein kann.

DER ANSTREICHERPINSEL

Der Anstreicherpinsel zählt zu den praktischsten Werkzeugen in jedem beliebigen malerischen Verfahren. Trotz seines groben Umrisses erleichtert dieser Pinsel das mit Terpentin verflüssigte Abtönen bei der Ölmalerei, besonders weil er eine schnelle und unmittelbare Lösung für die ersten Phasen der Bildgestaltung erlaubt. In dieser Übung wollen wir ein ganz einfaches Verfahren mit dem Anstreicherpinsel durchführen.

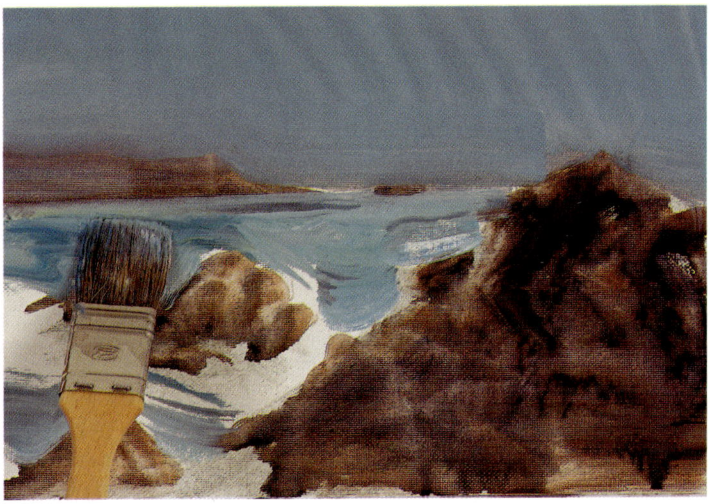

2. Hat man einmal mit stark verdünnter Farbe die gröbsten Zonen des Bildes bearbeitet, kann man auf die Details wie das Umreißen von Formen eingehen, die sich jetzt sehr viel klarer abzeichnen. Wie man sich vorstellen kann, ist der Anstreicherpinsel für eine ganze Reihe verschiedener Pinselstriche geeignet.

Alte Anstreicherpinsel erlauben Pinselstriche, die mit neuen Pinseln oder Paletten undenkbar sind.

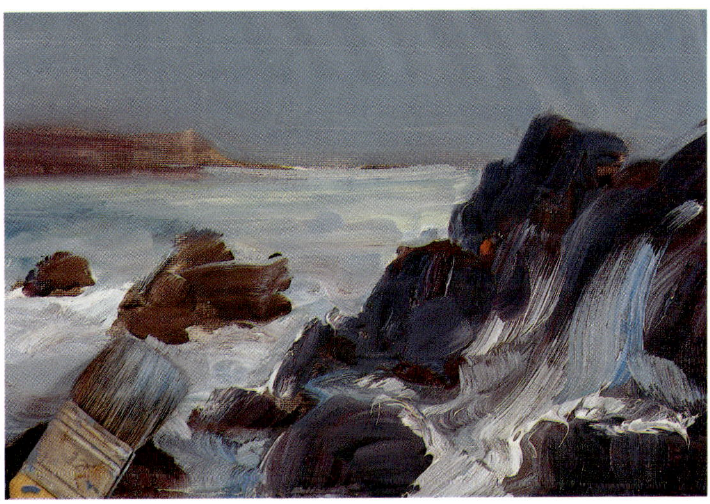

3. Nach dem Schattieren werden die Formen mit dichteren Farben bearbeitet.

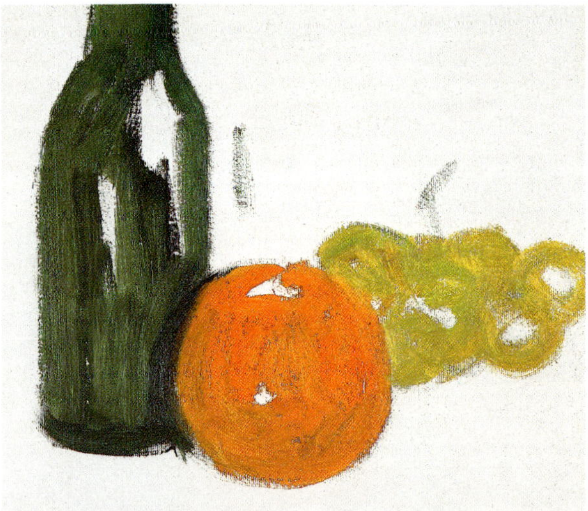

▶ *1. Mit einer leicht in Terpentin gelosten, verdünnten Farbe werden nun in zwei deutlich voneinander unterschiedenen Grüntönen jeweils die Flasche und die Weintrauben skizziert und schattiert. Dieses erste Schema enthält jedoch noch keine Details der Formen, nur die Stellen mit Glanz werden durch freigelassene Stellen angedeutet.*

DIE LEINWAND MIT VERDÜNNTEN FARBEN

Beim Malen eines Bildes hat man unabhängig von den vielleicht enthaltenen Farbkontrasten die Regel „Fett auf Dünn" zu befolgen. Der Aufbau und das Schattieren eines Bildes müssen schnell und unmittelbar vonstatten gehen; die Farben sind zur gleichen Zeit wie die Form zu setzen. Anhand der Farbskizze mit wenig Farbe und viel Terpentin kann man das Bild nach und nach erstellen. Dies zählt zu den großen Vorzügen dieser Technik.

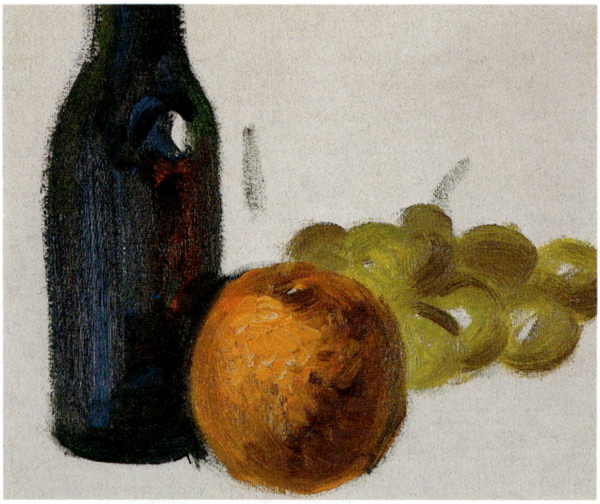

▶ *2. Die Korrektur einzelner Farben ist beim ersten Schattieren möglich; die Farben werden ganz nebenbei korrigiert. So war die Flasche anfangs dunkelgrün. Mit immer neuen Farbaufträgen, die immer weniger Terpentin enthalten, wandelt sich die Farbe nach und nach zu einem eher bläulichen Ton. Auf die Flasche gibt man auch noch einen rötlichen Pinselstrich. Um nun noch die Form der Orange auf die Leinwand zu bringen, mischt man auf der Palette Blau und Orange.*

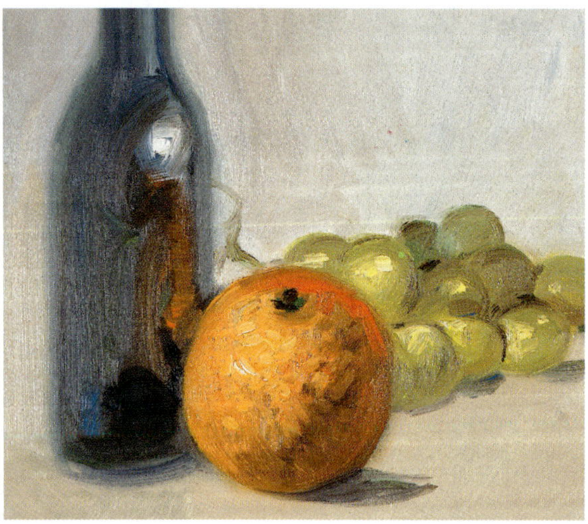

▶ *3. Die Korrektur der Farben und der Form wird nach und nach vorgenommen. Auf die ursprüngliche Farbskizze trägt man immer präzisere Pinselstriche auf, die zum Nachbessern der Form dienen. Bei Abschluß des Bildes kann man schließlich komplett auf den Gebrauch von Terpentin verzichten.*

Skizze eines Stillebens

Die Ölmalerei zählt zu den nobelsten Techniken in der Malerei. Nach dem Trocknen hat man aufgrund der Frische der Farben noch viele Jahre lang den Eindruck, das Bild sei gerade erst geschaffen worden. Um dies zu erreichen, muß der Maler jedoch den Prozeß der Bilderstellung erst einmal grundlegend verinnerlichen. Immer ist dabei mit dem Schattieren zu beginnen.

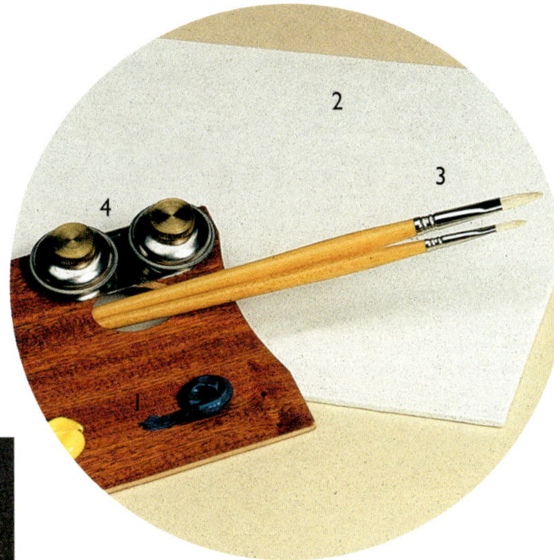

BENÖTIGTES MATERIAL

Ölfarben und Palette (1), Leinwand-Pappe (2), Pinsel (3), Terpentin und Leinöl (4).

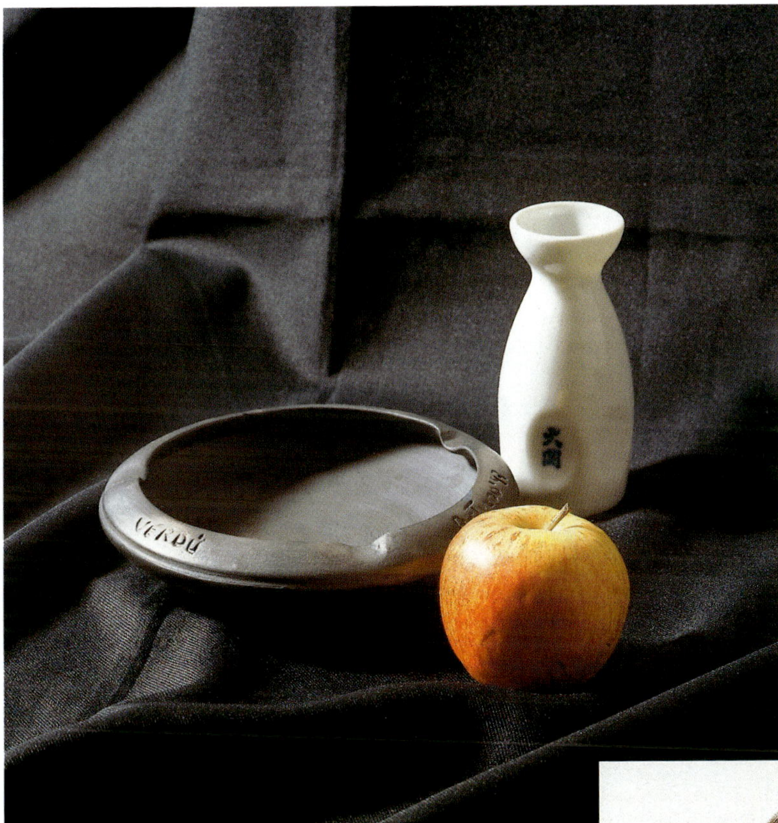

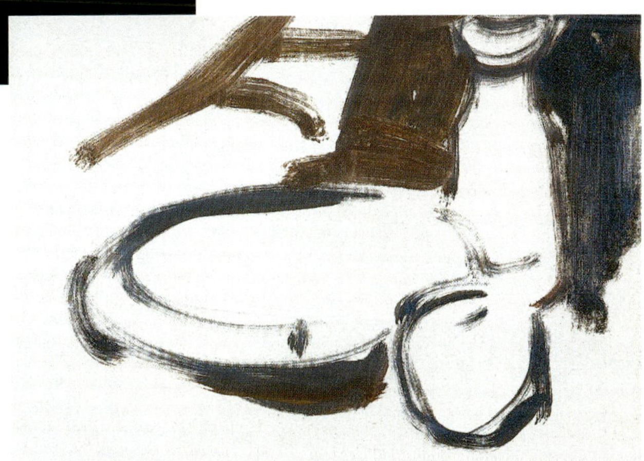

1. Die ersten Schichten sind stets so aufzutragen, daß sie einen größeren Terpentinanteil enthalten als spätere Schritten. Der Pinsel wird in Terpentin getaucht und die Farbe auf der Palette verdünnt. Nach dem Ausdrücken des Pinsels beginnt man mit dem Nachzeichnen der Formen aller Objekte im Bild. In diesem Fall ist das Fertigen einer Vorskizze mit Kohlestift nicht erforderlich, da die Vorlage nicht allzu komplex ist. Wie Sie sehen, hebt sich vor dem dunklen Hintergrund die Form eines Tonkruges ab.

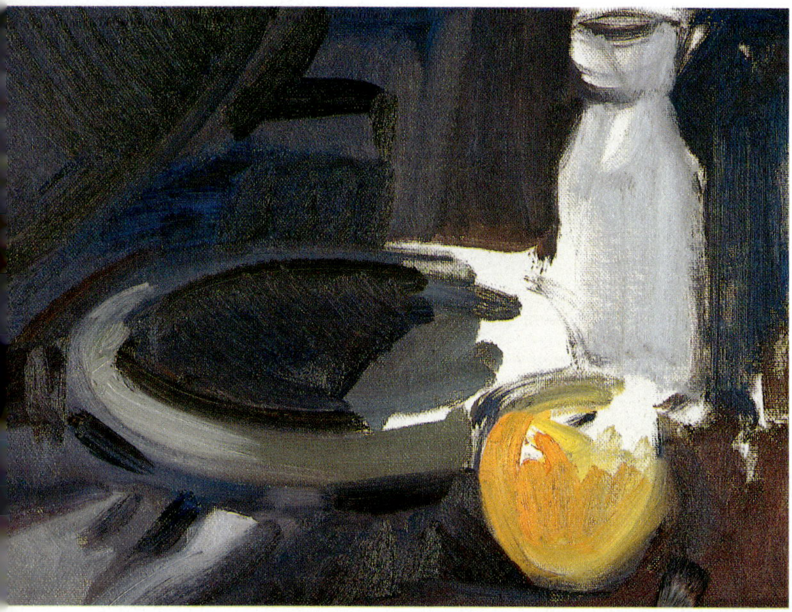

2. Der gesamte Hintergrund wird nach bekanntem Verfahren mit Ölfarbe gemalt, der viel Terpentin beigesetzt wurde. Das Schattieren des Bildes nimmt man also mit Farbe vor, die nicht besonders fett ist, so daß man jede beliebige Fläche mit Leichtigkeit durch einen neuen Pinselstrich korrigieren kann, nachdem man den Pinsel in Terpentinessenz oder reines Terpentin getaucht hat. Mit diesem Verfahren lassen sich Punkte des Lichteinfalls öffnen. Mit einer violetten, etwas dichteren Farbe kann man auch die Präsenz der dunkleren Töne hervorheben. Der weiße Zierkrug wird mit einer nahezu durchscheinenden Farbe schattiert.

3. Die Arbeit wird mit dem Aschenbecher fortgeführt. Der Innenbereich wird dabei mit deckender und dunkler Farbe gemalt, so daß der Rand durch den Kontrast zwischen den Tönen um so leuchtender erscheint. Um den Außenbereich dieser Keramik zu malen, werden stark mit Weiß gedämpfte Töne verwendet, die weniger mit Terpentin abgemischt werden.

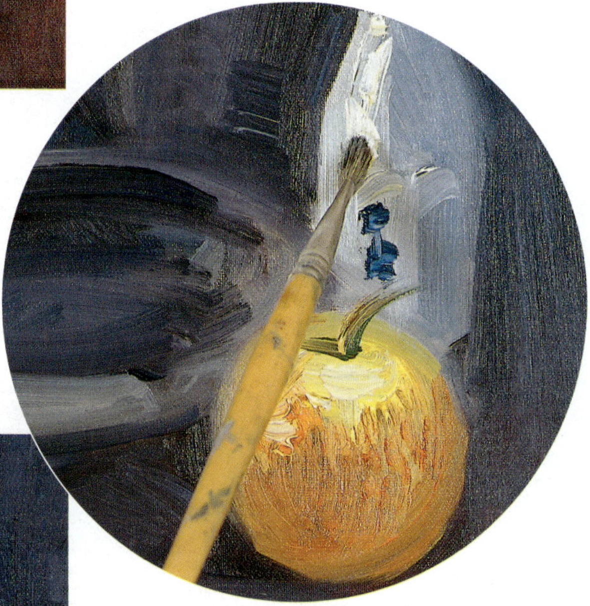

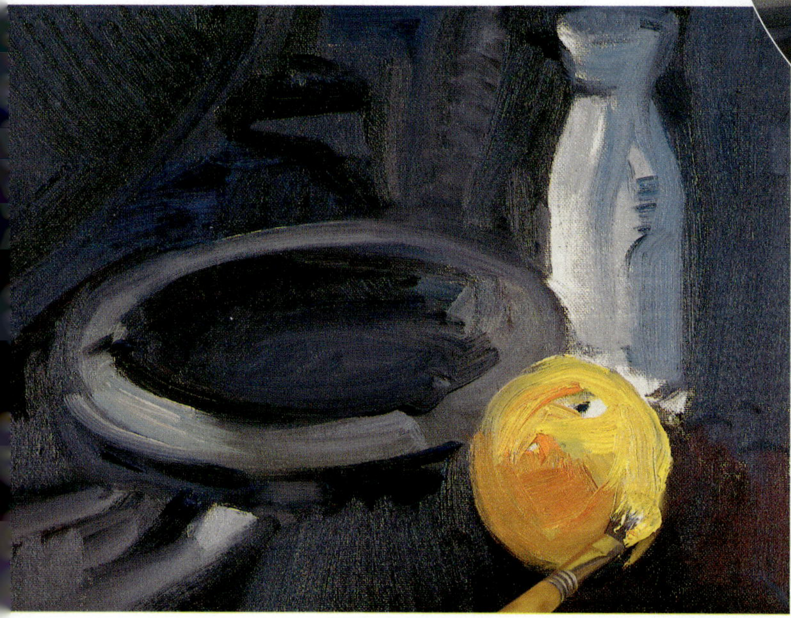

4. Die Pinselstriche werden mit immer weniger Terpentin gezogen. Hat man das Schattieren vervollständigt, wird komplett ohne Terpentin weitergemalt. Beim Apfel enthielten auch die ersten Pinselstriche schon kein Terpentin. Ebensowenig empfiehlt es sich beim Fortführen dieser Arbeit, Terpentin hinzuzugeben. Möchten Sie die Farben also ein wenig verflüssigen, werden Sie auf Leinöl zurückgreifen müssen. Auf den Apfel werden rötliche Pinselstriche gesetzt, die sich im Bild mit den gelblichen Tönen mischen. Auf den kleinen Zierkrug malt man nun einen sehr leuchtenden Pinselstrich.

5. Mit einem leuchtenden Weiß werden schließlich die beleuchteten Flächen des kleinen Kruges dargestellt. Da das Umfeld dieses Striches dunkel ist, kommt der Kontrast zwischen den Tönen glänzend und leuchtend zur Geltung. Der Apfel wird mit Pinselstrichen so lange modelliert, bis seine kugelförmige Gestalt entstanden ist.

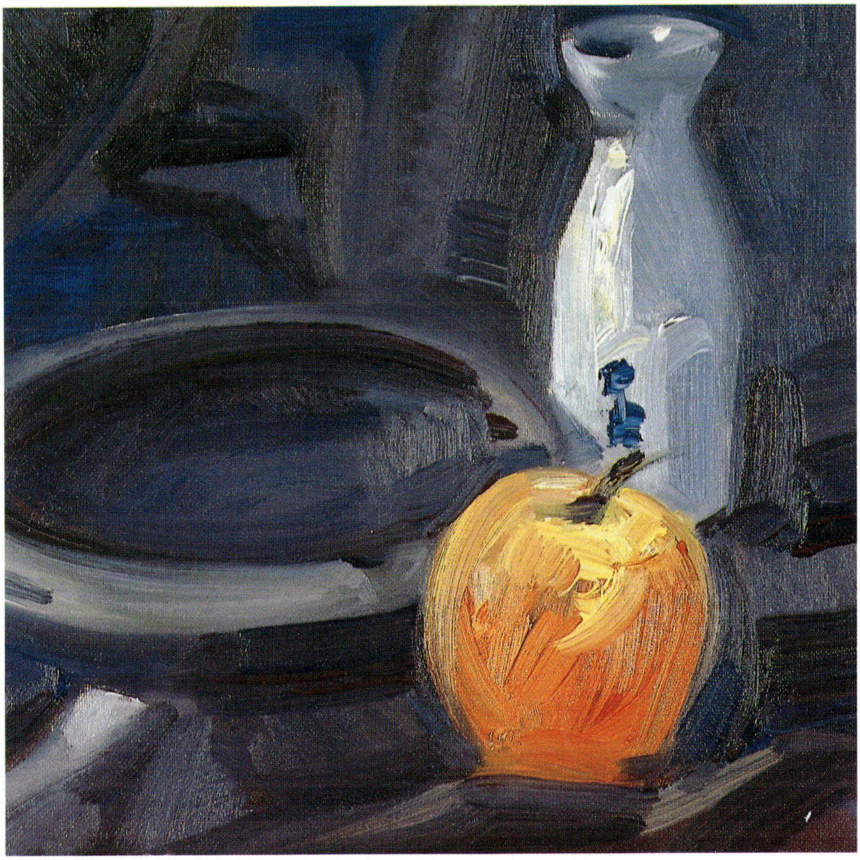

Verwenden Sie niemals Lösungsmittel für generelle Anstreichfarbe. Das Lösungsmittel für Ölfarben muß Terpentinessenz, auch reines Terpentinöl genannt, sein. Kauft man Terpentinessenz in Drogerien, muß dieses rektifiziert sein, damit seine Reinheit garantiert ist.

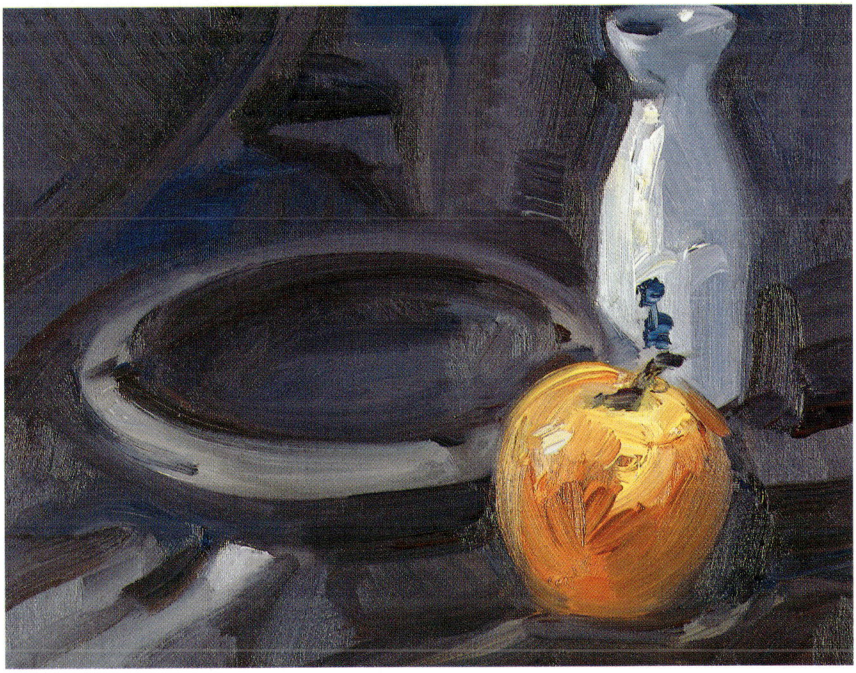

6. Die Technik der Ölmalerei erlaubt das permanente Nachbessern der Formen aller Objekte, die Sie gerade malen. Trotzdem ist es zweckmäßig, im gesamten Prozeß beim Auftragen von Farben keine „Dellen" oder „Nasen" entstehen zu lassen, da sich diese beim Einarbeiten und Profilieren von Formen als Hemmnis erweisen. So läßt sich das Oval des Aschenbechers mit aufeinanderfolgenden Pinselstrichen korrigieren, die schließlich auch seinen Umfang profilieren und festlegen.

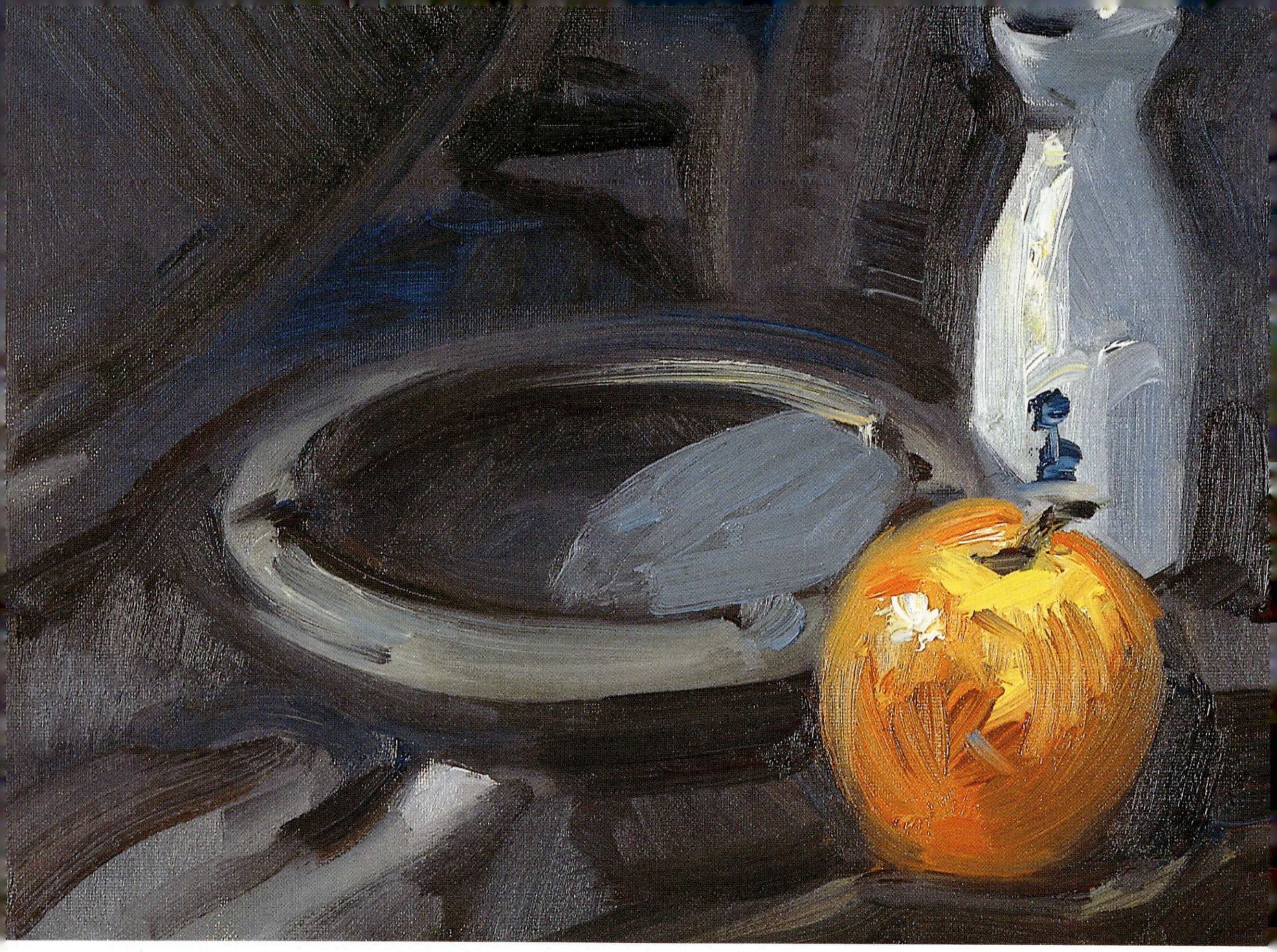

7. Weil die Töne des Aschenbechers bereits zu kontrastreich sind, zieht man sie mit einem sanften, hellen Grauton noch einmal nach, aber nicht die gesamte Innenfläche, sondern nur dort, wo das Licht einfällt. Mit langem Pinselstrich wird der Umriß des Aschenbechers auf die Leinwand gebracht, wobei Spuren der tiefergelegenen Töne sich mit dem Grau vermengen.

ZUSAMMENFASSUNG

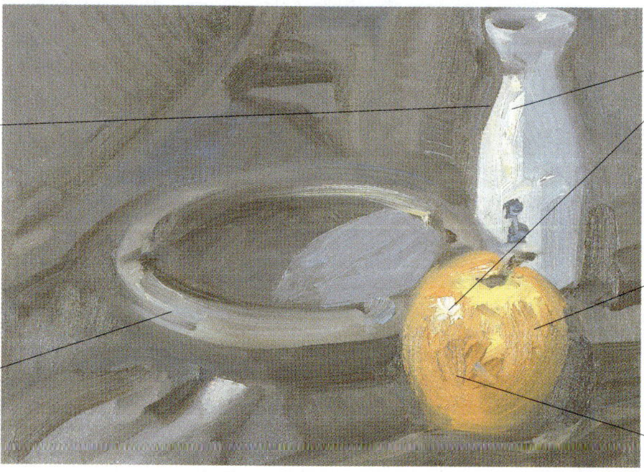

5 Der Spachtel

MUSTER

In diesem Kapitel nehmen wir uns die Durchführung einiger Übungen mit dem Spachtel vor. Dieses Werkzeug ist in verschiedenen Ausführungen erhältlich, auch wenn es sich im wesentlichen aus einer kleinen Eisenplatte an einem Stiel zusammensetzt, mittels derer man Farben aufnehmen und modellieren kann, wobei es gegenüber dem Pinsel zu völlig eigenen Ausdrucksmöglichkeiten kommt.

Der Spachtel gehört zu den Werkzeugen, die ausschließlich in der Ölmalerei Anwendung finden. Anfangs wird das Arbeiten mit dem Spachtel vielleicht noch schwer fallen,wobei die dadurch erzielten Ergebnisse aber keinesfalls hinter den mit dem Pinsel erreichten zurückstehen.

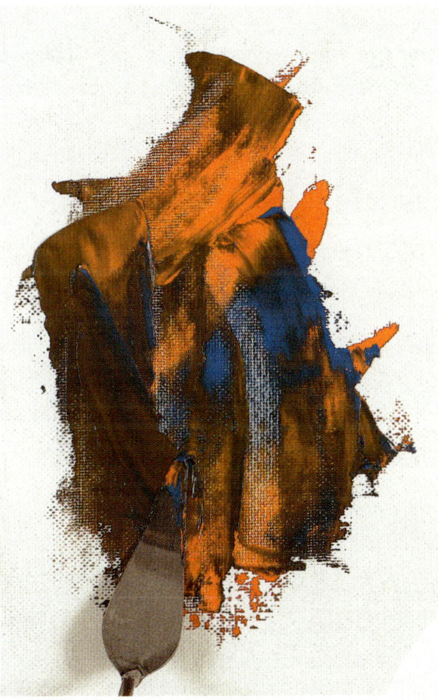

▶ *Mit dem Spachtel kann man den Farbauftrag großer Flächen realisieren. Zunächst muß man auf der Palette diejenige Farbmenge anteigen, die man benötigt. Da die Ölfarbe nach dem Trocknen nicht schwindet, bleibt jede Oberflächenbehandlung nach dem Abhärten der Farben makellos sichtbar.*

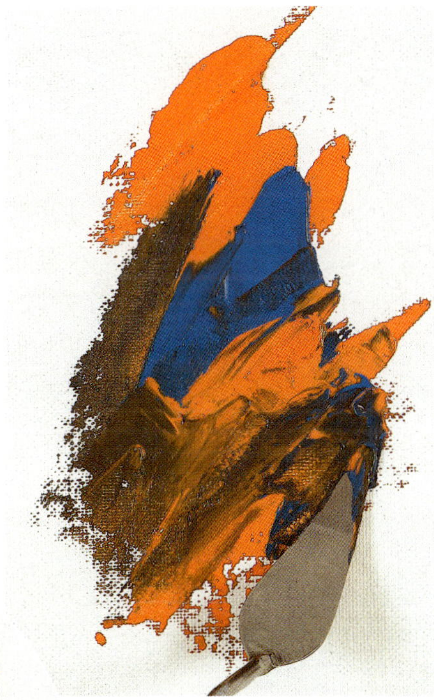

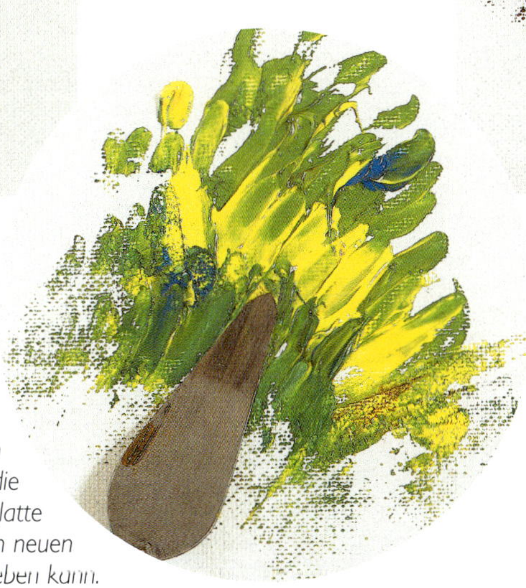

◀ *Man kann eine Farbe auf eine andere auftragen, wodurch kuriose Mischeffekte entstehen. Dieses Verfahren läßt sich perfekt steuern, was die Auswahl möglicher Arbeitstechniken mit diesem Werkzeug vergrößert. Führt man den Spachtel eben und mit gleichbleibender Präzision über die Oberfläche eines Bildes, entsteht eine glatte Oberfläche, auf die man wieder einen neuen Farbauftrag geben kann.*

▼ *Mit kleinen Farbmengen kann man Oberflächentexturen wie die oben abgebildeten erzeugen. Unvermeidlich ist es jedoch, sich zunächst das nötige Fingerspitzengefühl für den Farbauftrag mit dem Spachtel anzueignen. Die Ölfarben sind sehr weich; diese Eigenschaft tritt noch weiter in den Vordergrund, wenn man mit einem metallenen Werkzeug wie dem Spachtel arbeitet.*

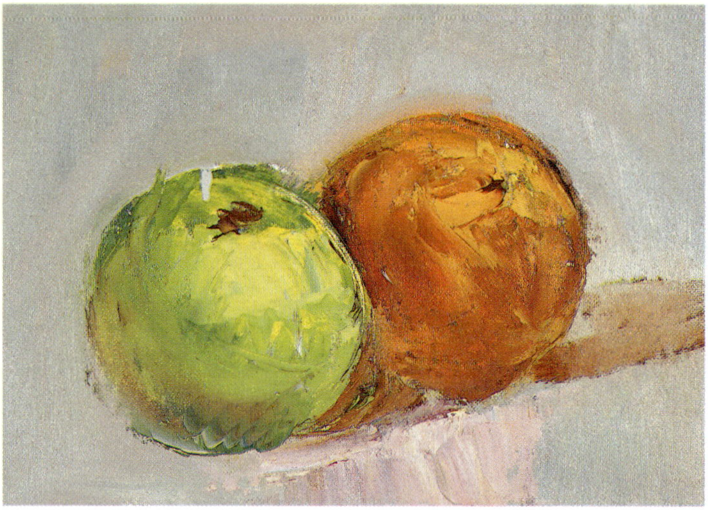

▶ 1. Mehr als einmal kann es dem Maler passieren, daß er in irgendeinem Stadium das Bild verbessern möchte, da das Ergebnis nicht hundertprozentig seinen Vorstellungen entspricht. Nun läßt sich die einmal auf die Fläche gemalte Ölfarbe durch Verwendung eines Pinsels nicht so sauber wieder entfernen. Hierdurch würde die Farbe verwischen und Flächen würden beeinträchtigt.

DIE KORREKTUR

Wenn man in Öl malt, hat man oft eine zu komplexe Farbstruktur, als daß man sie mit dem Pinsel korrigieren könnte. Auch wenn man vorher den Pinsel eingesetzt hat, kann man zum Entfernen der überflüssigen Farbe im zu korrigierenden Bereich nun effektiver den Spachtel verwenden. Der Spachtel weist eine Messerform auf und kann somit immer dann für eine bemalte Fläche verwendet werden, wenn diese noch nicht getrocknet ist.

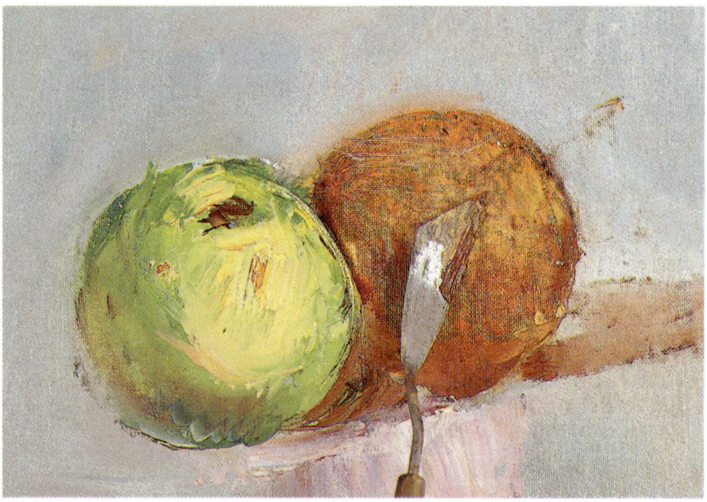

▶ 2. Der Spachtel ist das ideale Werkzeug, mit dem man auf sämtlichen Farbflächen die Farbe wieder entfernen kann. Dazu genügt es, die Kante anzusetzen und wiederholt hin- und herzuziehen, bis der Bereich keine Farbe mehr enthält. Hat man die Farbe oder wenigstens den ungewünschten Anteil entfernt, erhält man eine saubere Oberfläche, die man erneut bearbeiten kann.

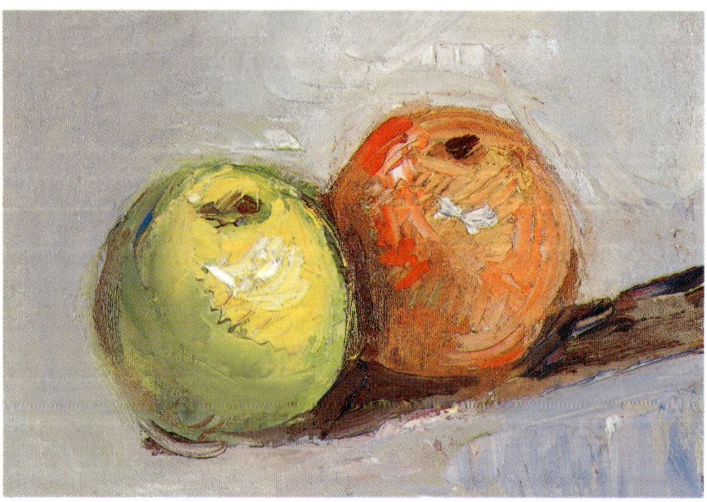

▶ 3. Der Einsatz des Spachtels hat das Öffnen des nötigen Platzes im entsprechenden Bereich ermöglicht. Durch gezielten Einsatz bleiben die korrekten Partien bestehen. In diese sauberen Zonen malt man nun wieder die gewünschten Objekte, die man in jeder Weise, also mit jeder gewählten Technik in Öl, malen kann.

FARBAUFTRAG MIT DEM SPACHTEL

Die Handhabung eines Spachtels ist nicht so schwierig und seine Anwendung so vielfältig wie die des Pinsels, auch wenn das Muster, das der Spachtel hinterläßt, völlig anders wirkt. In dieser leichten Übung kann man einige grundlegende Möglichkeiten mit diesem Werkzeug studieren. Beachten Sie dabei im speziellen beim Farbauftrag den auf den Spachtel auszuübenden Druck und seine Spur auf der frischen Farbfläche.

1. Beim Malen dieser kleinen Küstenlandschaft wollen wir die ganz besonders typischen Effekte mit Ölfarben und Spachtel einmal richtig nutzen. Hat man eine gewisse Farbmenge aufgenommen, kann man diese mit langen Strichen auf dem Bild verteilen. Ein dicker Farbauftrag mit dem Spachtel ist dabei nicht notwendig; es genügt ein leichter Auftrag, um die Farbe auf das Bild zu bringen.

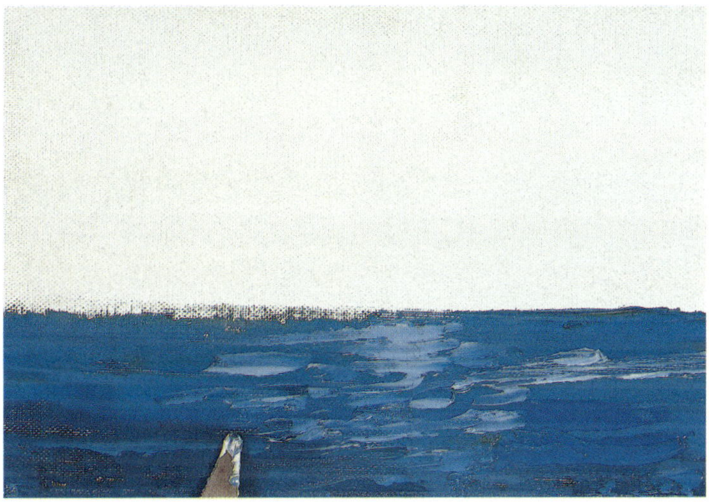

2. Die Glanzlichter werden mit punktuellen Spachtelstrichen eingebracht. Hier wird nur die Spachtelspitze verwendet, um die richtige Farbmenge einzubringen.
Die Oberflächentextur der Ölfarbe läßt sich leicht mit dem Spachtel modellieren, so daß man Farben der tiefergelegenen Flächen mit aufnehmen kann.

Nach jeder Sitzung ist der Spachtel gründlich zu reinigen. Zunächst werden die Reste der Ölfarbe mit Zeitungspapier beseitigt. Danach benutzt man einen Lappen mit Terpentinessenz.

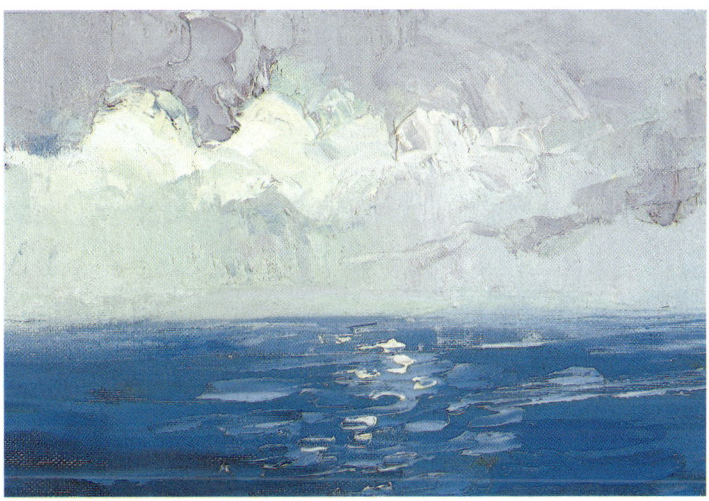

3. Wie man sehen kann, wird bei zwei sauberen Farben, die aufeinander aufgetragen werden, die eine zum Teil des anderen, so daß man verschiedene Effekte erzielen kann, die sich stark von denjenigen mit Pinsel unterscheiden.

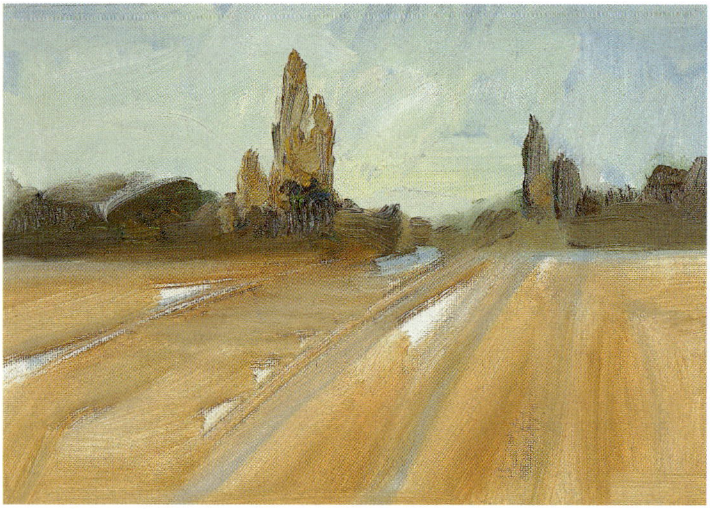

DIE OBERFLÄCHENTEXTUR

Der Gebrauch des Spachtels braucht nicht ausschließlich auf die Klinge beschränkt zu bleiben. Man kann auch Pinsel und Spachtel miteinander kombinieren. Eigentlich benutzt man den Spachtel eher zum Vollenden des Bildes, um eine bestimmte Oberflächentextur zu erzielen. In dieser Übung haben Sie Gelegenheit, den Anfang mit dem Pinsel zu malen und später mit dem Spachtel fortzufahren.

▶ *1. Zunächst werden der Grundentwurf und die Skizzierung mit dem Pinsel vorgenommen. Die Farbe ist mit mehr Terpentin anzureichern als bei den nachfolgenden Schichten. Sie sollte aber auch nicht zu feucht sein. Der Pinsel ist sehr viel einfacher zu handhaben als die Bewegungen des Spachtels, so daß mit ihm die Grundfläche präziser und genauer vorbereitet werden kann.*

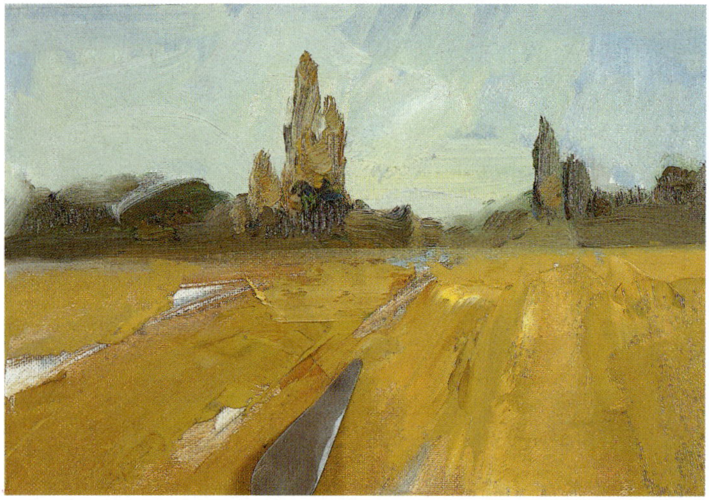

▶ *2. Nach dem Bearbeiten des Bildes mit dem Pinsel kann man mit dem Farbauftrag mittels Spachtel fortfahren. Man kann so weitermachen wie bisher, aber Vorsicht beim Auftragen der Farbe auf die feuchte Fläche: Enthalten die tieferliegenden Farbschichten zuviel Terpentin, kann sich das hinderlich auf den Malprozeß auswirken.*

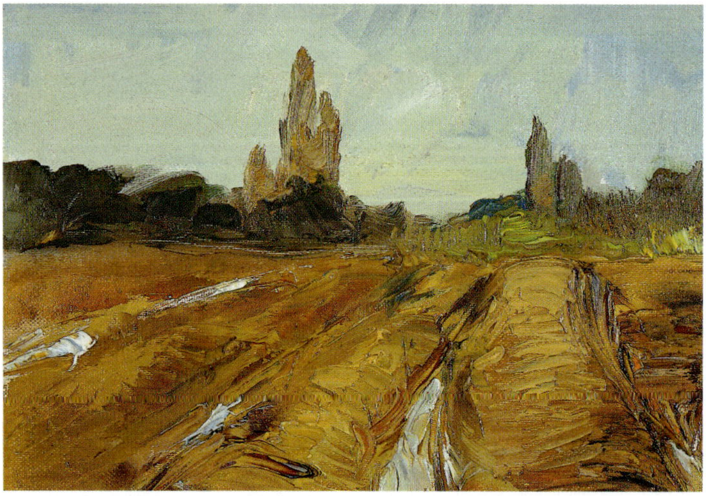

▶ *3. Das Vollenden des Bildes sowie die im Gelände erzeugten Oberflächenstrukturen lassen sich vollständig mit Hilfe des Spachtels durchführen. In dieser Übung läßt sich der Gebrauch einer ganzen Reihe von Verfahren üben, die Sie im folgenden Kapitel praktisch anwenden können.*

Schritt für Schritt

Landschaft

Die Landschaft zählt zu den geeignetsten Motiven zur Verwendung des Spachtels. Es gibt eine kaum zu überblickende Zahl von Effekten, die sich bei Farbaufträgen mit diesem Werkzeug erzielen lassen. So erlaubt die Landschaftsdarstellung im Gegensatz zu anderen Themen gewisse Änderungen der Farbpalette sowie Modifikationen der Proportionen, ohne daß dies einen negativen Einfluß auf das Gesamtergebnis hätte.

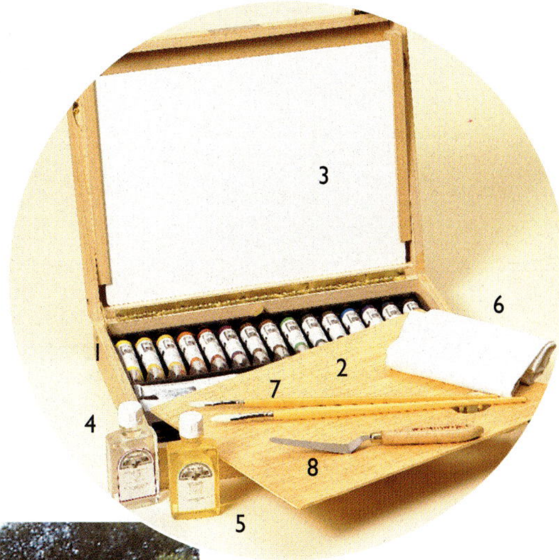

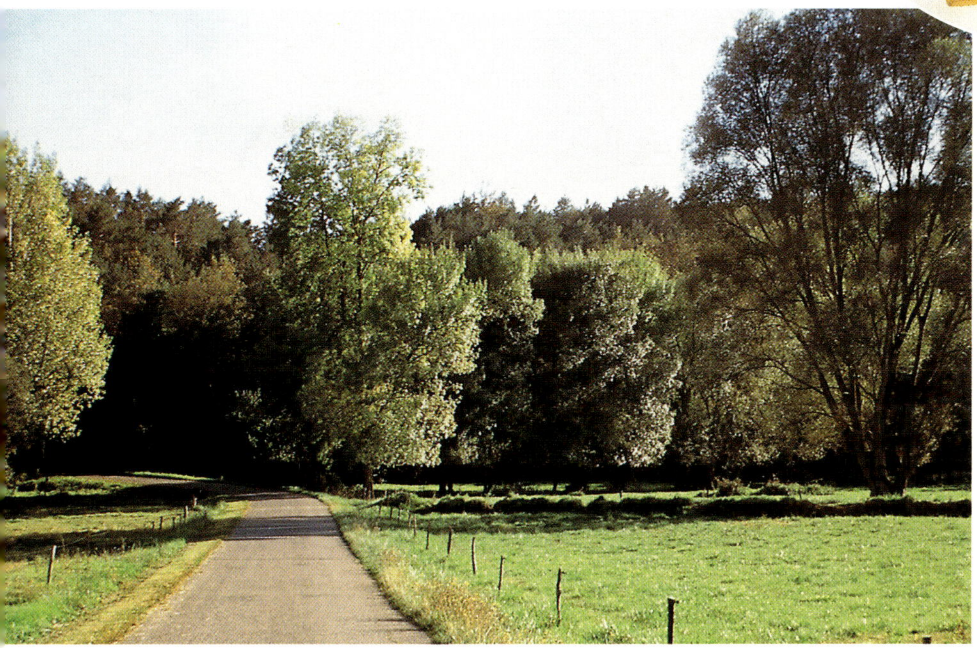

BENÖTIGTES MATERIAL

Ölfarben (1), Palette (2), Leinwand-Pappe (3), Leinöl (4), Terpentinessenz (5), Lappen (6), Pinsel (7) und Spachtel (8).

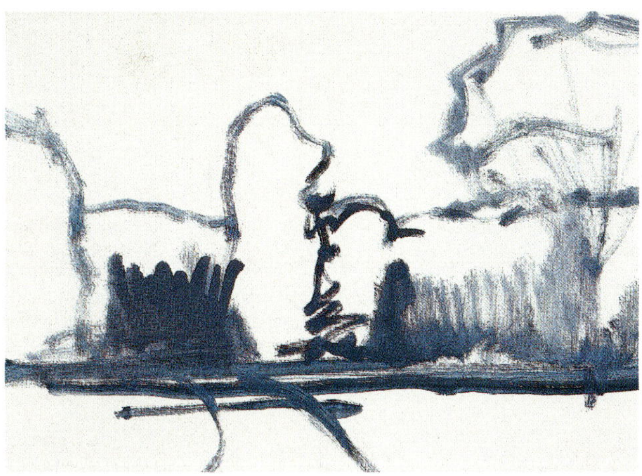

1. Bevor man nun mit dem Spachtel zu malen beginnt, sind die Formen mit Pinsel und verdünnter Farbe vorzuzeichnen, ohne daß man jedoch die Farbe zu stark befeuchtet. Die erste Struktur auf der Leinwand zeigt schon klar die wichtigsten Zonen der Landschaft. Sie ist sehr einfach: Oberhalb der Linie, wo das Feld endet, zeichnen Sie die dunklen Flächen, die den unteren Bereich der Bäume kennzeichnen.

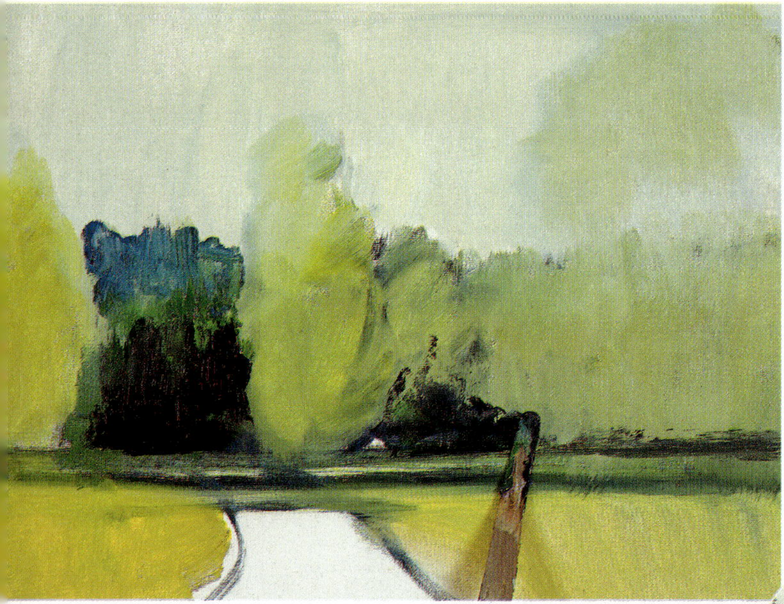

2. Auch die zweite Arbeit mit der Farbe wird noch mit dem Pinsel ausgeführt. Die Farben werden dabei hinreichend mit Terpentin verdünnt aufgetragen. Der Pinsel muß immer über dem Lappen ausgedrückt werden, bevor man ihn auf die Leinwand setzt. Mischen Sie für die aufzutragenden Töne bereits zu Anfang eine ganze Reihe von Grüntönen zusammen. Auf den komplett abschattierten Untergrund können Sie nun weitere Farben mit dem Spachtel auftragen. Die Spitze wird dazu mit Kobaltblau bedeckt. Damit kann man das Ausarbeiten der Schattenbereiche unterhalb der Bäume vornehmen.

3. Nach dem Auftragen der dunklen Töne, welche die ersten Kontraste der Bäume markieren, kann man einige hellere darstellen. Der neue Farbauftrag mischt sich jeweils mit den bereits auf dem Bild befindlichen Tönen. Die Grüntöne werden auf der Palette mit gelblichen und ockerfarbenen Tönen angereichert. Die rechts im Bild befindlichen Flächen auf dem Laub sind von leuchtendem Grün. Auch am Himmel wird mit dem Spachtel gearbeitet. Hier wird die gleiche Farbe wie anfangs verwendet, allerdings wird ihr kein Terpentin zugesetzt.

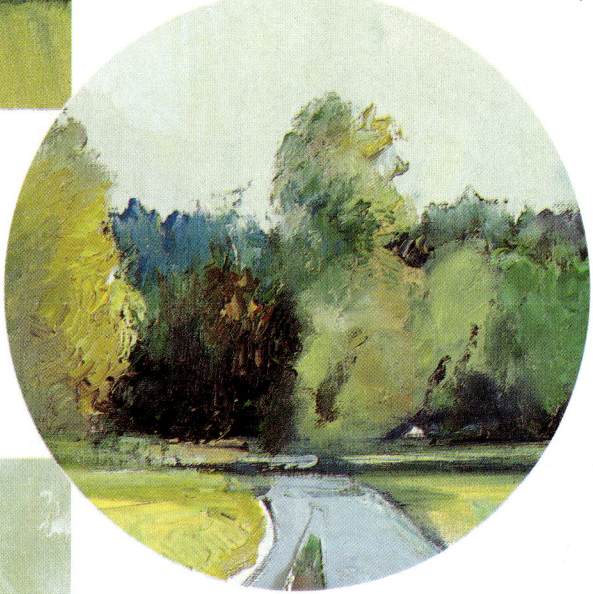

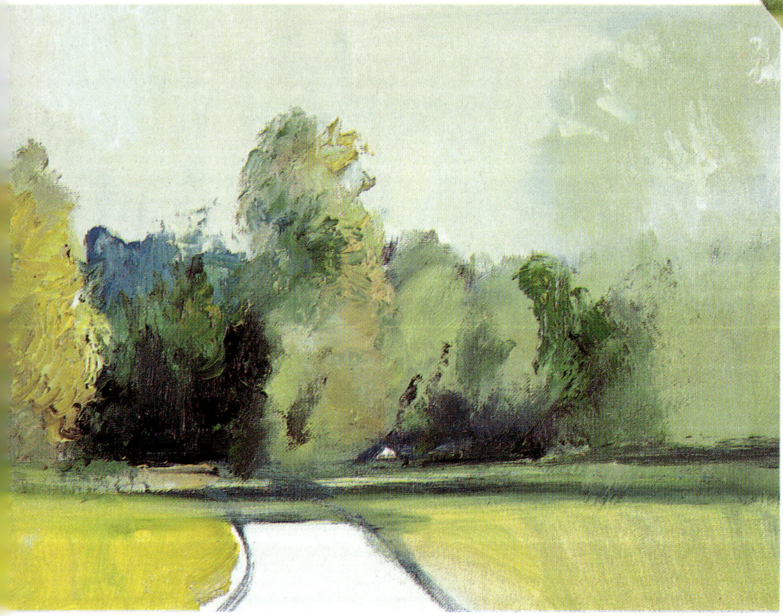

4. Es folgt das Schattieren der Baumpflanzung in Gelb, Grün und Blau. Der Umfang der Bäume wird durch die Kontraste erzielt, die zwischen den verschiedenen Farben herrschen. Die dunkleren Töne heben sich von den helleren ab. Die Bereiche von größerer Lichtintensität repräsentieren Punkte, die besonders dicht bewachsen sind. Nun beginnen wir mit dem Malen des Weges.

5. Mit dem Spachtel wird der gesamte Bereich des Geländes bearbeitet,
sowohl die unebenen als auch die auf dem Weggelände gelegenen Flächen. Hier ist der Spachtelstrich viel glatter als beim Bearbeiten der Oberflächentextur der Bäume. Das Laub wird vor dem Andeuten des Stammes ebenso schattiert wie beim rechten Baum.

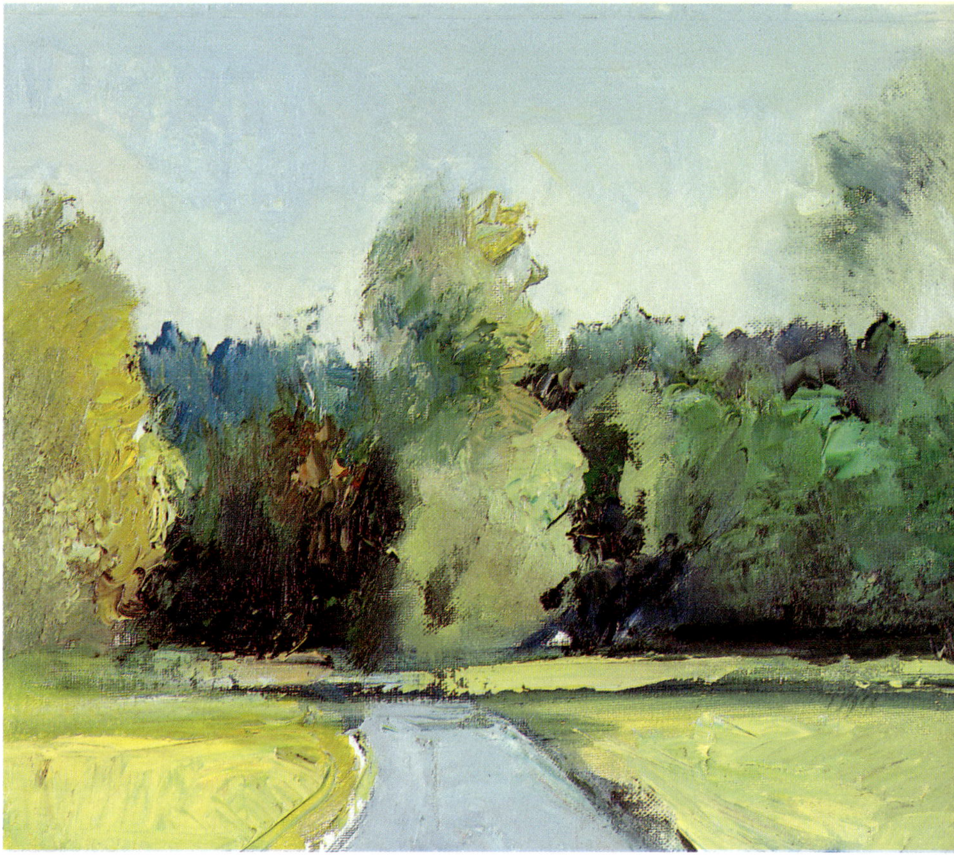

Die präzisesten Spachtelstriche sind diejenigen, die zur Korrektur eingesetzt werden oder Details auf dem Bild andeuten sollen. Logischerweise werden diese in der letzten Phase der Bildgestaltung angebracht.

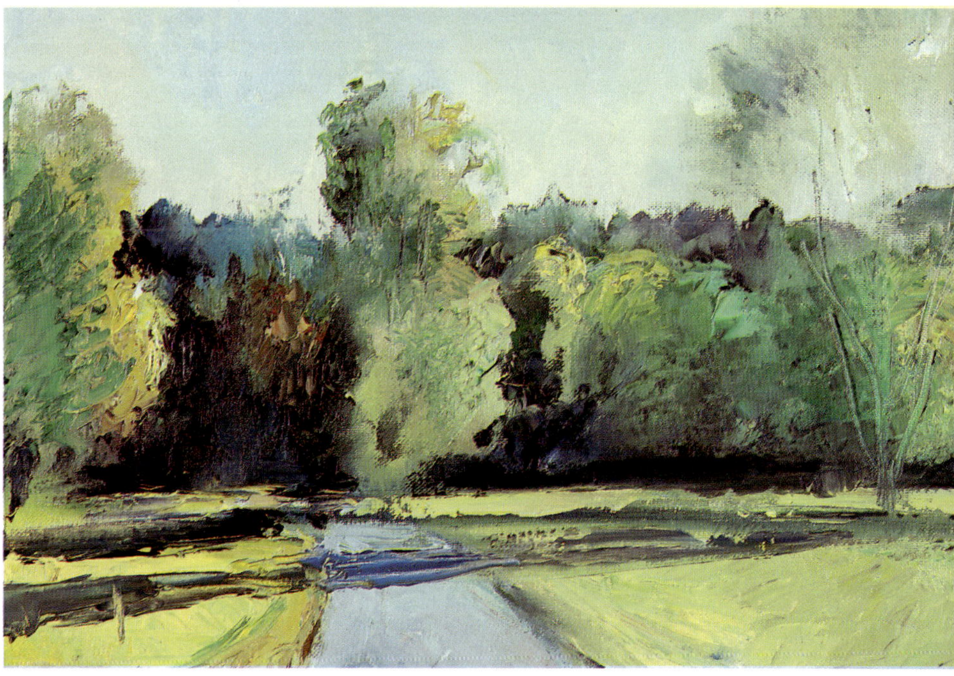

6. Mit einem sehr dunklen Blauton werden nun die dunkelsten Töne der Baumpflanzung angedeutet. Auf der gegenüberliegenden Seite werden mit der Spachtelspitze Striche gezogen, welche die Schatten im Gelände darstellen sollen. Dabei mischt sich das Blau auf dem Spachtel leicht mit den darunterliegenden Tönen.

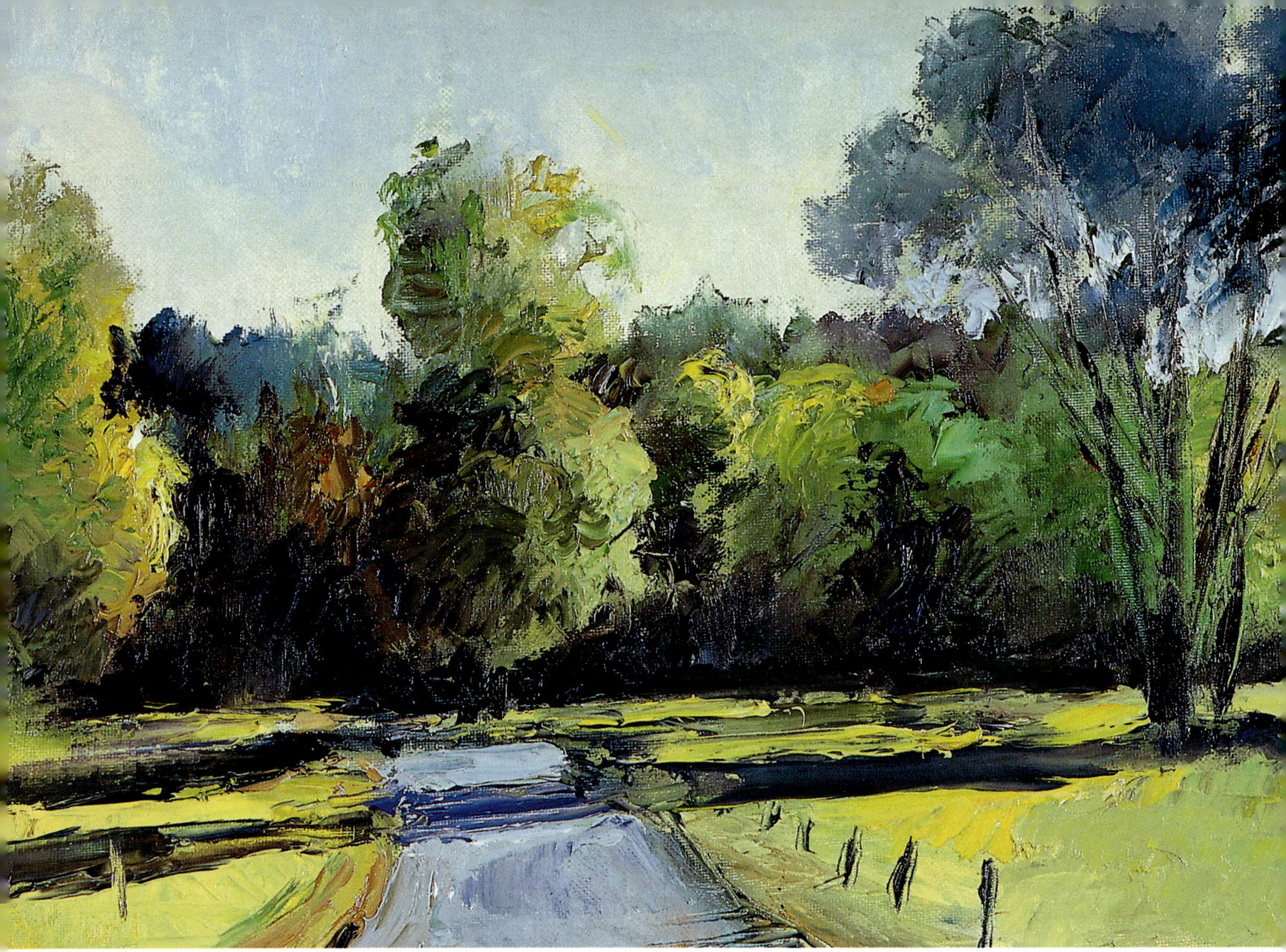

7. Nun werden die letzten Kontraste in die Baumpflanzung getupft. Solche dunklen Töne setzen die leuchtenderen ins rechte Licht. Im Gelände werden über die gesamte Weglänge mit ein wenig Farbe die Zaunpfosten mittels kleiner Spachtelstriche gezeichnet. Nun braucht man nur noch mit Dunkelblau auf der Spachtelspitze die fehlenden Kontraste anzulegen.

ZUSAMMENFASSUNG

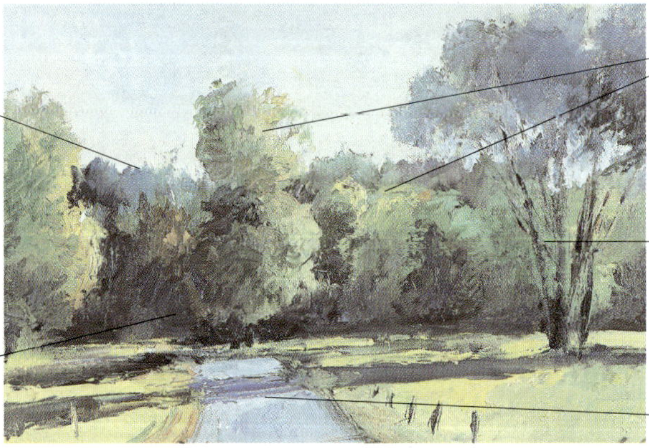

Das Grundschema wird mit einem in Terpentinessenz und dunkelblaue Farbe getauchten Pinsel erstellt.

Die ersten Spachtelstriche dienen zum Andeuten der dunklen Flächen der Baumpflanzung.

Die Textur der Bäume wird mit kleinen, direkten Farbaufträgen umgesetzt.

Der Baum auf der rechten Seite wird direkt mit der Spachtelspitze durch Einkratzen der Struktur auf den Hintergrund dargestellt.

Der Weg wird mit sehr flachen und langen Spachtelstrichen gemalt.

THEMA

6 Das Schattieren

SCHATTIEREN DES HINTERGRUNDES

Nach dem ersten Schattieren des Bildes durch Auftragen einer stark mit Terpentin verdünnten Farbe werden nun die Formen aufgetragen und die Flächen eingeteilt. Die Deckkraft und die Textur der Ölfarbe erlauben es, daß das Bild Schicht für Schicht in einem jeweils eigenen Prozeß bedeckt wird. Es gibt so viele Arten des Schattierens eines Bildes wie Vorlagen. In diesem Kapitel wollen wir auf einige davon ein wenig näher eingehen.

Die Farbskizze erlaubt es, sich sehr einfach einer Vorlage zu nähern, was den Bildentwurf und die folgenden Arbeiten erleichtert. Es ist stets anzuraten, ein Bild als erstes abzutönen und die Formen zunächst nur mit offenem Pinselstrich anzudeuten, bevor man die Details ausführt. Es ist immer Vorbedingung, daß die Farben richtig ausgewählt werden und der richtige Pinselduktus angewandt wird. In dieser Übung wollen wir ein leichtes Experiment vornehmen: Es geht um das Schattieren eines Blütenteppichs, der in der vordersten Bildebene von einer Blume überlagert wird.

1. Um dem Bild den Eindruck von Tiefe zu verleihen, kann man in der vorderen Bildebene einen komplett umrissenen Gegenstand plazieren. Dieser Blumenteppich in mit Weiß aufgehellten Blau- und Karmintönen wird mit sehr lockeren Pinselstrichen dargestellt.

▲

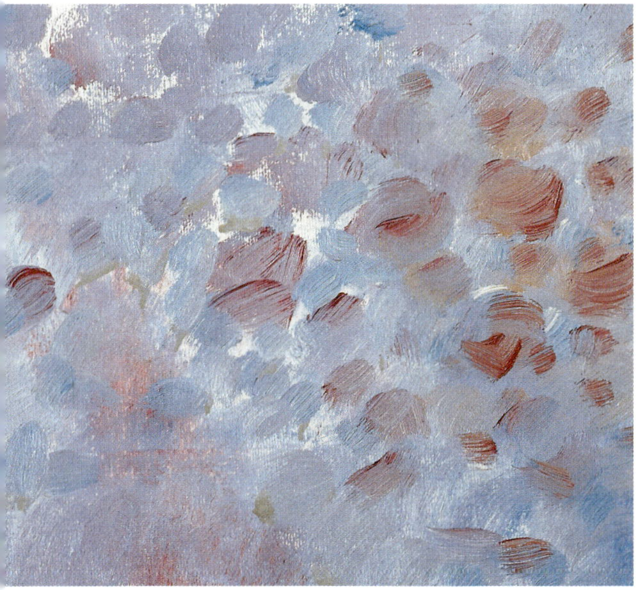

2. Nun wird im Vordergrund eine Blume mit sehr reinen und leuchtenden Farben gemalt, so daß die Blüten der unteren Schicht überlagert werden. In diese neuen Farben mischt man kein Weiß, so daß die Pinselstriche mit diesen Farben eine große Ausdrucksstärke haben. Beim Pinselauftrag wird ein wenig Farbe der unteren Schichten mit aufgenommen.

▲

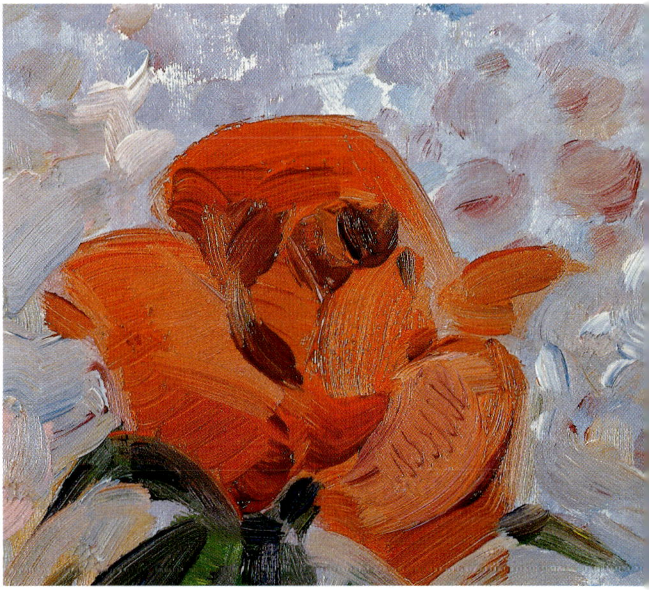

1. Hat man erst einmal die Skizze des Motivs eingezeichnet, kann man das Bild mit Farbe bedecken. Die ersten Striche sind weit ausholend und allgemein, damit die verschiedenen Flächen so schnell wie möglich abgedeckt werden. Es ist nicht schlimm, wenn beim ersten Schattieren die Skizze erfaßt werden sollte; dies kann später wieder ausgeglichen werden. Auf alle Fälle wird der erste Farbauftrag wie gewohnt mit einer stark verdünnten Farbe durchgeführt, damit die Farbskizze später erkannt werden kann.

BEREICHE MIT VERDÜNNTER FARBE

In den vorherigen Kapiteln haben wir schon gelernt, daß man bei der Ölmalerei einer Regel folgt, derzufolge Fett auf Dünn gesetzt wird. Aufgrund dieser Regel können sich die ersten Schichten eines Bildes sehr rasch entwickeln. Bei der ersten Farbskizze sollte man die Details zunächst auslassen und nur das Bild in größtmöglicher Knappheit ausmalen, wobei der Bildaufbau mit den wichtigsten Bereichen und Farbflächen festgelegt wird.

3. Man darf niemals mit dem Ausarbeiten von Kleinigkeiten beginnen, bevor man den Hintergrund komplett abgetönt hat. Die Berge werden mit einem neuen Farbauftrag beendet, der detaillierter als die ersten Bildebenen ausgearbeitet wird. Auf das mit uniformen Tönen abgetönte Gelände gibt man Farben, die den Schatten der Gewächse andeuten sollen. Auf das solchermaßen ausgearbeitete Gelände gibt man dann kleine Pinselstriche für die Blumen.

Die verschiedenen Farbschichten werden um so deckender, je weiter man in der Fertigung des Bildes fortgeschritten ist. Das Nachzeichnen der Formen vollzieht sich schrittweise beim Auftragen der Farbe.

2. Auch bei einer noch so kleinen Fläche des Bildes sollte man zunächst eine Schattierung vornehmen und sich hierbei vom Allgemeinen zum Speziellen vorarbeiten. So zeichnet man die Wolken auf dem vorher abgetönten Hintergrund schon ein wenig präziser und konkreter. Die Berge werden komplett eingezeichnet, auch wenn diese Schicht keinesfalls der letzte Arbeitsgang ist. Vielmehr sind sie auch eine Basis, die später noch ausführlicher auszuarbeiten ist.

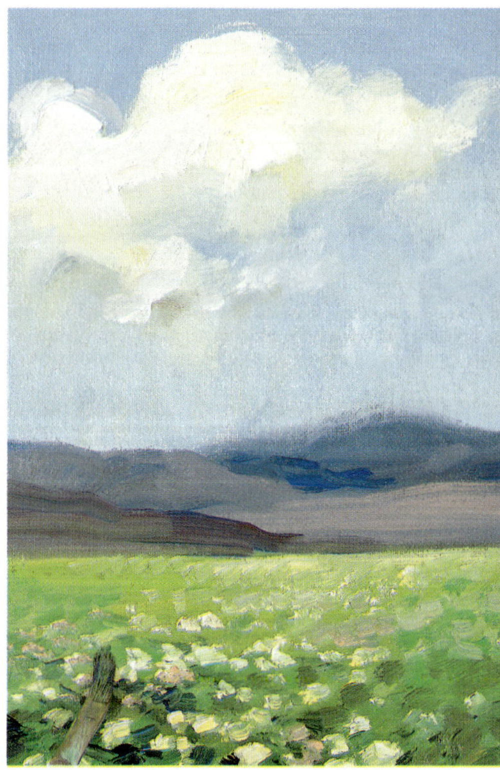

DIE FARBSKIZZE

Wenn man bereits weiß, wie die Farben zusammenspielen, kann man auch eine direkte Farbskizze anlegen, die alle späteren Bildelemente enthält. Dieses Verfahren ist vor allem bei stark stilisierten oder abstrahierten Vorlagen wie einem Blumenbeet anzuraten, wo die verschiedenen Blütenanhäufungen sich übereinanderlagern und so das Motiv formen.

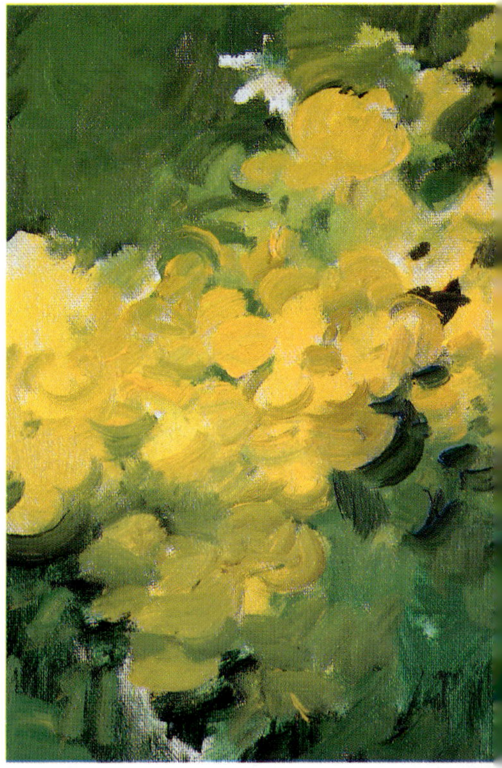

2. Somit dient das gesamte Abtönen der Flächen in den ersten Phasen der Bildgestaltung lediglich als Vorbereitung für die folgenden Schichten. Bei der ersten Skizze vermischen sich die wichtigsten verwendeten Töne miteinander und erzeugen gegebenenfalls einen neuen. Als Ergebnis solcher direkt auf dem Bild entstandenen Mischungen erhält man Variationen der verwendeten Farben innerhalb der gleichen Farbskala.

1. Die ersten Farbaufträge sollten schnell erfolgen und keinerlei Details berücksichtigen. Was also zunächst interessiert, ist nur das Abdecken des Hintergrundes mit Farben, das als Basis für spätere Pinselstriche dienen soll.

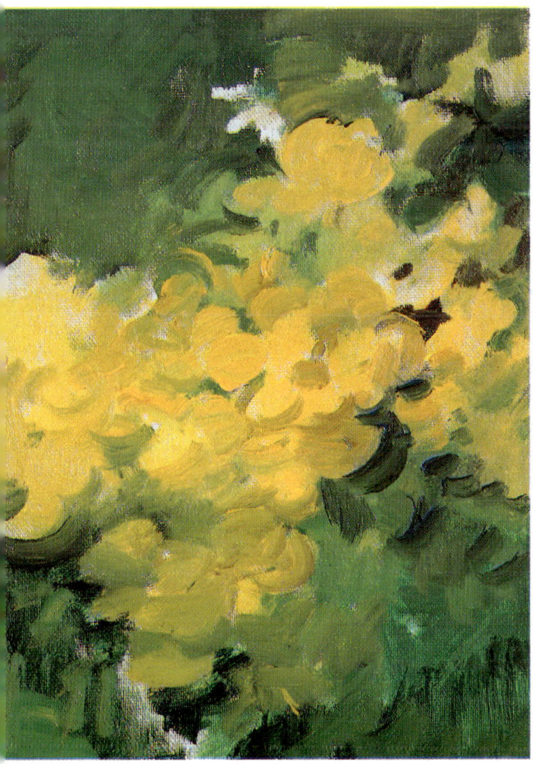

3. Die auf die leuchtenden Farbtöne aufgetragenen Kontraste umreißen das Profil der Formen und dienen zum Konkretisieren von Details. Die Farbaufträge, die nach und nach auf die Leinwand gebracht werden, müssen mit fortschreitendem Stadium immer konkreter werden. Sie werden mit zunehmend dichteren Pinselstrichen überdeckt. Jeder einzelne Prozeß muß nach dieser Grundregel ausgerichtet sein. Es liegt in der Natur der Sache, daß die Details somit schließlich für den Schluß aufgespart werden.

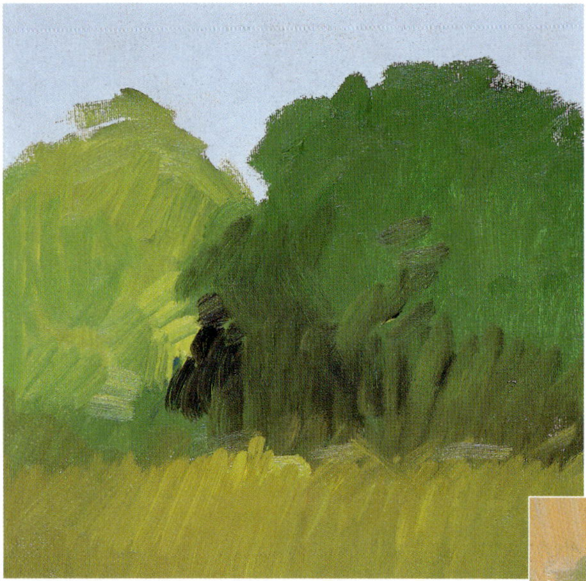

SYNTHESE DER FORMEN DURCH FARBEN

Schon eine simple Farbskizze erlaubt das Etablieren nicht scharf umrissener Formen durch den Pinselstrich. Oft reicht ein einfacher Strich zum Andeuten von Objekten oder Anreichern einer abgetönten Oberfläche. In dieser Übung können wir sehr schön sehen, daß es nicht nötig ist, Formen mit übertrieben ausgeprägtem Detail zu gestalten; vielmehr wird durch den Zusammenhang die nötige Information zum Verständnis dieser Einzelheiten geliefert.

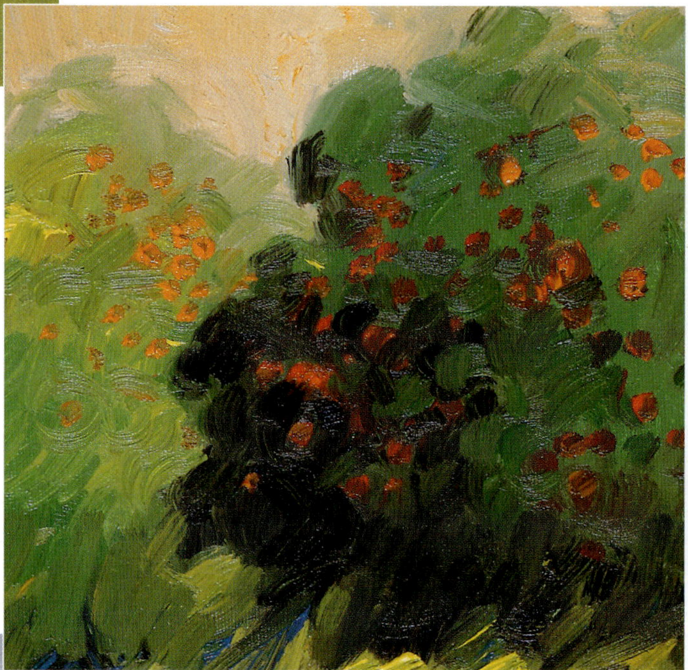

▼ *1. In der Farbskizze dieser Übung mischen wir die Farben, die Grundlage der folgenden Übungen sein sollen. Zunächst werden also verschiedene Grüntöne angemischt. Durch diese Unterscheidung ist die Positionierung verschiedener Ebenen möglich.*

2. Die Grundschicht der Farbe bzw. die erste Schattierung bedingt den Auftrag weiterer Töne und Farben. Man kann mittels der zunächst ausgewählten Farbskala die Oberflächenbeschaffenheit andeuten. Auf diese Weise lassen sich Formen im Laub schaffen, die für sich allein lediglich Pinselstriche ohne tiefere Bedeutung wären; erst das Zusammenwirken mit den abgetönten Farbfeldern erlaubt es, den Objekten eine wiedererkennbare Form zu verleihen.

▲

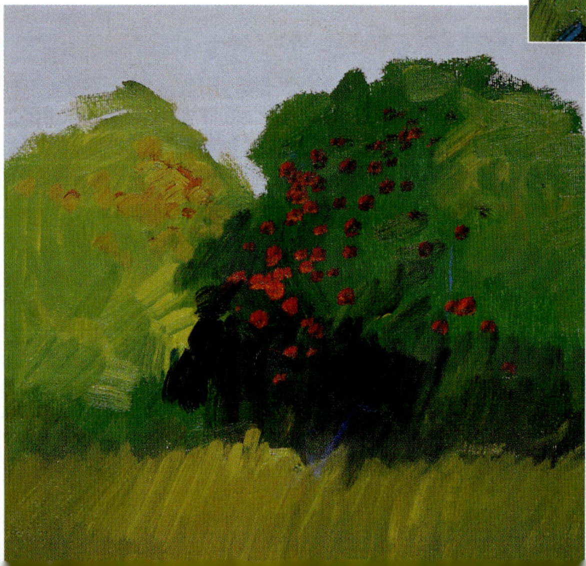

▼

3. Die Farben, welche die Bildgrundlage ausmachen, umfassen im wesentlichen zwei Grüntöne. Beim Auftragen der roten Farbe entsteht ein starker farblicher Kontrast zum Dunkelgrün. Dieses Rot ist allerdings zu dunkel, um auf die helleren Grüntöne aufgetragen werden zu können. Um die Formen selber anzudeuten, ist das hier verwendete Rot wiederum zu leuchtend. Fazit: Die Kontraste müssen sich in jedem Bereich der Farbskizze gegenseitig ausgleichen.

Schritt für Schritt
Landschaft mit Garten

Das Schattieren des Bildes gehört zu den ersten Schritten, die ein Künstler zu vollziehen hat. Einmal ist die erste Farbskizze sehr genereller Art, ein anderes Mal baut das Bild auf einer perfekt vorgearbeiteten Struktur auf. Bei diesem Vorschlag kann man das Bild mit verschiedenen Farbskizzen beginnen. Indem man zunächst die komplexeren Strukturen des Bildes ausspart, kann man den wahren Schwierigkeitsgrad einer Darstellung für den Anfang vereinfachen. Das Abtönen der großen Flächen rings um den Weiher vereinfacht die anfängliche Bilderstellung.

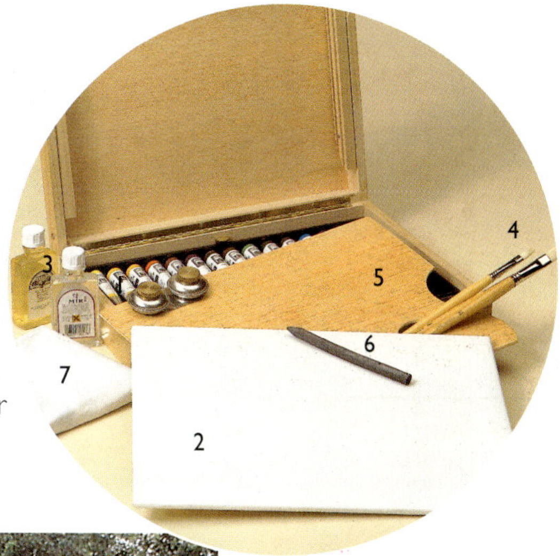

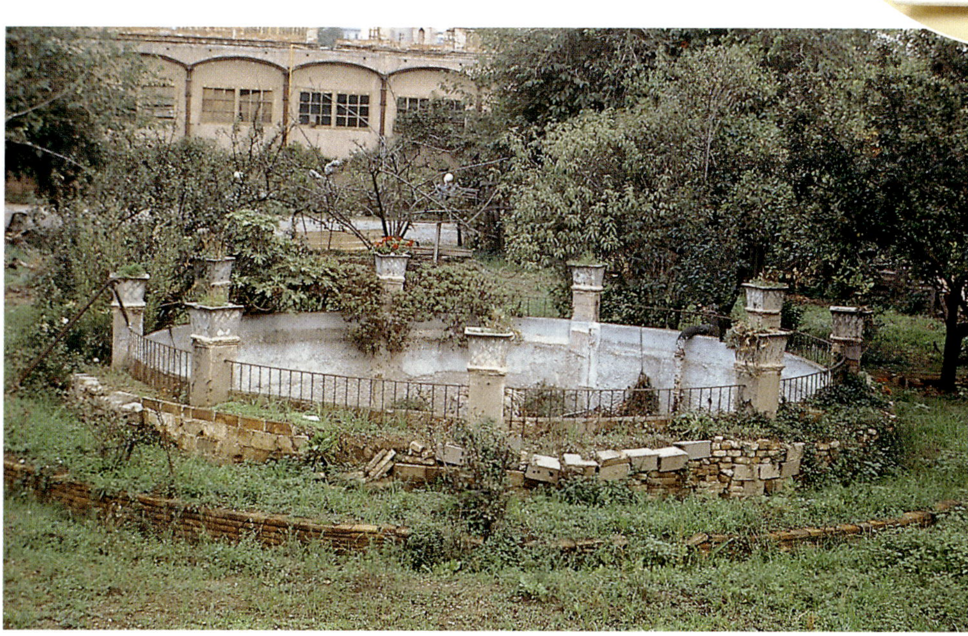

BENÖTIGTES MATERIAL

Ölfarben (1), Leinwand-Pappe (2), Leinöle und Terpentinessenz (3), Pinsel (4), Palette (5), Kohlestift (6) und Lappen (7).

1. Das Andeuten der Formen vollzieht sich mittels einer schnellen Skizze mit Kohlestift, die man mit dem in Terpentin und schwarze Ölfarbe getauchten Pinsel noch einmal nachzieht. Auf diese Weise entsteht zunächst einmal der Aufbau des Bildausschnitts. Die Form des Weihers ist rund, wird aber aufgrund der Perspektive elliptisch wahrgenommen. Man zeichnet nun die Säulen des Weihers und die Bäume im Hintergrund mit dunkler Farbe. In dieser ersten Skizze und den folgenden Schritten werden die Details zunächst noch ausgelassen. Das Schattieren in dieser Phase verläuft sehr rasch, enthält aber schon die grundsätzlichen Formen.

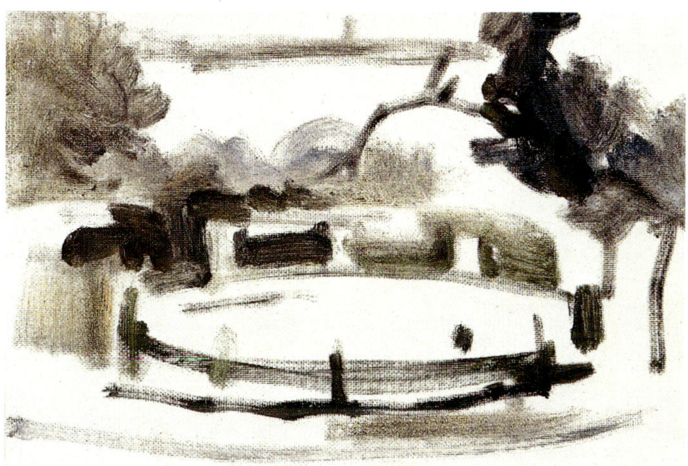

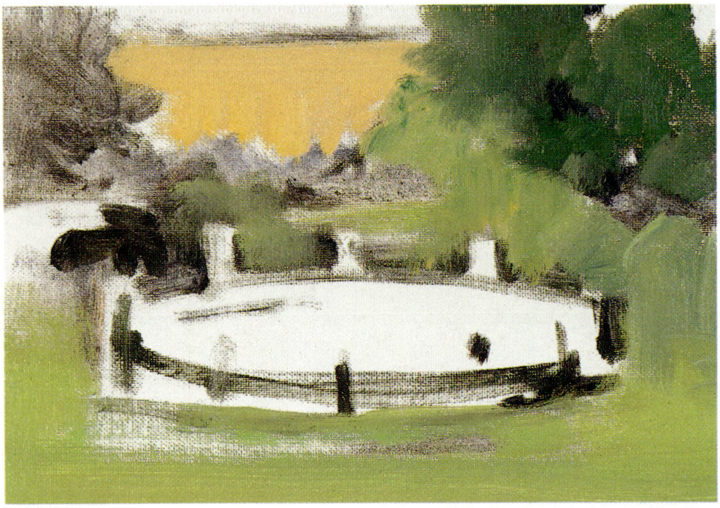

2. Mit einer größeren Menge grüner Farbe malen wir die den Weiher umgebenden Flächen. Bei der Farbskizze interessieren weder Strukturen der Textur noch das einzelne Detail. Mit schnellem Pinselstrich schattieren wir die Bäume auf der rechten Bildseite sowie den Hintergrund, der eine ockerfarbene Tönung erhält.

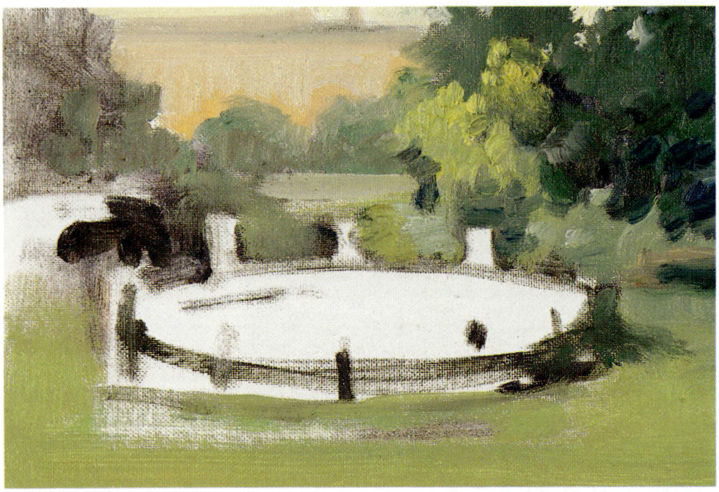

3. Die Bäume im Hintergrund schattieren wir in einem mit Weiß gedämpften Farbton. Ist der Hintergrund einmal bedeckt und schattiert, kann man mit neuen Farbtönen weitermalen, die die ersten Schichten überlagern. In diesem Prozeß ist das Aufnehmen der unteren Farbe unvermeidlich. Auf die Ockerfarbe malen wir mit einem leuchtenderen Ton; in diesem Bereich werden die Farben durch die Pinselbewegung miteinander vermischt. Rings um den Weiher herum entstehen durch mehrere Pinselstriche die Bäume. Zunächst wird für die Bäume auf der rechten Seite eine dunkle, deckende Farbe verwendet. Darüber malt man nun mit einem leuchtenderen Grün.

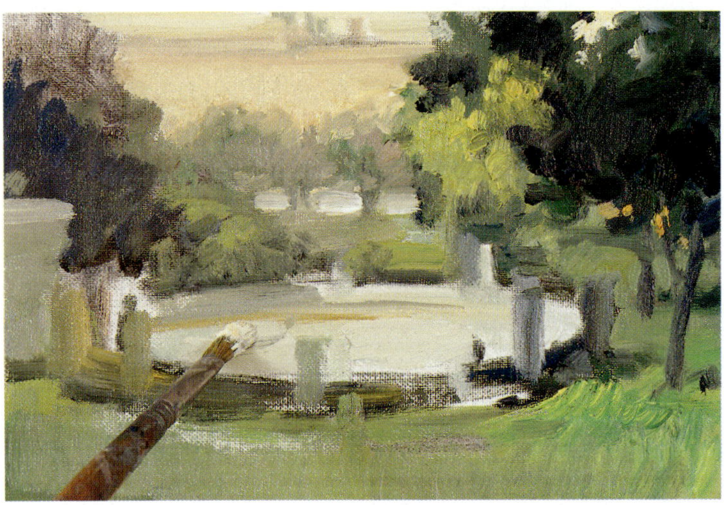

4. Die Details werden nicht dargestellt, solange die größeren Bildbereiche noch nicht mit Farbe abgedeckt sind. Hat man einmal die Wipfel der Bäume auf der rechten Seite gemalt, kann man auch die Lichter in das Laub und zwischen diejenigen Stämme setzen, die sich aus der Masse der grünen Farbe herausheben. Das Schattieren des Bildes vollzieht sich nun weiter in der linken Vegetationszone des Bildes. Hat man das Gras mit kleinen Pinselstrichen angedeutet, werden dann ohne übermäßige Präzision die Wandpfeiler um den Weiher dargestellt.

5. Hat man also die groben Bereiche des Bildes komplett abgetönt, lassen sich noch einmal neue Pinselstriche anbringen, mit Hilfe derer Texturen geschaffen oder Korrekturen angebracht werden können. So kann man auf den leuchtendsten Baum auf der rechten Seite mit leuchtendem Gelb über die vorhandene Fläche malen, auch wenn mit der Pinselspitze ein Teil der unteren Farbe aufgenommen wird.

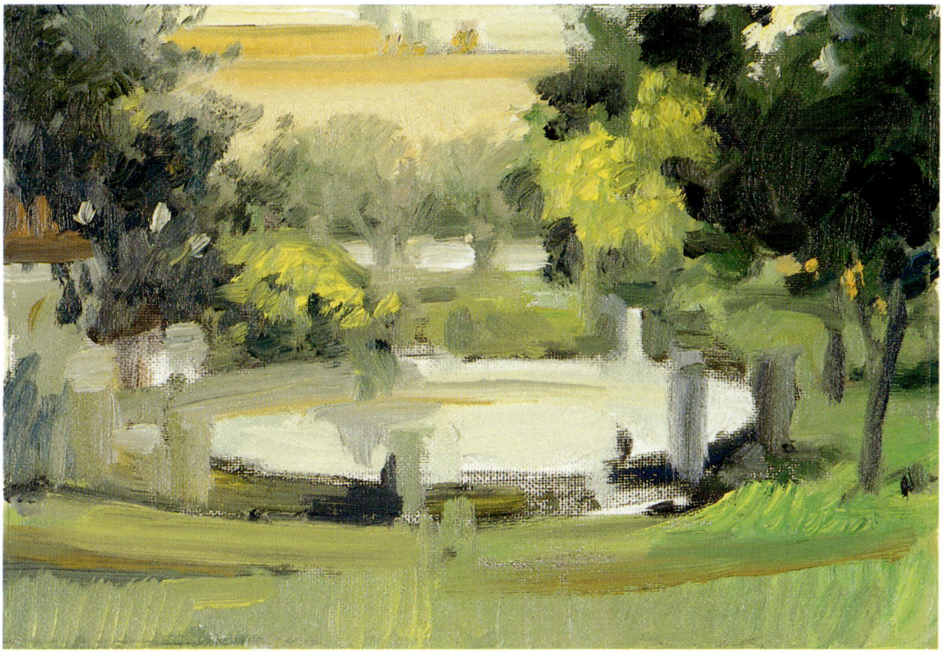

Man muß immer mit der entsprechenden Farbdicke arbeiten. Ein Zuviel an Farbe beeinträchtigt die Darstellung gewisser Bereiche.

6. Die Farbflächen, mit denen man die Säulen um den Teich dargestellt hat, werden noch einmal retuschiert, damit sie die gewünschte Form bekommen. Das Abtönen des Weihers sollte zunächst vermieden werden, da die ockerfarbene Tönung sauber erscheinen soll. Über die Säule des Vordergrundes gibt man einige rote Pinselstriche, um Wildblumen anzudeuten.

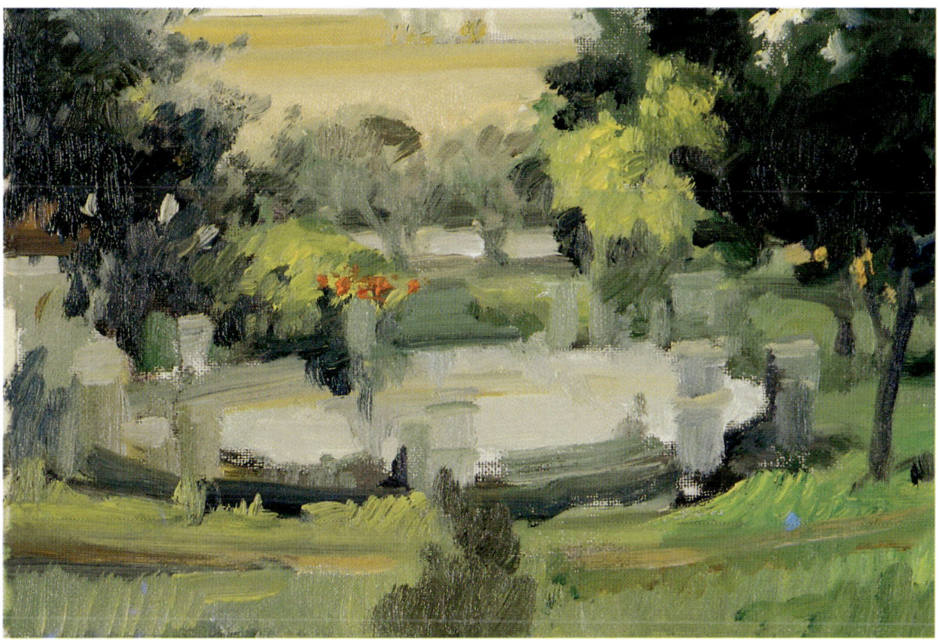

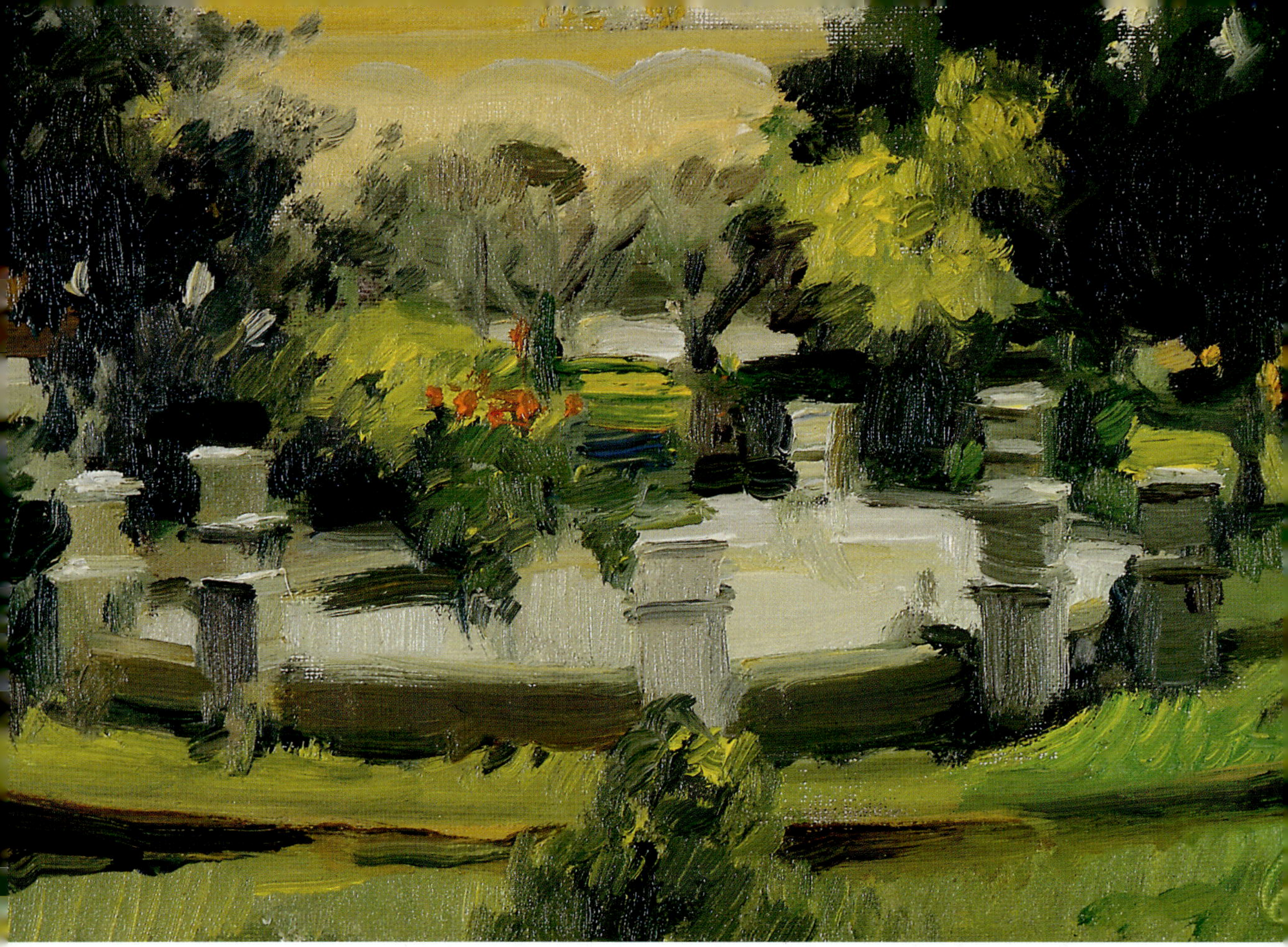

7. Nun werden die Kontraste um den Weiher berücksichtigt. Damit beginnt man an den quadratischen Säulen, deren Schatten in gräulichen und bläulichen Tönen eingezeichnet werden. Bis jetzt sind noch nicht sämtliche Details herausgearbeitet worden. So fehlen bislang die Glanzpunkte, die nun mit sehr konkreten Pinselstrichen dargestellt werden. Man beendet die Arbeit mit den verschiedenen Kontrasten im Gelände und im Pflanzenbewuchs der ersten Bildebene. Schließlich werden die Bögen in der ersten Bildebene nachgezogen.

ZUSAMMENFASSUNG

Die Farbtöne müssen perfekt geordnet sein, um nicht mehr Farbe als unbedingt nötig aufzutragen.

Die roten Blumen werden erst nach Herausarbeiten des Hintergrundes berücksichtigt.

Die ersten Farbflächen dürfen niemals zu pastos sein. Die ersten Formen werden mit einem verdünnten Farbauftrag und ohne weitere Details eingezeichnet.

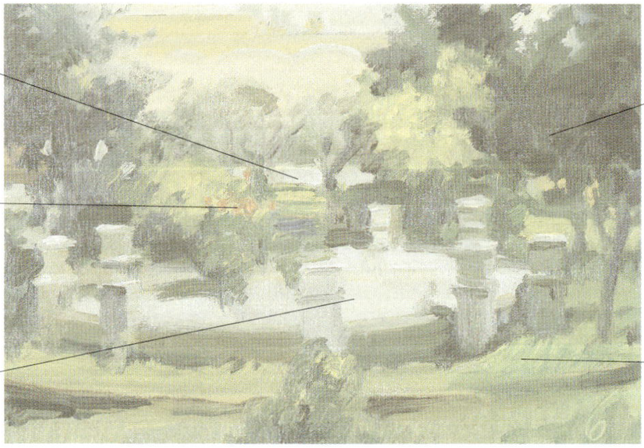

Die kleineren Kontraste werden umgesetzt, sobald die Farbflächen des Hintergrundes eine breite und stabile Basis darstellen.

Hat man mit den Farben des Hintergrundes die generellen Partien bedeckt, lassen sich aufgrund der sich abzeichnenden Kontraste die Formen modellieren.

Bildgestaltung

SCHATTIERUNGEN

Der erste Arbeitsschritt ist für die Ölmalerei besonders wichtig: die Schattierung. Eine richtige Schattierung kann das „Schweigen" einer weißen Leinwand durchbrechen und bildet eine gute Basis für die weitere Gestaltung.

Wenn Sie das Malen mit Öl einmal kennengelernt haben, können Sie die verschiedenen Möglichkeiten der Bildgestaltung nutzen. Gleich, welchen Weg Sie dabei wählen, Sie sollten eine Reihe wichtiger Grundregeln beachten. Arbeiten Sie auf jeden Fall sorgfältig, sonst können auf dem getrockneten Bild Risse oder andere Schäden entstehen.

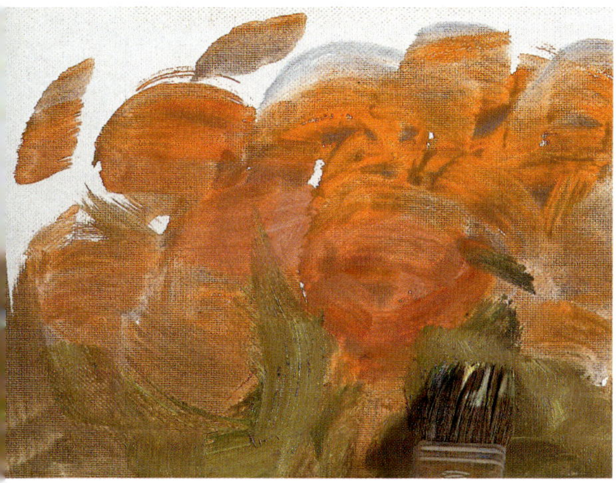

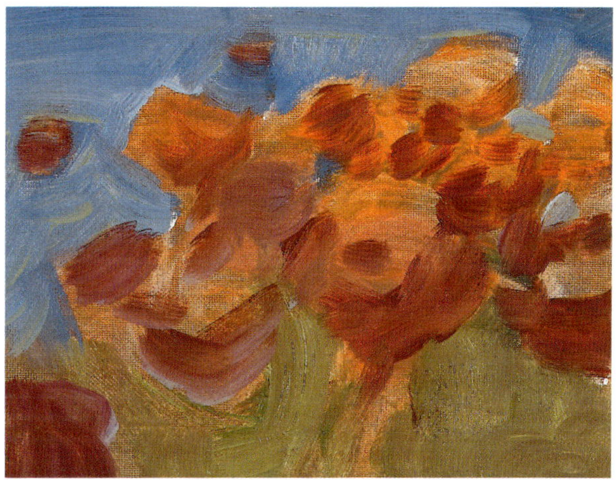

▼ *1. In den ersten Übungen geht es nicht darum, Bilder zu gestalten, die erst genau vorgezeichnet werden müssen. Der Zweck dieses Kapitels ist es, den gesamten Prozeß der Ölmalerei verständlich zu machen. Die ersten Farbaufträge müssen stark mit Terpentinöl oder Terpentinersatz verdünnt sein. Der Hintergrund sollte so vorbereitet werden, daß sich im Arbeitsverlauf immer genauere und dickere Farbstriche auftragen lassen; sonst sind die Formen später nicht deutlich erkennbar.*

▼ *2. Der verdünnte Untergrund ist die ideale Basis des Bildes. Eine wichtige Regel sollten Sie beachten: Der folgende Farbauftrag muß immer deckender sein als der vorherige. Fügen Sie der Farbe nicht zuviel Terpentinöl oder Terpentinersatz bei; die nächste Schicht enthält dann jeweils noch weniger Lösungsmittel.*

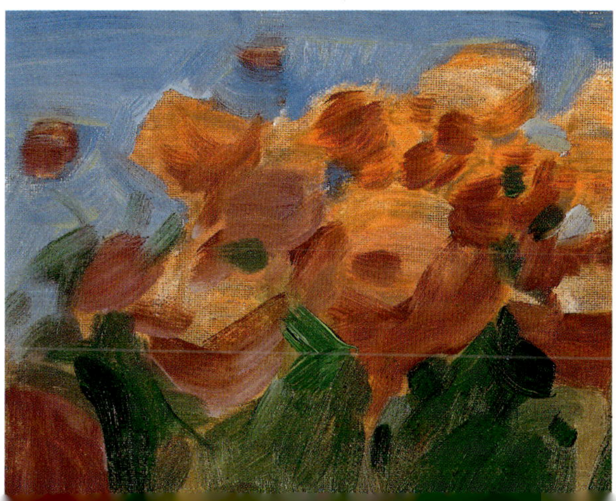

◀ *3. Die Farbe sollte noch nicht zu dickflüssig sein; auf die vorherige Schicht können Sie so weitere Farbschattierungen auftragen. Der Hintergrund ist ausschlaggebend für den Aufbau der zentralen Formen, vor allem, wenn erst die späteren Pinselstriche die Konturen bestimmen. Jetzt lassen sich schon einige wichtige Umrisse gestalten, durch die die Blumen von der Schattierung des Hintergrundes abgehoben werden.*

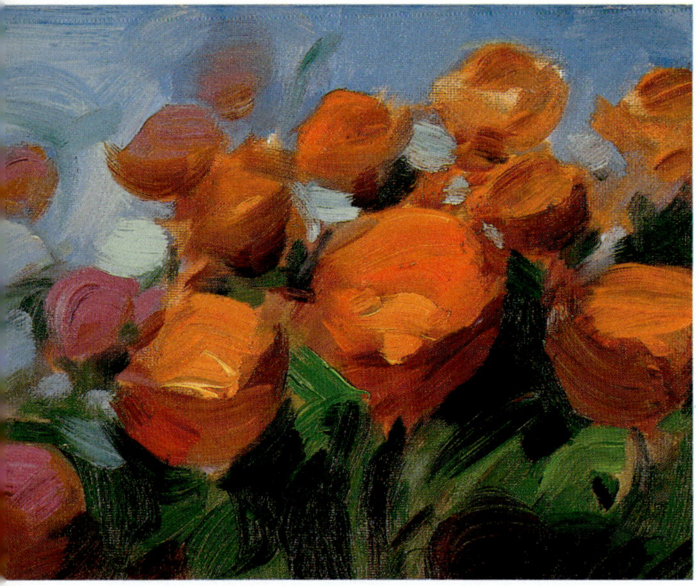

ÜBERLAGERUNG VON FARBSCHICHTEN UND KORREKTUREN

Die deckenden Farbschichten überlagern jetzt die unteren Schattierungen, wobei Sie die Farbtöne nicht zu dick malen sollten. Wenn der Untergrund durch das Terpentinöl zu feucht ist, kann das dazu führen, daß die Farbschicht über diese Fläche hinweggleitet. Die Farbe sollte deshalb unbedingt vorab auf der Palette vorbereitet werden. Beachten Sie: Bereits wenig Terpentinöl kann eine größere Menge Farbe verdünnen; Sie sollten daher vorsichtig damit umgehen.

▼ *1. Auf die vorherige, stark verdünnte Farbgrundlage können nun neue Schichten aufgetragen werden, die von dichterer Konsistenz sind. Wenn Sie eine flüssigere Farbe benutzen möchten, sollten Sie ein wenig Terpentinersatz oder -öl hinzufügen, wobei Sie auch mit Leinöl die Farbbeschaffenheit beeinflussen können. Falls das Trocknen der Farbe beschleunigt werden soll, kann man auch einige Tropfen Sikkativ hinzugeben. So erhalten Sie magere, d.h. dünne und transparente Farben.*

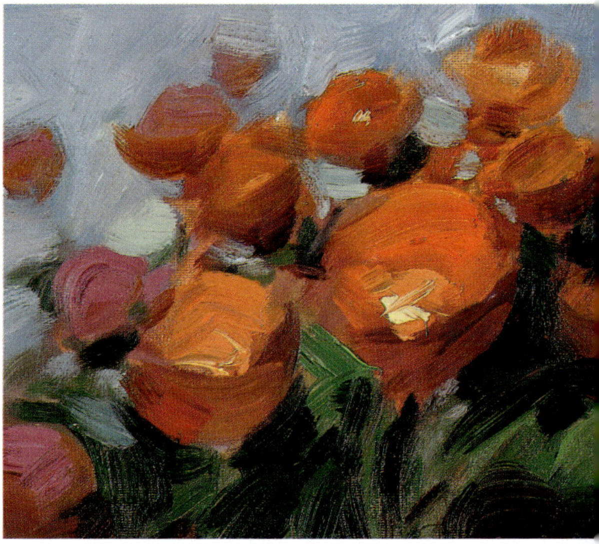

▼

2. Nun können Sie auf der dicker gemalten Schicht unmittelbar Zeichnungen entwerfen, die die Formen der Blumen im Kontrast erkennen lassen.

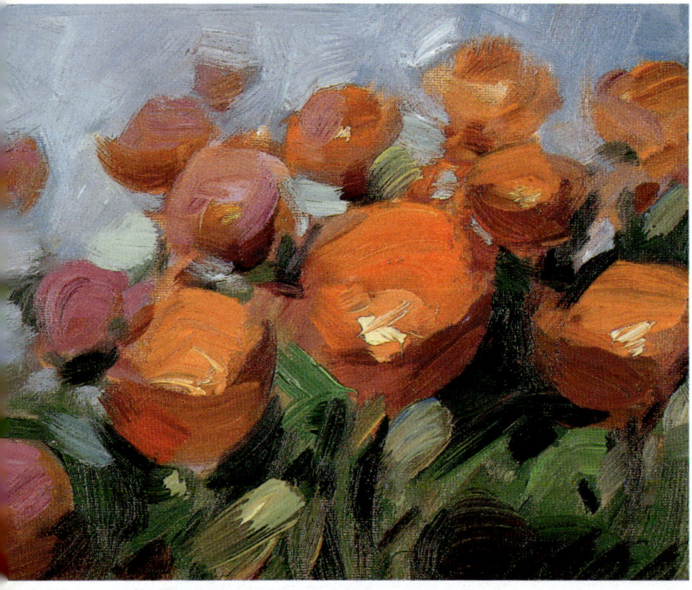

▶ *3. Die zuletzt aufgetragenen Farbstriche malen Sie dick und kräftig. Es entstehen starke Kontraste, die die Formen des Blumenmotives skizzieren. Die Stellen mit der größten Leuchtkraft sowie die Kontraste tragen Sie schließlich mit deutlichen Pinselstrichen auf. Diese Technik kann variieren; das hängt davon ab, wie die endgültige Gestaltung des Bildes geplant ist.*

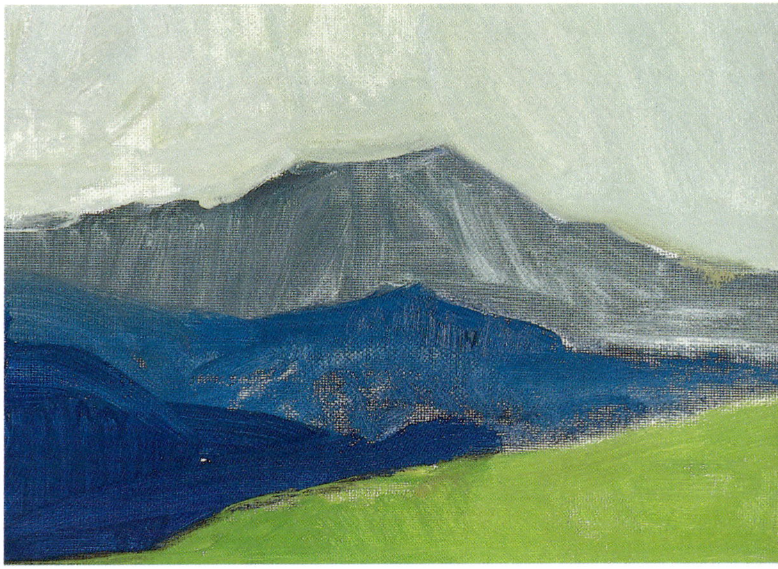

◀ *1. Die ersten Farbtöne tragen Sie nur zur Schattierung des Hintergrundes auf. Die Farben sind transparent, der weiße Untergrund der Leinwand scheint unter den aufgetragenen Strichen durch. In diesen Farbschichten dürfen keine Details auftauchen, nicht einmal Andeutungen der späteren Formen. Sie legen hier also zuerst die Farben fest und entwerfen die grobe Zielrichtung für die verschiedenen Bildbereiche.*

DECKKRAFT DER FARBE

In dieser Übung entwerfen Sie eine Landschaft, in der die oben beschriebenen Phasen zusammengefaßt werden. Die ersten Farbschichten sind so flüssig und transparent, daß der Arbeitsprozeß sichtbar wird. Um das Trocknen der besonders wässrigen Schichten zu beschleunigen, fügen Sie der Mischung mit Terpentin einige Tropfen Sikkativ hinzu.

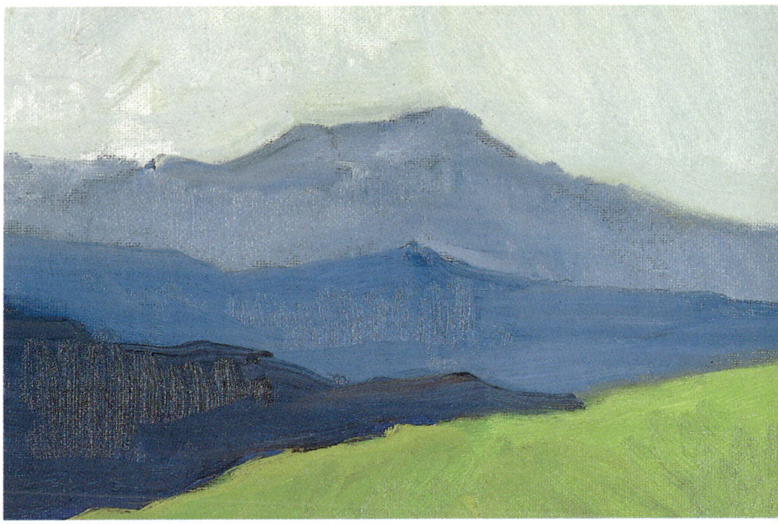

◀ *2. Die vorherige Schicht dient der Vorbereitung für den neuen Farbauftrag, der eher fett, d.h. stark ölhaltig ist und weniger Terpentinersatz enthält. Daher sind die Farben deutlich deckender als die vorherigen, wobei dieser Arbeitsschritt immer noch der grundlegenden Schattierung des Gemäldes dient.*

Bei der Gestaltung eines Gemäldes müssen die verschiedenen Phasen des Bildauftrags berücksichtigt werden: immer vom Allgemeinen zum Besonderen. Die Einzelheiten dürfen erst in den letzten Arbeitsgängen entwickelt werden.

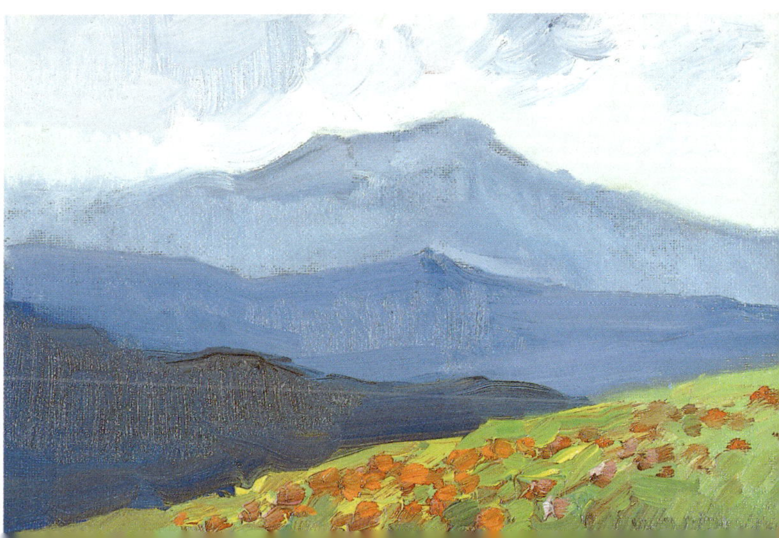

◀ *3. Die entscheidenden Schichten des Bildes gestalten Sie zuletzt; erst nach dem korrekten Schattieren können Sie mit einzelnen Pinselstrichen Details entwickeln. An dieser Landschaft ist gut zu erkennen, daß man die endgültigen Einzelheiten nicht in den ersten Phasen hätte ausarbeiten können.*

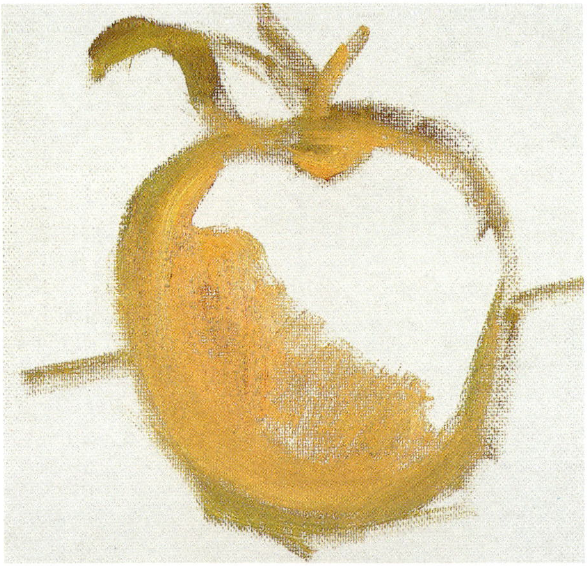

FARBAUFTRÄGE UND FARB-ABSTUFUNGEN

In den bisherigen Übungen waren die Bilder stets mit deutlichen Formen und Farben versehen; hier wird nun ein Gemälde mit verschiedenen Werten, d.h. Abstufungen einer Farbe gemalt. Allerdings wenden Sie auch in diesem Fall eine ähnliche Technik an. Alle Entwürfe dieses Kapitels können leicht variiert werden; die Aufeinanderfolge der Arbeitsschritte ist aber die gleiche.

▶ *1. Tragen Sie eine Skizze direkt mit einer der später weiter verwendeten Farben auf. Der Entwurf wird mit einem Pinsel ausgeführt und aus einer einzigen Farbe entwickelt. Das Vorzeichnen der Form ist eines der wichtigsten Elemente der Porträt- und Figurenmalerei und des Stillebens. Wenn Sie die Farbe für die Skizze auswählen, denken Sie daran, daß diese mit den übrigen Tönen harmonieren sollte.*

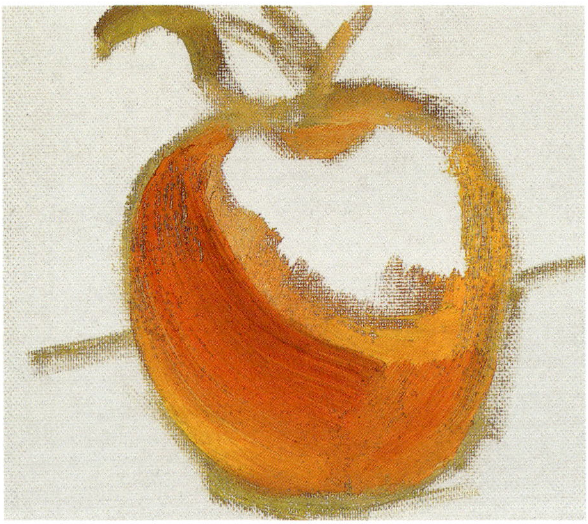

▶ *2. Sobald die Skizze fertig ist, können Sie die Farbe auftragen, mit der Sie die Farbabstufungen erstellen. Diese Farbe wird direkt auf den wässrigen Untergrund gemalt. Die Richtung des Pinselstriches ist sehr wichtig, da sie die spätere Form bestimmt. An den besonders hellen Flächen können Sie noch deutlich den verdünnten Hintergrund erkennen.*

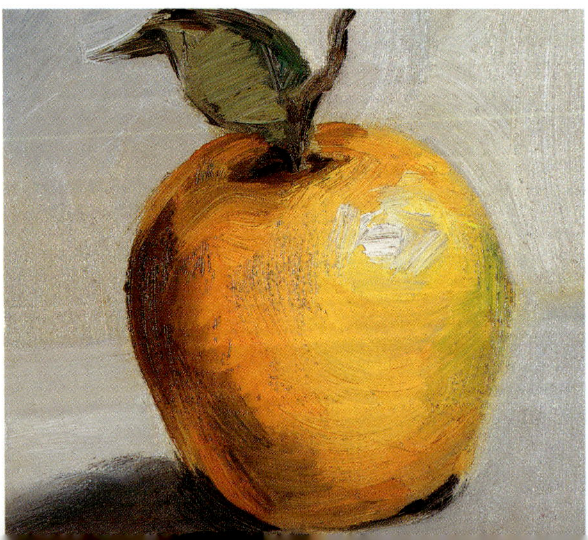

▶ *3. Die folgenden Farben sind pastos, d.h. dick aufgetragen. Drücken Sie den Pinsel beim Malen gut auf, damit sich die verschiedenen Töne auf dem Bild verbinden können. Einige Farbstriche sind noch deutlich konturiert, bei anderen verschmelzen die Töne.*

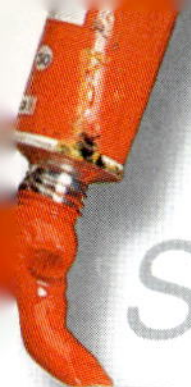

Schritt für Schritt

Figur im Gegenlicht

In der folgenden Übung gestalten Sie eine männliche Person im Gegenlicht eines Fensters. Wegen der starken Kontraste zwischen Licht und Schatten ist die Figur nur im Helldunkel zu erkennen. Das Bild ist leicht zu zeichnen, da nur wenige Farbtöne benutzt werden, allerdings sollten Sie auf die Trennlinie zwischen den Schattentönen achten. An diesem Bild können Sie Schritt für Schritt die Gestaltung eines Ölgemäldes nachvollziehen.

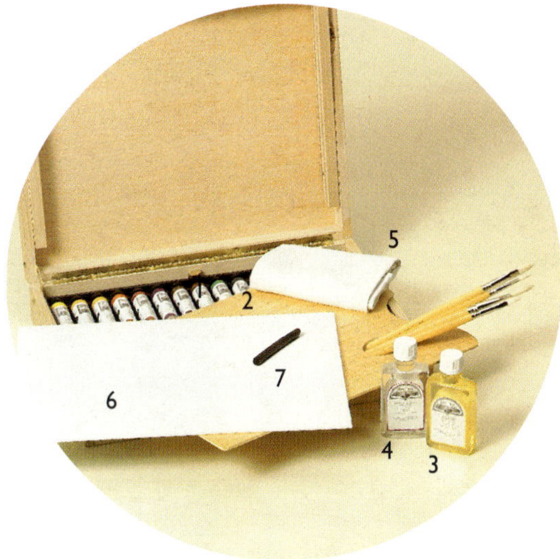

BENÖTIGTES MATERIAL

Ölfarben (1), Palette (2), Leinöl (3), Terpentinersatz (4), Tuch (5), Malkarton (6) und Zeichenkohle (7).

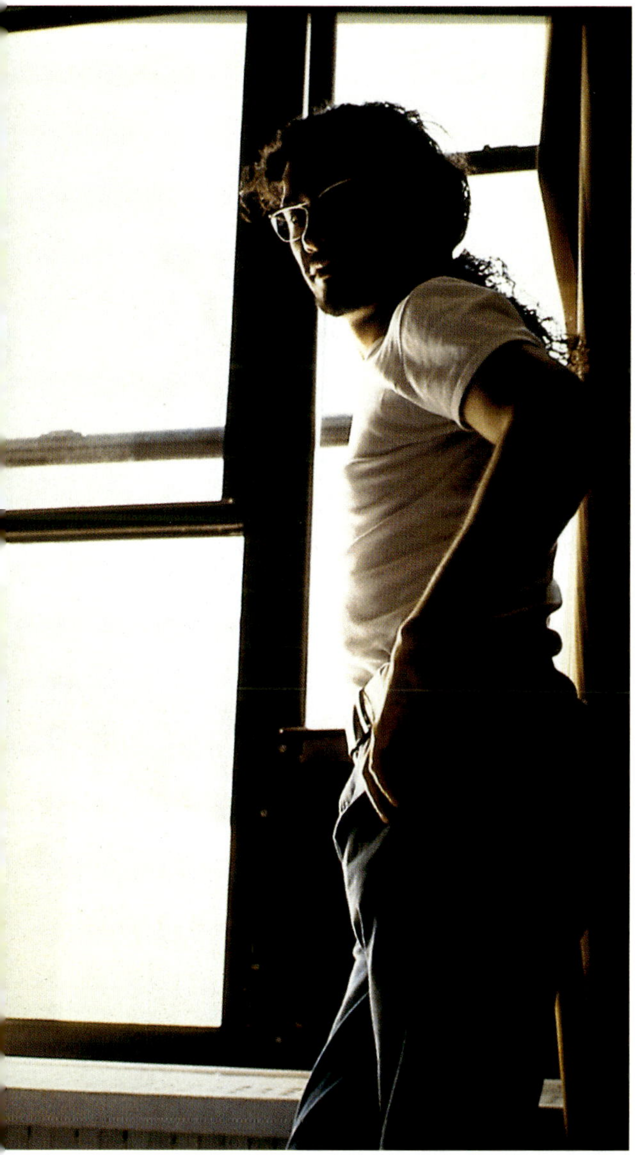

1. Die Vorzeichnung ist in diesem Fall besonders wichtig. Bei einigen Ölbildern ist die Skizze zu Beginn lediglich ein Vorschlag, der während der Arbeit am Bild durchaus verändert wird; hier aber ist es unbedingt notwendig, von Anfang an die verschiedenen Farbzonen klar zu trennen. Zunächst skizzieren Sie die Grundlinien, dann markieren Sie die Schattentöne.

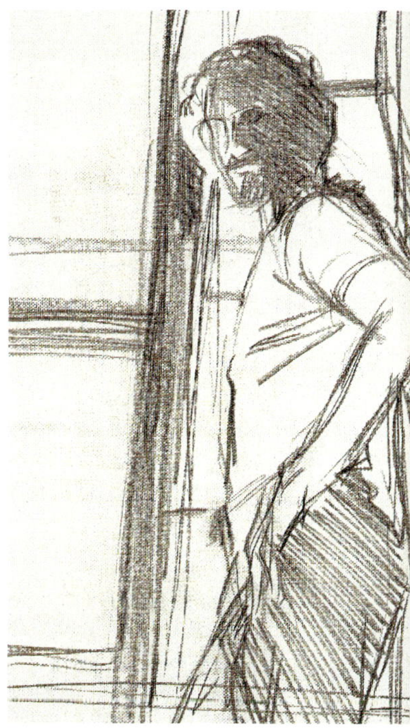

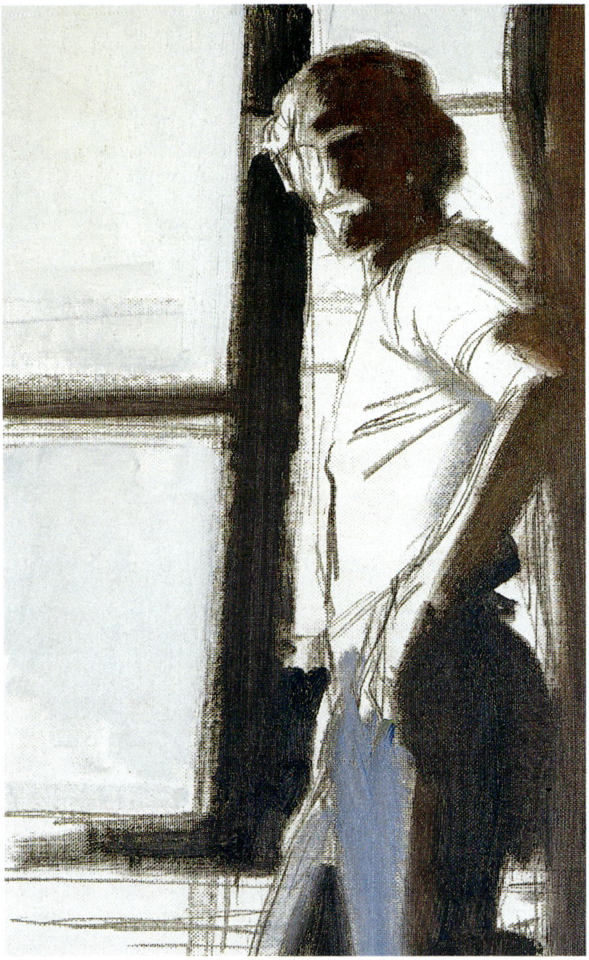

2. Sie beginnen mit auf der Palette vorverdünnten Farben, die aber nicht zu feucht sein sollten. Die Abgrenzungen der Schattenzonen malen Sie mit einem dunklen Siena mit wenig Kobaltblau. Die Schattenpartien selbst gestalten Sie als einheitlichen Farbblock. Der helle Teil der Hose wird mit Cölinblau gemalt, das durch die Beimischung von Weiß etwas gräulich wird. Das Weiß des Fensters sollten Sie mit einer Spur Blau vermischen, damit es nicht zu hart wirkt.

Bedecken Sie in den ersten Arbeitsschritten das Bild nicht zu dick mit Farbe. Die durchscheinenden Weißtöne der Leinwand verleihen dem Gemälde Glanz.

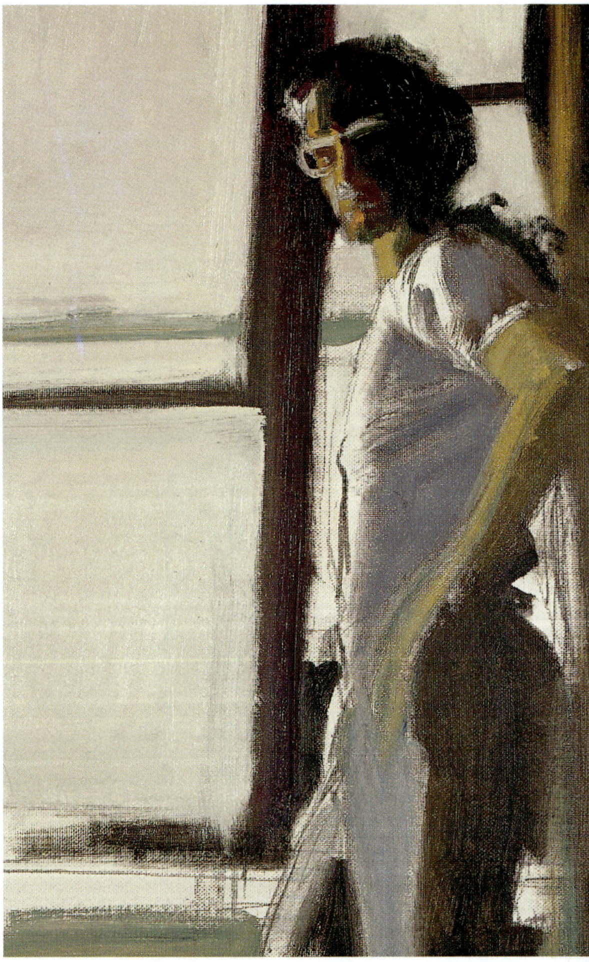

3. Auf der Palette bereiten Sie die Töne für die helle Seite der Haut vor: Für die Schattierung des Gesichts mischen Sie einen lichten Ockerton mit ein wenig Rot; für den Arm geben Sie etwas Blau hinzu. Ebenfalls Blau mit einem deutlichen Stich Violett benutzen Sie für die schattige Stelle des Hemdes. Hier kann man gut erkennen, daß der Pinsel ziemlich trocken ist.

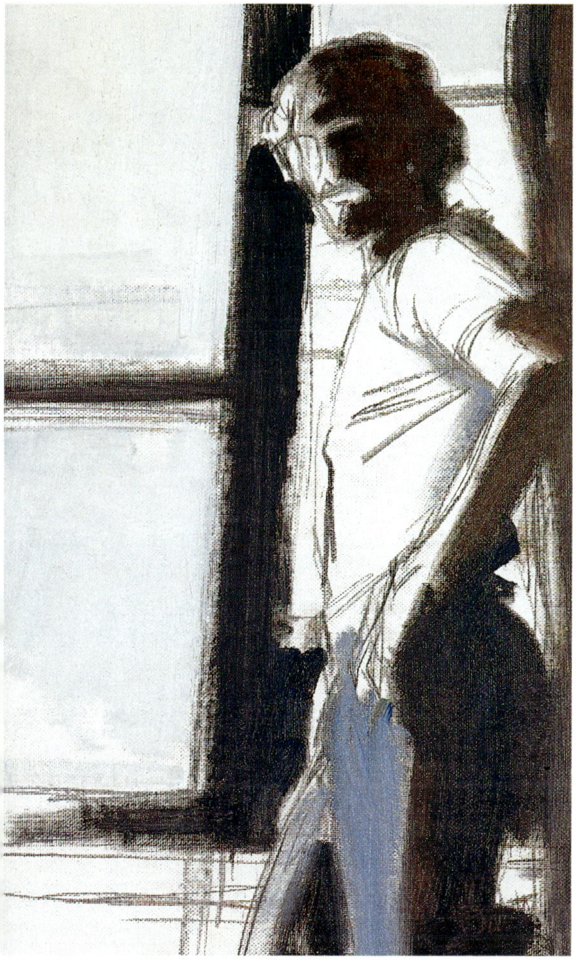

4. Das Gesicht bearbeiten Sie nun so, daß auf der Stirn ein Schatten entsteht. Die Nase sollte mit einem geraden Pinselstrich gemalt werden, der einen starken Kontrast zum Schatten bildet. Sie arbeiten jetzt mit deckenden Farben. Die glänzenden Stellen des Hemdes malen Sie direkt mit Weiß, und zwar zunächst nur als eine Skizze der Stoffalten, die später ausgestaltet wird.

5. Das Hemd kolorieren Sie mit einem durch Blau angereicherten Weiß. Achten Sie beim Arm auf den starken Kontrast zwischen hellem und dunklem Teil. Die Farbtöne müssen nicht abgestuft werden; es genügt der Kontrast zwischen den Flächen, um das gesamte Volumen des Armes schematisch anzudeuten. Die Fensterbank skizzieren Sie dann mit dunklen Farbtönen. Benutzen Sie Blau- und Ockertöne für die Schattierung des Fensterrahmens.

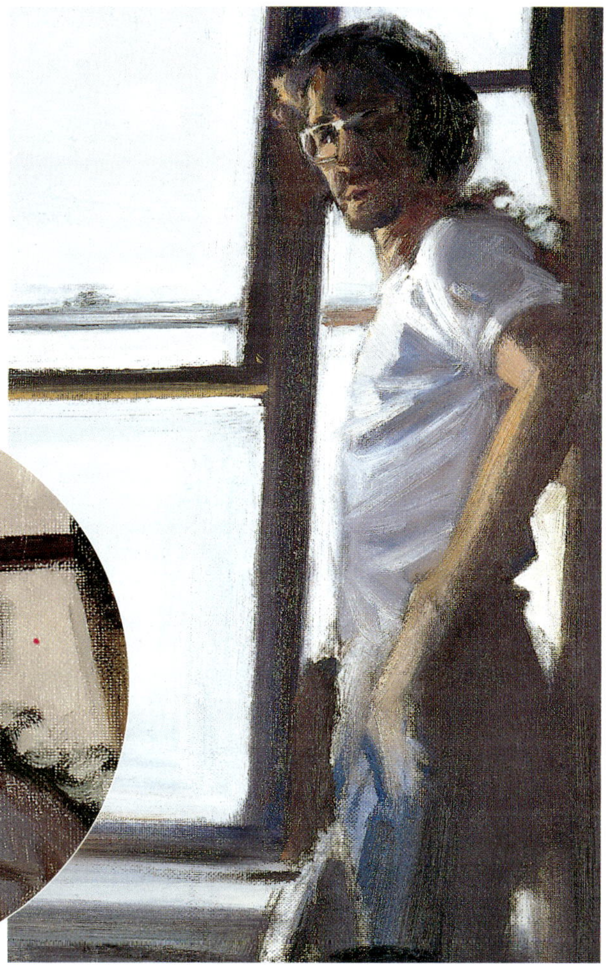

6. Hier können Sie gut die Gestaltung des Gesichts im Gegenlicht erkennen: Einige wenige Farbaufträge ergeben schon die wichtigsten Glanzreflexe; neben die Nase malen Sie ganz leicht einen dunklen Ton, durch den der hellere Bereich hervorgehoben wird. Für die helle Partie der Schulter tragen Sie ein paar kräftige, weiße Pinselstriche auf.

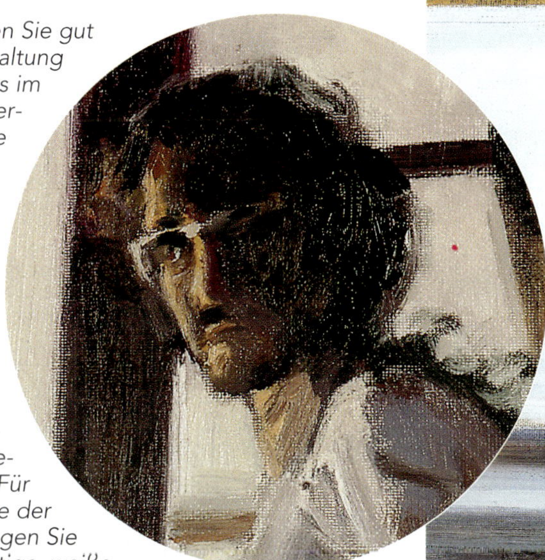

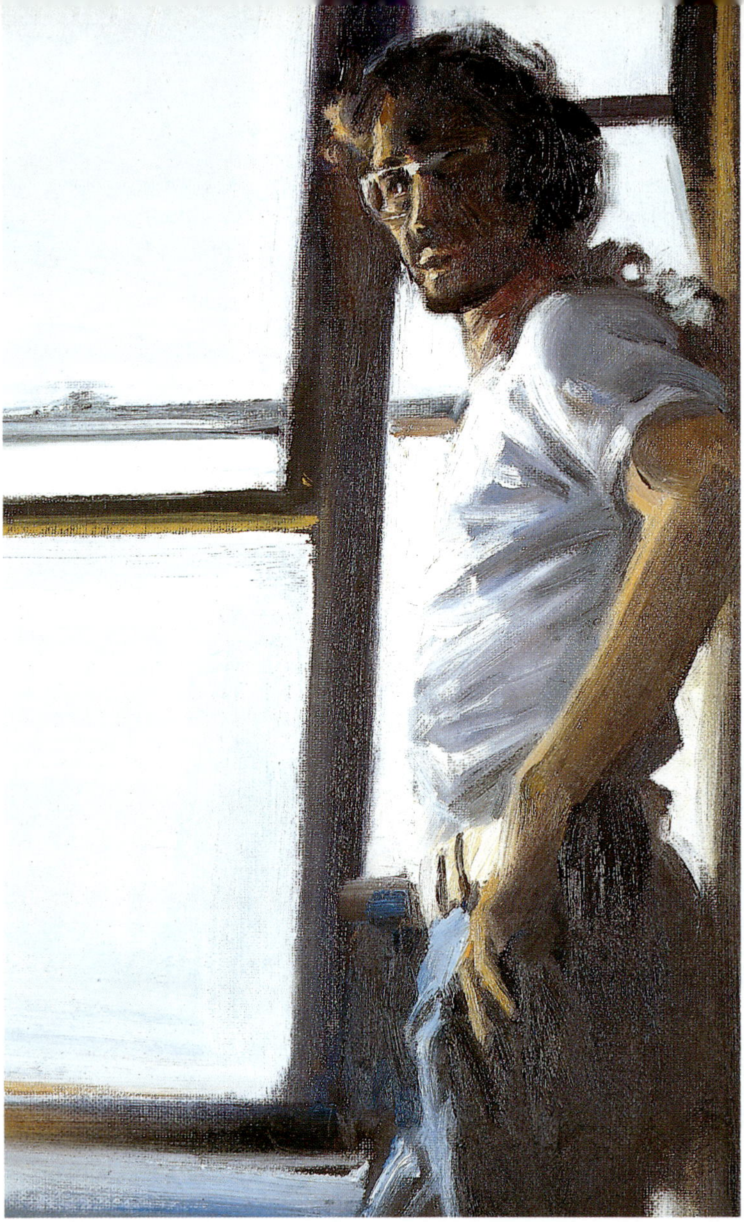

7. Die Falten des Hemdes gestalten Sie mit einigen wenigen Pinselstrichen direkt in Weiß, wobei Teile der unteren Farbschicht leicht verwischt werden. Auf das fast im Halbschatten liegende Gesicht tragen Sie helle, deckende Tupfer auf. Wenden Sie sich noch einmal dem Arm zu und zeichnen Sie mit sanften Strichen die Schatten auf den hellen Ton. Jetzt müssen Sie nur noch die Hose mit einem leuchtenden Blau vollenden und die Hand mit zwei Fingern andeuten.

Benutzen Sie nicht zuviel weiße Farbe, vor allem nicht für die besonders hellen Partien. Glänzende Farbmischungen erhalten Sie mit leuchtenden Farben wie Neapelgelb oder Cölinblau.

ZUSAMMENFASSUNG

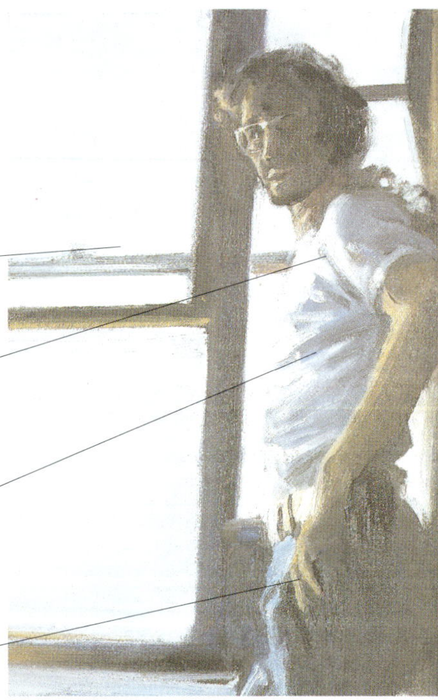

Der Entwurf besteht aus einer klar umrissenen Zeichnung, mit der Sie bereits eine Aufteilung der Hell- und Dunkelzonen skizzieren.

Mit dem ersten Farbauftrag führen Sie den Entwurf der Schatten- und Lichtpartien fort; diese Schattierungen werden flächig und ohne Details aufgetragen.

Der blaue Farbton des Hemdes bildet den Hintergrund für die grauen und weißen Faltenlinien.

Zuletzt skizzieren Sie mit zwei Strichen die Finger.

THEMA

8 Farbabstufung und direkte Techniken

HARMONISCHE FARBABSTUFUNG

Wie Sie im letzten Kapitel gesehen haben, kann man mit Ölfarbe auf verschiedene Art und Weise umgehen. Einige Künstler widmen sich klaren und harmonisch abgestimmten Gemälden, andere bevorzugen spontane Bilder mit impressionistischem Charakter. Die harmonischen Farbabstufungen leiten über zur Technik der Modulation, der Abstufung von einem Ton in den anderen.

Die grundlegende Methode der Farbabstufung beginnt mit dem Auftrag einer Farblinie. Der Farbwert wird in weiteren Strichen abgetönt, bis eine andere Farbe vorherrscht. Die erste Übung zeigt Ihnen eine Abstufungstechnik, die praktisch bei jedem Ölbildnis angewendet wird.

1. Sie entwerfen die Skizze mit Kohle. Mit einem sehr dünnen Pinselstrich überarbeiten Sie diesen Entwurf, wobei die Farbe nicht tropfen sollte. Drücken Sie den Pinsel vor dem Malen so gut es geht aus; dadurch entsteht eine leicht gebrochene, grobe Linie. Die untere Farbschicht kann durch diese Linie durchscheinen.

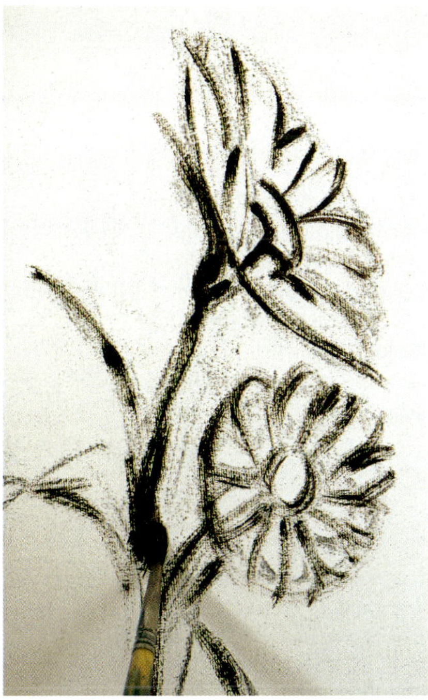

2. Jetzt gestalten Sie die Farbskizze. Die ersten Farben dürfen, wie bei allen Techniken der Ölmalerei, nicht deckend sein. Die Richtung des Pinselstriches ist für die Farbabstufung besonders wichtig. Der Hintergrund wird mit leicht hingeworfenen Strichen gemalt; benutzen Sie ein mit Weiß abgeschwächtes Blau und halten Sie den Pinsel schräg. Beginnen Sie mit einem fast weißen Farbton für die Blütenblätter; jeder Pinselstrich ergibt ein Blatt. Die besonders hellen und leuchtenden Blütenblätter fügen Sie mit einem dicker aufgetragenen Strich an. Die Stiele malen Sie in einem grünlichen Ton.

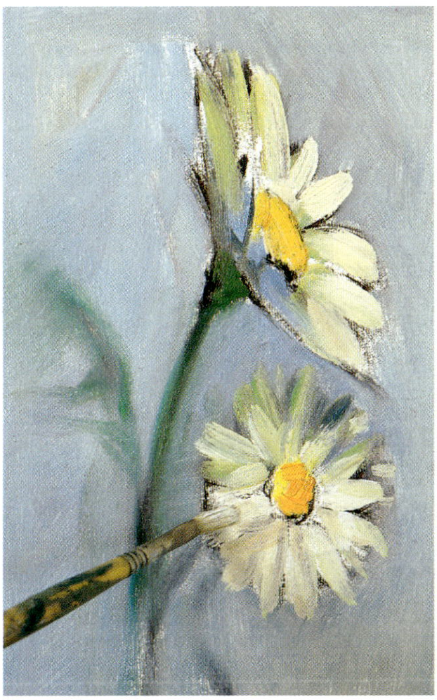

3. Wenn Sie die Grundformen fertiggestellt haben, skizzieren Sie mit einem feinen Pinsel die Kontraste zwischen den hellen und dunklen Partien. Dadurch wird der Umriß der Blumen hervorgehoben, und die Flächen grenzen sich wegen der verschiedenen Farbtöne perfekt voneinander ab.

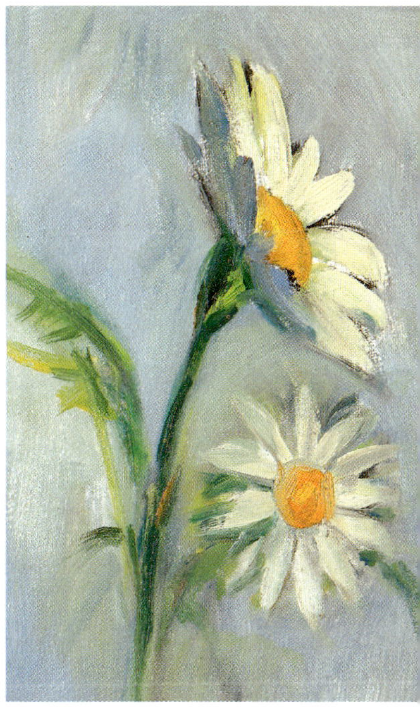

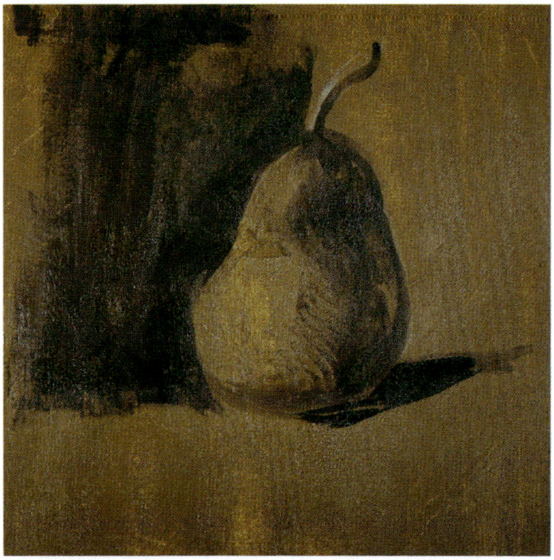

▶ *1. Diese dunkle Farbe mit den entsprechenden Werten, d.h. Abtönungen, benutzen Sie für die gesamte Zeichnung. Für den ersten Farbauftrag muß die Zeichnung klar abgegrenzte Konturen aufweisen. Lassen Sie die Farbschicht gut antrocknen.*

GRUNDREGELN DER FARBABSTUFUNG

Farbabstufung nennt man den Vorgang, bei dem Sie mit verschiedenen Tönen ein- und derselben Farbe Schattierungen gestalten. In der folgenden Übung lernen Sie einige Grundregeln dieser Farbveränderung kennen. In der vorherigen Studie haben Sie gesehen, wie die Farbtöne am besten auf der Leinwand verteilt werden; nun widmen Sie sich der Frage, wie ein Farbton nach und nach dünner und transparenter wird, bis er sich vollständig in den Hintergrund oder in eine weitere Farbe einfügt.

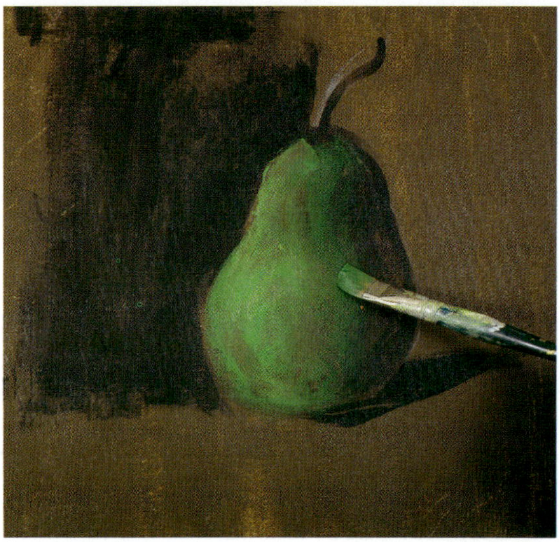

▶ *2. Zur Vorbereitung der Farbe, die in hellen Töne abgestuft werden soll, benutzen Sie die entsprechende Farbe, ein wenig Leinöl und Sikkativ. Mit dieser Mischung erhalten Sie ein fast durchsichtiges Kolorit, mit dem Sie die hellen Töne gut malen können. Seien Sie vorsichtig mit den dunklen Färbungen; sie können den Ton der Grundierung leicht vollständig überdecken. Benutzen Sie bei dieser Arbeit auf jeden Fall sehr gute Pinsel.*

Für eine Farbabstufung in dunklen Farben sollten Sie besser kein Schwarz verwenden. Schwarz verschmutzt andere Farben sehr leicht und kann Risse auf der Farbschicht verursachen, wenn die lange Trockenzeit nicht berücksichtigt wird.

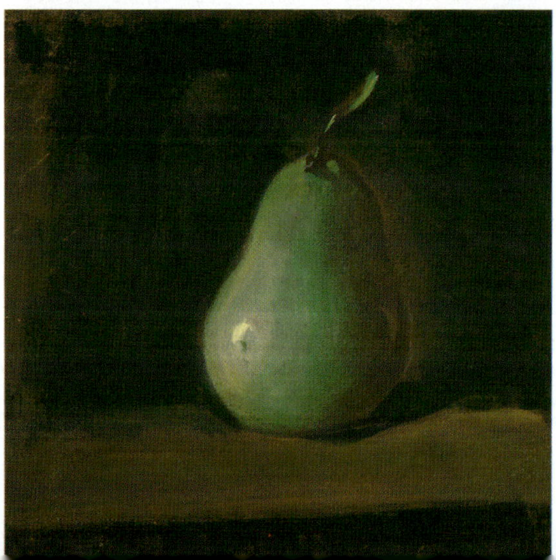

▶ *3. Jetzt tragen Sie die Farben für die Licht- und Schattenpartien auf. Die Schattierung malen Sie in dem Farbton, mit dem der Hintergrund entworfen wurde; so können Sie die hellen Töne abstufen, ohne daß sie sich mit den dunklen Farben vermischen. Die besonders leuchtenden Partien malen Sie mit fast transparenten Farben.*

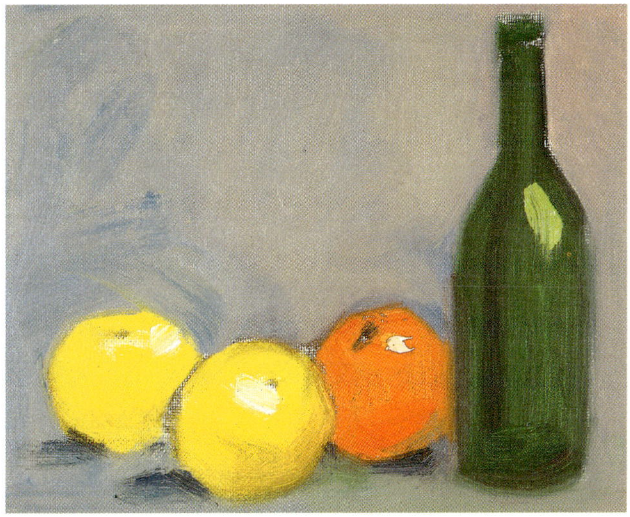

1. Intensive Kontraste erreichen Sie mit Komplementärfarben. In dieser Übung gleichen die beiden gelben Äpfel den starken Kontrast zwischen den beiden anderen Elementen ein wenig aus. Gehen Sie genauso vor wie bei den Übungen zur Farbabstufung. Als Reflex der Apfelfarben der linken Seite malen Sie ein glänzendes Gelb auf die Flasche.

DIE IMPRESSIONISTISCHE TECHNIK

Der Impressionismus verursachte einen Bruch mit der akademischen Tradition der Ölmalerei; er zeigt eine Interpretation der Objekte, die von der Leuchtkraft ihrer Farben ausgeht. Damit wandte man sich von Farbabstufungen und Schattenmodulationen ab. Die Farben können direkt aufgetragen werden und wirken durch ihre komplementäre oder auch dissonante Beziehung. An diesem Stilleben werden Sie die impressionistische Technik leicht nachvollziehen können.

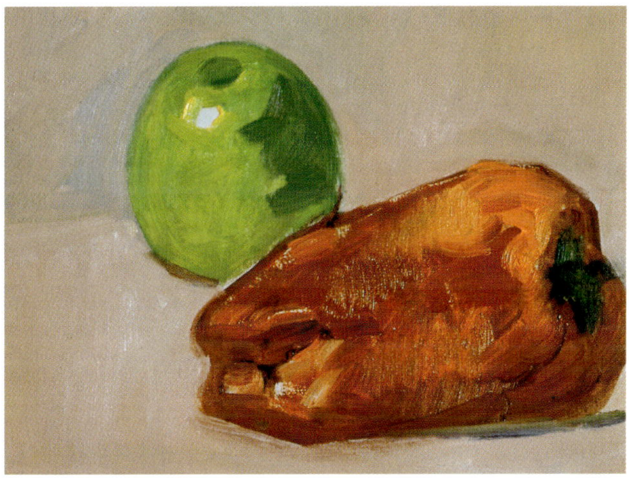

2. Bei der impressionistischen Verwendung der Farben muß das Licht direkt auf die Objekte fallen. Malen Sie den Apfel in Grün und die Paprika in einem kräftigen Rot. Den Hintergrund gestalten Sie mit einer Mischung der benutzten Farben; so erreichen Sie eine harmonische Farbwirkung des gesamten Bildes.

> Die opake Wirkung der Ölfarben ermöglicht ein doppeltes Spiel mit der Transparenz: Eine helle, durchsichtige Farbe wird durch die Überlagerung mit weiteren Schichten opak; wenn der Hintergrund jedoch dunkel ist, wird der Farbton hell.

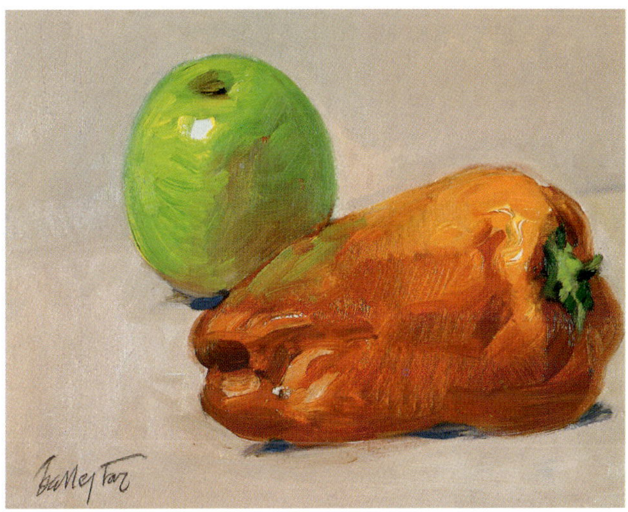

3. Wenn Sie impressionistisch malen, entsteht eine enge Beziehung zwischen der Leuchtkraft der einzelnen Bildelemente. Die Reflexe auf den einzelnen Elementen führen Sie mit Komplementärfarben aus. Diese Farbaufträge selbst müssen sich nicht mischen; es genügt, wenn die hellen Töne Entsprechungen in anderen Bildobjekten finden.

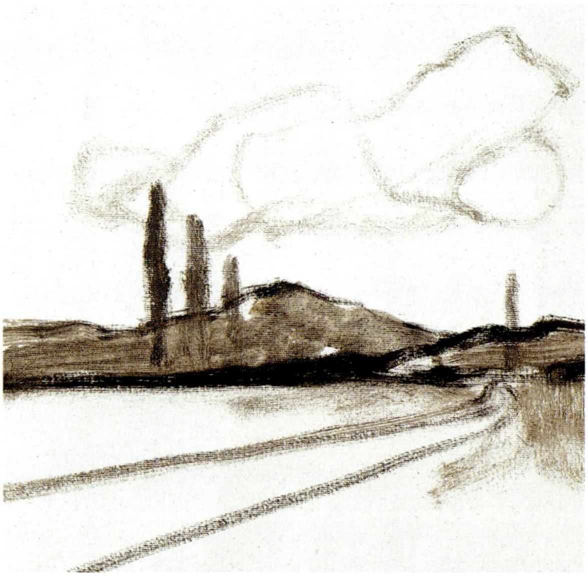

1. Sie sehen hier einen Entwurf, für den weder Zeichenkohle noch -stift verwendet wurde; es reicht ein mit terpentinverdünnter Farbe getränkter Pinsel, um direkt und mit wenigen Strichen eine Skizze aufzutragen. Drücken Sie den Pinsel gut aus, damit er nicht zu feucht ist. In der ersten Arbeitsphase können Sie korrigieren, so oft Sie wollen. Wenn Sie eine Stelle ganz neu gestalten möchten, brauchen Sie nur mit einem leicht terpentingetränkten Tuch über die Leinwand zu wischen.

DIREKTER FARBAUFTRAG

Der direkte Farbauftrag ist eine Arbeitstechnik, mit der Sie unmittelbar und zügig Ihr Thema auf der Leinwand entwerfen, ohne daß vorherige Zeichnungen, Farbabstufungen oder Formmodulationen nötig sind. Diese Methode, auch Malerei alla prima oder Primamalerei genannt, wird von den Künstlern bevorzugt, die gerne spontan arbeiten. Sie finden in der Übung ein gutes Beispiel für diese Technik.

2. Auf dem Farbentwurf malen Sie gleich mit deckenden Farben weiter; die Arbeit soll schließlich unmittelbar entstehen und wirken. Wenn Sie stark terpentinverdünnte Töne benutzen, denken Sie daran, daß diese an Glanz und Farbintensität verlieren, wenn sie einmal getrocknet sind. Sie können der Mischung auf der Palette Sikkativ hinzufügen, um dies zu verhindern. Sie sollten in dieser Phase allerdings auch nicht allzu gute Farben verwenden, da die teuren Materialien besser für die letzten entscheidenden Schichten genommen werden. Am besten beginnen Sie mit Farben mittlerer Qualität. Danach tragen Sie die deckenderen und qualitativ besseren Farben auf.

3. Im Laufe der Arbeit fügen Sie der Farbe immer weniger Malmittel bei, bis Sie schließlich mit ganz unverdünnten Tönen malen. Denken Sie in jedem Fall an die Regel fett auf mager, d.h. Farben mit einem hohen Ölanteil werden auf verdünnte Farben mit wenig Öl und einer größeren Menge Terpentinersatz aufgetragen.

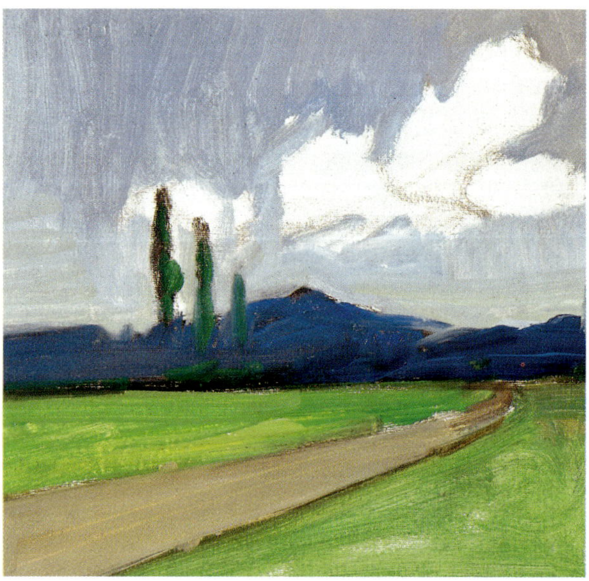

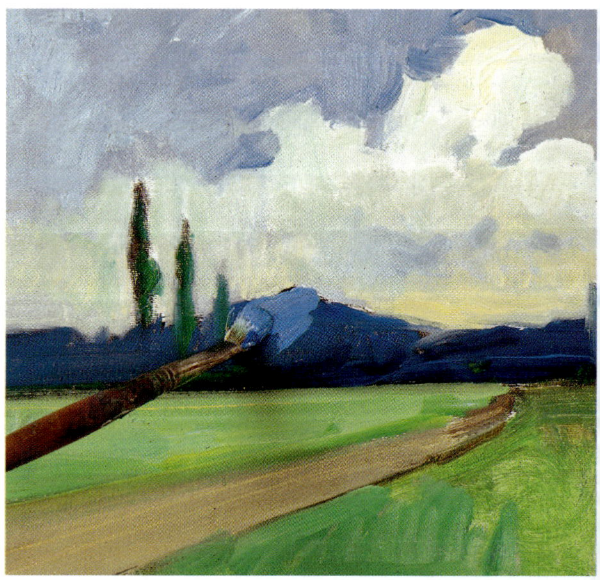

Schritt für Schritt

Flußlandschaft

In dieser Übung soll eine Flußlandschaft gestaltet werden. Damit Sie die Technik der Primamalerei anwenden können, ist das Modell bewußt einfach gehalten. Denken Sie wiederum an die Grundregel, die für jede Methode der Ölmalerei gilt: vom Allgemeinen zum Besonderen. So wird z.B. die Bearbeitung der unteren Farbe durch verschiedene Pinselstriche der großen Wasserfläche später die nötige Leuchtkraft verleihen.

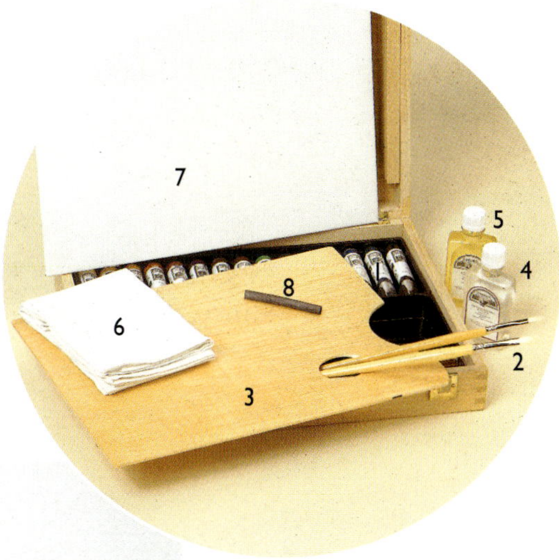

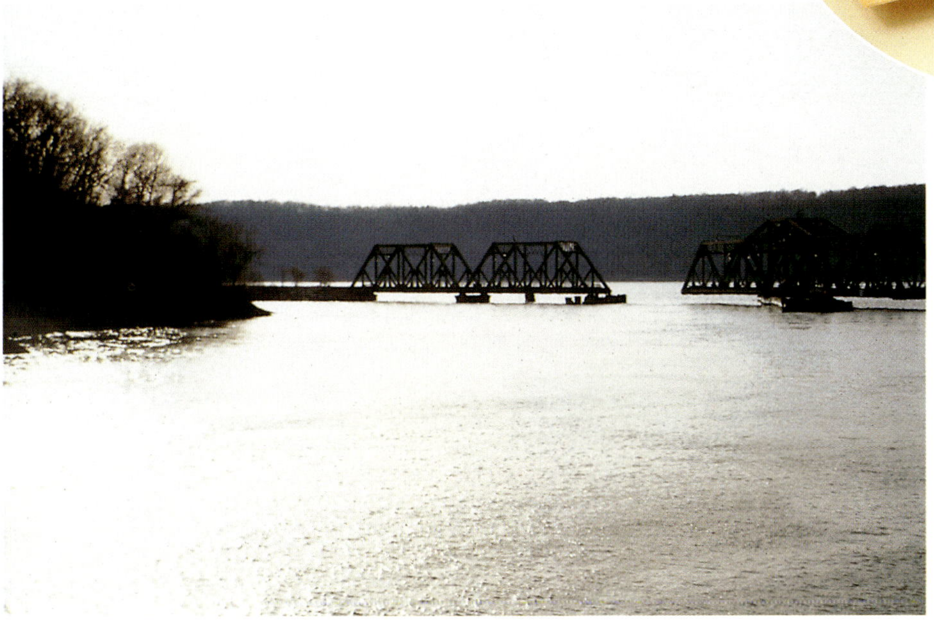

BENÖTIGTES MATERIAL
Ölfarben (1), Pinsel (2), Palette (3), Terpentinersatz (4), Leinöl (5), Tuch (6), Malkarton (7), Zeichenkohle (8).

1. Wie Sie auf den letzten Seiten gesehen haben, ist der direkte Farbauftrag eine mögliche Methode der Ölmalerei. Die Schlichtheit der hier vorgestellten Übung läßt diese Technik zu; um das Verständnis jedoch zu erleichtern, beginnen Sie am besten mit einer Kohlezeichnung. Mit dem flach geführten Kohlestift entwerfen Sie eine gerade Linie; an den Bergen ist der mit der Stiftspitze gezeichnete Strich etwas gebrochen. Nach diesen Grundlinien skizzieren Sie die Brücke und das Wäldchen auf der linken Seite.

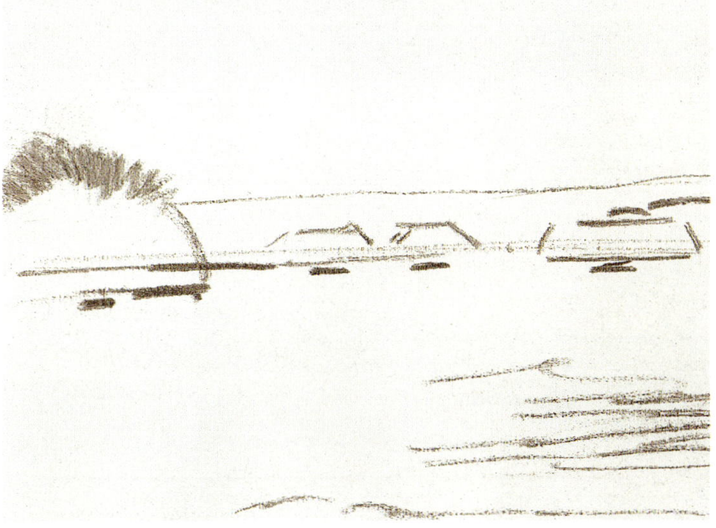

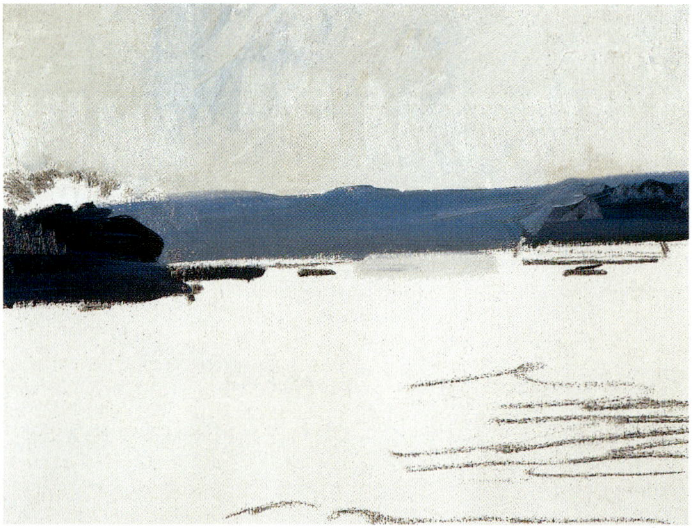

2. Entwerfen Sie beim ersten schnellen Farbauftrag nur die wichtigsten Kontraste der Landschaft. Zuerst benutzen Sie eine stark terpentinverdünnte Farbe, die gerade so dick sein sollte, daß sie nicht verläuft; damit skizzieren Sie die Berge. Mit einer dichteren und abgedunkelten Farbe malen Sie die Vegetation links und die dunkle Fläche. Diese gesamte Farbschicht tragen Sie auf das transparente Blau des Hintergrundes auf; den Himmel malen Sie mit einem mit Leinöl verdünnten, leicht abgetönten Weiß.

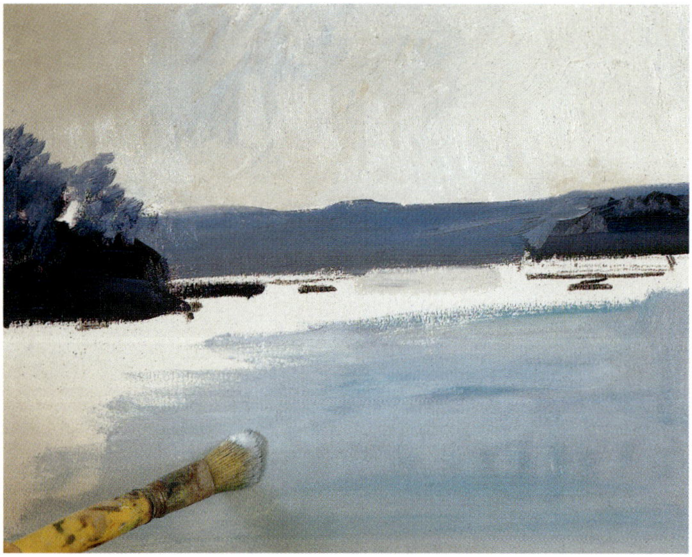

3. Die dem Wäldchen entsprechende Fläche malen Sie direkt mit Ultramarin- und Kobaltblau; der Pinselstrich soll dabei etwas von der Untergrundfarbe mitziehen und verwischen. Beginnen Sie die Gestaltung des Wassers mit einem zu Grau tendierenden Blau. Denken Sie daran, daß auf dieser Fläche noch einige wichtige Änderungen durchgeführt werden; deshalb sollten Sie den ersten Farbauftrag dünn halten. Mischen Sie für diese Farbe verschiedene Blau-, Grün- und Weißtöne und tragen Sie sie mit langen horizontalen Strichen auf.

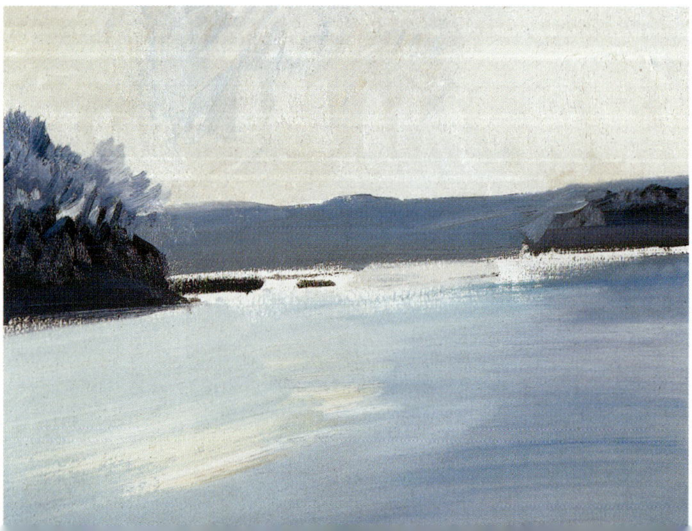

4. Die Bäume am Ufer werden nun genau und detailliert gemalt. Die Farbe für das Wasser ist jetzt eher deckend und wird mit Weiß gemischt. Sie beginnen mit der höhergelegenen Zone und arbeiten sich mit horizontalen Strichen nach unten vor. Schattieren Sie diese bläuliche Fläche mit dunklen und nur gering verdünnten Tönen; die großzügigen Pinselstriche vermischen sich jetzt mit einigen stärker ausgeführten Linien.

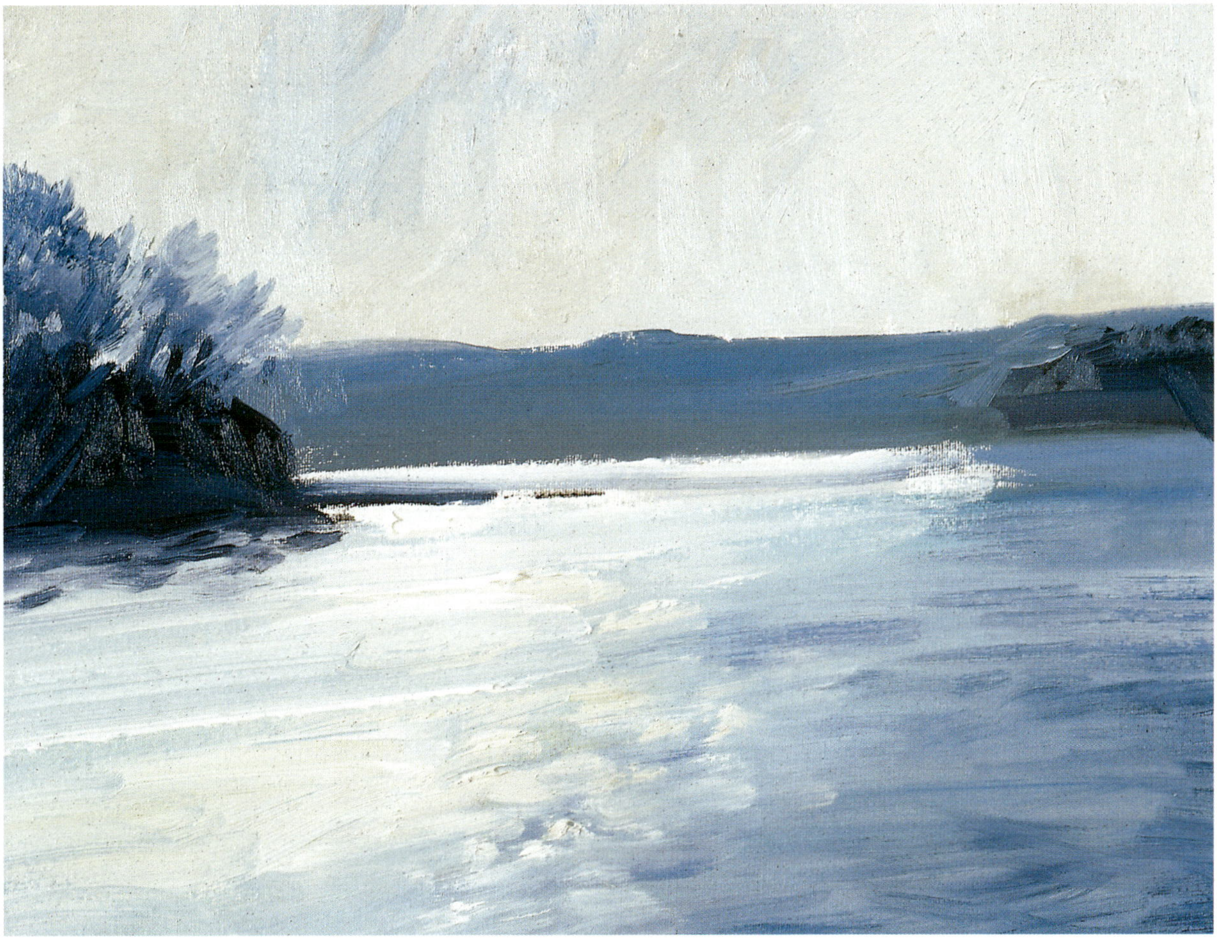

5. Wenn Sie die Schattierung der Landschaft fertiggestellt haben, dürfen die Farbmischungen kein Lösungsmittel mehr enthalten. Tragen Sie auf die dunkelste Partie des Wassers dunkelblaue, direkte Pinselstriche auf. Achten Sie auf die unterschiedliche Beschaffenheit dieser Striche: Sie sind kürzer oder ausgedehnter, einige verbinden sich mit der darunterliegenden Tönung. Wenn die Farbe zu dick ist, können Sie etwas Leinöl hinzufügen.

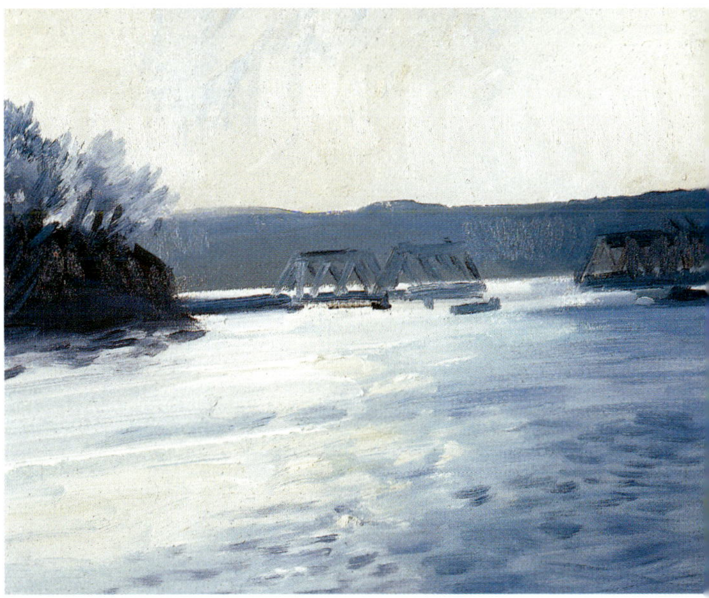

6. Gestalten Sie nun die Wasseroberfläche mit dunklen und hellen Tönungen, die eine jeweils unterschiedliche Farbintensität aufweisen. Am Rand der hellsten Partie des Wassers arbeiten Sie mit kurzen Pinselstrichen, die Sie sanft über dem hellen Untergrund verteilen. Mischen Sie Blau mit Weiß zu einem gräulichen Ton und skizzieren Sie damit die Struktur der Brücke.

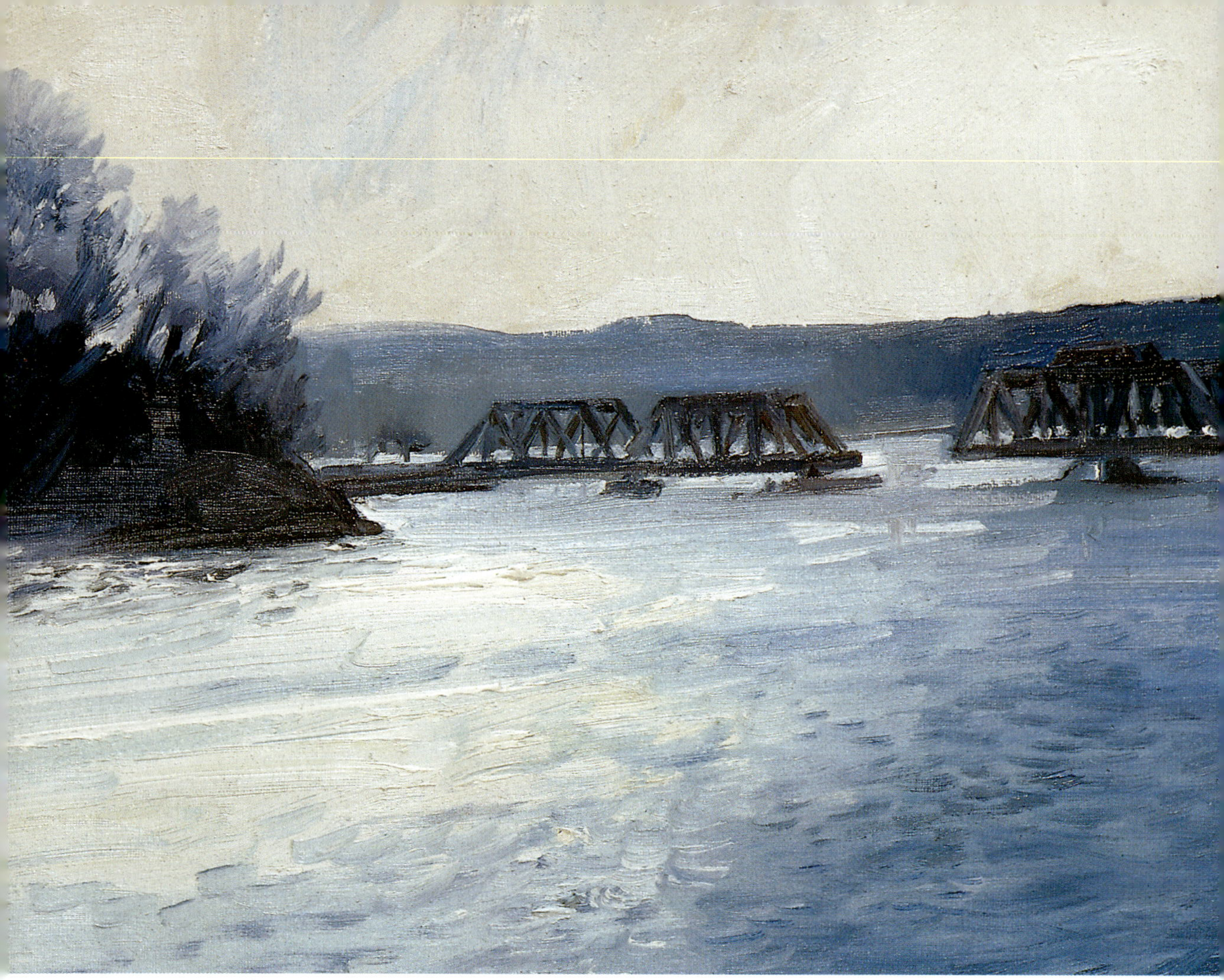

7. Auf der Wasseroberfläche sind die Pinselstriche feiner und genauer. Tränken Sie den Pinsel nur soweit mit Farbe, daß die untere Farbschicht abgewandelt werden kann. Die Brücke rechts überarbeiten Sie nun mit geraden Strichen. Die Genauigkeit der Pinselführung ist in diesem letzten Schritt für die Gestaltung der Bäume sehr wichtig: Tragen Sie sehr kurze Pinselstriche auf, die sich auf dem Untergrund vermischen; drücken Sie aber nicht zu fest auf, damit die Linie nicht vollständig verwischt. Mit einigen dunklen und geraden, die untere Schicht überlagernden Pinselstrichen stellen Sie schließlich die Brücke fertig. Ganz zum Schluß setzen Sie ein paar Glanzpunkte aus gebrochenem Weiß auf die hellen Wasserflächen.

ZUSAMMENFASSUNG

Die anfängliche Skizze aus Kohle entwirft die Landschaft von einer Linie am Horizont aus.

Mit einem verdünnten Blau malen Sie die Berge im Hintergund; auf diese Schicht werden später deckende Farben aufgetragen.

Das Wäldchen links gestalten Sie mit blauer, nur leicht verdünnter Farbe. Die Pinselstriche sind kurz und deutlich.

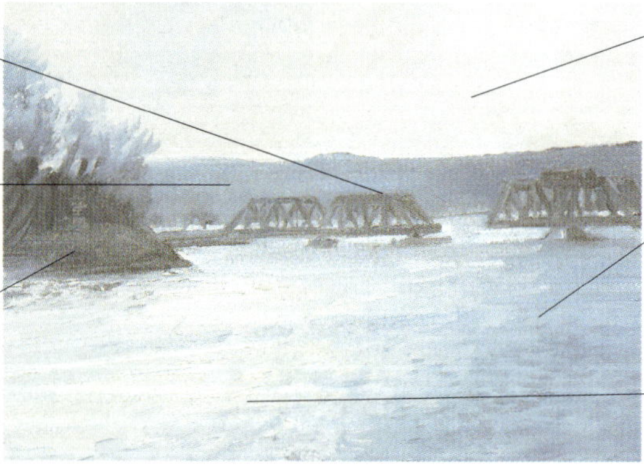

Dem Himmel geben Sie eine sehr helle, beinah weiße Färbung.

Für das Wasser tragen Sie mehrere Schichten auf: Den ersten, stark terpentinversetzten Farben folgen weitere deckende und kontrastierende Schichten.

Mit kurzen und sehr genauen Pinselstrichen zeichnen Sie die Reflexe auf dem Wasser.

THEMA

9 Malspachtel und Pinsel

SPACHTEL UND PINSEL: IMPASTO-MALEREI

Die Spachteltechnik ist sehr variabel; mit der scharfen Klinge können Sie Farbe abtrennen und durch ein Ziehen des Werkzeuges verteilen. Mit dem Pinsel hingegen kann jeder Strich und jeder Tupfer der geschmeidigen Farben gestaltet werden. Im folgenden lernen Sie die verschiedenen Kombinationsmöglichkeiten der Spachtel- und Pinseltechnik kennen.

Der Malspachtel ist ein äußerst nützliches Werkzeug für die Ölmalerei. An anderer Stelle haben Sie bereits einige Verwendungsmöglichkeiten kennengelernt. In diesem Kapitel werden Ihnen neue Techniken vorgestellt, die mit keinem anderen Werkzeug durchzuführen sind und die sich deutlich von der Arbeit mit dem Pinsel unterscheiden.

1. Beginnen Sie die Arbeit mit einem Pinsel; so können Sie die Umrisse besser zeichnen. Der Malspachtel kann das Farbmaterial sehr gut verteilen, so daß Sie am Anfang nur wenig davon auftragen sollten. Wichtig ist in dieser Phase die Schattierung und der grundlegende Farbentwurf. Verdünnen Sie die Farbe nicht zu stark, da sie sonst zu schnell trocknet. Mit einem dick aufgetragenen, direkten Pinselstrich können Sie die ersten Formen skizzieren.

▲

3. Wenn Sie zwei Farben mischen wollen, müssen Sie mit dem Spachtel mehrere Male über die gleiche Fläche streichen. Nehmen Sie eine dunkle Farbe und formen Sie mit der Spachtelkante die Baumstämme. Für den Himmel wenden Sie verschiedene Spachtelzüge an: einige leichte, bei denen sich die Farbe nicht mit den unteren Schichten vermischt, und einige festere, mit denen Sie die Töne verschmelzen lassen.

▲

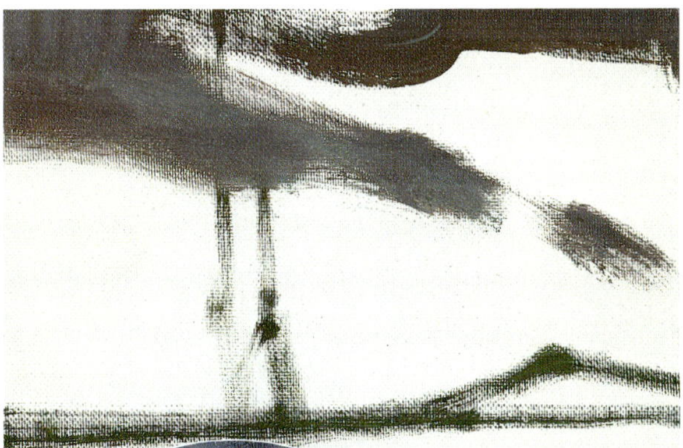

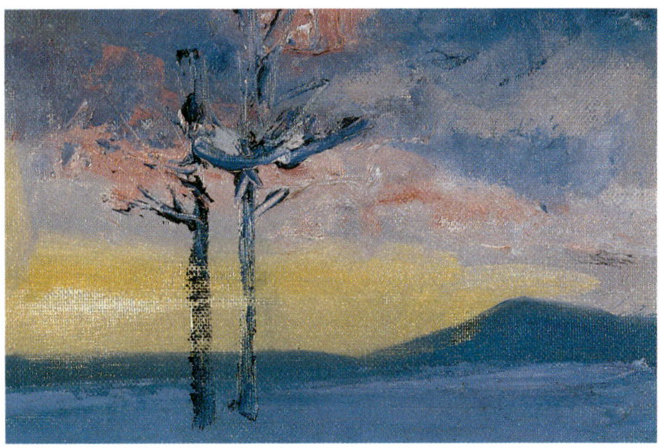

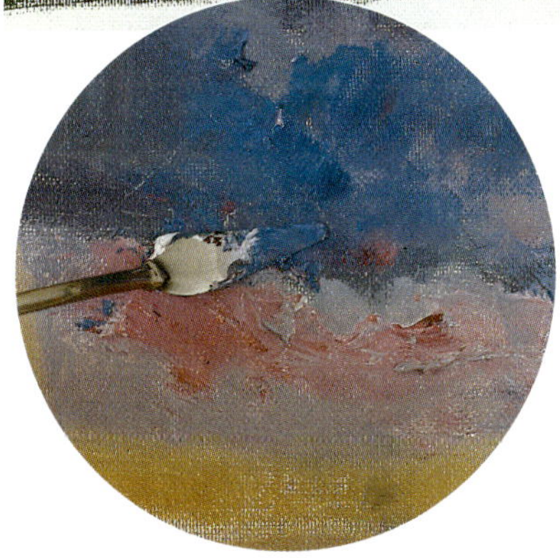

▶ *2. Wenn Sie das Bild mit dem Pinsel vorschattiert haben, nehmen Sie die Farbe mit der Klinge des Spachtels von der Palette und verteilen die Farbe mit leichtem Druck. Am Anfang sollten Sie nur wenig Material nehmen; der dicke Farbauftrag entsteht im Verlauf der Arbeit. Mischen Sie nun Karminrot ganz leicht mit Weiß und führen Sie die flache Seite des Spachtels über die vorherigen Farbschichten. Die Farben gleiten übereinander und vermischen sich leicht.*

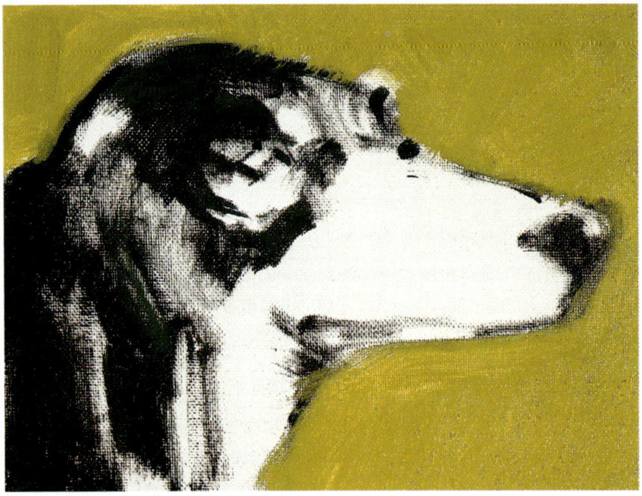

▶ *1. Die Vorzeichnung skizzieren Sie in einer dunklen Farbe mit einem Pinsel. Sie konnen soviele Korrekturen wie nötig einarbeiten; der Spachtelauftrag wird später alle anderen Schichten überlagern. Anschließend malen Sie mit dem Pinsel den Hintergrund.*

PASTOSE FARBAUFTRÄGE

Die letzte Übung zeigte eine Kombination von Spachtel- und Pinseltechnik. Die Arbeit mit dem Malspachtel ermöglicht weiterhin eine Reihe von pastosen Aufträgen; dabei erzielen Sie besonders interessante Ergebnisse mit einem mehrmaligen Aufsetzen des Werkzeuges. Mit dieser Methode können Sie verschiedene Strukturen auf der gleichen Fläche gestalten. Probieren Sie die Technik bei der Gestaltung dieses Hundekopfes aus. Achten Sie dabei besonders auf die Überlagerung der Farbschichten nach dem Entwurf mit dem Pinsel.

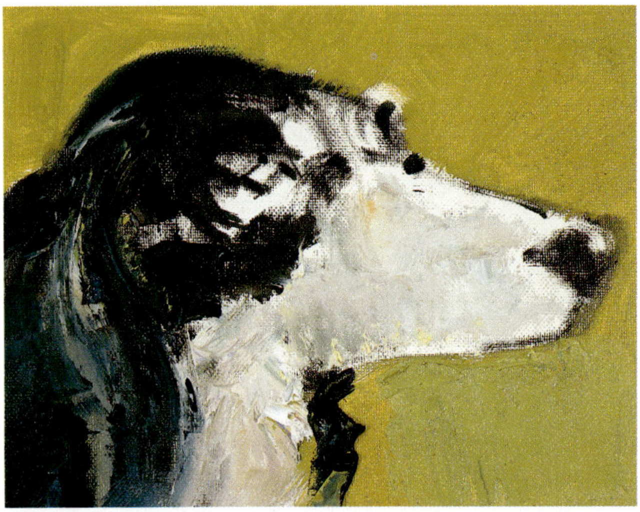

▶ *2. Nun führen Sie die Schattierung des Hundekopfes mit direkten, dicken Farbaufträgen des Spachtels durch. Auf die hellen Stellen tragen Sie gräuliches Weiß mit anderen Tönungen Ihrer Palette auf. Drücken Sie die Farbe so auf das Bild, daß die Oberfläche, auf der Sie malen, eine feine Textur, d.h. Oberflächenbeschaffenheit aufzeigt, auf der Sie die Spuren des Spachtelzuges sehen können. Mit einer fast schwarzen, mit Kobaltblau gemischten Tönung malen Sie die dunklen Partien des Hundehaares.*

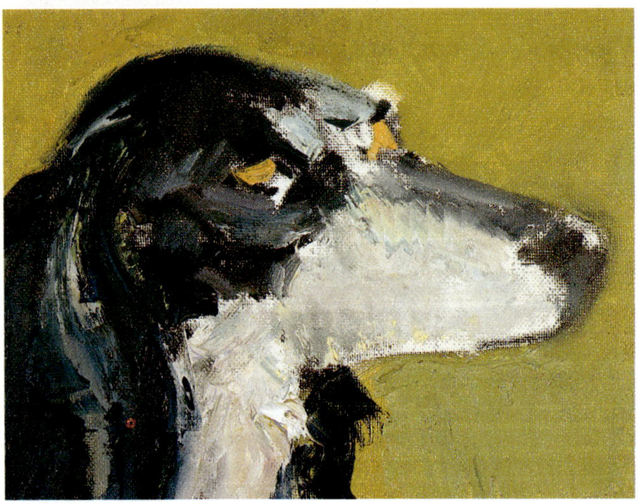

▶ *3. Mit weiteren Farbaufträgen des Spachtels geben Sie dem Kopf die endgültige Form und überlagern die helleren Stellen. In dieser Phase arbeiten Sie noch keine Details aus. Wichtigstes Ziel ist es hier, die Farbtöne ohne Vermischung beizubehalten.*

SPACHTELTECHNIKEN

Mit dem Malspachtel ist ein sehr genaues Arbeiten möglich. Je nachdem, wie Sie die Farbe verteilen oder die Klinge auf die Bildoberfläche aufsetzen, können Sie viele Einzelheiten gestalten. Allerdings sollten Sie diese Technik ein wenig üben. Im unteren Beispiel ist eine Vielfalt von Strichen und Farbaufträgen zu erkennen, die mit dem Pinsel nur schwer zu gestalten ist.

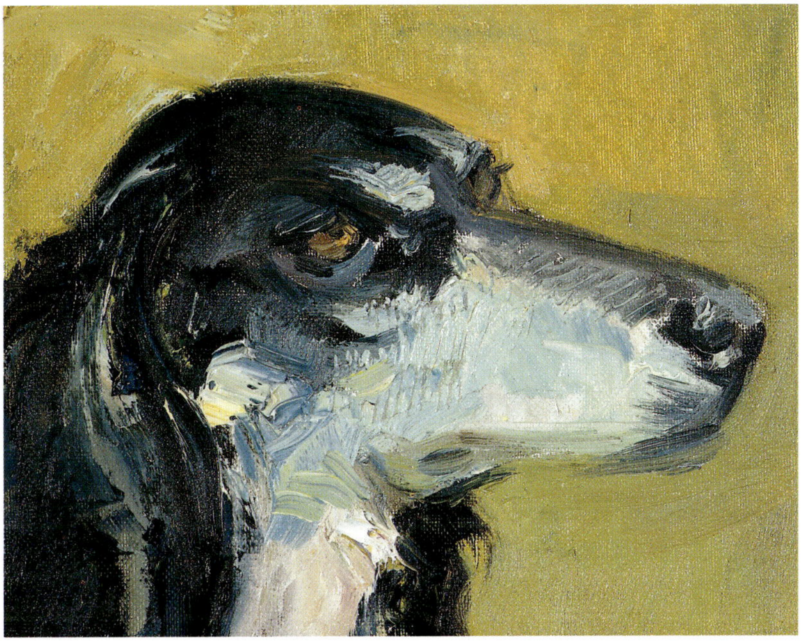

1. Je nachdem, wie Sie die Spachtelkante über die Bildoberfläche ziehen, entstehen verschiedene Striche, Flächen und Schattierungen, wobei die Oberflächenstruktur des Untergrundes entscheidend ist. Auf einer dick aufgetragenen Farbfläche z.B. können Sie keine Details gestalten. Mit der Wiederholung von Farbaufträgen in die gleiche Richtung formen Sie jeden einzelnen Bereich des Motives. Verwenden Sie jetzt bei der Ausgestaltung des Hundegesichts neue Blautöne. Sie setzen den Spachtel immer wieder auf und ab und lassen so die Gesichtszüge stärker hervortreten. Achten Sie auf den Unterschied zwischen den Spachtelaufträgen der oberen Schnauzpartie und dem übrigen Gesicht: Der Farbauftrag des Maules ist schräg, der des Gesichtes vertikal gestaltet.

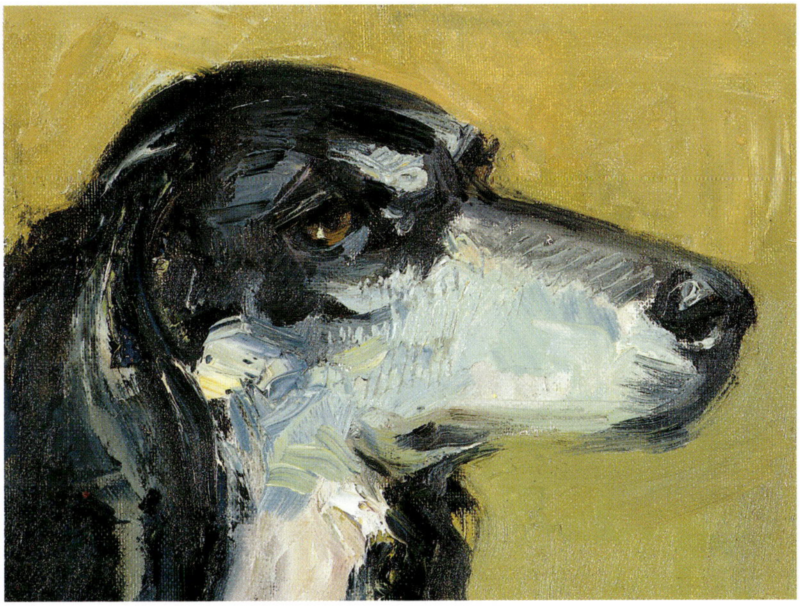

2. Überarbeiten Sie die Form des Kopfes, indem Sie die Spachtelspitze mit dunkler Farbe über die Bildoberfläche ziehen. Die endgültigen Kontraste werden zuletzt aufgetragen. Falls Ihnen ein Farbfleck zu dick geraten ist, können Sie ihn mit dem Spachtel leicht wieder abkratzen.

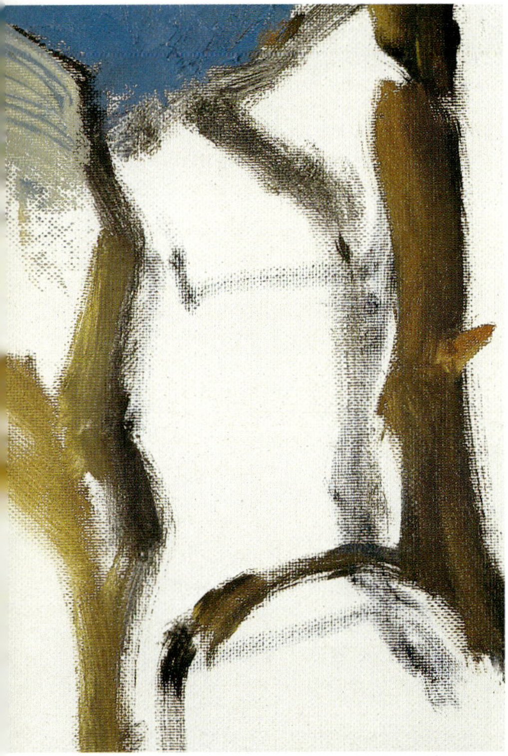

FARBAUFTRAG UND SPACHTELZUG

Schon auf den letzten Seiten haben Sie gesehen, wie vielfältig die Arbeit mit dem Malspachtel ist; hier zeigen wir Ihnen ein weiteres Verfahren. Malen Sie einen Wasserfall, indem Sie mit farbigen Spachtelzügen perfekt das Hinabstürzen des Wassers nachbilden.

▶ *1. Entwerfen Sie zunächst zügig ein grobes Schema und strukturieren Sie dann mit dem Pinsel die grundlegenden Bildflächen. Mit einheitlichen Spachtelaufträgen gestalten Sie den Himmel. Die Grundfläche der Felsen arbeiten Sie mit einem Grauton, der mit den übrigen Palettenfarben „verschmutzt" wird. Mischen Sie immer wieder neu; so wirkt der Farbauftrag leicht marmoriert.*

3. Der Wasserfall wird mit Spachtelzügen über einzelnen Pinselstrichen fertiggestellt. Der Farbauftrag muß ausgedehnt sein und der Linie des Wassers mit großzügigem Schwung folgen. Bedecken Sie mit einem dicken Spachtelzug weißer Farbe die obere Wasserpartie. Für die Gestaltung der Steine setzen Sie das Blatt des Spachtels immer wieder auf der Oberfläche auf, so daß kleine Erhebungen entstehen. ▲

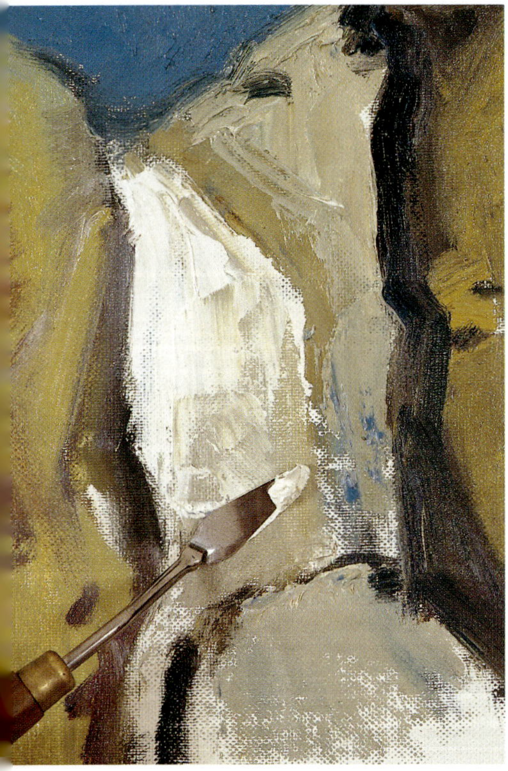

▶ *2. Die Felsen malen Sie jetzt mit Grün- und Ockertönen. Die Struktur dieser Fläche ist glatt und fein; so können Sie die folgenden Farbaufträge besser ausführen. Nun schattieren Sie die Fläche des Wasserfalls mit der gleichen Tönung, die Sie für die Felsen benutzt habe; ziehen Sie die Kante des Spachtels glatt über die Oberfläche. Auf diesen Hintergrund tragen Sie weiße Farbe auf, die sich mit der unteren Schicht vermischt.*

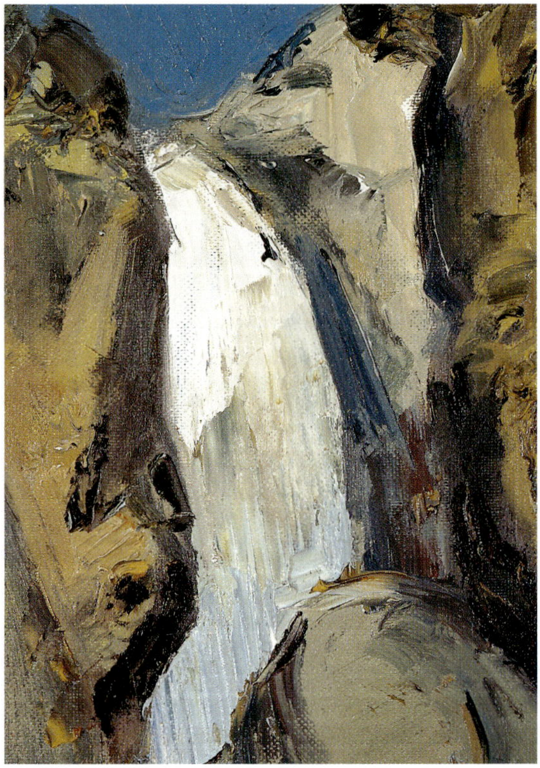

Schritt für Schritt
Ufer

Fast jedes Motiv können Sie mit dem Spachtel ausführen; am besten gestalten Sie damit jedoch Bilder, die keine sehr präzisen Linien erfordern. Die folgende Flußlandschaft können Sie mit den bisher erlernten Methoden malen. Um die verschiedenen Einsatzmöglichkeiten des Werkzeuges zu zeigen, ist ein Motiv mit starken Lichteinwirkungen und deutlichen Kontrasten gewählt worden. Mit dem Spachtel arbeiten Sie schneller als mit dem Pinsel, weil Sie eine größere Farbmenge auf der Bildoberfläche verteilen können.

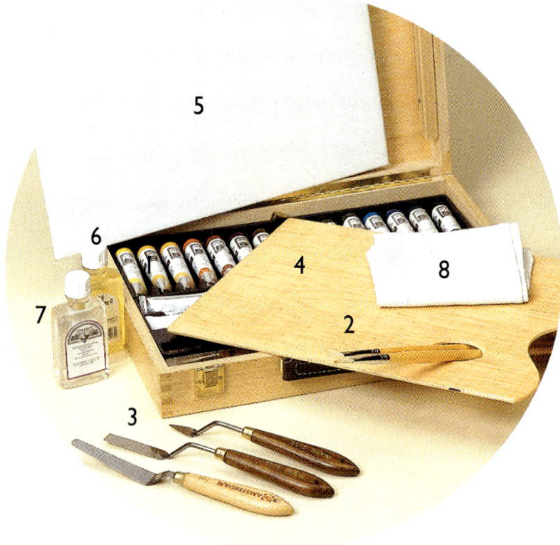

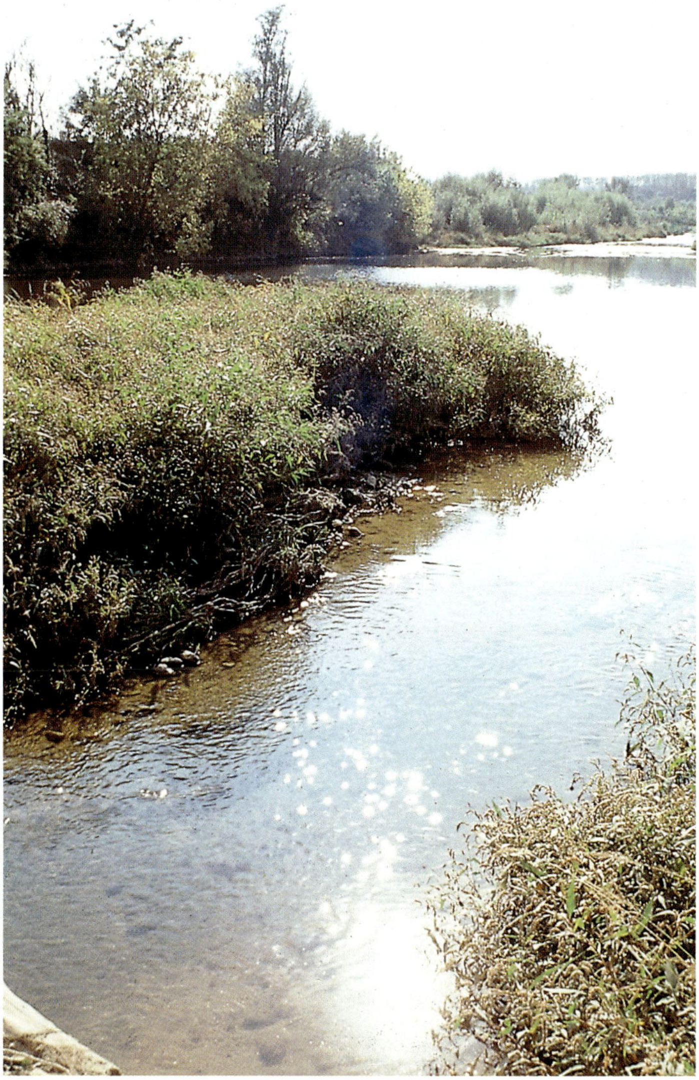

BENÖTIGTES MATERIAL

Ölfarben (1), Pinsel (2), Spachtel (3), Palette (4), Malkarton (5), Leinöl (6), Terpentinersatz (7) und Tuch (8).

1. Für die grobe Skizze der Landschaft benutzen Sie den Pinsel und dunkle Farben. Der Pinsel sollte mit Terpentin versetzt, aber fast trocken sein; so können die folgenden Farben mit dem Spachtel besser aufgetragen werden. Wenn der Untergrund zu feucht ist, gleiten die Farben davon ab.

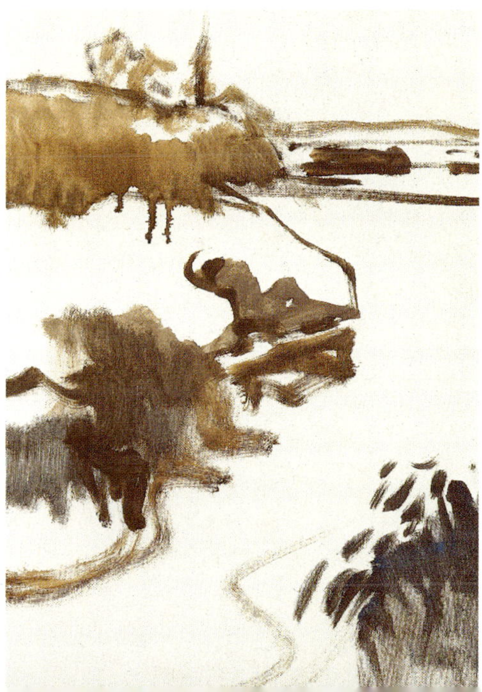

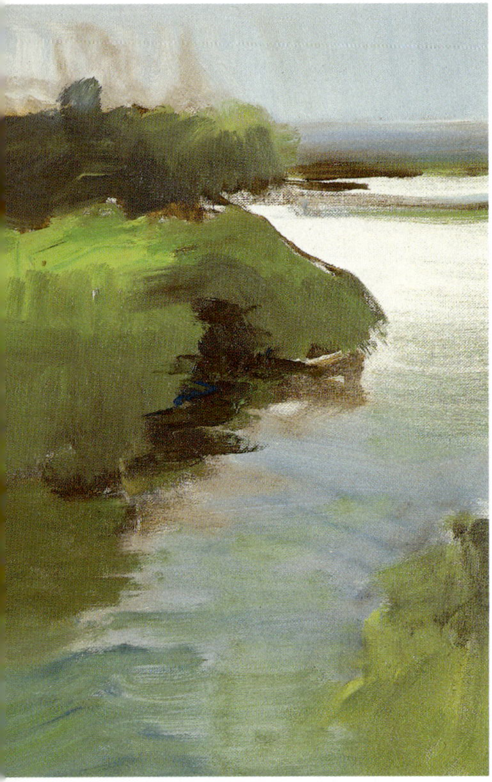

2. Den ersten Farbauftrag führen Sie mit dem Pinsel aus, damit die Töne leicht verwischen; diesen Effekt können Sie mit dem Spachtel nur schwer erreichen. Außerdem empfiehlt sich der Pinsel, um die Farbe am Anfang dünn zu halten; nach und nach werden die Schichten dann deckender. Führen Sie den Pinsel zügig und kümmern Sie sich nicht um die Einzelheiten.

Wenn eine Stelle zu dick aufgetragen ist, nehmen Sie die Kante des Spachtels und ziehen die Farbe vorsichtig ab.

4. Mit verschiedenen Spachtelbewegungen können Sie die Einzelheiten der Grünzone gestalten. Die Töne überlagern sich, ohne daß dabei starke Kontraste entstehen.

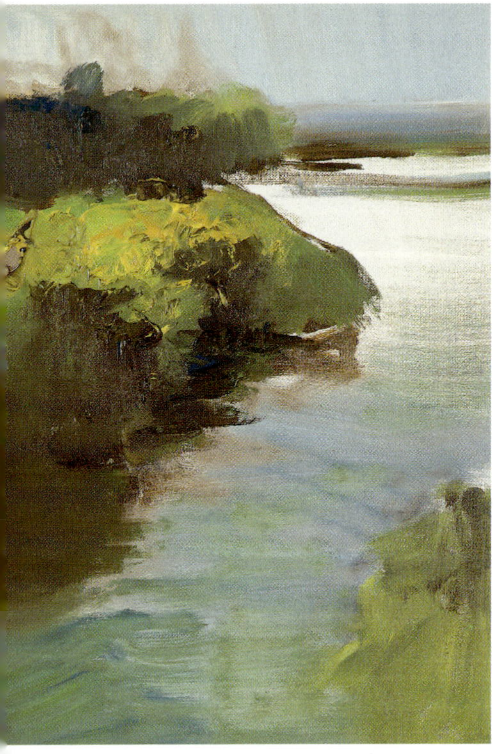

3. Arbeiten Sie erst mit dem Spachtel, wenn das Bild vollständig mit Farbe bedeckt ist. Am besten beginnen Sie mit der Vegetation an der rechten Seite, für die Sie Grün- und Gelbtöne benutzen. Üben Sie dabei nur wenig Druck auf den Spachtel aus und malen Sie leichte, kurze Striche. Wenn Sie den Spachtel auf den frischen Untergrund aufsetzen, ziehen Sie einen Teil der unteren Farbschicht mit, so daß sich die Töne direkt auf dem Bild vermischen.

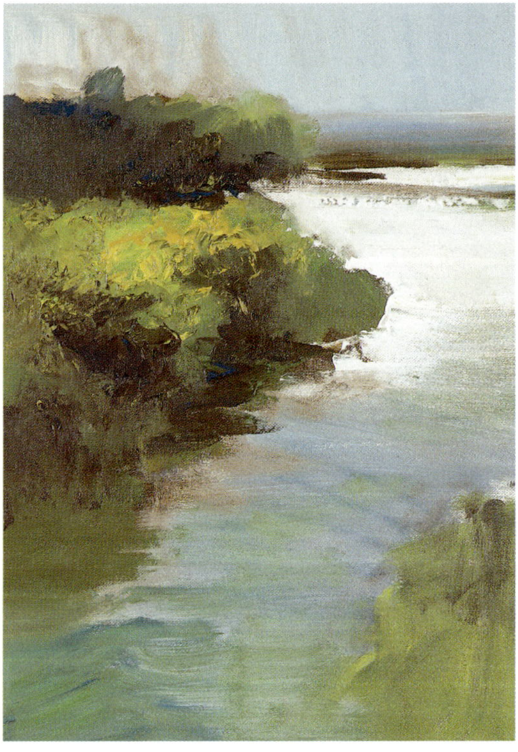

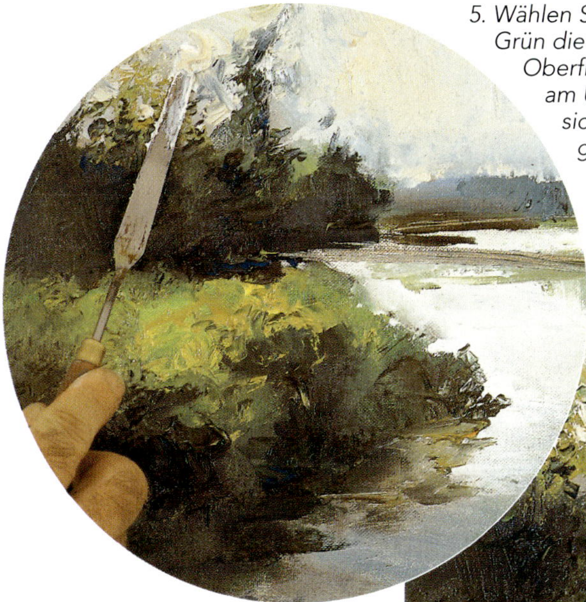

5. Wählen Sie einen kleinen Spachtel und malen Sie mit dunklem Grün die Pflanzen im Hintergrund; Sie erstellen hier eine gröbere Oberflächenstruktur als beim ersten Entwurf. Die Bereiche direkt am Ufer gestalten Sie mit glatten Zügen in Blau und Grün, die sich mit dem Untergrund mischen. Tragen Sie flache und glatte Spachtelstriche in weißer Farbe auf die Fläche, die später den Himmel darstellt. Drücken Sie hierbei einheitlich auf, damit sich das Weiß mit dem Blau der unteren Schicht zu einer homogenen Fläche verbindet.

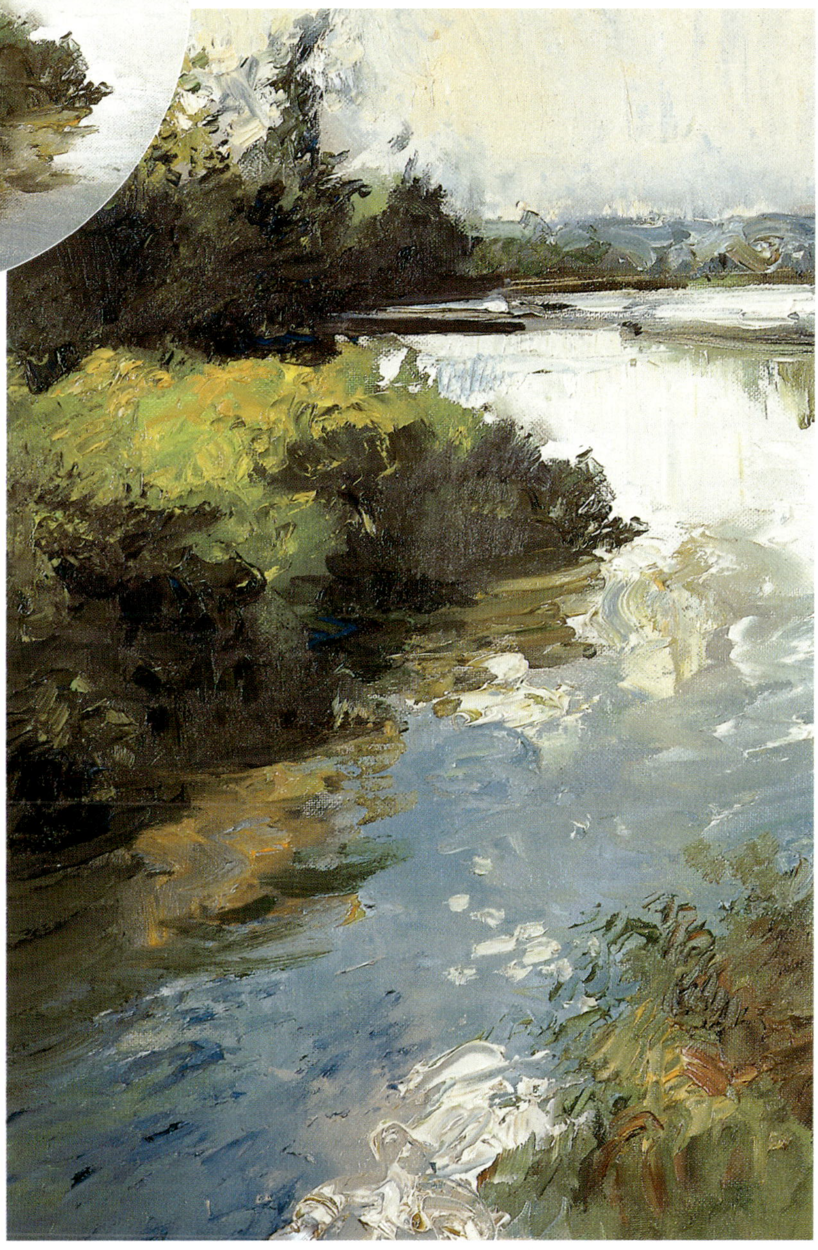

6. Zur Gestaltung der Wasserfläche und der rechten Uferseite überlagern Sie die Farben durch mehrmaliges Aufsetzen des Spachtels. Im vorderen Bereich tupfen Sie viel grüne Farbe auf, die sich nicht mit dem Untergrund mischen darf. Streichen Sie zügig mit der oberen Kante des Spachtels über die Oberfläche; damit formen Sie die besondere Textur der Vegetationszone. Die Glanzreflexe auf dem Wasser malen Sie mit einigen energischen und direkten Strichen in Weiß.

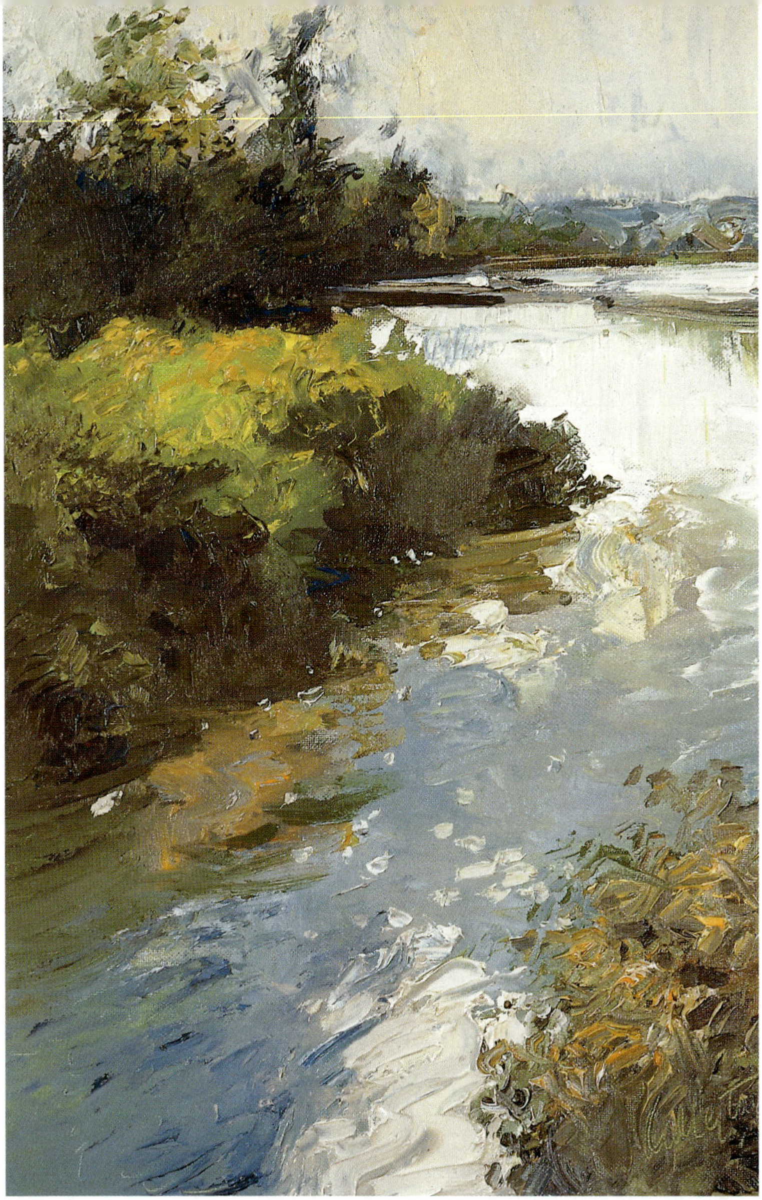

7. Den vorderen Uferbereich gestalten Sie in einem erdfarbenen Ton. Arbeiten Sie hier mit der Spitze des Spachtels. Zum Schluß versehen Sie die weiße Oberfläche des Wassers mit einem leichten Strich in Form eines Z.

ZUSAMMENFASSUNG

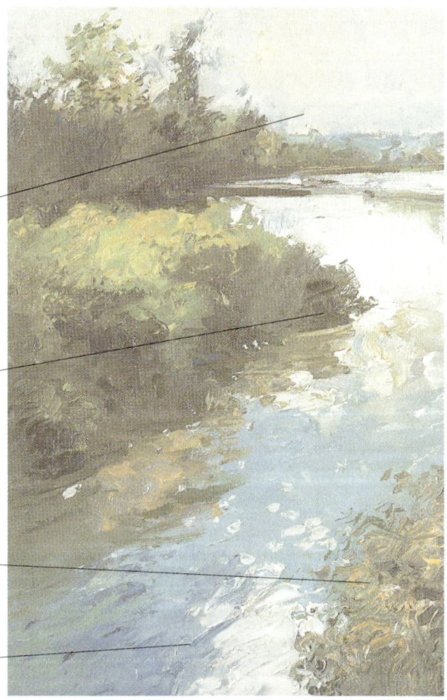

Den Farbauftrag mit dem Spachtel können Sie als Spachtelzug, flach oder mit einem Auf- und Absetzen des Werkzeuges, durchführen. Der Himmel wird in Weiß gemalt, wobei Sie die untere Farbe leicht mitziehen.

Vor der Gestaltung mit dem Spachtel entwickeln Sie mit dem Pinsel in groben Zügen die Formen des Motivs. Der erste Pinselauftrag erfolgt direkt auf dem Bild und umreißt die dunklen Stellen.

Mit dem Spachtel können Sie eindringliche Farbzüge gestalten. Jede Seite des Werkzeuges ermöglicht eine andere Technik. Die gelben Farbaufträge schleifen Teile der unteren Farbschicht mit, indem der Spachtel immer wieder auf- und abgesetzt wird.

Die Wasserfläche wird mit weißer Farbe und Zickzack-Linien vollendet.

10 Mischtechnik

ÖL AUF ACRYL

Mit Acrylpaste können Sie eine strukturierte Grundierung herstellen. Die Grundierung bleibt nach dem Trocknen auch dann bestehen, wenn Sie sie übermalen. Diese Technik soll im folgenden an einer Baumlandschaft geübt werden. Der Untergrund wird mit unverdünnter, dichter Paste bearbeitet. Zunächst wirkt das Acryl pastos und milchig; nach dem Trocknen wird es jedoch durchsichtig.

Die Ölfarbe kann in ihrer Struktur durch die Zugabe von Füllstoffen abgewandelt werden; Sie können Öl mit anderen Malmitteln wie z.B. Acryl mischen. Zu Beginn dieses Buches haben Sie die Möglichkeit kennengelernt, die Leinwand mit Acrylpaste vorzubereiten. Dabei konnten Sie sehen, daß Acryl sehr schnell trocknet und eine perfekte Grundlage für die Ölmalerei bildet. So ist dieses Material zum einen als Grundierung gut geeignet, zum anderen kann es zur Vorschattierung benutzt werden und der Leinwand Struktur verleihen.

1. Für die dunkle Holzfarbe brauchen Sie nur ein wenig schwarze Acrylfarbe in Wasser aufzulösen und mit einem breiten Pinsel zu verteilen. Nach wenigen Minuten ist der Untergrund vollständig trocken. Dann tragen Sie zur Gestaltung der Baumkronen dicke Paste auf. Um die erwünschte Struktur zu erreichen, arbeiten Sie am besten mit Pinsel und Malspachtel. Die untere Fläche gestalten Sie mit Acryl, das durch Marmorstaub die spezifische Beschaffenheit erhält.

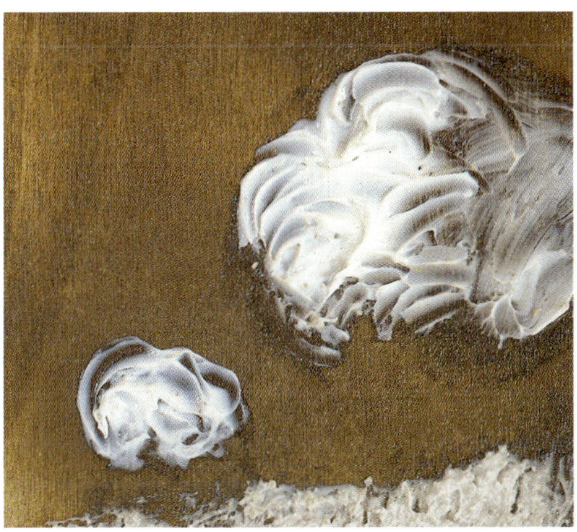

2. Nach dem Trocknen des Untergrundes können Sie mit den Ölfarben beginnen. Entwerfen Sie den Himmel in Cölinblau, das mit Weiß und Kobaltblau direkt auf der Leinwand gemischt wird. Die Bäume sind schon deutlich strukturiert, so daß Sie nur noch wenig Farbe auftragen müssen.

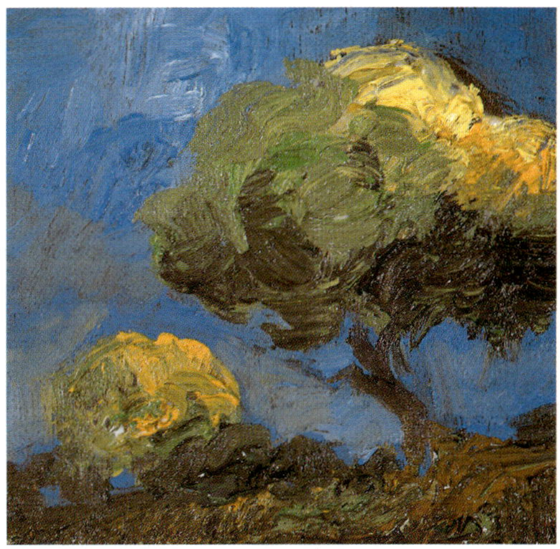

3. Anschließend tragen Sie im unteren Bereich einige helle Pinselstriche auf, wodurch die Bäume plastischer wirken.

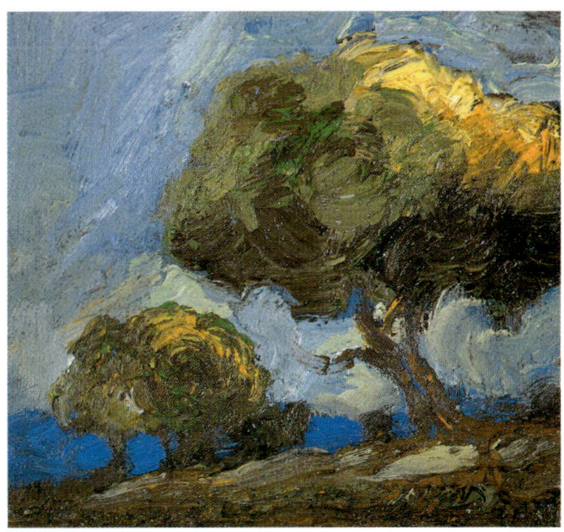

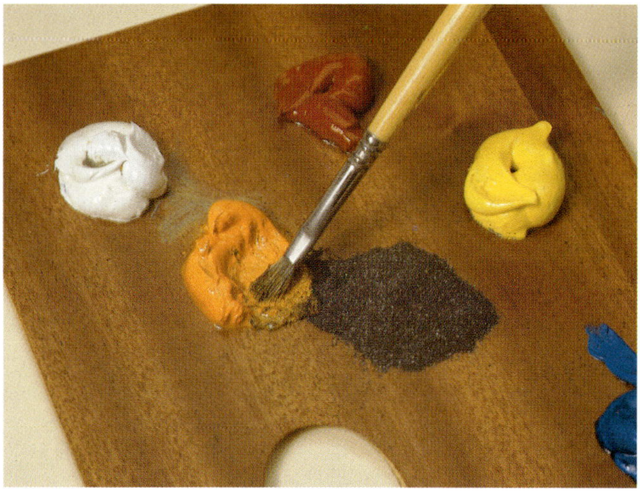

▶ *1. Mischen Sie die Füllstoffe mit der Ölfarbe auf der Palette. Das Öl muß den Zusatzstoff vollständig aufgenommen haben. Die so entstandenen Mischungen wenden Sie nach dem folgenden Verfahren an.*

FÜLLSTOFFE

Füll- und Zusatzstoffe reagieren bei der Vermischung mit Öl unterschiedlich. Am Anfang sollten Sie mit den Zusätzen beginnen, die eine normale Struktur aufweisen und sich gut vermischen lassen, wie z.B. Marmor- und Bimssteinpulver. Im folgenden Abschnitt wird Ihnen eine abstrakte Studie zur Verwendung der Füllstoffe vorgestellt.

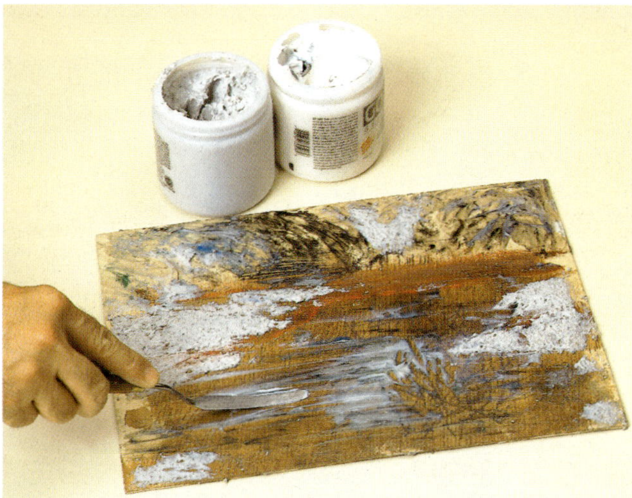

▶ *2. Acrylgele und -pasten bereiten eine gut strukturierte Oberfläche vor und trocknen sehr schnell. Mit verschiedenen Sorten lassen sich unterschiedliche Effekte erzielen; einige Acryle bewirken kleine Klumpen, andere nehmen die Zusätze, z.B. Marmorpulver, vollständig auf. In der folgenden Übung wird eine Holzoberfläche mit Acrylpaste grundiert.*

Die Grundierung und Oberflächenvorbereitung mit Acrylfarbe hat den großen Vorteil, daß sich die Malwerkzeuge ganz leicht unter fließendem Wasser reinigen lassen.

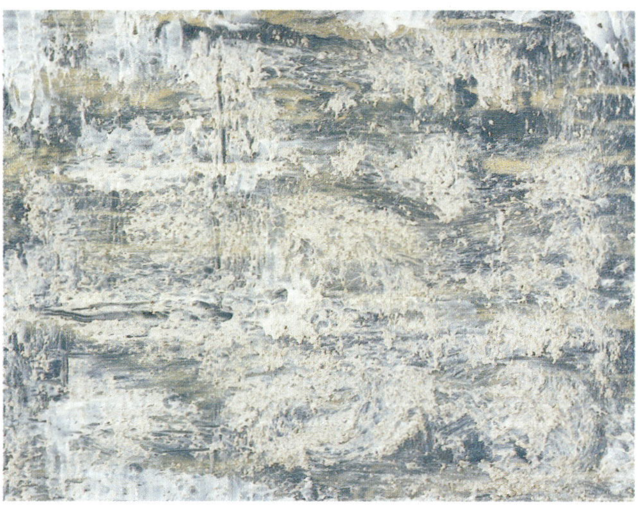

▶ *3. Zur Grundierung genügt ein Spachtelauftrag Acrylfarbe. Tragen Sie das Acryl mit dem Spachtel in kreisenden Bewegungen auf. Nach dem Trocknen wird es genau diese Form behalten. Sie verteilen den Stoff, bis eine einheitliche Gewebestruktur entsteht.*

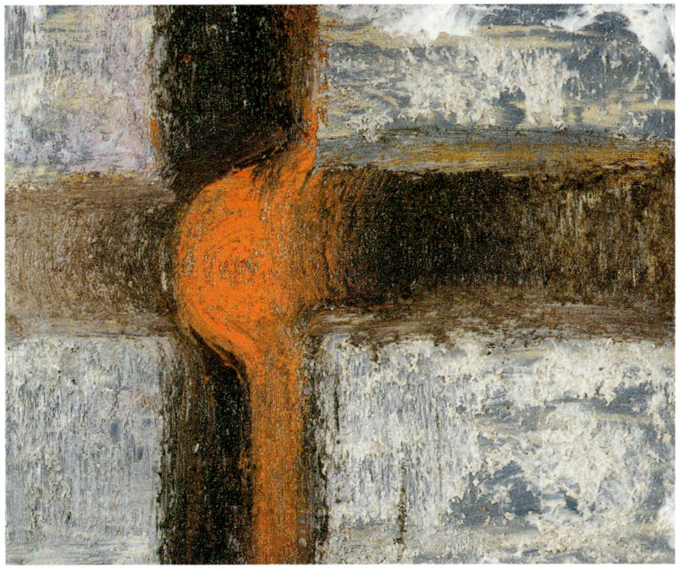

1. Mischen Sie Siena mit dem Zusatzstoff und malen Sie mit Pinsel und Spachtel einen großen Streifen in die Mitte des Bildes. Der Spachtel hinterläßt eine Spur auf der Oberfläche und deutet damit das stoffliche Volumen an. Quer zu diesem braunen Balken malen Sie einen weiteren schwarzen, der sehr dick und plastisch sein sollte. In die Mitte der Komposition setzen Sie einen roten, mit Marmorpulver angereicherten Kreis.

FERTIGSTELLUNG DES BILDES MIT ÖL

Lassen Sie die texturierte Schicht trocknen; eventuell können Sie mit einem Haartrockner nachhelfen. Die Bildoberfläche ist jetzt nicht nur grundiert, sie besitzt auch die stoffliche Eigenheit, die in der gesamten Bildgestaltung vorherrschen wird. Verwenden Sie nun mit Bimssteinpulver vermischte Ölfarbe. Falls Sie dieses Material nicht bekommen, können Sie auch Marmorstaub oder gewaschenen Sand benutzen.

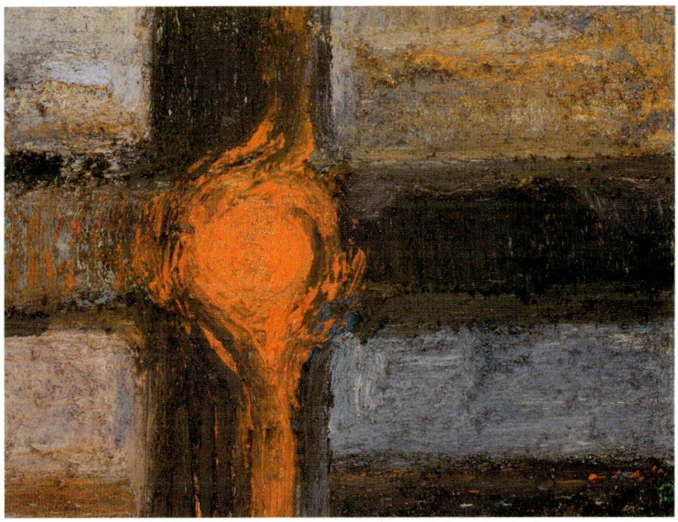

2. Nun ziehen Sie die Farbe, indem Sie die Oberfläche leicht mit der Spachtelspitze aufkratzen, und verteilen das Material. Damit gestalten Sie verschieden strukturierte Flächen. Die horizontale Linie wird mit dem Spachtel verengt; schneiden Sie die Formen sehr präzise aus. Die abgenommene Farbe können Sie im unteren Bildbereich auftragen.

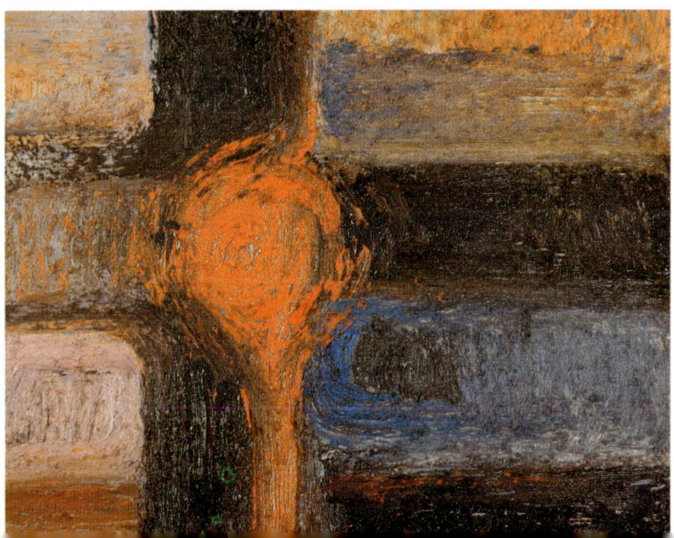

3. Achten Sie darauf, daß die Oberflächenstruktur keine Klumpen zeigt. Überarbeiten Sie jetzt die Linie rechts und das untere bläuliche Grau; abschließend malen Sie hier einen neuen schwarzen Fleck, der eine gröbere Struktur und mehr Materialzusatz aufweist als die Grundfarbe.

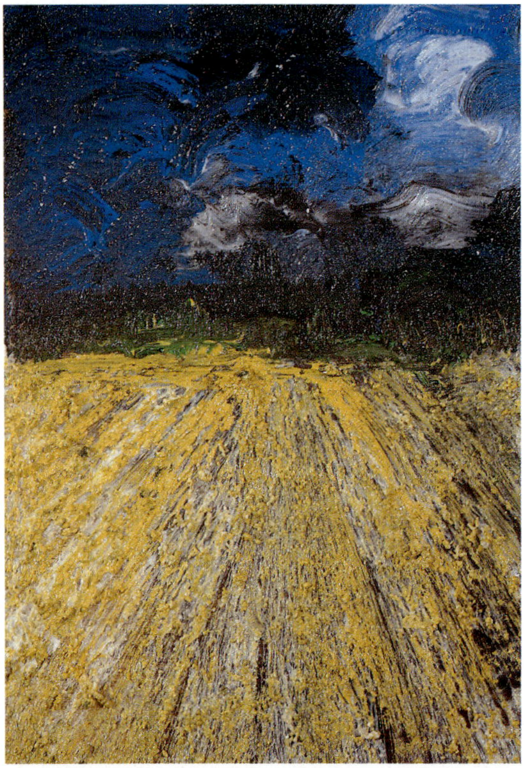

SCHNELLE FARBAUFTRÄGE

In der ersten Übung dieses Kapitels sind Oberflächenstrukturen gearbeitet worden, die von einer Acrylgrundierung ausgehen. Eine weitere Möglichkeit ist die Mischung der Ölfarbe mit Marmorstaub, Sand oder einem anderen mineralischen Stoff; so erhalten Sie weitere Farbstrukturen.

▶ *1. Mischen Sie Ocker mit der entsprechenden Menge Marmorstaub auf der Palette. Die übliche Methode sieht vor, ein wenig Farbe mit dem Spachtel aufzunehmen und immer mehr Zusatzstoff hinzuzufügen, bis die erwünschte Textur erreicht ist. Tragen Sie die Mischung mit dem Spachtel auf. Die Erdfurchen gestalten Sie, indem Sie mit dem Malmesser über die Bildoberfläche kratzen.*

Bei den Arbeiten mit Materialzusätzen kann das Trocknen der Ölfarbe recht lange dauern. Eine Anwendung von Kobaltsikkativ ist hier nicht ratsam, statt dessen können Sie Sikkativ de Harlem benutzen. Am besten aber lassen Sie das Bild ohne Hilfsmittel trocknen; so behält es Farbe und Struktur.

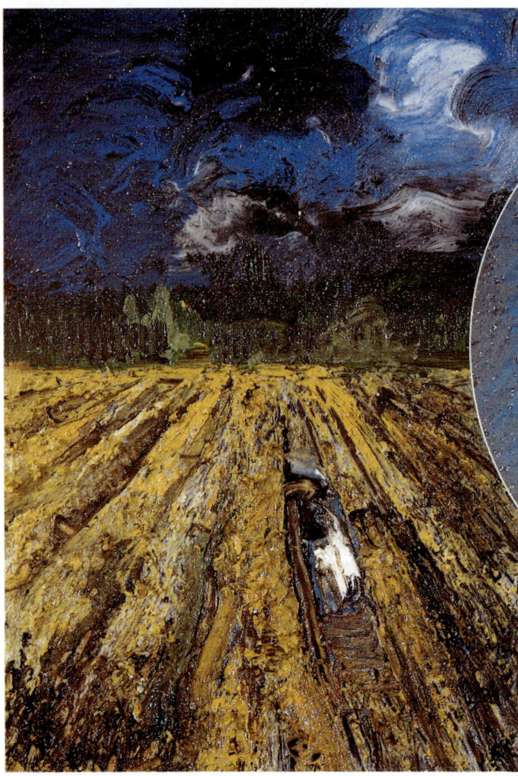

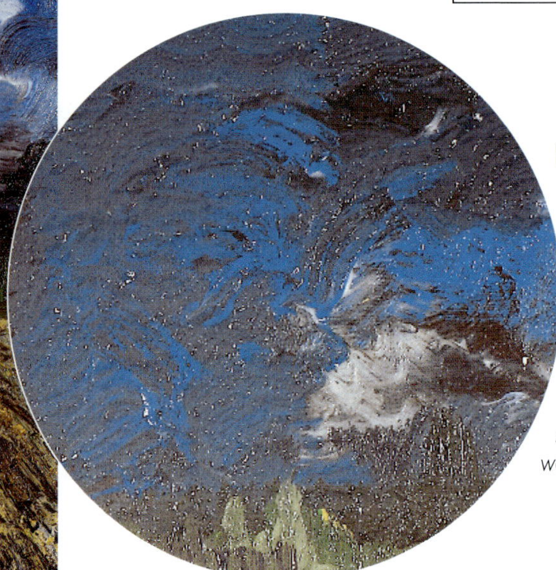

▶ *3. Für die Kontraste der hellen Erdbereiche tragen Sie schwarze Striche auf die Ackerfurchen auf. Arbeiten Sie die Bildstruktur mit dunklen, übereinandergeschichteten Tönen weiter aus.*

▶ *2. Der Acker sieht deshalb besonders realistisch aus, weil zwischen den Furchen keine klaren Trennlinien zu sehen sind.*

Schritt für Schritt

Akt

Wenn Sie Ölfarben mit Füllstoffen benutzen, ist die Wirkung deutlich plastischer als bei den Farben, die Sie direkt aus der Tube auftragen. Die angereicherte Farbe wirkt weniger klar und glatt in den Linien als die geschmeidige Farbe ohne Zusatz. Deshalb sollten Sie mit diesem Verfahren kein Gemälde mit vielen Einzelheiten anstreben; Ziel ist allein die Harmonie aller Bildelemente.

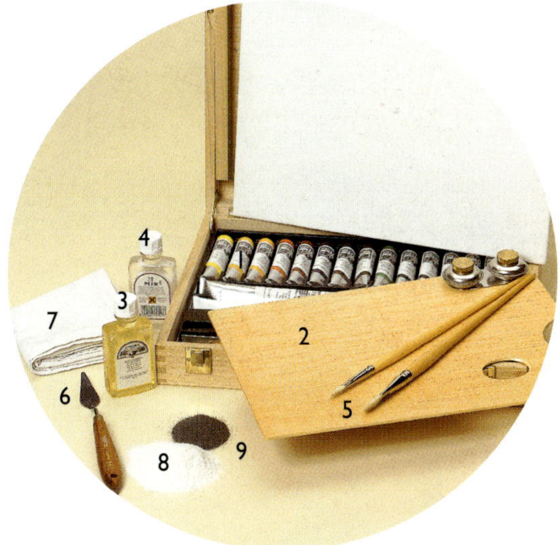

BENÖTIGTES MATERIAL

Ölfarben (1), Palette (2), Leinöl (3), Terpentin (4), Pinsel (5), Spachtel (6), Tuch (7), Marmorstaub (8), Bimssteinpulver oder feiner Sand (9).

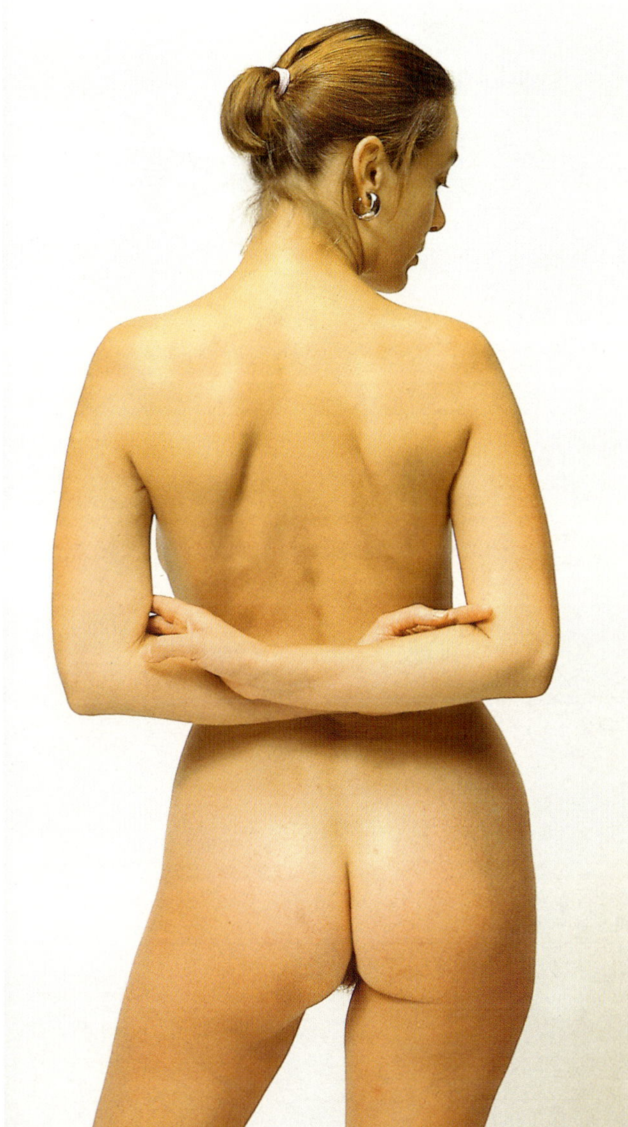

1. Die Vorzeichnung der Figur ist bestimmend für die Gestaltung des Gemäldes; die Skizze soll als Leitfaden für die verschiedenen Farbaufträge dienen. Grundieren Sie das Bild mit einem cremefarbenen Ton. Nach dem Trocknen tragen Sie die Vorzeichnung direkt mit Ölfarbe auf. Der Pinselstrich sollte zügig und flüssig sein; benutzen Sie eine verdünnte Farbe. Bearbeiten Sie dann den Hintergrund mit einem kleinen Anteil Marmorstaub.

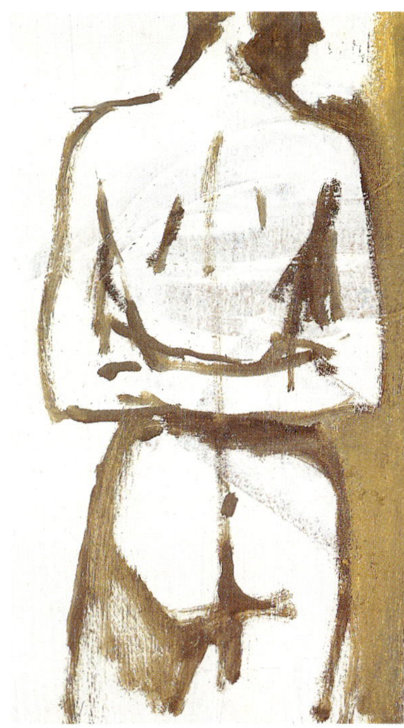

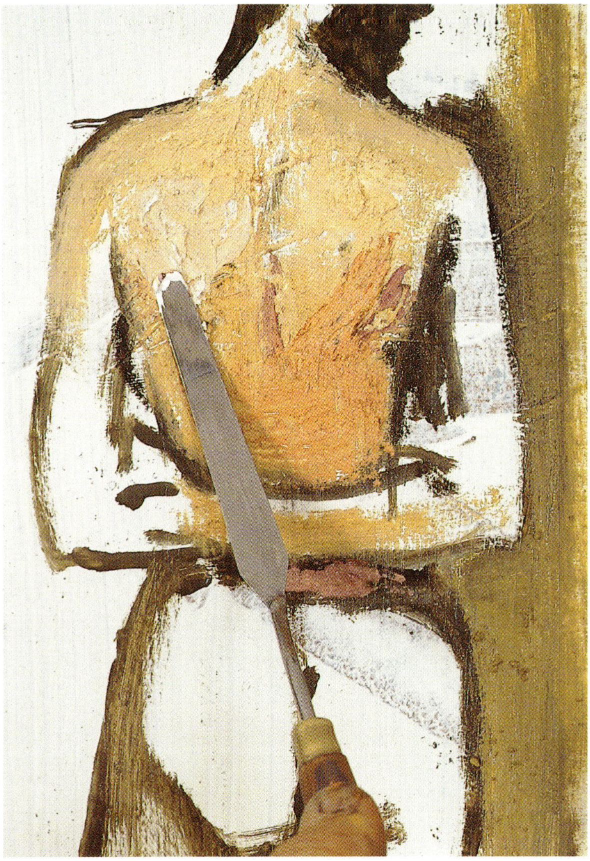

2. Mischen Sie nun einen orangefarbenen Ton mit Bimssteinpulver. Dieser Mineralstoff ist feiner als Marmorpulver, so daß die ersten Farbschichten zart wirken. Malen Sie mit heller Farbe den oberen Rückenteil und auf diese Schicht einen abgedunkelten Ton auf die rechte Seite. Damit haben Sie schon die wichtigsten Licht- und Schattentöne gesetzt. Die leuchtende Rückenpartie gestalten Sie mit der gleichen Farbe, die nur mit ein wenig Weiß gemildert wird. Benutzen Sie für diese gesamte Arbeit den Spachtel.

Verwenden Sie keine Zusätze, die beim Kontakt mit Ölfarbe beschädigt werden können, wie z.B. Papier, Reiskörner oder Brot. Gips und Kreide sind ebenfalls ungeeignet, da sie das Öl der Farbe aufsaugen.

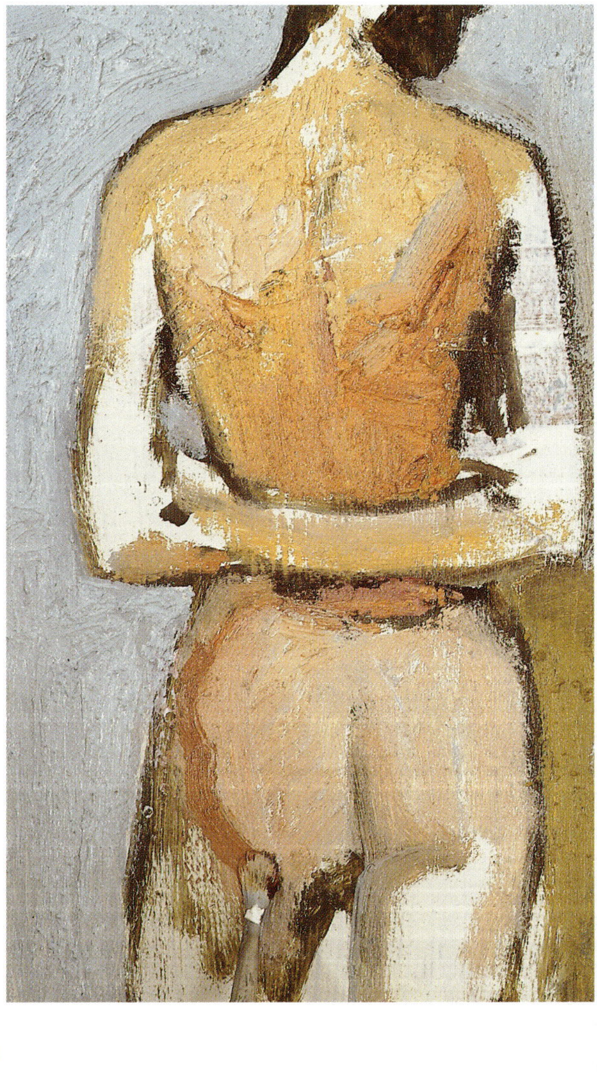

3. Gestalten Sie jetzt den unteren Teil des Körpers. Die Unterschiede zwischen dem oberen und unteren Bereich erkennt man an der Farbstruktur. Zuerst tragen Sie die besonders klaren Farben auf, so daß die Lichtflächen von den dunkleren Teilen abgetrennt sind. Für den Hintergrund benutzen Sie ein sehr helles Blau, das Sie voher auf der Palette mit Marmorpulver andicken.

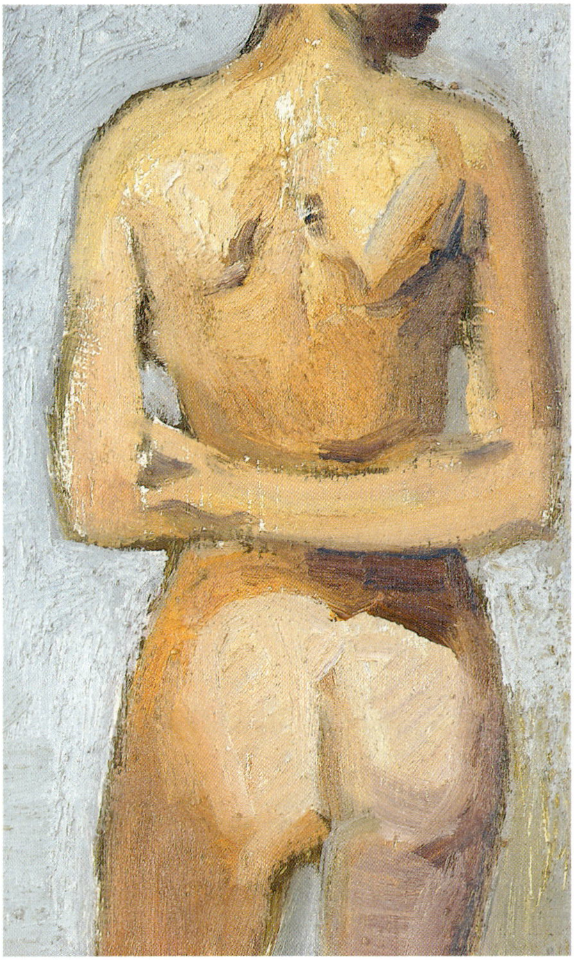

4. Tragen Sie nun die Farbe sehr genau auf; das gelingt mit dem Pinsel besser als mit dem Spachtel. In jedem Fall ist der Pinselstrich auf dem Bild deutlich zu erkennen. Die Arme malen Sie mit weniger Zusatz als die übrigen Körperteile. Mit einem klaren Siena gestalten Sie jetzt die dunklen Partien des Rückens. Der Schatten des Armes erscheint leicht abgedunkelt auf der Hüfte und bildet einen starken Kontrast zur darunterliegenden hellen Fläche.

6. Um die noch ungenauen Formen abzugrenzen, benutzen Sie den Pinsel und leicht flüssige Ölfarbe, die Sie mit Leinöl versetzen. Dadurch soll die Farbe einen Teil des Bildmaterials verdünnen und verwischen. Gestalten Sie die Form der Arme, des Rückens und des Gesäßes mit sanften, lockeren Pinselstrichen. Fügen Sie zur Kontrastierung noch Zusatzstoff an die Seite der rechten Hüfte; damit ist dieser Bereich klar abgegrenzt.

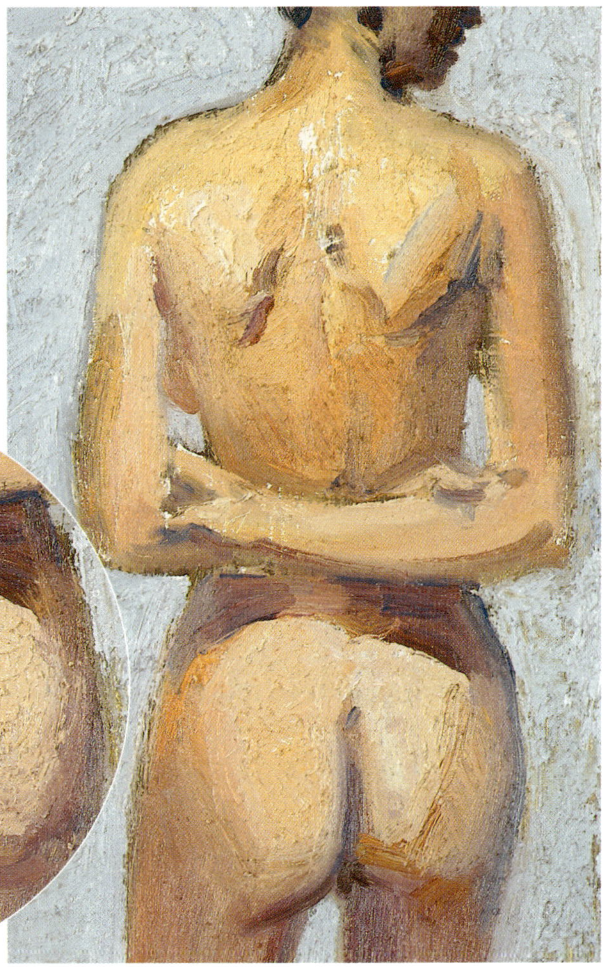

5. Die dunklen Töne des Gesäßes verstärken Sie, indem Sie mit dem Spachtel weitere Füllstoffe hinzufügen. Es macht nichts, wenn die Farben ineinander übergehen, im Gegenteil: Wenn Sie mal mehr und mal weniger Druck auf das Material ausüben, erzielen Sie einen besonders plastischen Effekt.

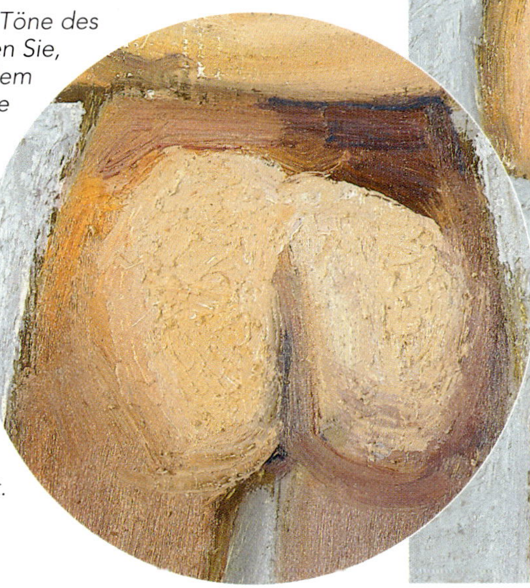

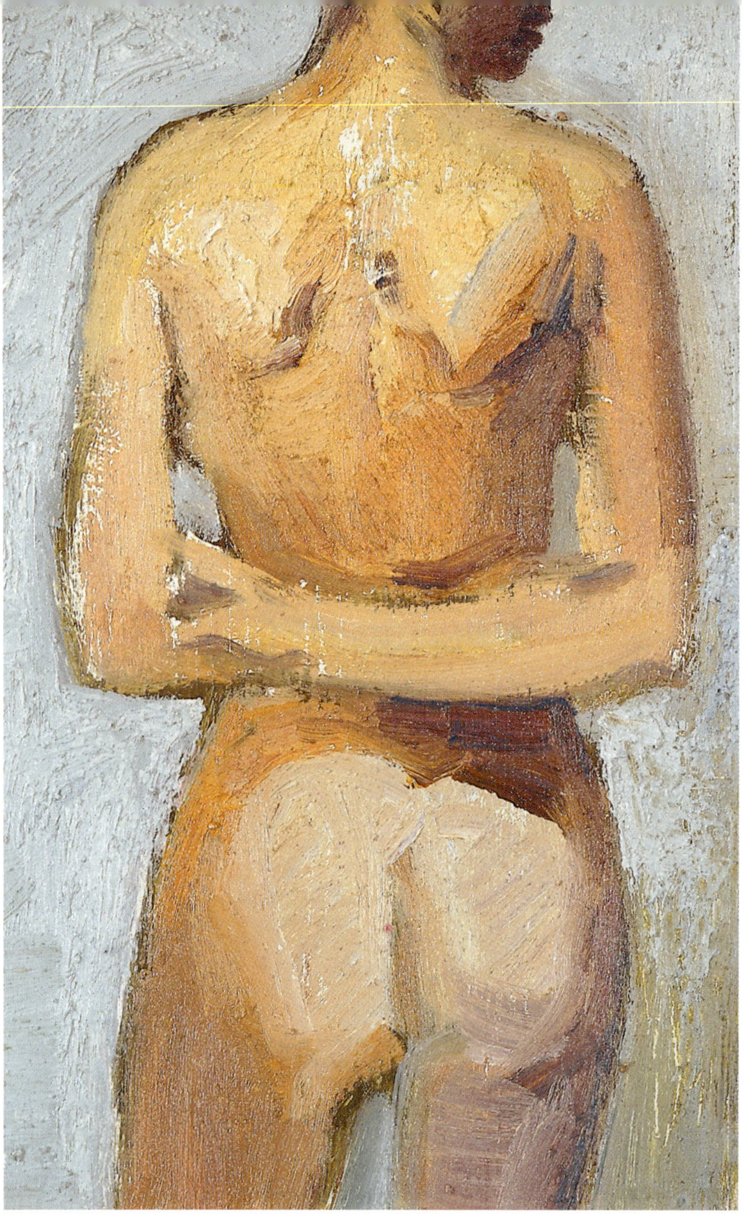

7. Jetzt müssen Sie nur noch einige dunkle Kontraste am Gesäß anfügen. Arbeiten Sie mit Siena unterhalb der Arme und gestalten Sie die leuchtende Fläche des Gesäßes mit einem sehr hellen Ton. Es soll eine klare Unterscheidung zwischen den verschiedenen Farben des Aktes entstehen. Nach Beendigung des Bildes müssen Sie unbedingt Ihr Malwerkzeug reinigen.

Selbst der kleinste Materialrest kann die Pinsel vollständig zerstören. Sie müssen sie deshalb gründlich reinigen, ebenso wie die Palette, die Sie mit einem Malspachtel abkratzen sollten, bevor Sie sie mit Terpentin reinigen.

ZUSAMMENFASSUNG

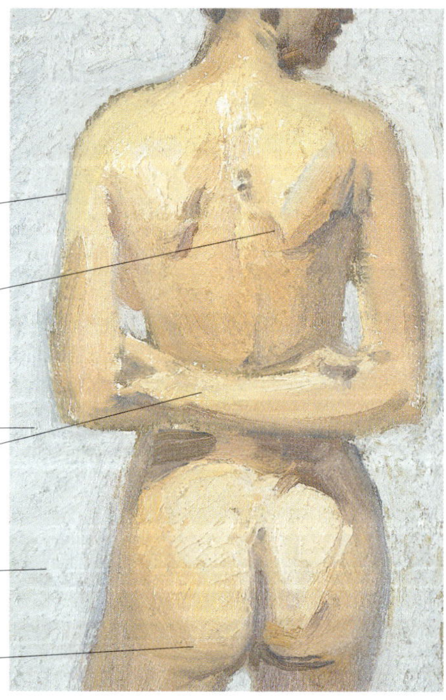

Die Zeichnung erarbeiten Sie mit flüssiger Ölfarbe, die aber nicht tropfen sollte.

Nachdem Sie auf der Palette Bimssteinpulver mit der Ölfarbe vermischt haben, skizzieren Sie den Rücken der Figur.

Der Hintergrund ist deutlich schroffer gestaltet als die Figur selbst und wird mit Marmorstaub gearbeitet.

Die Arme malen Sie nur mit wenig Füllstoff.

Den Füllstoff des Hintergrundes verstärken Sie auf der rechten Seite, um die Oberflächenstrukturen zu kontrastieren.

Überarbeiten Sie die Kontraste der Figur mit einzelnen, lockeren Pinselstrichen.

THEMA

11

Von der Vorzeichnung zur Farbskizze

DIE FIGURSKIZZE

In den meisten Fällen muß vor dem eigentlichen Malprozeß eine Skizze angefertigt werden. Im Unterschied zu den vorherigen Entwürfen ist die folgende Zeichnung aus einem Guß. Sie sollten zunächst die grundlegende Struktur der Formen gestalten und die Details erst später ausarbeiten.

Die Motivskizze ist gerade für den Anfänger ein schwieriger Schritt, da man die Formen des Objektes oft nur schwer nachvollziehen kann. In verschiedenen Kapiteln dieses Buches haben Sie bereits Vorzeichnungen kennengelernt. Nun können Sie anhand zweier Übungen den Übergang vom ursprünglichen Entwurf zur Farbausführung bis hin zum endgültigen Gemälde noch einmal genau nachvollziehen.

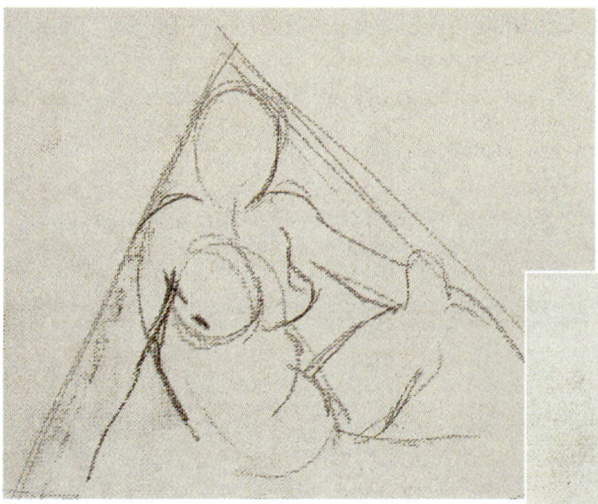

▶ *1. Eine komplexe Form muß zunächst als eine Einheit einfacher Elemente auf das Bild übertragen werden. Das gilt für einfache genauso wie für schwierig darzustellende Motive. Wenn Sie das Modell zu genau nacharbeiten wollen, kann es sein, daß der Entwurf nur wenig mit dem Vorbild gemein hat. Versuchen Sie besser eine sehr einfache, grobe Skizze zu gestalten.*

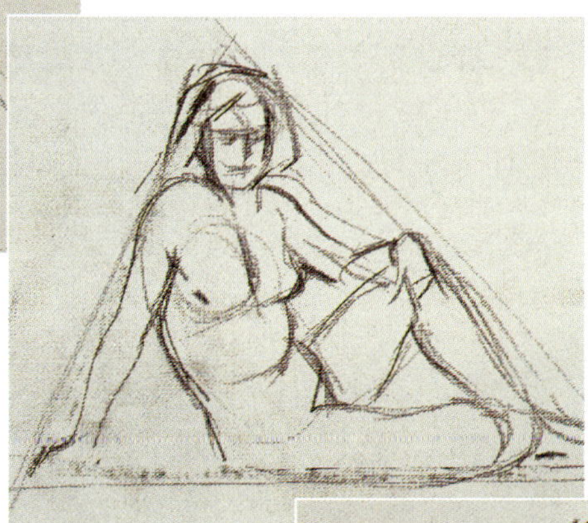

▶ *2. Entwerfen Sie zunächst die Grundformen. Verwenden Sie nicht zuviel Zeit auf diese Phase; zum Schluß wird man nichts mehr von den ersten Strichen sehen. Bei dem hier zu gestaltenden Akt sollten Sie besonders auf die Proportionen achten.*

Die Skizze sollte einfach und schnell angefertigt werden.

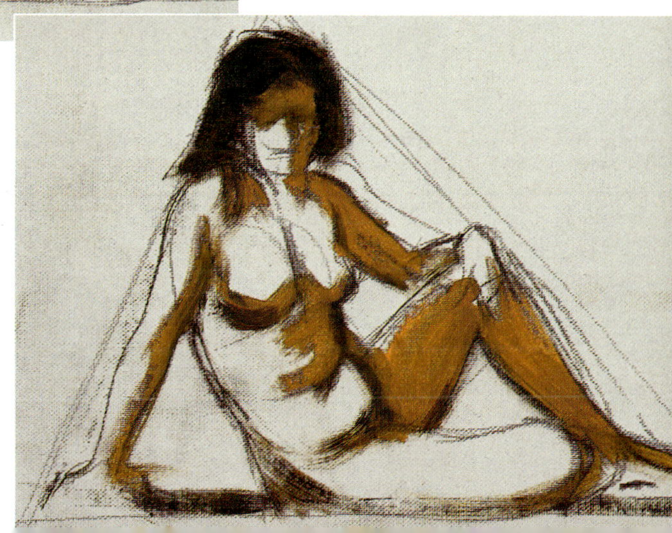

◀ *3. Beginnen Sie nun mit der Schattierung der Figur. Benutzen Sie eine stark mit Terpentin versetzte Farbe. Die Einzelheiten lassen Sie noch beiseite; später wird die Bildausführung farbiger und genauer.*

FARBGEBUNG UND AUFBAU DES AKTES

Für den ersten Farbauftrag verwenden Sie einen dünnflüssigen, leicht dunklen Ton. Mögliche Fehler brauchen Sie nicht abzuwischen, Sie können einfach darübermalen.

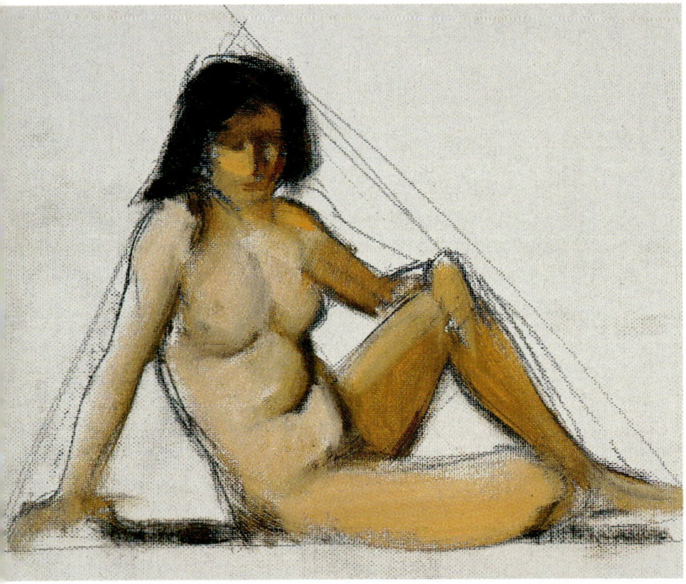

▼ 1. *Mit dem ersten Farbauftrag ist die Vorzeichnung endgültig fertig. Der Farbgrund wird nun von weiteren Schichten überlagert. Die ersten dünnflüssigen Farben verschmelzen dabei mit den neu aufgetragenen Tönen. Mit einigen deckenden Pinselstrichen gestalten Sie den deutlichen Umriß der Formen.*

2. Tragen Sie nun dunkle Töne auf; damit werden die Formen der Figur auf dem Bild klarer. Viele Laien verwenden für dunkle Farben Schwarz; es macht den Farbauftrag jedoch unsauber, da sich Schwarz mit den übrigen Bildfarben vermengt. Für starke Kontraste nehmen Sie besser gebrannte Umbra, Kobaltblau, Siena und Vandyckbraun. Mit dunklem Karmin erhalten Sie ebenfalls schattige Töne. ▲

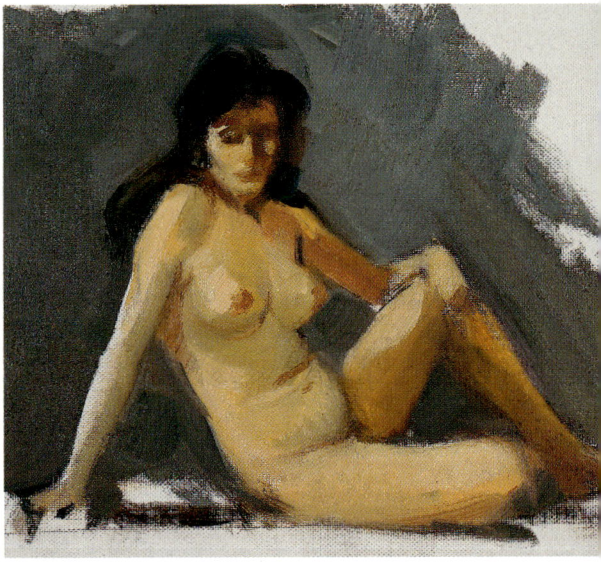

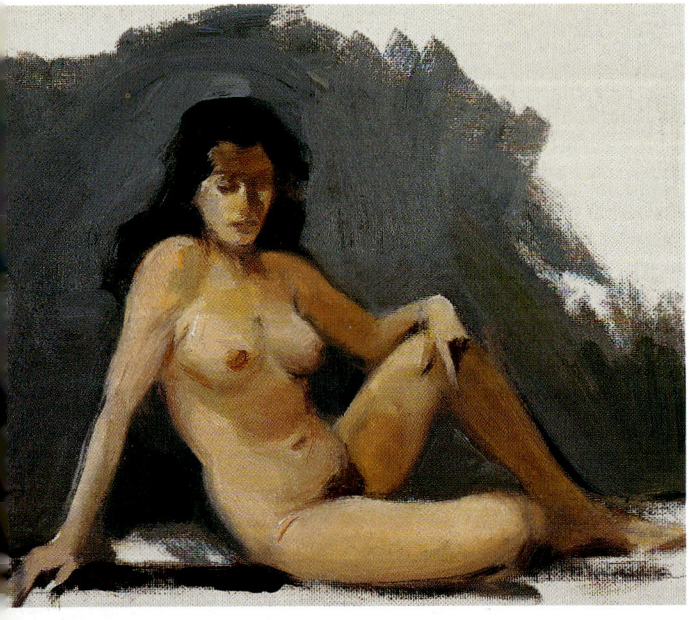

▶ 3. *Sie haben den Hintergrund zur Hervorhebung des Aktes abgedunkelt. Gestalten Sie jetzt nochmals die Kontraste, um die Umrisse der Figur zu verdeutlichen.*

ENTWURF EINER STADTLANDSCHAFT

Um das Thema des vorherigen Kapitels an einem anderen Motiv noch einmal zu veranschaulichen, malen Sie jetzt eine Stadtlandschaft. Das gelingt sehr gut, wenn Sie die Bestandteile im ganzen erfaßt haben; andernfalls wird das Bild unübersichtlich.

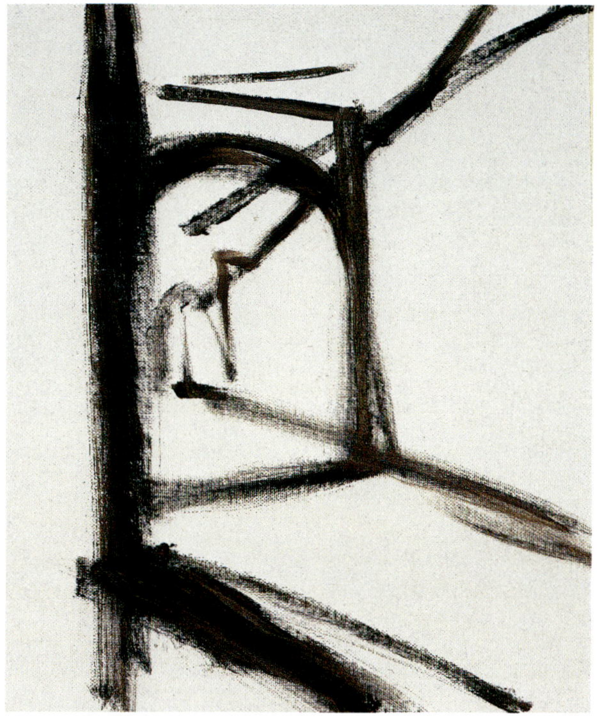

1. Mit einfachen, geraden Strichen entwickeln Sie die Ansicht der Mauer sowie des Torbogens. Die rechte Wand wird in dreieckiger Form wiedergegeben; der sich daraus entwickelnde Bogen ist in ein Rechteck hineinskizziert.

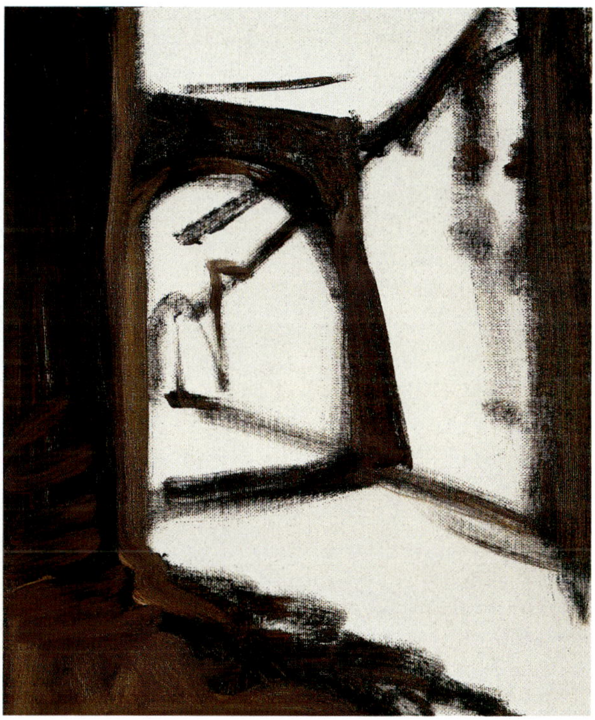

2. Mit dunkler, terpentinversetzter Farbe arbeiten Sie die Mauerformen, den Bogen sowie seine dunklen Abgrenzungen und die Schattenpartien heraus. Die Skizze ist damit vollendet, und Sie können mit der Gestaltung der Landschaft beginnen.

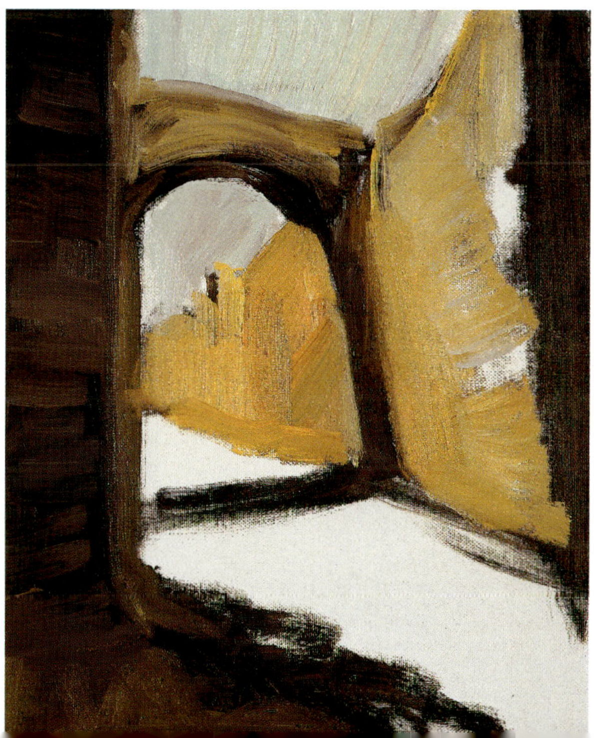

3. Beginnen Sie die Farbgebung mit sanften Ockertönen. Die Wand an der rechten Seite und den Bogen malen Sie zuerst. Wie in der letzten Übung sollten alle weiteren Farben mit der ersten harmonieren. Die Vorzeichnung erlaubt eine rasche und präzise Ausarbeitung. Die weitere Gliederung des Bildes stellt nun das zentrale Problem der folgenden Arbeitsschritte dar.

ENTWICKLUNG DER FARBGEBUNG

Die leicht verdünnten Farben werden direkt aufgetragen. Am Anfang malen Sie großzügig und ohne Schattierungen. Es geht hier lediglich darum, die Bildoberfläche zu bedecken; im Entwurf haben Sie schließlich schon die Aufteilung der Bildpartien vorgegeben.

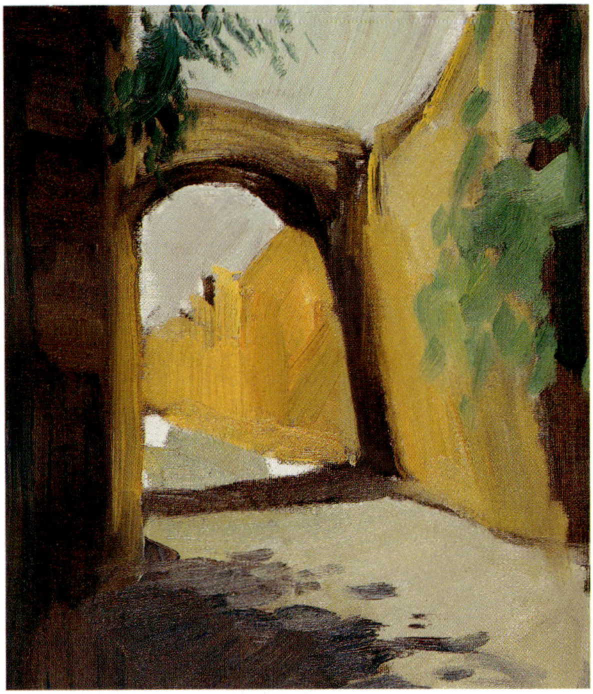

▶ *4. Sie müssen auf der Palette mischen, wenn Sie ganze Flächen in verschiedenen Tönungen einer Farbe gestalten wollen; wenn Sie aber nur eine kleine Stelle innerhalb einer größeren Fläche schattieren oder kontrastieren, führen Sie die Farbmischung direkt auf dem Bild aus. Deuten Sie blaue Töne in den Schattenpartien links an; die helle Bodenfläche schattieren Sie in einer Mischung aus Ocker, Umbra und Weiß. Schließlich malen Sie die grüne Stelle rechts.*

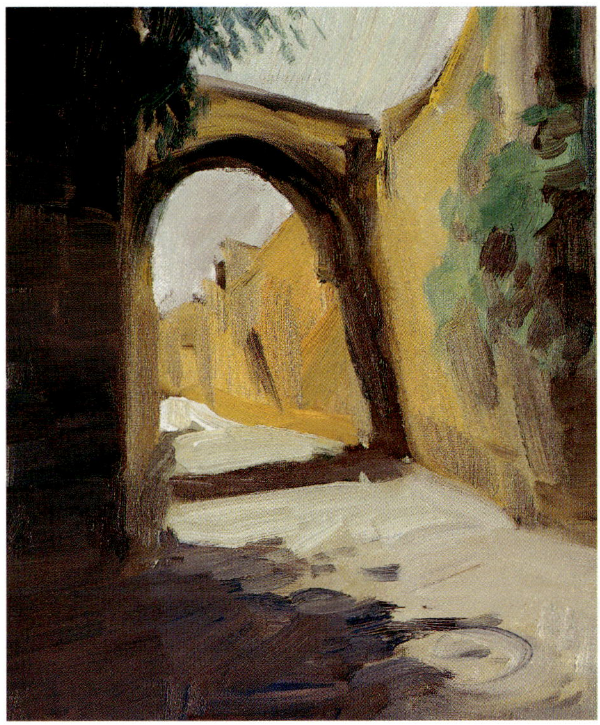

◀ *5. Durch den vorherigen Farbauftrag ist das Bild perfekt aufgeteilt; erst jetzt malen Sie die Nuancen der einzelnen Partien. Sie teilen die Kontraste auf und gestalten die Schattenpartien.*

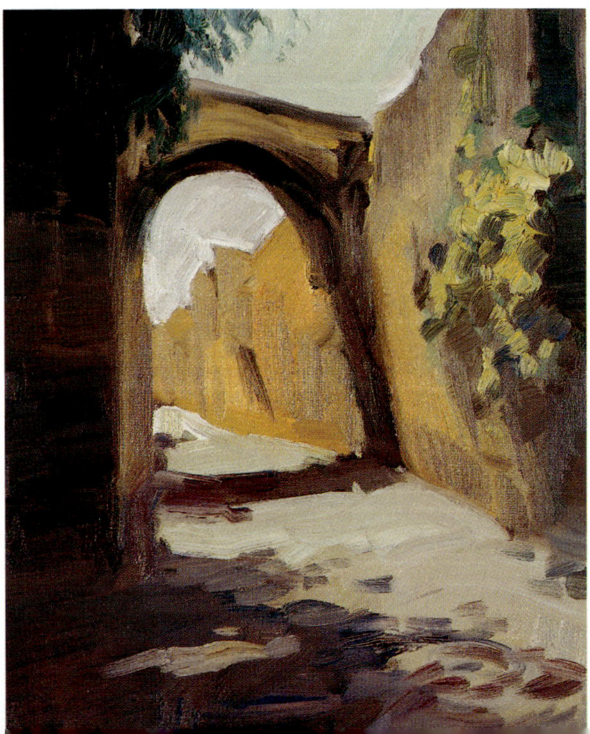

▶ *6. Zum Schluß betonen Sie sowohl die hellsten Punkte jeder Bildzone als auch die stärksten Kontraste, so daß die einzelnen Bereiche noch einmal deutlich voneinander abgegrenzt werden.*

Schritt für Schritt

Aktskizze

Für die folgende Übung sollten Sie die oben beschriebenen Elemente beachten: einfache Formen für die Vorzeichnung, Farbintensivierung von einer grundlegenden Schattierung aus sowie endgültige Formgebung durch deutliche Kontraste und Glanzpartien.

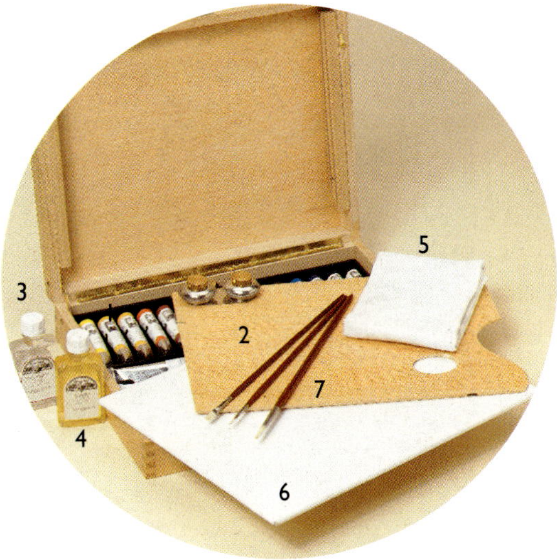

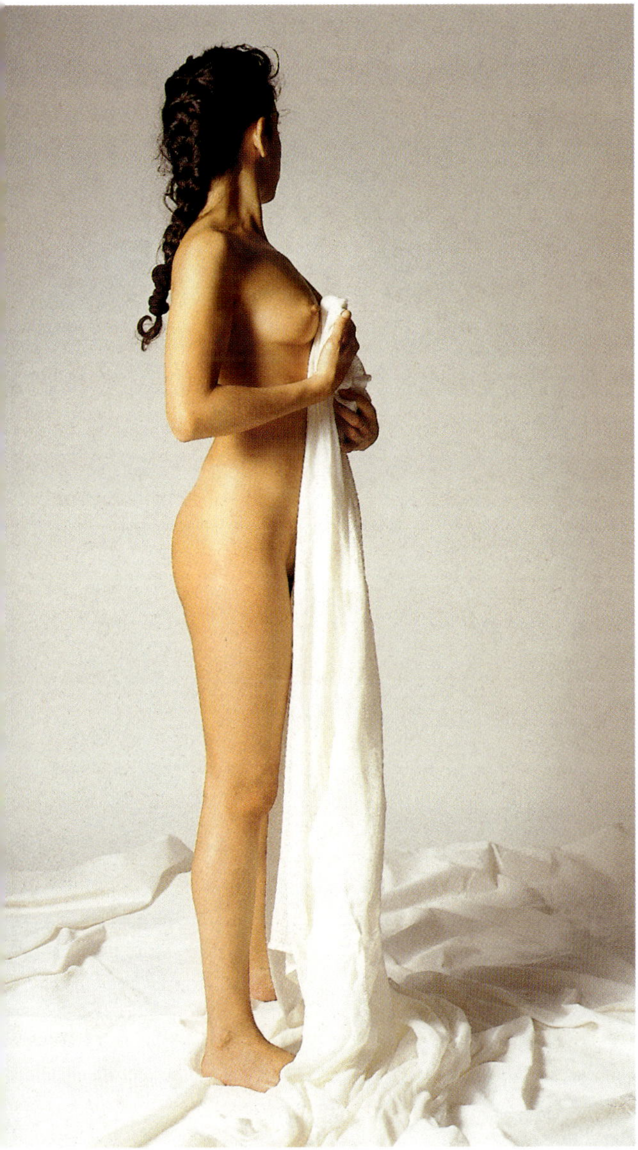

BENÖTIGTES MATERIAL

Ölfarben (1), Palette (2), Leinöl (3), Terpentin (4), Tuch (5), Malkarton (6), Pinsel (7).

1. Sie weichen zur Gestaltung der Skizze vom bekannten Schema ab. Der erste Entwurf wird mit einer Zeichnung verstärkt, um ihn deutlicher erkennen zu können. Von diesen elementaren Formen ausgehend, gestalten Sie den Entwurf vollständig mit Pinsel und dunkler Ölfarbe. Einige Partien erfordern einen deutlicheren, durchgehenden Strich; dazu können Sie die Pinselspitze mit ein wenig Terpentin anfeuchten.

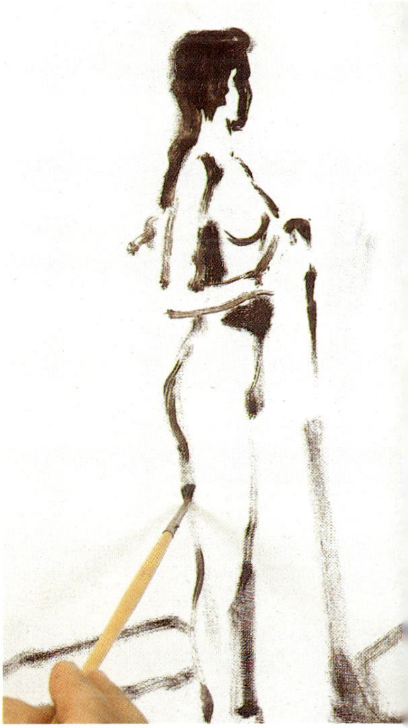

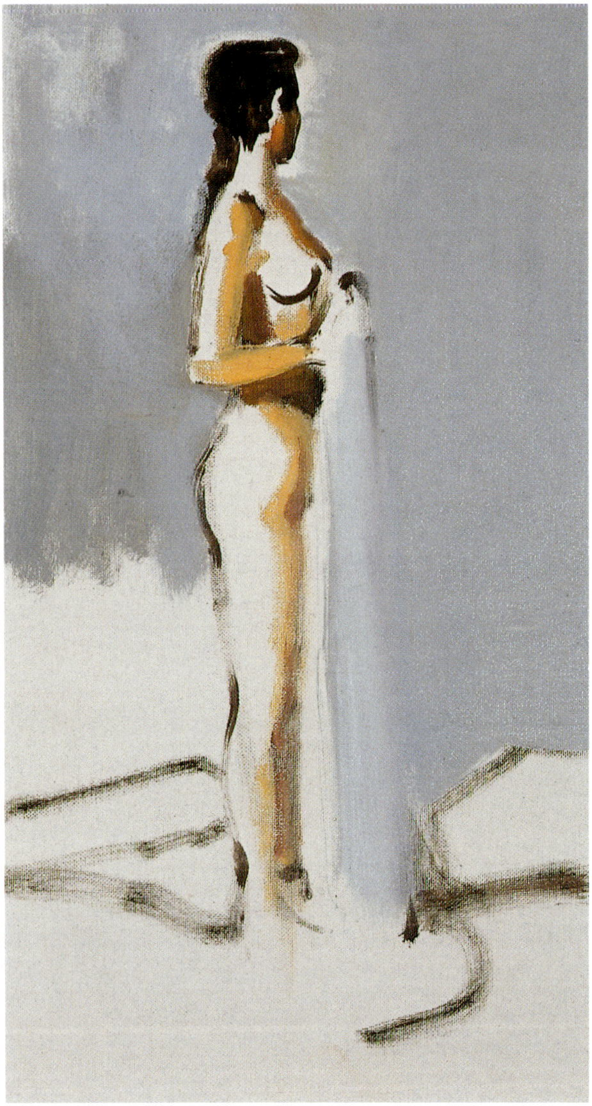

2. Mit einem orangefarbenen Ton beschreiben Sie das Profil der Figur. Die Form umreißen Sie mit einem Pinselstrich, der die weiße Fläche abgrenzt, ohne sie auszugestalten. Wie in den vorherigen Übungen malen Sie den Hintergrund so, daß die dunklen Töne den Akt „ausschneiden".

Die Hautfarbe als solche gibt es nicht, aber Sie können eine Grundlage der Farbe durch die folgende Mischung herstellen: Neapelgelb, Karmin, Siena, Weiß und eine Spur Blau für die Schattenpartien. Je nach den Farbtönen der Umgebung können Sie Orange beifügen.

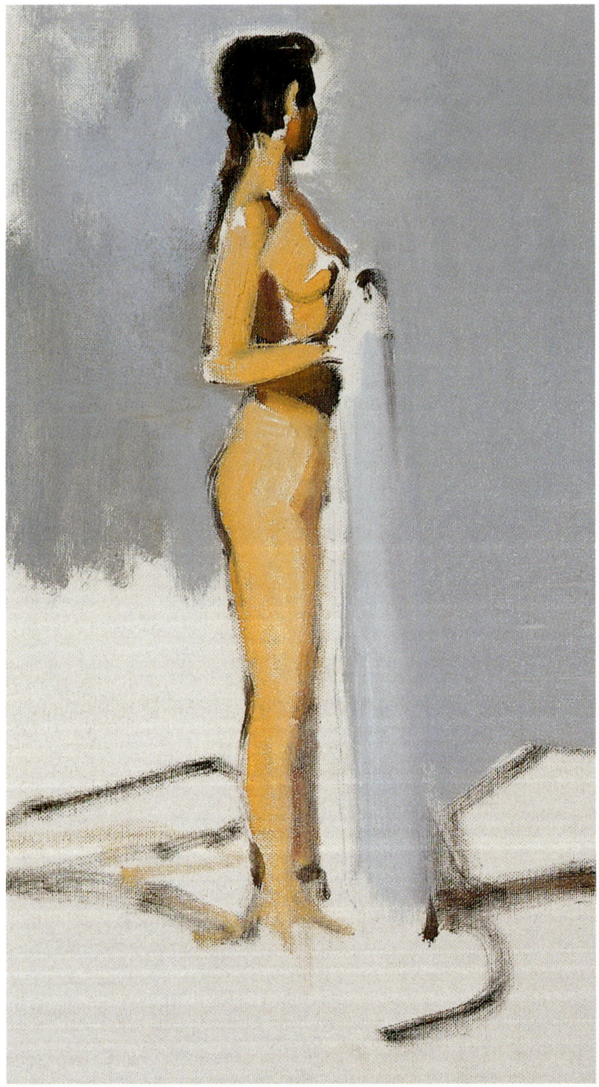

3. Anschließend malen Sie die Fläche mit der mittleren Farbtönung. Den rechten äußeren Umriß des Beines können Sie mit dem halbdunklen Ton sehr gut gestalten. Die zentrale Beinpartie malen Sie mit einer helleren, mit etwas Weiß angereicherten Farbe. Tragen Sie für Arm und Brust flache Farben auf. Um die besonders hellen Farbflächen kümmern Sie sich jetzt noch nicht.

4. Nun gestalten Sie mit hellen und sehr genauen Pinselstrichen die glänzenden Stellen der Schulter, der Brust und des Halses; diese Aufträge sind die Grundlage für dunklere Tönungen, mit denen Sie den Körperteilen Volumen verleihen. Mischen Sie mit Siena einen dunklen Ton und mildern Sie damit den linken Umriß des Beines und des Gesäßes ab; diese Farbe mischen Sie direkt auf dem Bild. Auf das Laken, das von der Frau gehalten wird, malen Sie dunkle Linien in Blau und Ocker, die wiederum direkt auf dem Gemälde vermischt werden.

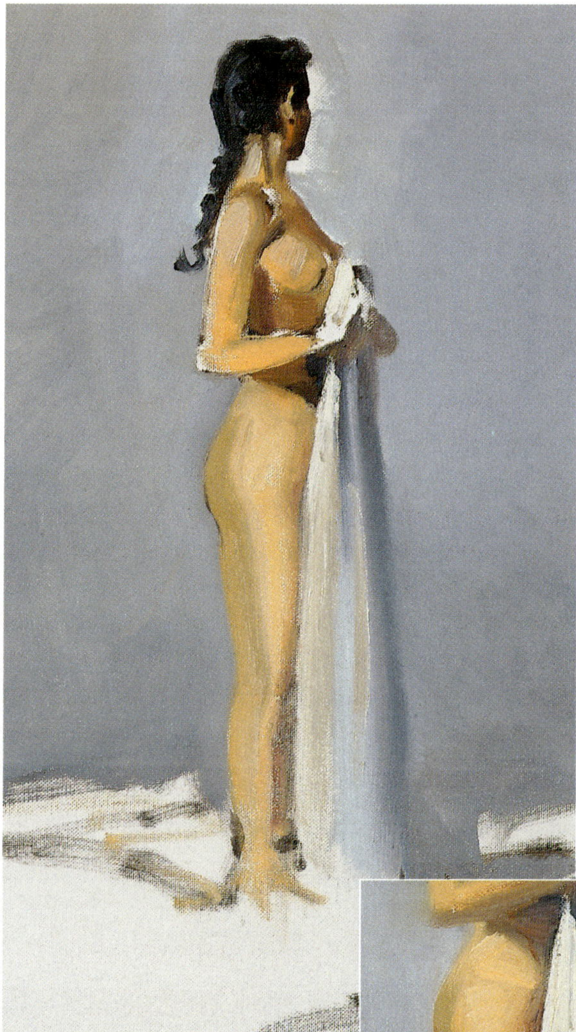

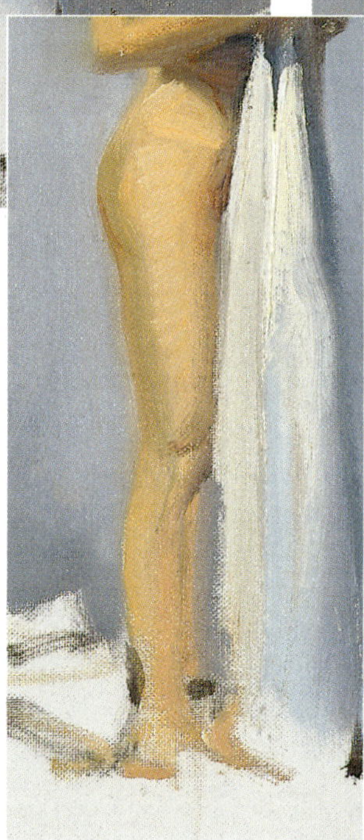

5. Mit einer klaren und leuchtenden Hautfarbe gestalten Sie die helle Beinpartie. Achten Sie hier darauf, daß sich die Pinselstriche nicht vermischen. Sie können an diesem Bildausschnitt gut erkennen, daß die Pinselstriche kurz, horizontal und dicht beieinander aufgetragen sind.

6. Gestalten Sie die dunklen Bildpartien mit einer Mischung aus Blau, Siena und Karmin. Für einige Pinselstriche können Sie dabei die Farbe direkt auf dem Bild mischen; dadurch wird die Figur lebhafter. Die lichten Stellen wie z.B. die Brust malen Sie mit einem Hautton, der durch Weiß leicht abgeschwächt wird.

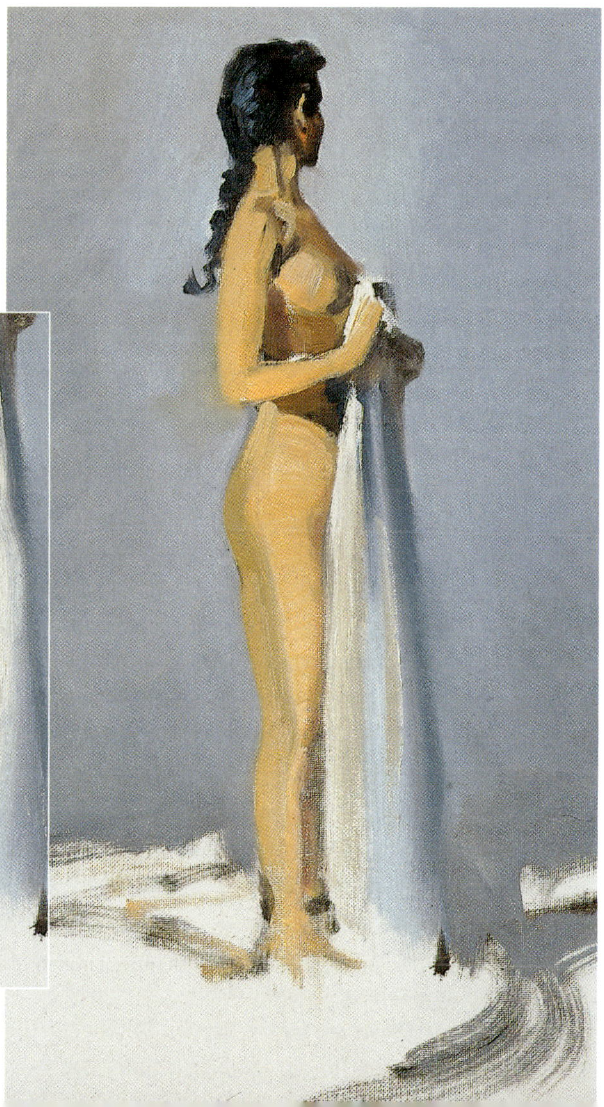

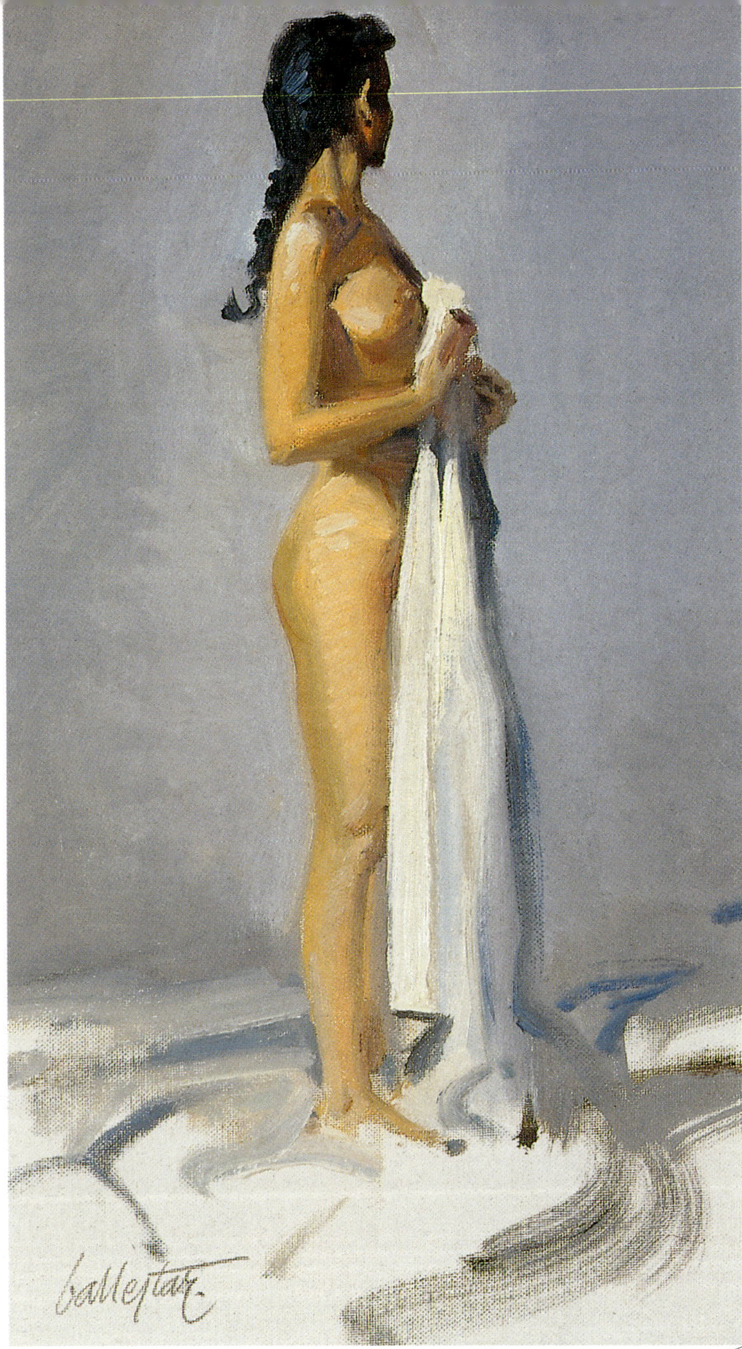

7. Sie sind jetzt fast fertig: Intensivieren Sie noch die Töne der ausgeprägten Schattenpartien und tragen Sie einige Glanzpunkte auf. Den unteren Bildteil malen Sie nicht aus; die weißen Flächen stellen einen Teil des Gemäldes dar und fügen sich in die farbigen Partien ein. Zuletzt setzen Sie dichte weiße, kontrastierende Pinselstriche auf das Laken.

ZUSAMMENFASSUNG

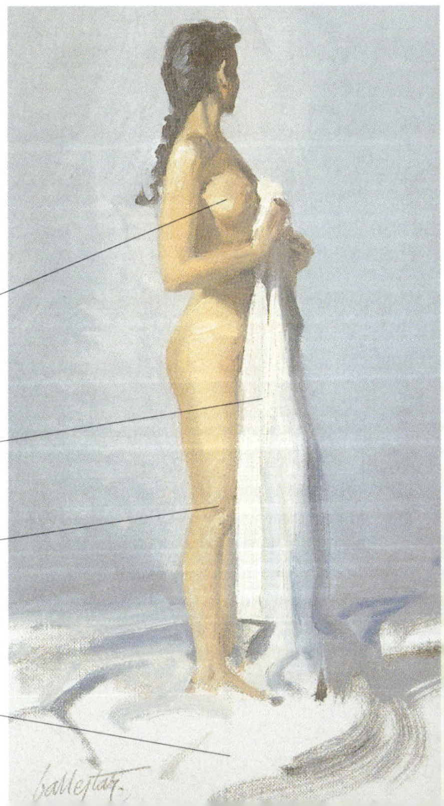

Die Glanzpunkte der Brust gestalten Sie abschließend mit sehr hellen Farbtupfern.

Das Weiß des Lakens tragen Sie direkt und deckend auf.

Mit einem doppelten Pinselstrich malen Sie das Knie. Mischen Sie dafür Karmin mit Siena und Weiß.

Die untere Bildpartie gestalten Sie farblich nicht aus.

Stilleben: Lasuren, Licht und Schatten

Das Stilleben bietet einige der interessantesten formalen Darstellungsmöglichkeiten der Ölmalerei. An dieser Bildgattung lernen Sie besonders viel über die Gestaltung von Licht- und Schattenpartien.

TON UND FARBABSTUFUNG

Die Technik der Farbabstufung ist bereits in einigen Kapiteln angesprochen worden. Es lohnt aber, immer wieder darauf zurückzukommen, weil die Abbildung eines Motivs zum großen Teil auf dieser Methode beruht. Sie sollen nicht nur die Wiedergabe des Lichteinfalls anhand des Stillebens lernen, sondern auch ein sorgfältiges Motivstudium.

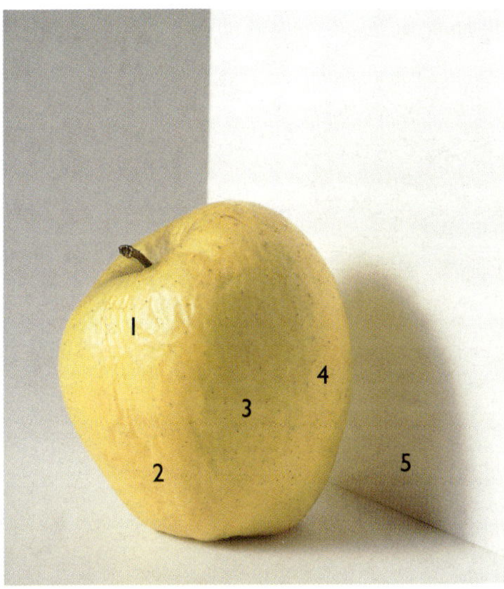

▶ *1. Bevor Sie beginnen, sollten Sie am Objekt die Schattenwirkung untersuchen. Betrachten Sie aufmerksam diesen Apfel. Auf der Schale können Sie verschiedene Lichttöne unterscheiden: eine besonders helle Stelle (1), eine Fläche mit indirektem Licht (2), den Eigenschatten (3), die Zone gebrochenen Lichts (4) und den Schattenwurf (5).*

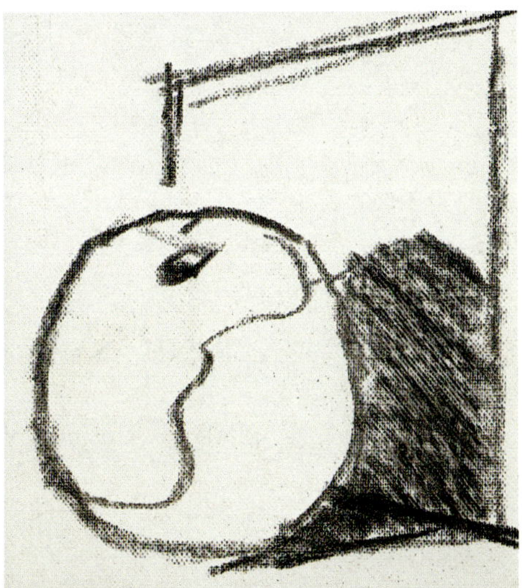

2. Beginnen Sie mit einem Kohleentwurf. Wenn Sie die Apfelform und die Wand skizziert haben, zeichnen Sie den dunkelsten Schatten dieses Stillebens: den Schatten an der Wand, der die Apfelform konturiert. ▶

3. Arbeiten Sie die dunkle Schattenpartie mit besonders deckenden Farben heraus. Grundsätzlich benutzen Sie bei der Farbabstufung kein Schwarz, da diese Farbe die Schattierungsmöglichkeiten anderer Töne einschränkt. Nehmen Sie statt dessen gebrannte Umbra oder Braun. In das Schatteninnere fügen Sie zur Kontrastierung einen hellen Ton ein. ▲

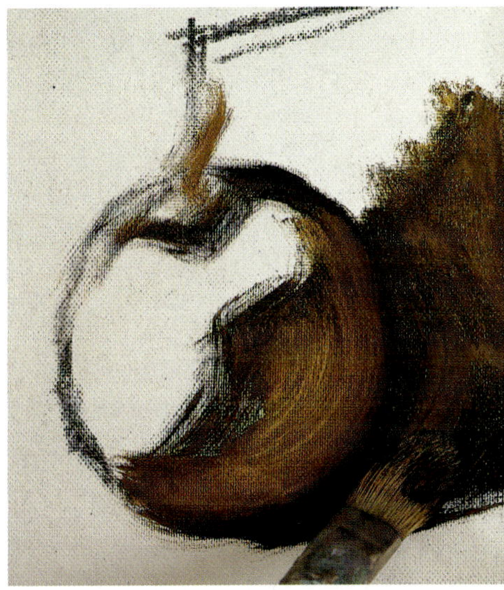

◀ *4. Mit einer feinen Linie verbinden Sie die Licht- und Schattenpartien. Die Schatten erhalten dabei die dem Entwurf entsprechende Form; die Farbtöne vermischen sich sanft.*

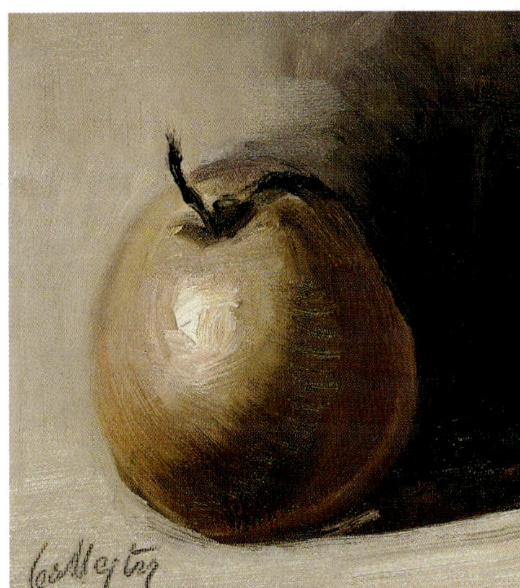

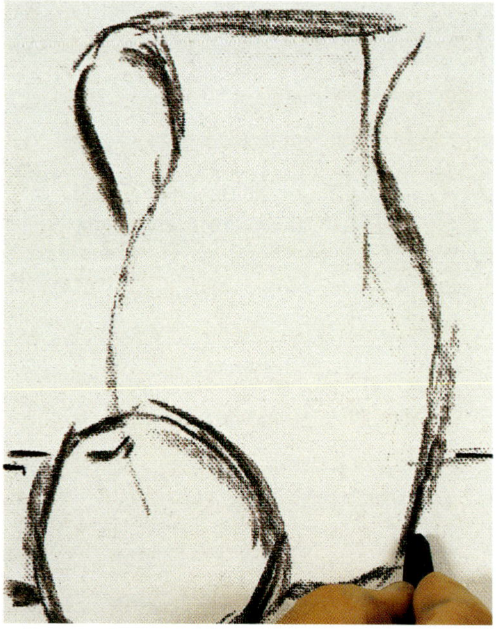

SCHATTIERUNGEN

Mit Schattierungen können Sie vielfältige Ergebnisse erzielen. Durch eine harmonische Abstimmung der Licht- und Schattentöne kann man eine stimmungsvolle Atmosphäre erzeugen. Dabei ist es am einfachsten, nicht zu viele verschiedene Farben zu verwenden.

▶ *1. Die Vorzeichnung skizzieren Sie mit Zeichenkohle; damit können Sie eventuelle Korrekturen schnell ausführen. Bestimmen Sie die Formen jedes Bildelementes; so vermeiden Sie Fehler bei der Ausführung der Schattierungen.*

2. Benutzen Sie gebrannte Umbra für die Gestaltung des Hintergrundes, mit der Sie gleichzeitig noch einmal die Formen des Stillebens hervorheben. Mit diesem Farbton entwerfen Sie die Schatten der beiden Bildobjekte. Wenn Sie einen relativ trockenen Pinsel benutzen, können Sie – ähnlich wie bei einer Zeichnung – gebrochene, halbdunkle Töne gestalten.

▲

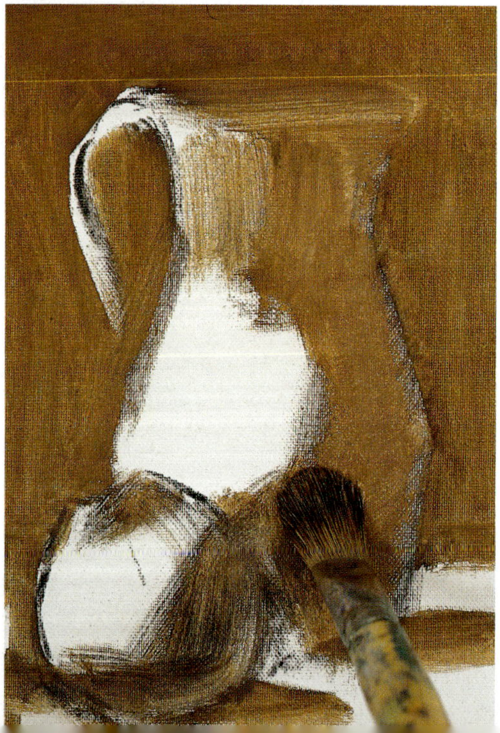

3. Die Glanzpunkte müssen Sie sehr genau setzen. Die Schatten sind weitläufig und bedecken den größten Teil des Bildes. Denken Sie bei der Gestaltung der Lichtpartien daran, daß Sie die hellsten Flecken erst zuletzt auftragen. Die lichten Farben mischen Sie auf der Palette, allerdings werden sie später beim Auftrag mit den mittleren Tönen verschmelzen. Wenn Sie Farben aus einer Skala verwenden, wird die Gestaltung perfekt gelingen.

▲

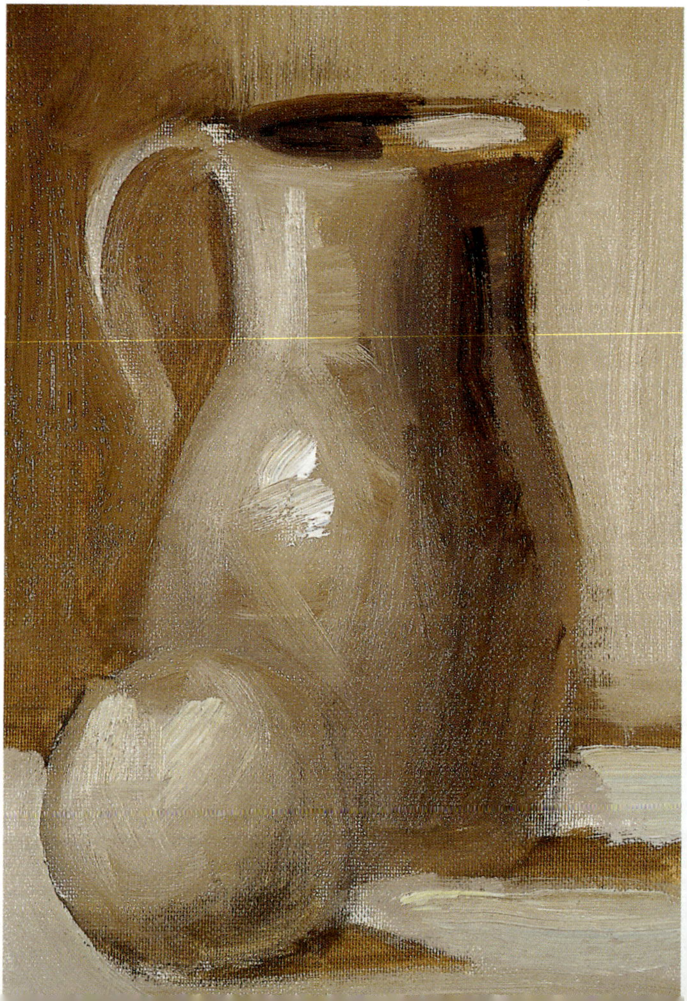

LICHT UND SCHATTEN DURCH LASUREN

Eine Lasur ist eine transparente Farbschicht, die man über eine andere Farbe legt, ohne diese zu überdecken. Bis heute ist die Gestaltung von Licht und Schatten mittels Tönen, die abgedunkelt oder aufgehellt werden, Gegenstand vieler künstlerischer Studien. Die Ölmalerei hat hier gegenüber anderen Maltechniken einen großen Vorteil: Transparenz. Mit transparenten Aufträgen lassen sich überraschende Lichteffekte erzielen.

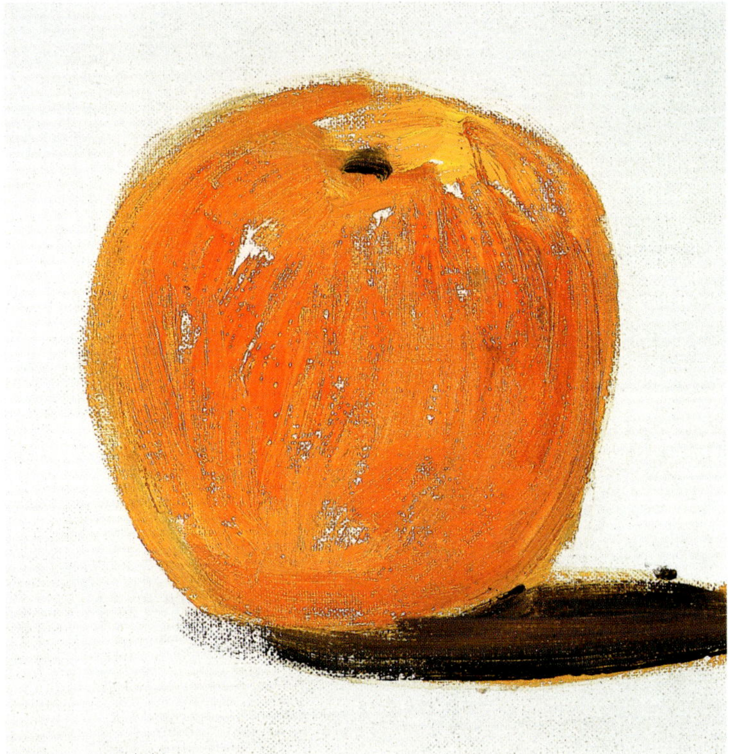

1. Wie bei allen Methoden der Ölmalerei tragen Sie die ersten Farbschichten verdünnt, d.h. „mager" auf und lassen „fettere" Farben folgen.

Eine mögliche Art der Herstellung von Lasuren ist die Mischung von Leinöl, Sikkativ und einem sehr geringen Anteil Farbe auf der Palette.

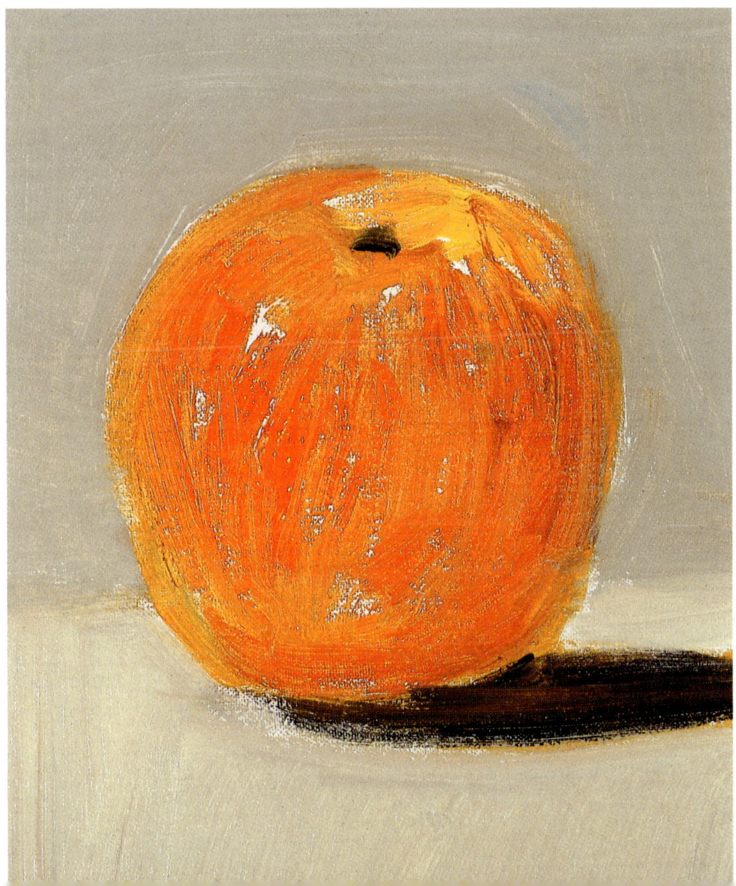

2. Eine Lasur kann unterschiedliche Funktionen für das Bild haben: Helles Lasieren läßt die Farben leuchten, eine dunkle Lasurschicht verändert durch einen deutlichen Kontrast die darunterliegenden Farben, ohne sie ganz zu überdecken. Die erste Farbschicht muß vollständig trocken sein, bevor Sie lasieren; sonst mischen sich die Schichten, anstatt sich zu überlagern. Mit einem halbopaken Kobaltblau bedecken Sie den Hintergrund des Bildes; die gleiche Farbe benutzen Sie zur Lasur der Schattenpartie des Apfels. Führen Sie den Pinsel sanft über die Oberfläche, um eine einheitliche Schicht zu gestalten.

DIE LASURFARBEN AUF DEM BILD

Lasieren ist ein langwieriges Verfahren, da die untere Farbschicht stets vollständig getrocknet sein muß. Trotzdem ist es vor allem für den Entwurf feiner Schatten eine empfehlenswerte Technik. Die Lasurtöne beeinflussen nicht nur die Abstufung der Farbwerte; sie können auch stimmungsvoll wirken, indem sie den Lichteinfall des Stillebens gestalten.

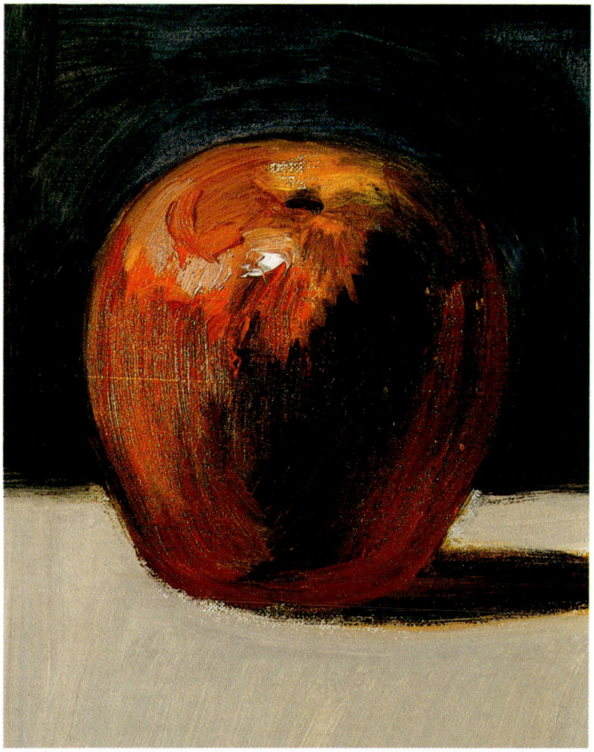

1. Sie vergrößern den Kontrast der Schattentöne mit einer dunklen Lasur. Wenn Sie auf diese getrocknete Schicht eine weitere malen, summiert sich die transparente Wirkung. Sie erhalten allerdings kein helleres Ergebnis, wenn Sie eine durchsichtige Lasierung auftragen: Die lichte Farbe erreichen Sie durch die opake Wirkung der Ölfarbe und den Gebrauch einer hellen Farbe. Eine neue Lasur verleiht den Farbtönen also verschiedene Nuancen. Mit einem durchsichtigen Kolorit können Sie daher einen darunterliegenden dunklen Ton nicht färben. Wenn Sie aber mit einer rötlichen Lasur die Schattenpartien rechts korrigieren, ergibt sich ein halbdunkler Farbton.

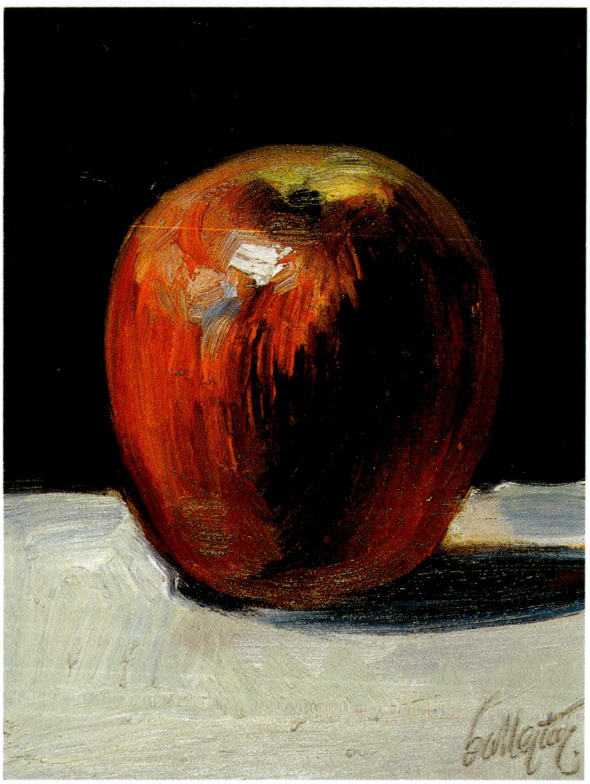

Eine Acrylbasis eignet sich gut zur Lasur; die schnelle Trocknung erleichtert die Arbeit.

2. Durch die Farbabstufung der lasierten Töne erhält das Bildmotiv Volumen. Setzen Sie Lichtpunkte in Weiß und grünlichem Gelb direkt auf den oberen Bereich des Apfels. Wenn die Flächen trocken sind, können Sie mit einer neuen, durchsichtig blauen Lasierung das umgebende Licht überarbeiten. Lasieren Sie erneut die dunkleren Zonen; damit wirkt der Hintergrund tiefer. Malen Sie nun noch eine Lasur auf den Apfelschatten auf dem Tisch.

Schritt für Schritt

Stilleben

Wie Sie im Laufe der Kapitel gesehen haben, können Sie Schattierungen unterschiedlich gestalten; eine Möglichkeit ist die Lasierung. Lasuren sind mühsam in der Erstellung, da man die darunterliegenden Farbschichten gut trocknen lassen muß. Trotzdem lohnt die Mühe, denn Sie können dadurch vielfältige Farb- und Lichtnuancen gestalten. Versuchen Sie nun ein Stilleben mit Lasur. Der Aufbau der Bildelemente ist sehr einfach gehalten.

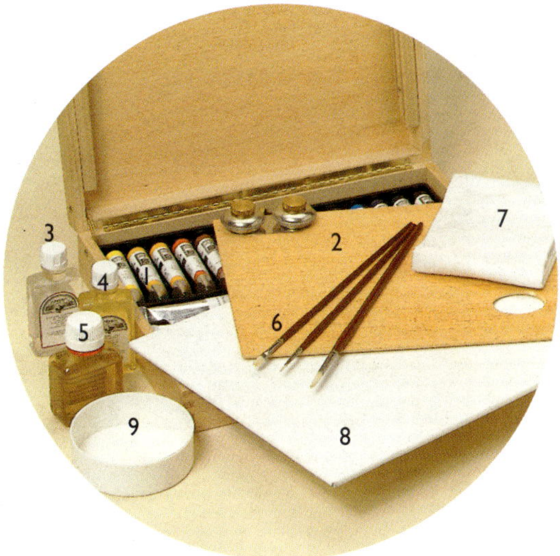

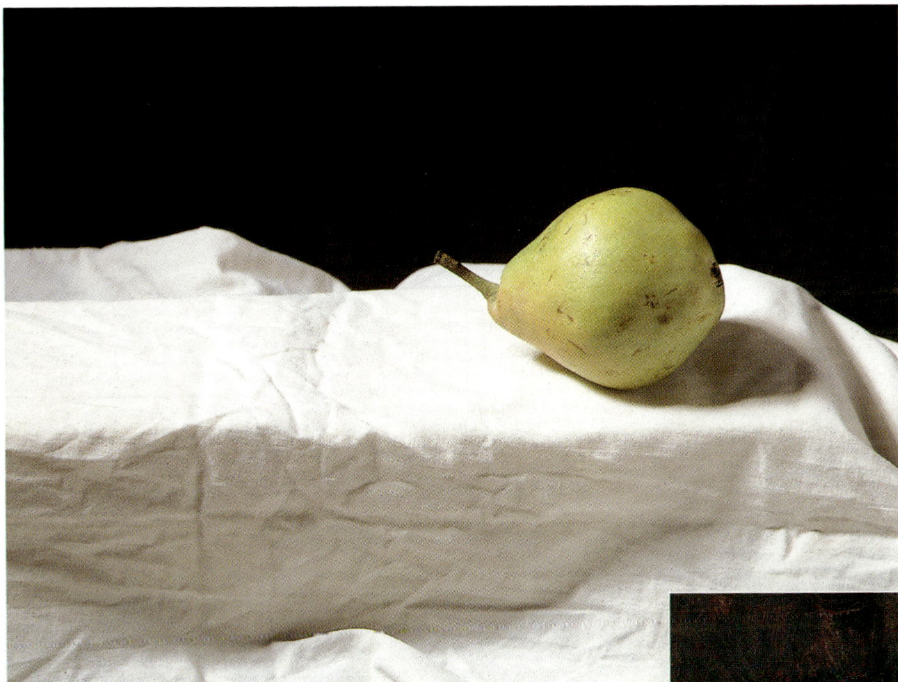

BENÖTIGTES MATERIAL

Ölfarben (1), Palette (2), Terpentin (3), Leinöl (4), Sikkativ (5), Pinsel (6), Tuch (7), Malkarton (8) und Behälter zur Herstellung der Lasur (9).

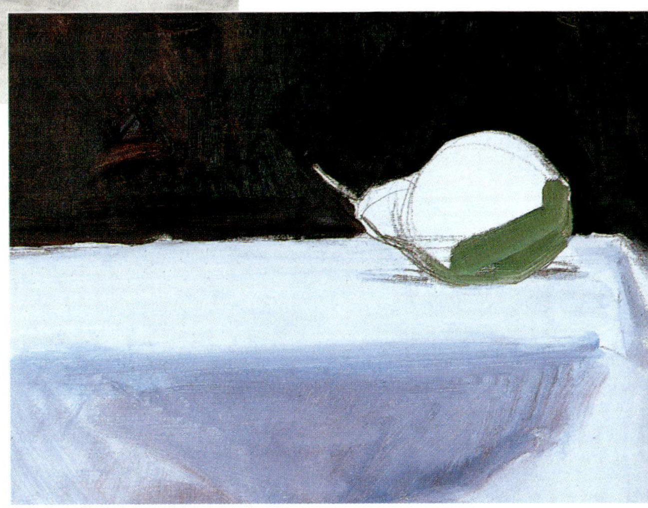

1. Zuerst malen Sie die dunklen Töne des Hintergrundes und heben dadurch die hellsten Formen des Stillebens hervor. Sie mischen die dunkle Farbe aus einem leicht mit Schwarz angereicherten Braun, Rot und Kobaltblau und tragen sie verdünnt, aber nicht zu flüssig auf. Jetzt gestalten Sie die Lasierung der dunklen Partien des Tischtuchs: Tragen Sie zunächst helles Cölinblau auf. Nach dem Trocknen lasieren Sie dann mit einem durchsichtigen Violett. Für den Schatten der Birne benutzen Sie Grün.

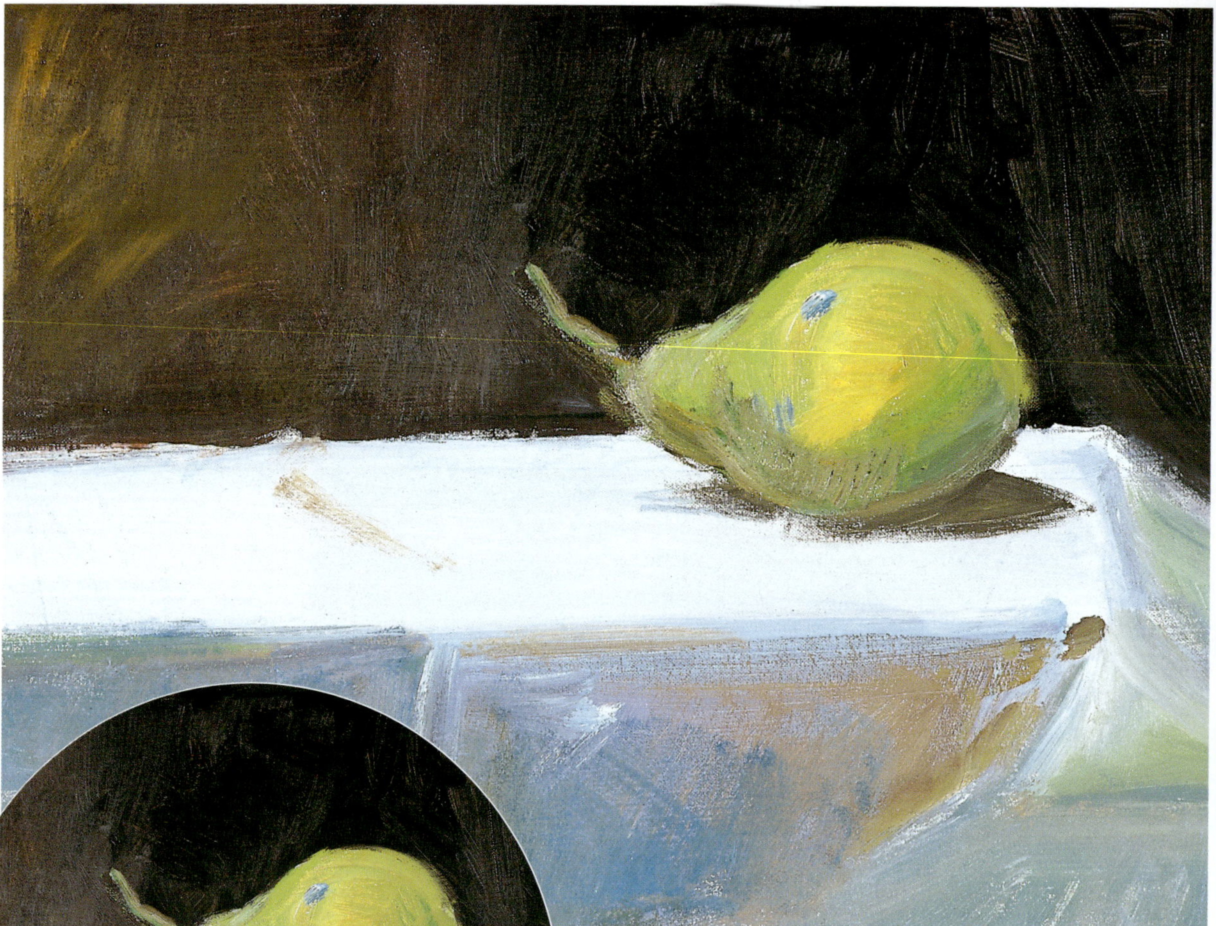

2. *Auf die trockene, dunkle Partie des Tuches tragen Sie eine sienafarbene Lasur, die mit dem Lichtfleck der Falte rechts kontrastiert. Gestalten Sie den Hintergrund an der linken Seite mit einer orangefarbenen Lasur, die die übrige dunkle Tönung hervorhebt und die Lichtquelle andeutet. In gelben und grünen Tönen modellieren Sie jetzt mit glatten Pinselstrichen die Birne. Die besonders helle Seite der Birne ist in leuchtendem Gelb gehalten. Bedecken Sie nun die rechte Seite der mittleren Falte mit einem opaken Farbton. Einen Teil der grünen Birnenfarbe ziehen Sie vorsichtig bis zur hellen Seite der Frucht, so daß die Farben leicht verschmelzen. Beginnen Sie dann die Lasur der Tischdecke mit einem leuchtenden Blau.*

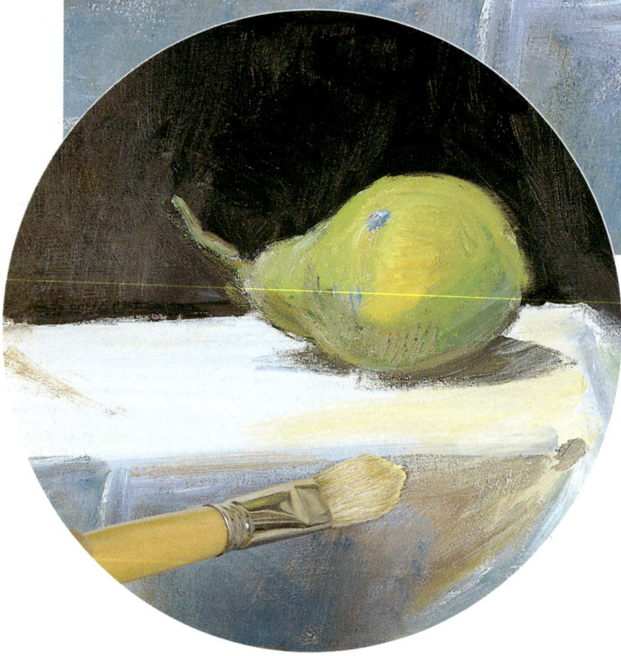

3. *Denken Sie daran, daß die unteren Farbschichten unbedingt trocken sein müssen, bevor Sie lasieren. Ölfarbe trocknet langsam; darum sollten Sie besser nicht mit dicken Pinseln arbeiten. Sie tragen nun eine Lasur in lichtem Ocker auf die weiße Partie der Tischdecke, die den Farbton heller erscheinen läßt. Auf den dunklen Flächen nuanciert die Ockerschicht den eigentlichen Ton.*

4. Lassen Sie das Bild einen Tag lang trocknen, bevor Sie weiterarbeiten. Jetzt übermalen Sie die helle Tuchfläche mit ausgedehnten, horizontalen Strichen in Weiß, Gelb und Ocker. Eine weitere, rötliche Lasur auf dem fast schwarzen Hintergrund erzeugt eine warme Stimmung.

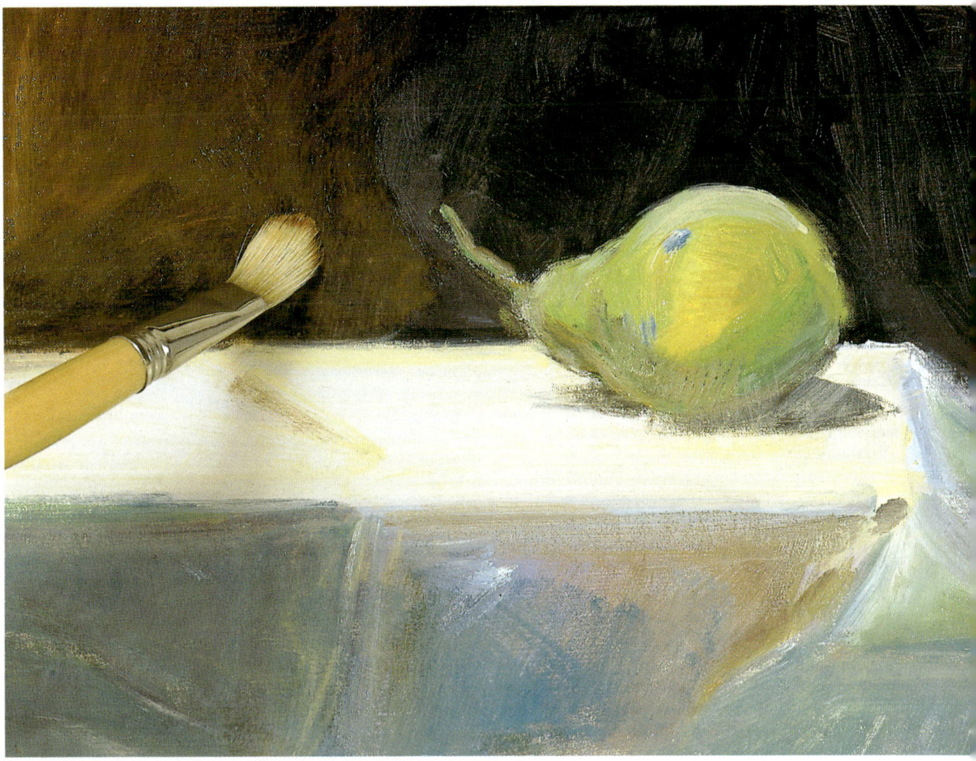

Mit Lasuren dauert die Gestaltung von Schattierungen sehr lange; vielleicht arbeiten Sie deshalb gleichzeitig an zwei Bildern. So verkürzen Sie die Wartezeit und bekommen mehr Übung.

5. Lassen Sie die Farben wiederum gut trocknen. So können Sie die Birne weitergestalten, ohne daß sich die Farben vermischen. Übermalen Sie die dunklen Schattentöne rechts mit einer blauen und links mit einer rötlichen Lasur. Lasieren Sie die Schattenfläche der Tischdecke und tragen Sie opake Pinselstriche in heller Farbe auf. Rechts unten gestalten Sie das Tuch mit leuchtendem Weiß und links mit einer Mischung aus Weiß und ein wenig Neapelgelb.

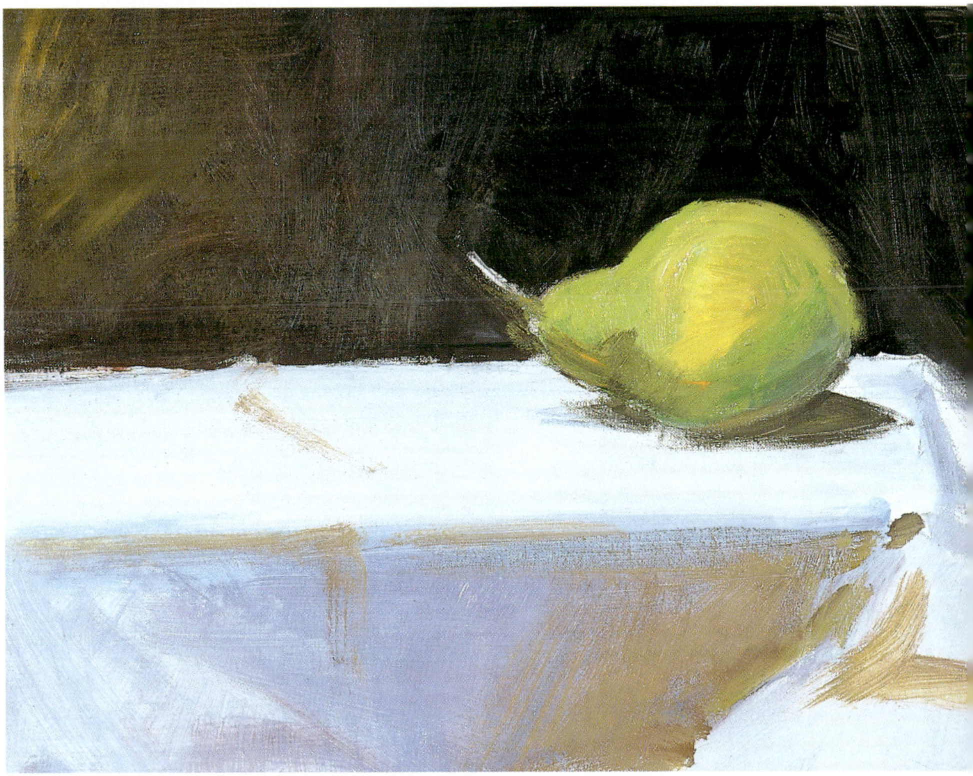

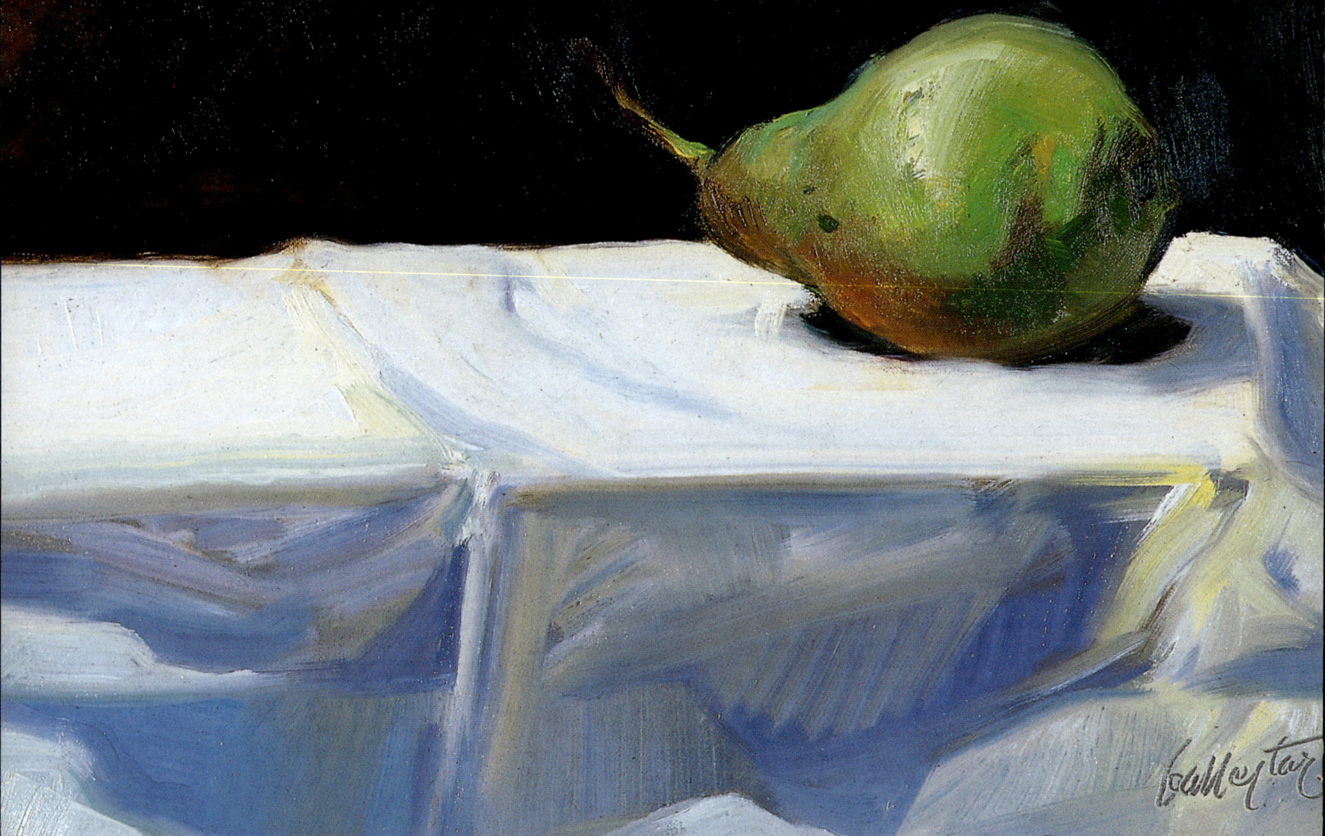

6. Sehr helle, fast weiße Farben geben den Stoffalten links ihre besondere Leuchtkraft. Mit diesem Farbauftrag haben Sie die Lasurarbeit beendet. Sie ist technisch wenig aufwendig, erfordert jedoch etwas Geduld.

ZUSAMMENFASSUNG

Die ersten dunklen Farbaufträge schneiden die Formen der Frucht und des Tisches aus.

Die Farben müssen vollständig trocken sein, bevor Sie mit der Lasur beginnen.

Tragen Sie die Farben zunächst verdünnt auf; benutzen Sie auf keinen Fall „fette" Farben, sonst dauert das Trocknen noch länger.

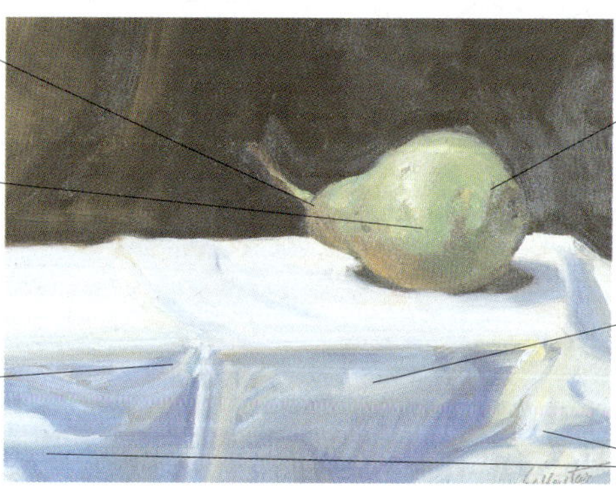

Die Lasur, die die Schattenseite der Birne abdunkelt, ist blau und rot; modellieren Sie den Farbton mit sanften Übergängen.

Sie tragen auf die Tischdecke verschiedene transparente Lasuren auf, deren Farbtöne sich summieren.

Die besonders leuchtenden Flächen gestalten Sie ganz zum Schluß in opaker Farbe.

THEMA

13 Modellierung in Öl

MODELLIERUNG BEIM STILLEBEN

Die Modellierung basiert auf den Tonwerten. In den vorangegangenen Kapiteln wurde dieser Begriff schon mehrmals erwähnt und in einigen Vorübungen erläutert, wie z. B. bei der Tonwertabstufung, dem Kapitel über Licht und Schatten und dem Abschnitt über das Verschmelzen verschiedener Farbtöne. In diesem Kapitel möchten wir uns eingehender mit den beiden Hauptmotiven der Modellierung in Öl beschäftigen: dem Stilleben und der Figur.

Sehen wir uns noch einmal die Begriffe an, die sich mit der Tonwertabstufung befassen. Eine kurze Wiederholung kann die ausführliche Beschäftigung mit dem Thema „Modellierung in Öl" erleichtern. Als Einführung in die Tonwertabstufung und die Modellierung der Formen soll ein Stilleben ausgearbeitet werden. Dabei muß man sich eingehend mit den Lichtverhältnissen und mit der Pinselführung beschäftigen. Das ist wichtig für die Darstellung der Schatten.

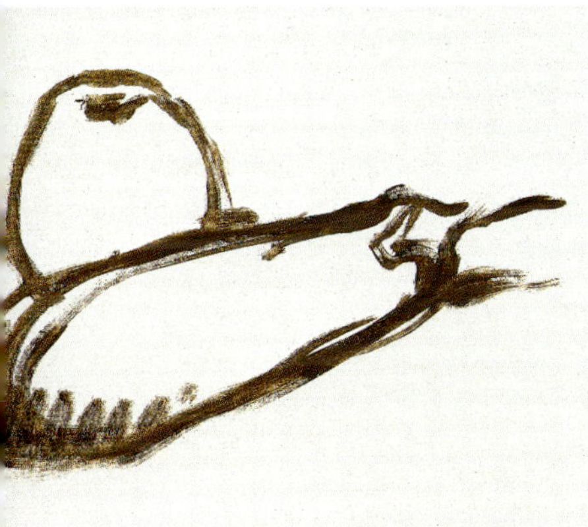

1. Viele Hobbymaler widmen der Skizzierung ihres Modells nicht genügend Aufmerksamkeit. Die Skizze ist in der Malerei von grundlegender Wichtigkeit. Eine gute Komposition macht das Setzen der Schatten zu einem nahezu intuitiven Vorgang, während eine schlecht ausgeführte Skizze das korrekte Setzen der Schatten erschwert.

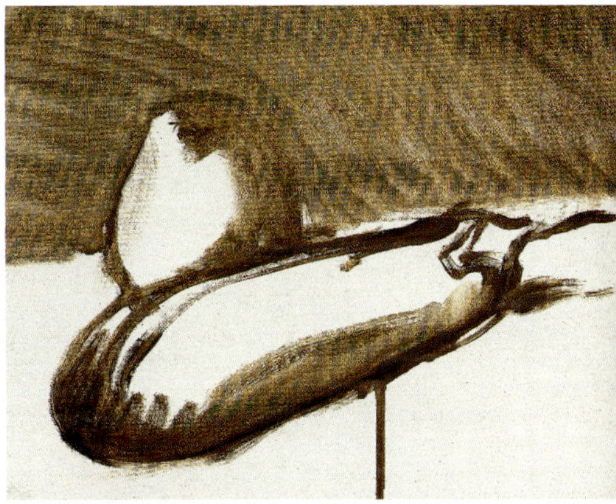

2. Das Stilleben wird mit einer Farbe aufgebaut, die stark mit Terpentin verdünnt wurde. Der Vorteil einer solchen Farbe liegt darin, daß man die gesetzten Schatten von Anfang an leicht korrigieren kann. Man muß einfach nur mit einem Tuch oder dem Finger darüberwischen, um die Stelle zu erhellen oder um einen falsch gesetzten Pinselstrich zu entfernen.

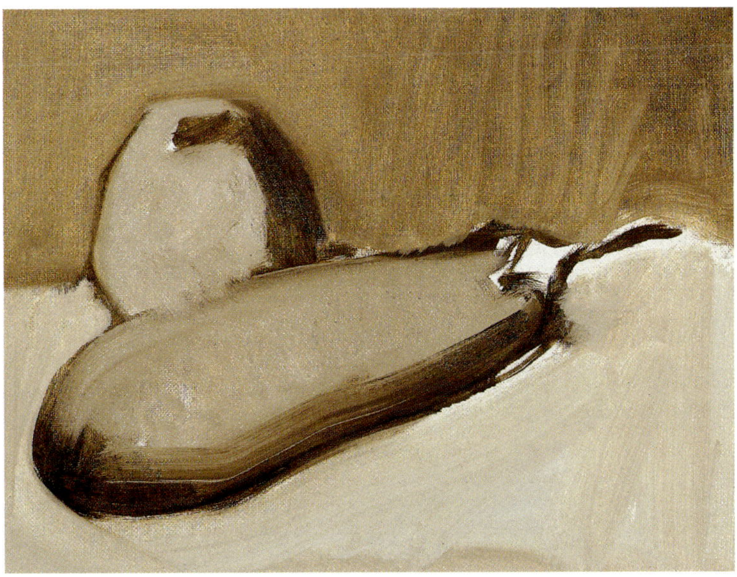

3. In diesem Schritt malen Sie die ersten Kontraste zwischen hell und dunkel. Es werden noch keine endgültigen Pinselstriche gesetzt. Nach und nach werden die Lichtverhältnisse herausgearbeitet. Wenn man dunkle Töne neben helle malt, verstärken sich die Kontraste. Deshalb muß man für einen Ausgleich sorgen, indem man die Farbtöne aufhellt oder abdunkelt.

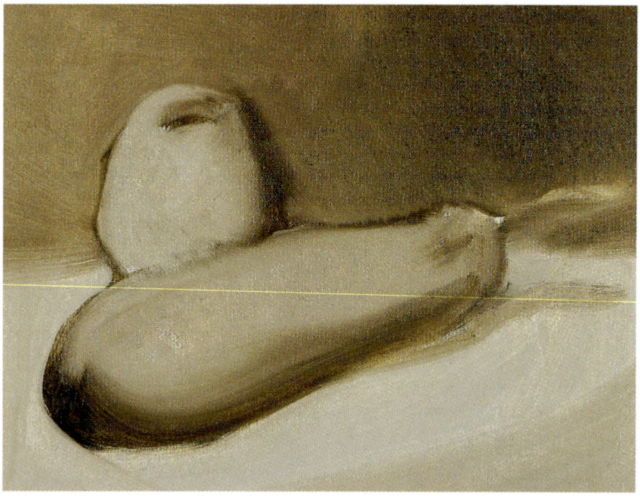

▶ *1. Mit einigen Pinselstrichen verwischen Sie nach und nach die dunklen Töne mit den hellsten. Die Wahl eines geeigneten Pinsels für die einzelnen Flächen ist hier von großer Bedeutung. Für große Flächen kann man jeden beliebigen Pinsel verwenden. Für das Verwischen der Farbtöne ist es notwendig, einen weichen Haarpinsel zu benutzen. Mit mehreren aufeinanderfolgenden Pinselstrichen erzielt man eine perfekte Verschmelzung.*

DER GEBRAUCH VON PINSEL UND FARBEN

Die Farbtöne, die im vorangegangenen Arbeitsschritt aufgetragen wurden, sollen eine exakte Beschreibung der Lichtverhältnisse des Motivs geben. Diese Farben bilden die Grundlage für die Tonwertabstufungen durch Verschmelzung und Modellierung. In dieser Arbeitsphase ist die Art und Weise, wie die Pinselstriche gesetzt werden, sehr wichtig. Die Darstellung der Schatten erfolgt nicht nur anhand der Tonabstufung, sondern auch durch die Anpassung der Pinselstriche an die Form des Gegenstandes.

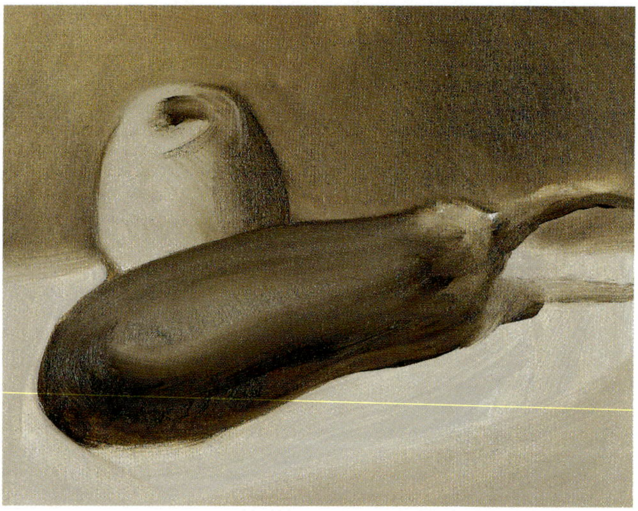

▶ *2. Bei dem Verschmelzen der Farbtöne muß die Form beachtet werden, auf die der Schatten gesetzt werden soll. In diesem Beispiel setzt sich das Stilleben aus kurven– und kugelförmigen Gegenständen zusammen. Der Pinselstrich muß diesen Formen folgen und die dunklen Töne in der Umgebung der hellen Zonen wahrnehmen. Es sollen dafür mehr dunkle Töne verwendet werden. Der Kontrast zu den hellen Tönen wird zunehmend stärker.*

Die Modellierung in Öl basiert auf den Tonwerten. Nach und nach werden die Farben abgestuft, bis schließlich eine komplette Verschmelzung der Farben oder Töne erreicht ist, wodurch die Lichtverhältnisse korrekt wiedergegeben werden.

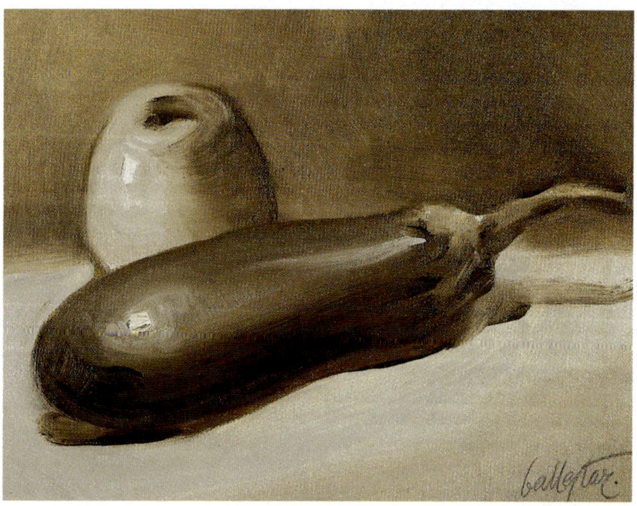

▶ *3. Erst wenn die Modellierung abgeschlossen ist, können die Glanzlichter gesetzt werden. Die Glanzlichter zeigen Richtung und Stärke des Lichteinfalls an.*

MODELLIERUNG VON FIGUREN

Als erster Schritt wurde ein einfaches Stillebenmotiv vorgestellt. Jetzt können Parallelen zwischen den verschiedenen Formen gezogen werden. So läßt sich z.B. die runde Form der Schulter mit der Form des Apfels im vorangegangenen Beispiel vergleichen. Nachdem gezeigt wurde, wie man ein Stilleben mit nur einer Farbe modelliert, kann man die erlernte Technik auch bei der Darstellung einer Figur einsetzen. Zunächst wird nur ein Ausschnitt des menschlichen Körpers gemalt. An diesem Beispiel soll deutlich werden, wie sich Licht und Schatten an die verschiedenen Formen anpassen.

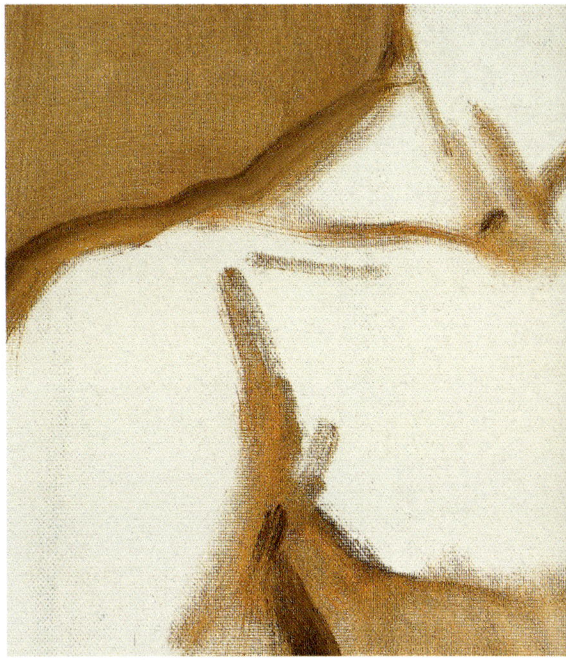

1. Nachdem Sie mit Siena eine Skizze der Schulter angefertigt haben, bauen Sie mit derselben Farbe den Hintergrund auf. Damit paßt sich die Figur dem Gesamtkonzept des Bildes an. Mit einem terpentingetränkten, jedoch verhältnismäßig trockenen Pinsel skizzieren Sie die ersten dunklen Bereiche des Körpers.

2. Das Innere der Figur wird mit einem orangefarbenen Ockerton, der stark mit Terpentin verdünnt wurde, gemalt. An diesem Bild ist zu sehen, wie die verschiedenen Kurvenformen je nach Lichteinfall skizziert werden. In dieser Arbeitsphase ist der Farbton noch relativ schwach, obwohl es schon einen gewissen Unterschied in der Darstellung der Lichtverhältnisse gibt. Die verschiedenen Lichtzonen werden durch einen Rotton am Schlüsselbein, an der Brust und am Arm verdeutlicht. Um den Kontrast zwischen Hintergrund und Figur zu verstärken, wird der Hintergrund mit blau bemalt.

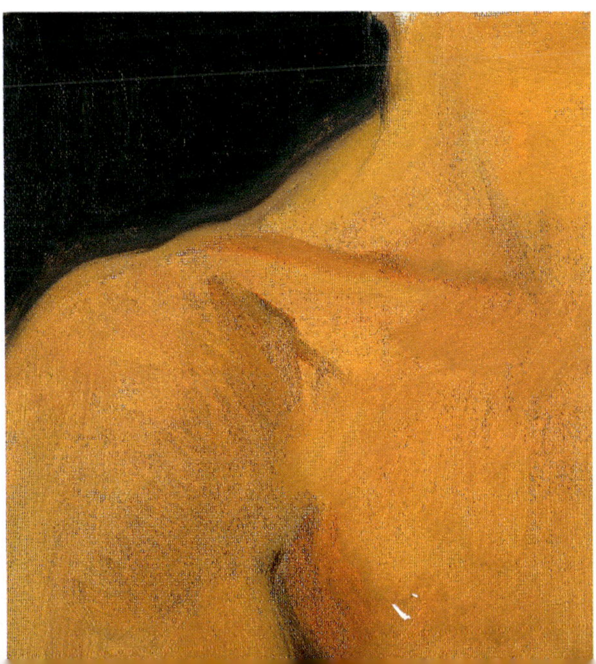

3. Sie haben nun die farbliche Grundlage des Bildes geschaffen. Über dieser Farbe werden jetzt Töne aufgetragen, die nicht so stark mit Terpentin verdünnt wurden. Gleichzeitig muß jedoch darauf geachtet werden, daß der Effekt der Transparenz erhalten bleibt. Deshalb verdünnt man die Farbe jetzt mit Leinöl oder Sikkativ in einem Verhältnis, das es ermöglicht, eine Farblasur über den Hintergrund zu legen. Um die Lasur richtig aufzutragen, muß der Untergrund vollkommen trocken sein. In unserem Beispiel ist die erste Lasur fast weiß.

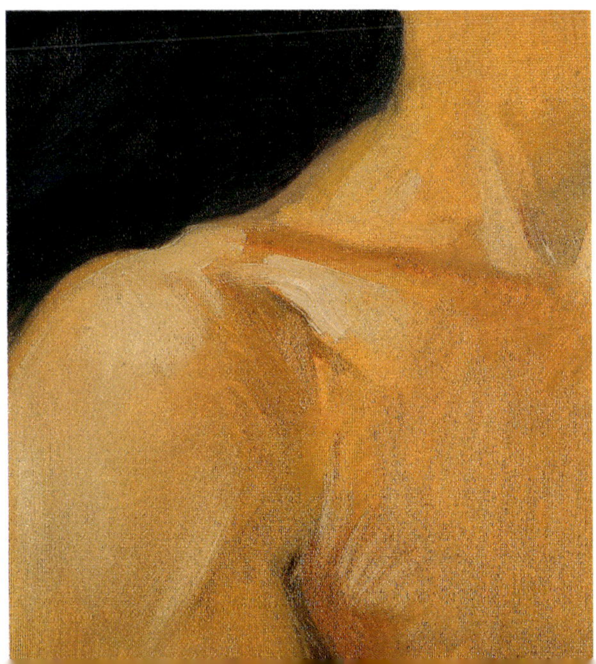

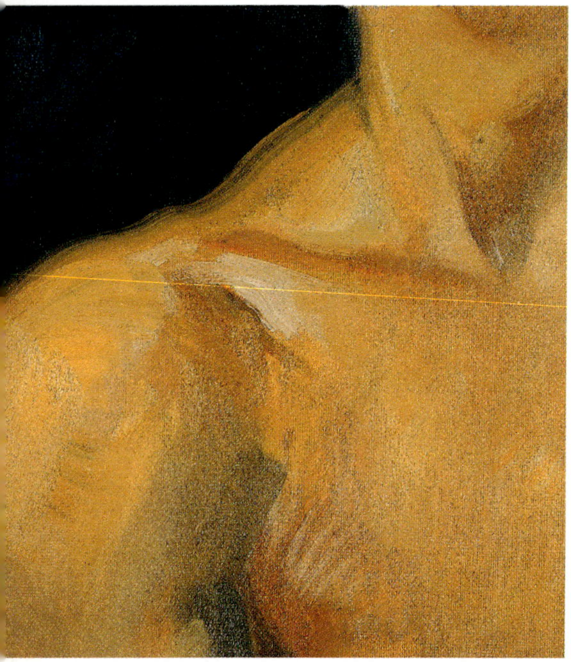

DIE FARBE DES LICHTS

Wenn man die Formen der Figur modelliert, muß man sich bei den Farben für die Haut nicht an bestimmte Farbtöne halten. Die Farbtöne werden von der Farbe des Lichts bestimmt, das die Figur umgibt. Es sollte immer beachtet werden, daß die Glanzlichter, die Farben und die Schattierungen einzig und allein vom Einfall des Lichtstrahls abhängen.

▶ *1. Das Licht, das die Figur umgibt, wird mit den dunklen Tönen, die auf der Haut reflektiert werden, gemalt. Die ausgeprägtesten Schatten sind diejenigen zwischen Brust und Arm. Sie werden mit einem sehr dunklen, braunen Farbton gemalt, dem etwas Rot beigemischt wurde. Die mittleren Schattierungen werden mit Lasurfarben in Siena, denen ein wenig Rot beigemischt wurde, aufgetragen. Die Glanzlichter auf dem Hals werden so lange verwischt, bis keine Linien mehr zu erkennen sind.*

2. Die Modellierung der Figur basiert auf der Verschmelzung von hellen und dunklen Farbtönen. In diesem Arbeitsschritt verstärken Sie die Kontraste auf Hals und Arm. Die Pinselstriche werden nach und nach feiner. Für die Herausarbeitung des Volumens verfahren Sie in ähnlicher Weise wie bei dem Beispiel mit dem Apfel im vorangegangenen Abschnitt. ▲

Die Formen, die mit der Modellierungstechnik erarbeitet werden, erfordern einen sehr feinen Pinselstrich. Ein Sortiment synthetischer Haarpinsel leistet dabei gute Dienste.

3. Um die Modellierung fertigzustellen, arbeiten Sie die endgültigen Kontraste mit immer dunkler getönten Lasuren heraus. In diesem Arbeitsschritt werden auch die intensiven Glanzlichter auf der Haut gesetzt, die mit dem Pinsel sanft verwischt werden. ▲

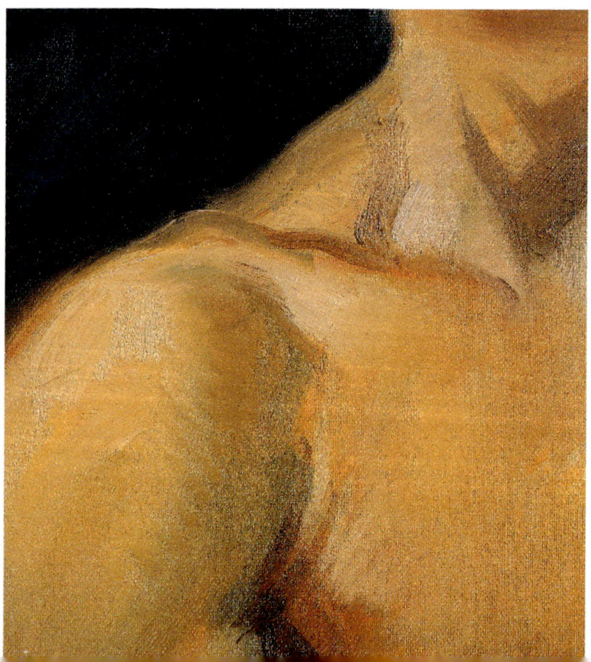

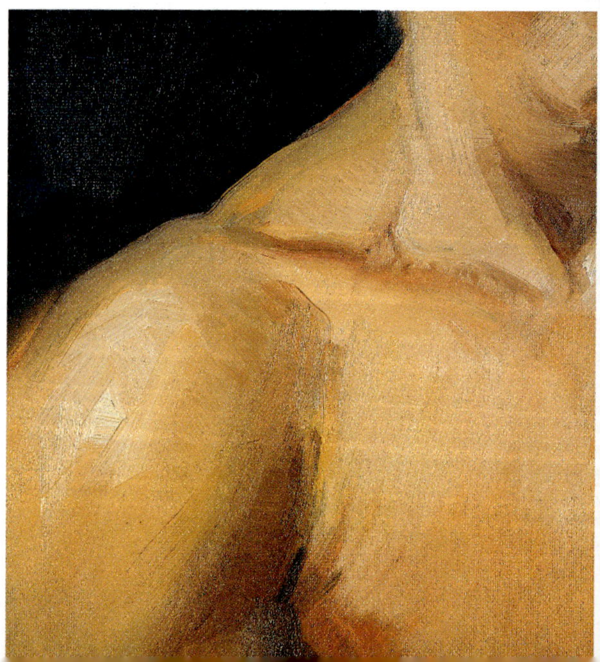

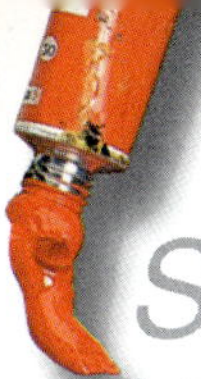

Schritt für Schritt
WEIBLICHER AKT

Die Modellierung in Öl ist eine klassische Technik in der Ölmalerei. Neben der Modellierung ermöglicht auch das Lasieren, das Herausarbeiten transparenter Schichten, die farbliche Veränderung der darunterliegenden Schichten. Als Fortsetzung der in dieser Übung vorgestellten Techniken soll jetzt ein weiblicher Akt gestaltet werden. Dabei wird die Modellierung der Körperformen durch das Verschmelzen der Farbtöne und mit Hilfe der Lasur geübt. Besondere Aufmerksamkeit wird den Schatten und der Beleuchtung des Modells gewidmet.

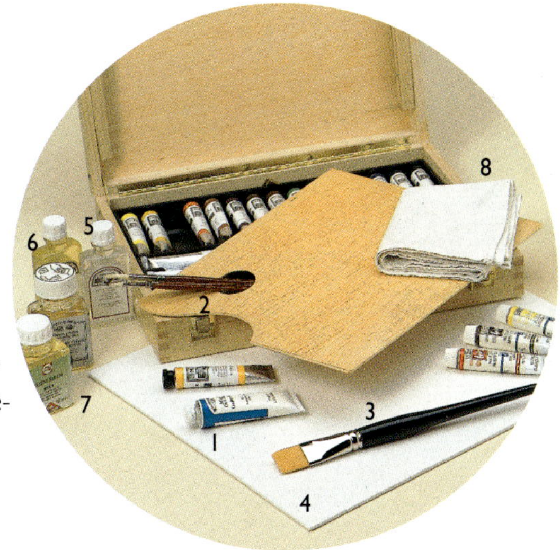

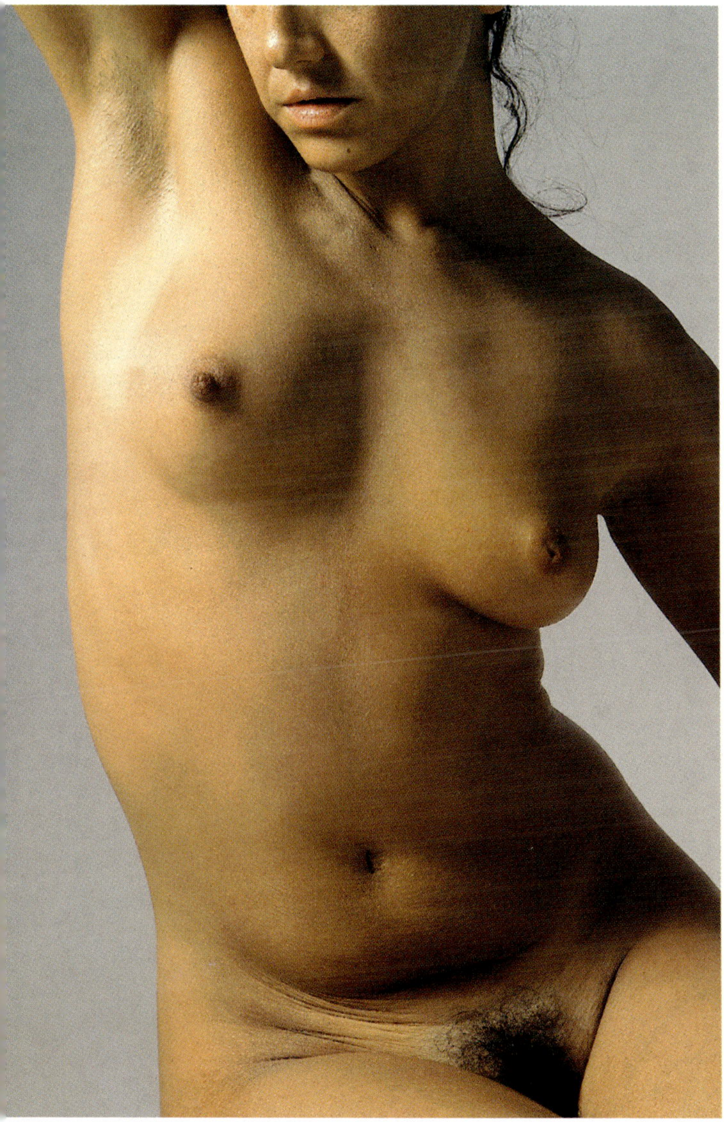

BENÖTIGTES MATERIAL

Ölfarben (1), Pinsel (2), ein extra weicher Pinsel für die Lasur (3), Leinen-Malkarton (4), Terpentinöl (5), Leinöl (6), Malmittel für die Lasur (7) und ein Tuch (8).

1. Man skizziert die Körperformen mit feinen Pinselstrichen und korrigiert dabei immer wieder die Form der einzelnen Körperteile, so lange bis die Proportionen stimmen. Auf den genau skizzierten Körper tragen Sie nun die Grundtöne der Figur auf. Die Farben werden mit weiß abgetönt.

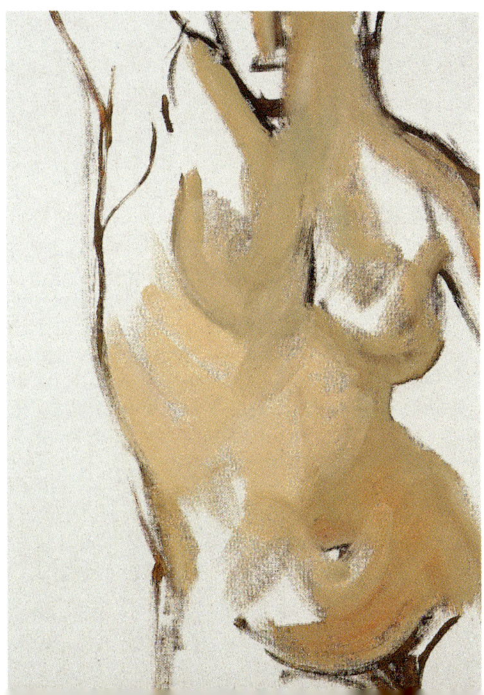

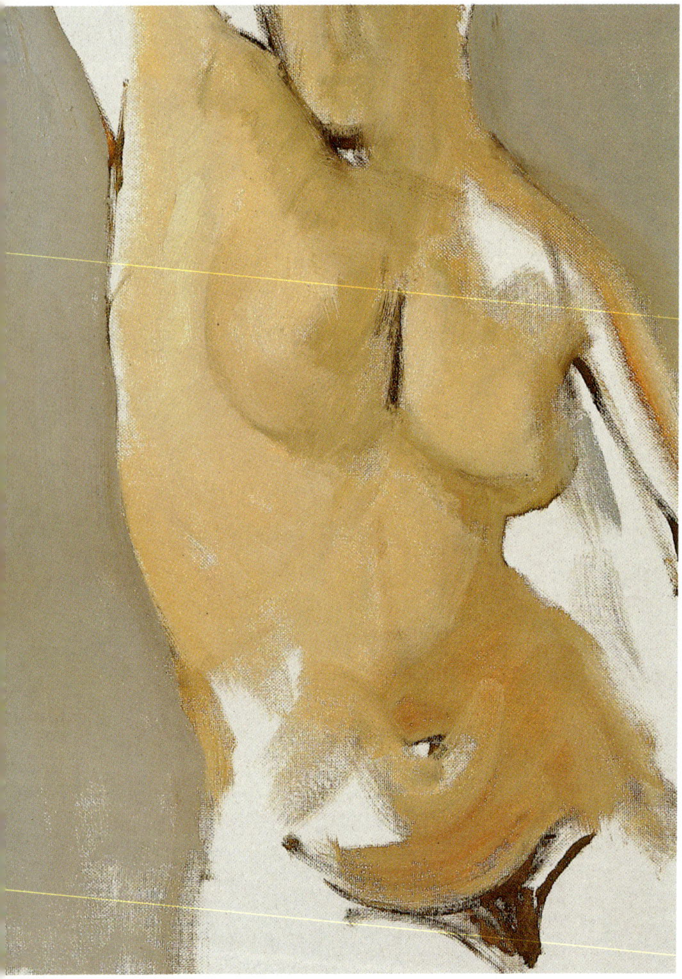

2. Nachdem Sie die Figur herausgearbeitet und die Zonen, auf die das Licht fällt, hautfarben skizziert haben, malen Sie den Hintergrund, um die Umrisse der Figur hervorzuheben. Anschließend werden die verschiedenen Lichtbereiche abgestuft, wobei man immer die Beleuchtung der gesamten Komposition im Auge behalten sollte. Danach werden die helleren Farbtöne aufgetragen. Noch ohne die einzelnen Töne zu verschmelzen, setzen Sie die Pinselstriche entsprechend der Form, die Sie malen. Später, beim Modellieren und dem Verschmelzen der Farben, müssen die Pinselstriche in die gleiche Richtung verlaufen.

Die Ölfarbe, mit der die ersten Schichten gemalt werden, muß immer mit Terpentin verdünnt werden, damit die nachfolgenden Farbschichten, die mit Hilfe von Tonwertabstufung und Modellierung aufgetragen werden, auf der dünn bemalten Oberfläche verschmelzen können.

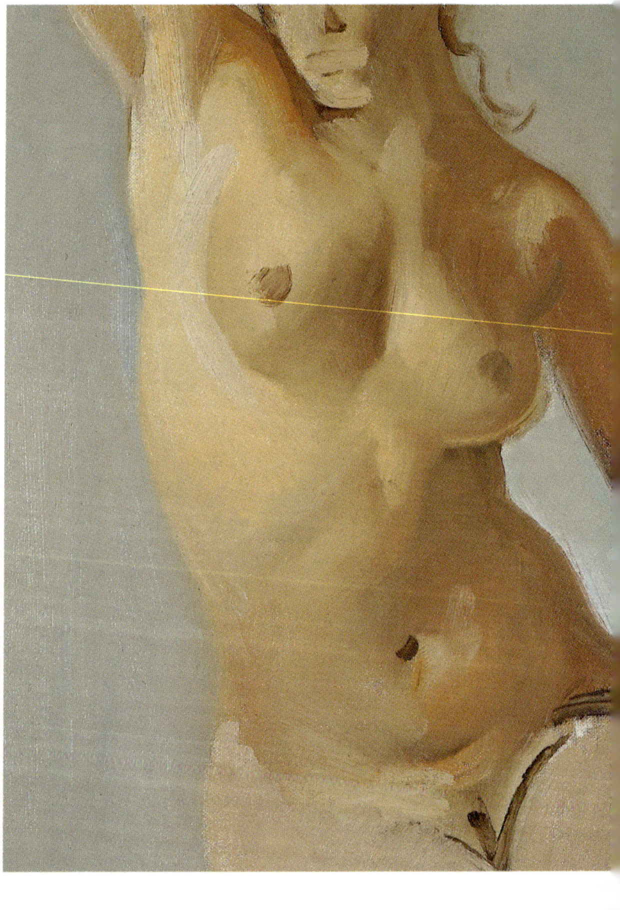

3. Beginnen Sie mit den Schatten der Figur. Gleichzeitig verschmelzen Sie die dunklen Farbtöne mit den darunterliegenden, viel helleren Tönen. Dabei muß der Pinselstrich dem Verlauf der jeweiligen Form folgen. Auf die gleiche Weise, wie Sie die dunklen Farben auf der rechten Seite der Figur setzen, beginnen Sie auf der linken Seite mit den helleren, leuchtenden Farben. So modellieren Sie die Form der Brust und die Muskulatur des erhobenen Armes. Für das spätere Lasieren ist es wichtig, daß die einzelnen Pinselstriche sehr weich gesetzt werden, ohne daß der Pinsel seine Spuren auf der Bildoberfläche hinterläßt.

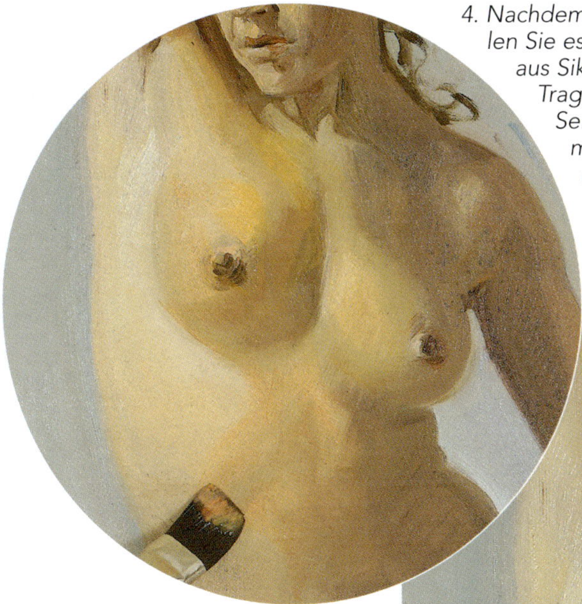

4. Nachdem das Bild völlig trocken ist, bemalen Sie es mit einer sehr transparenten Lasur aus Sikkativ und einem mittleren Gelb. Tragen Sie die Lasur auf die rechte Seite des erhobenen Armes auf und modellieren Sie den oberen Teil der Brust mit den verschiedenen Farbtönen, die Sie auf der Palette gemischt haben.

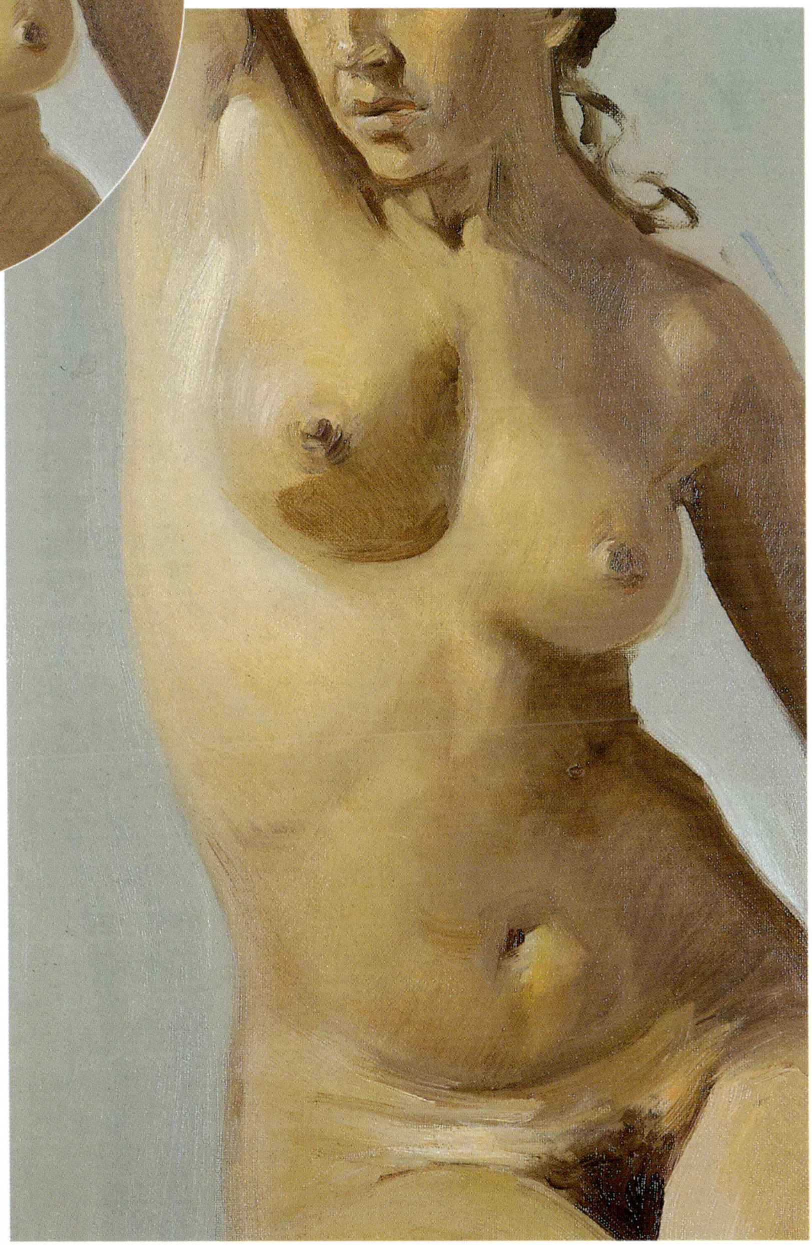

Die Wahl der Farbe, mit der die Lichtpunkte dargestellt werden, ist für das erfolgreiche Modellieren der Figur von großer Bedeutung.

5. Die Lasuren verschmelzen mit den Farben, die nicht lasiert wurden. Sie müssen warten, bis die erste Lasur vollkommen trocken ist, bevor Sie mit der nächsten Lasur in dem dunkelsten Bereich des Bildes beginnen. Dazu bereiten Sie eine Lasur in der Farbe Siena vor und malen damit die Schatten auf der Hüfte, unter der Brust und auf dem Arm. Mit einer neuen, orangefarbenen Lasur bemalen Sie die Fläche, die den Bauch umgibt und verändern damit die Lichtverhältnisse in diesem Bereich.

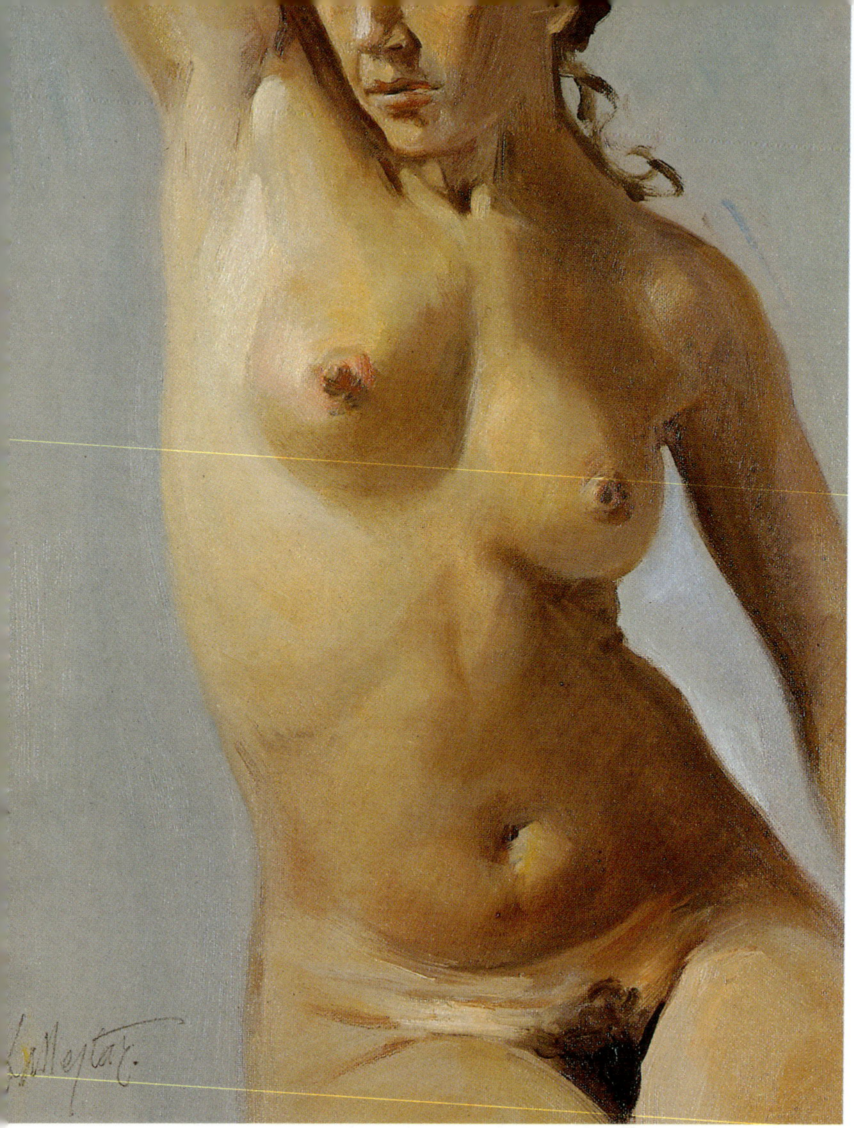

6. Die dunkelsten Schattenzonen kontrastieren Sie mit einer sehr dunklen Farbe. Danach verleihen Sie dieser Farbe mehr Transparenz und beenden die Modellierung der Figur, indem Sie die Schatten auf der rechten Brust, dem Bauch und in der Schamgegend vertiefen. Dieser Arbeitsschritt beendet die Übung in Tonwertabstufung und Modellierung.

ZUSAMMENFASSUNG

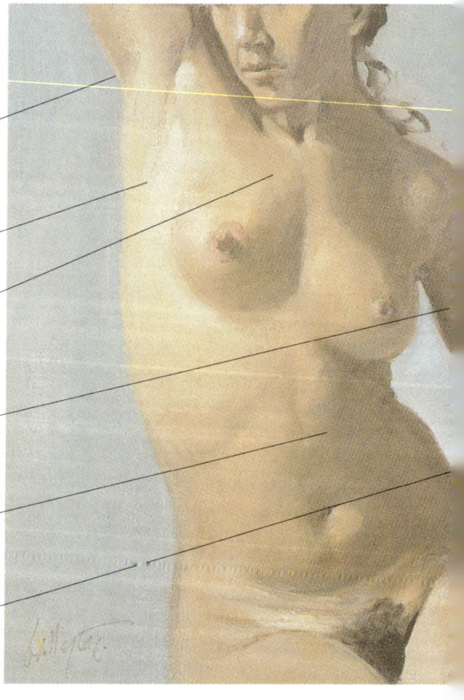

Die erste Skizze wird direkt mit dem Pinsel erstellt. Dabei ist es wichtig, eine terpentinhaltige Farbe zu verwenden, um jederzeit Korrekturen vornehmen zu können.

Mit den ersten Farbschichten werden die Bereiche von Licht und Schatten getrennt.

Über der Brust tragen Sie eine gelb-orangefarbene Lasur auf.

Mit einer dunklen Farbe werden die Formen der Figur umrissen.

Die Schatten werden mit Lasuren der Farben Siena und Karmin, mit Hilfe von Tonwertabstufung und Modellierung wiedergegeben.

Die dunkle Farbe der Hüfte bestimmt deren Form.

THEMA

14 Blumen

FARBEFFEKTE UND LASUREN

Sie können das direkte Auftragen der Farben mit dem Malen verschiedener Farbschichten kombinieren und damit den ursprünglichen Farbton verändern. Wie wir schon im Kapitel über die Lasurfarben gesehen haben, hat eine transparente Lasurschicht eine größere Wirkung auf die helleren Farben als auf die dunkleren. In der folgenden Übung wird eine einfache Lasurtechnik vorgestellt.

Die Gestaltung von Blumen unterscheidet sich sehr deutlich von der Darstellung anderer, typischer Motive des Stillebens, wie Gefäßen oder Früchten. Blumen werden meist nicht besonders gegenständlich dargestellt, sondern mit lockeren, direkten Pinselstrichen gemalt. Das erfordert eine besondere Technik, die im folgenden genauer betrachtet werden soll.

1. In diesem Beispiel wird eine weiße Blume gemalt, die sehr einfach zu skizzieren ist. Es werden nur wenige Farben verwendet. Um den gewünschten Effekt zu erzielen, werden die einzelnen Farben direkt auf die klar voneinander abgegrenzten Bereiche der Blume aufgetragen. Für diese Blume werden helle Farben benutzt, auch wenn sie sich dadurch relativ stark vom Hintergrund abhebt. ▲

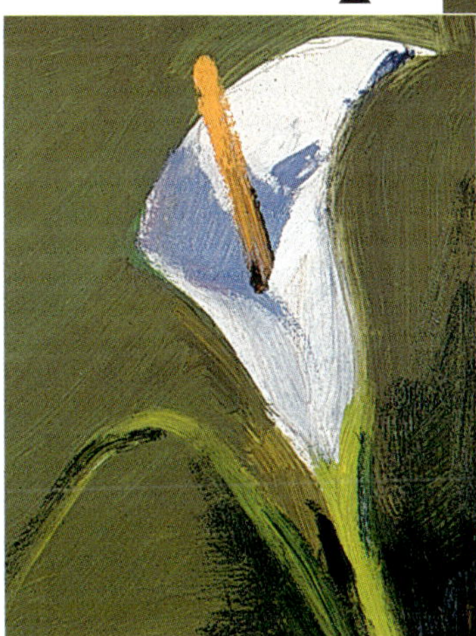

◀

2. Die Lasurtechnik kann bei jedem Blumenthema angewendet werden. Die darunterliegende Malschicht muß jedoch vollkommen trocken sein. Es können also einige Tage vergehen, bevor die endgültige Lasur aufgetragen werden kann. Die rechte Seite der Blume wird mit einem lichten Ocker gemalt. Danach bereiten Sie eine blaue, sehr transparente Lasur vor und tragen sie auf die dunklen Stellen und auf einen Teil des Hintergrunds auf. Die transparente Lasur hat bei hellen und dunklen Farben eine jeweils unterschiedliche Wirkung.

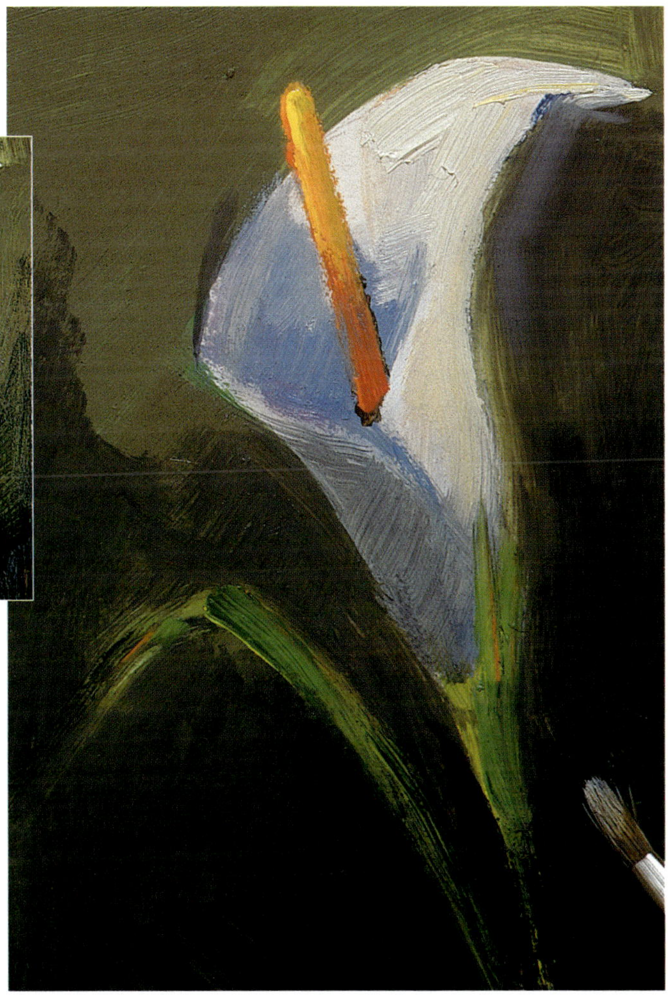

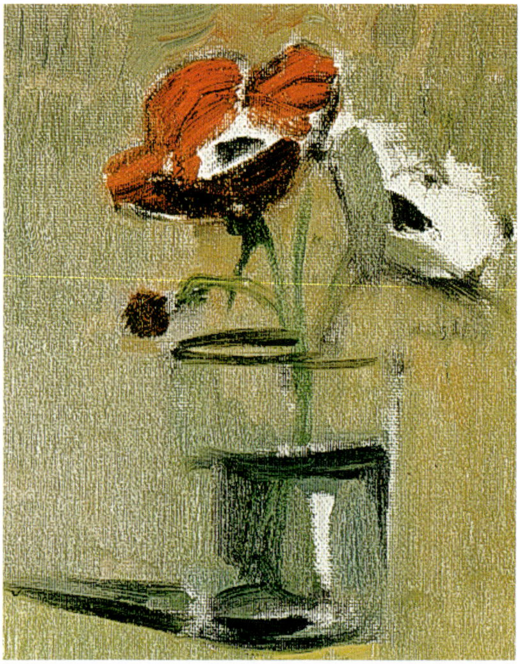

GLANZLICHTER

In dem vorangegangenen Beispiel wurden Lasuren auf helle, leuchtende Farben aufgetragen, um die Helligkeit der Blume zu verändern. Das ist nur eine Technik unter vielen, die beim Malen von Blumen ihre Anwendung finden.

Impasto heißt eine andere Maltechnik, die häufig bei Blumenmotiven verwendet wird. Die Blumen sind meistens nicht der einzige Teil der Bildkomposition. Sie stehen oft in einer Vase oder, wie hier bei unserem Beispiel, in einem Wasserglas. In diesem Fall ist es sehr wichtig, die entsprechende Technik zur Darstellung der Glanzlichter zu erlernen, ohne dabei die einzelnen Farben zu verschmieren.

▶ *1. Nach dem Aufziehen der Leinwand wird der Malgrund getönt. Dazu setzt man die Ausgangsfarben auf die Palette und mischt sie mit anderen Farbtönen. Auf den Malgrund werden zahlreiche Pinselstriche aufgetragen, unter die verschiedene Violettöne gemischt werden. Die hellsten Farben, die den Glanzlichtern des Glases und der Blume ganz rechts entsprechen, werden ausgelassen.*

2. Damit sich die hellen Farben nicht mit den dunklen mischen, werden die Glanzlichter zunächst ausgespart. Man malt die Glanzlichter mit reinem Weiß auf die reflektierenden Stellen des Glases. Wenn man die weiße Farbe direkt auf die Leinwand bringt, nimmt der Pinselstrich die darunterliegende Farbe nicht mit.

▲

3. Die starken Kontraste und die hellen Glanzlichter geben den verschiedenen Bereichen der Blumen und des Glases ihre Form. Nicht alle Glanzlichter haben die gleiche Intensität. Die mit den deutlichsten Umrissen, am Rand des Glases, werden direkt auf die dunkle Farbe gemalt.

▲

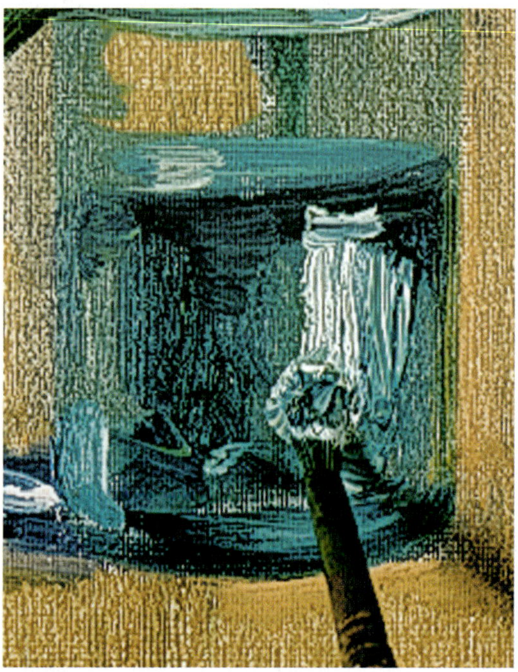

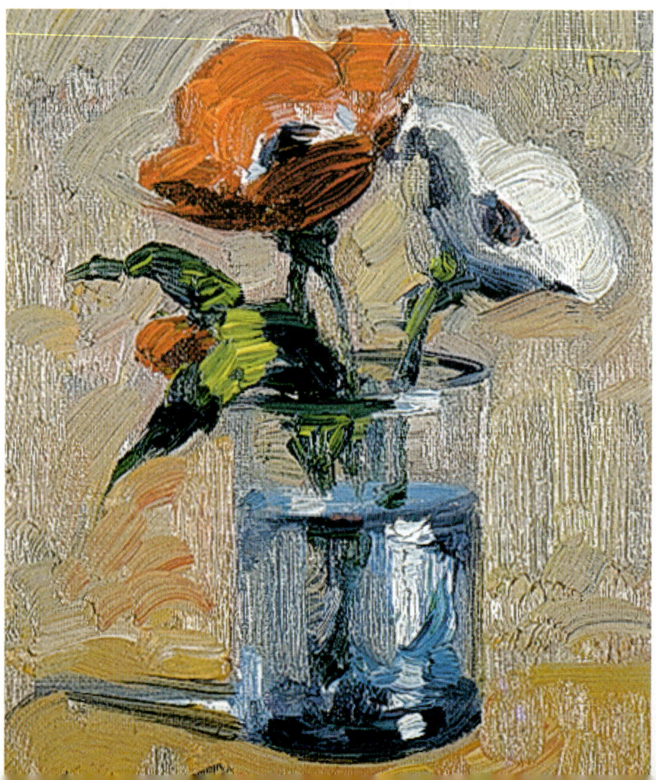

DER HINTERGRUND BEI EINEM BLUMENSTILLEBEN

Je nachdem, wie der Pinselstrich beim Aufbau des Bildes gesetzt wird, können seine verschiedenen Flächen abgebildet werden. In den vorangegangenen Kapiteln wurde bereits auf die Bedeutung der Grundierung eines Bildes hingewiesen. Dabei sollte man immer beachten, daß der Hintergrund die Helligkeit der gesamten Komposition entscheidend beeinflußt.

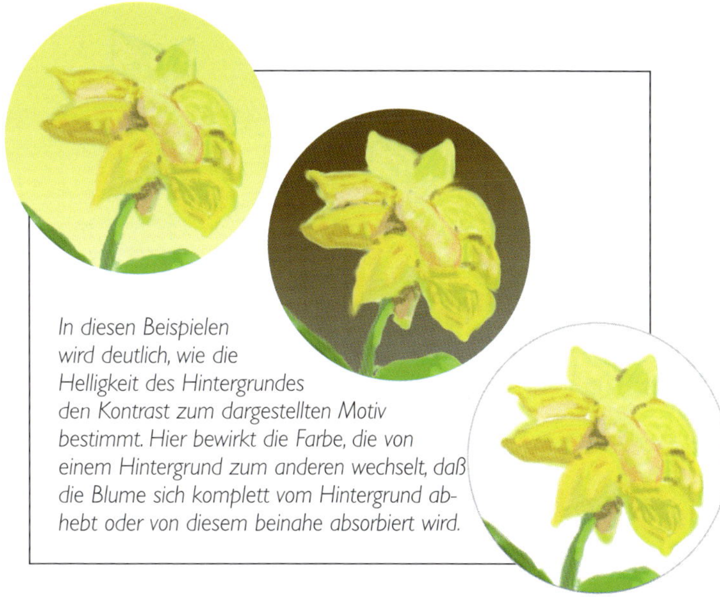

In diesen Beispielen wird deutlich, wie die Helligkeit des Hintergrundes den Kontrast zum dargestellten Motiv bestimmt. Hier bewirkt die Farbe, die von einem Hintergrund zum anderen wechselt, daß die Blume sich komplett vom Hintergrund abhebt oder von diesem beinahe absorbiert wird.

1. Die Lichtpunkte haben vor allem in den Bereichen, in denen der Kontrast sehr stark ist, einen großen Einfluß auf die dunklen Töne. Ihre Anwendung muß deshalb gut abgewägt werden. Das Verhältnis des Hauptmotivs zum Hintergrund ist von großer Bedeutung, vor allem bei Blumenthemen, bei denen die einzelnen Farben der Blume normalerweise schon einen starken Kontrast in sich aufweisen. Bei der ersten Grundierung ist es wichtig festzulegen, welche Farben in den einzelnen Bereichen verwendet werden sollen.

▲

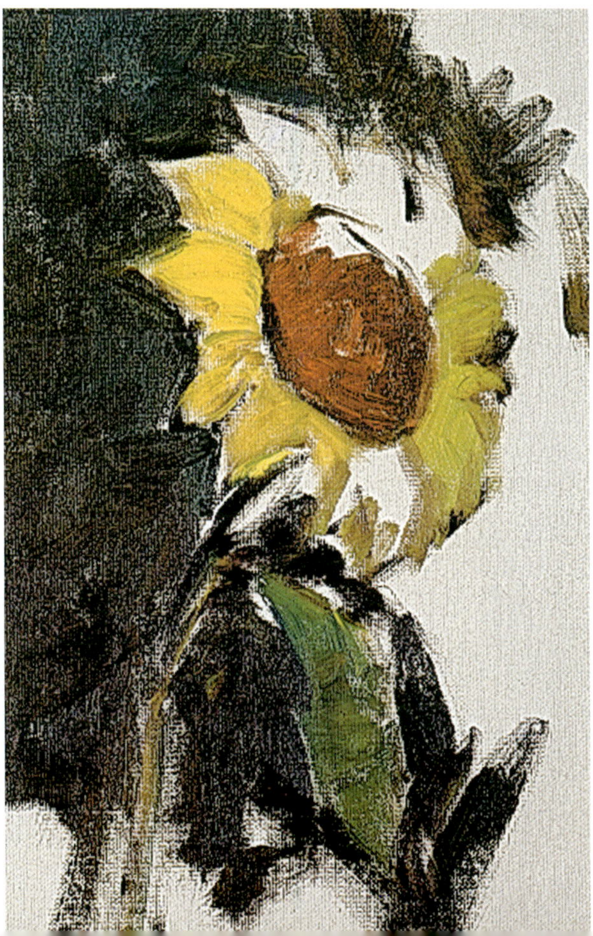

2. Die dunklen Bereiche müssen nicht genauso präzise gemalt werden wie die hellen. Die helleren Zonen beinhalten sowohl mehr Kontraste als auch einzelne Details. Das Verhältnis der Farbtöne zwischen Blume und Hintergrund wurde mit Hilfe der dunklen Farbtöne in der Blume perfekt ausbalanciert.

▲

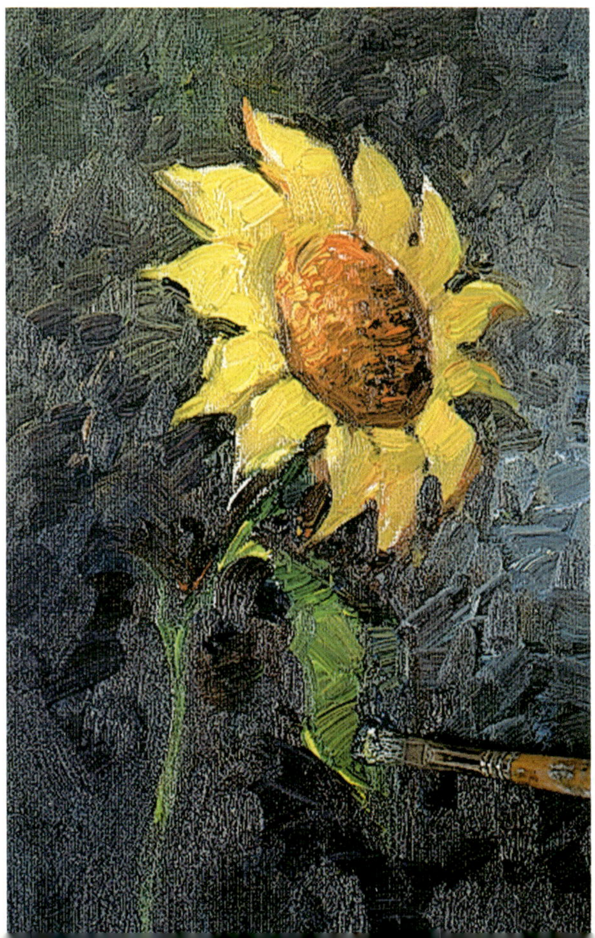

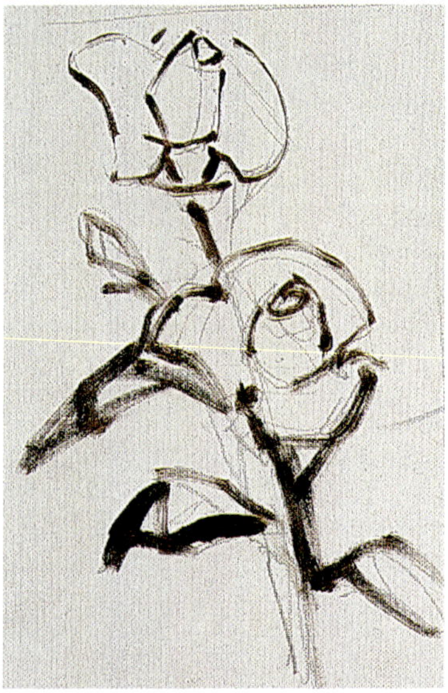

▶ *1. Sie zeichnen das Motiv mit Acrylfarbe auf eine zuvor angefertigte Bleistiftskizze. Sie werden feststellen, daß die Linienführung ähnlich wie beim Malen in Öl ist. Die Acrylfarbe wird wieder flüssig, sobald sie mit Wasser angefeuchtet wird.*

MISCHTECHNIK

Im folgenden Beispiel wird eine Blume gemalt, wobei zwei Maltechniken miteinander kombiniert werden. Dieses Verfahren nennt man Mischtechnik. Dazu verwendet man Acrylfarbe und Ölfarbe. Zuerst wird mit Acrylfarbe gemalt. Sie ist wasserlöslich und trocknet sehr schnell. Nach dem Auftragen der Acrylfarbe wird mit Ölfarbe weitergearbeitet. Dieses Verfahren hat den Vorteil, daß man sehr schnell arbeiten kann. Außerdem lassen sich die Pinsel leichter säubern.

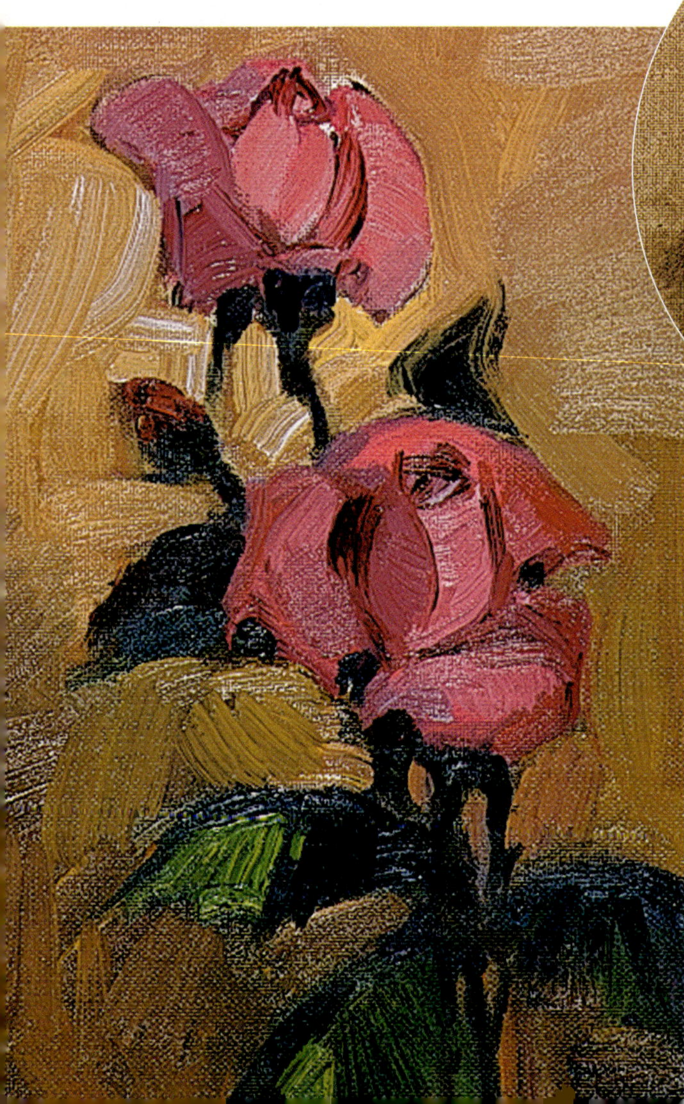

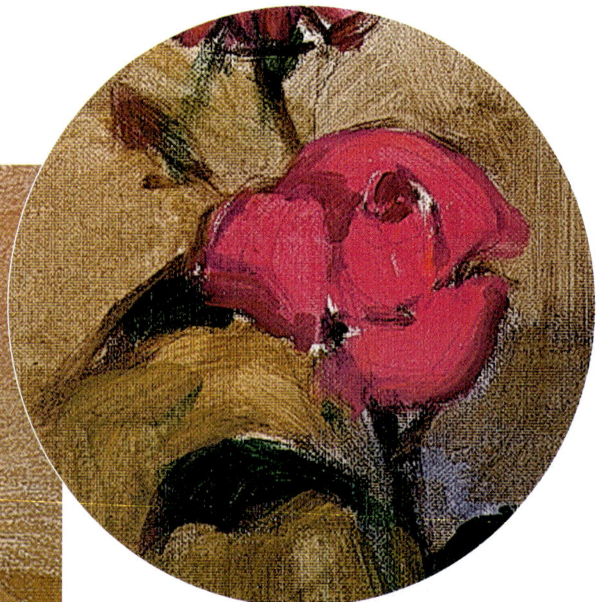

▼ *2. Das farbige Grundieren mit Acrylfarbe verschafft der Ölfarbe eine gute Grundlage. Die Ölfarbe wird erst aufgetragen, wenn die Acrylfarbe getrocknet ist. Zuerst malen Sie den Grund mit einer dunklen, in Wasser verdünnten und somit transparenten Farbe. Innerhalb weniger Minuten ist diese Farbe völlig trocken, und Sie können mit der Darstellung der Blumen fortfahren, für die Sie ein sehr helles Magenta verwenden. Zuletzt kommt das Grün der Blätter an die Reihe. Nachdem Sie die Grundierung mit Acrylfarbe abgeschlossen haben, müssen Sie den Pinsel gründlich mit Wasser und Seife auswaschen.*

▶ *3. Wenn der Hintergrund mit den Acrylfarben fertiggestellt ist, arbeiten Sie mit Ölfarben weiter. Das fertige Bild weicht in keinster Weise von einem Bild ab, das nur mit Öl gemalt wurde. Der große Vorteil liegt jedoch darin, daß der Hintergrund in sehr kurzer Zeit komplett trocken ist.*

Schritt für Schritt

Blumenstrauß

Ein Stilleben ist immer ein geeignetes Motiv für ein Ölbild. Schon ein kleiner Blumenstrauß ist sehr wirkungsvoll und nicht sehr schwierig darzustellen. In der folgenden Übung werden einige farbliche und strukturelle Möglichkeiten der Gestaltung von Ölstilleben vorgestellt.

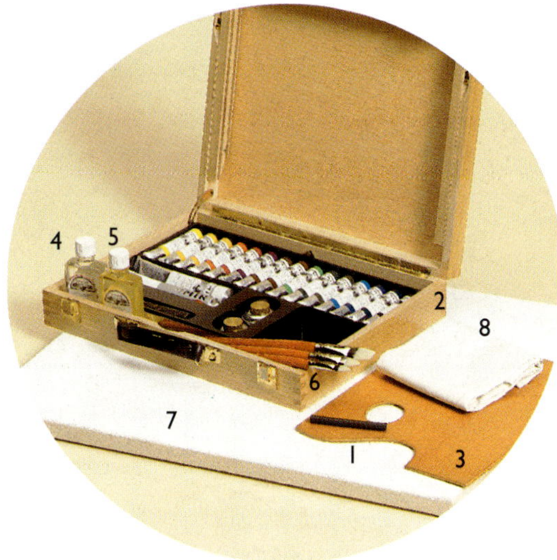

BENÖTIGTES MATERIAL

Zeichenkohle (1), Ölfarben (2), eine Palette (3), Leinöl (4), Terpentinöl (5), Pinsel (6), Leinenkarton (7) und ein Tuch (8).

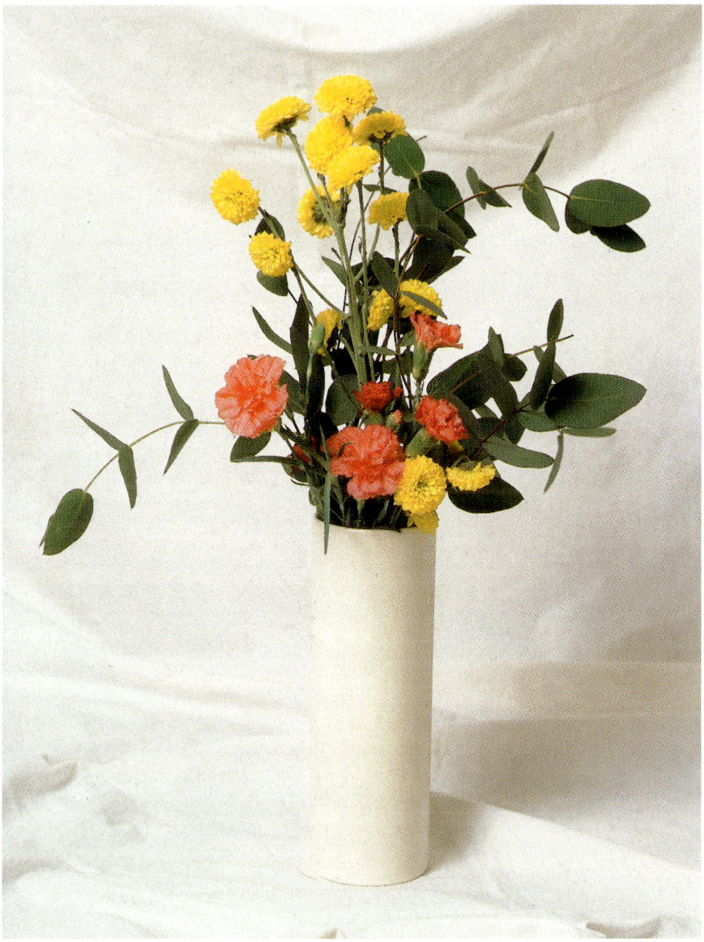

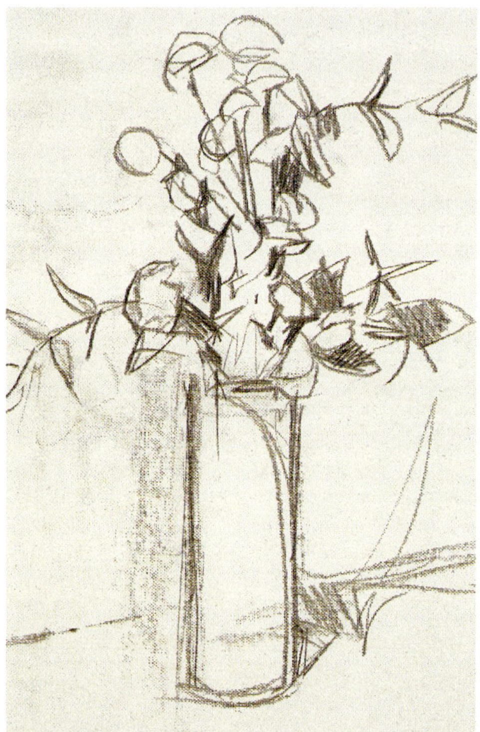

1. Die Vase mit den Blumen steht nicht genau in der Mitte, sie wird leicht nach rechts verschoben gemalt, was die Gesamtkomposition interessanter macht. Bei der Zeichnung der Blumen fällt auf, daß keine Details ausgeführt sind. Es werden nur die grundlegenden Formen auf sehr einfache Art und Weise dargestellt. Wichtig ist, daß die Form der Zweige und Blätter richtig strukturiert wird.

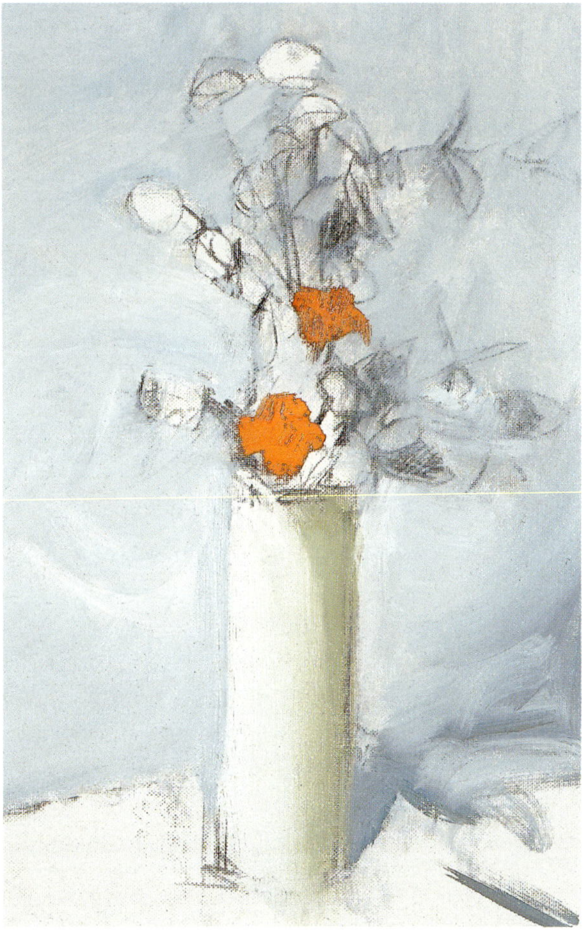

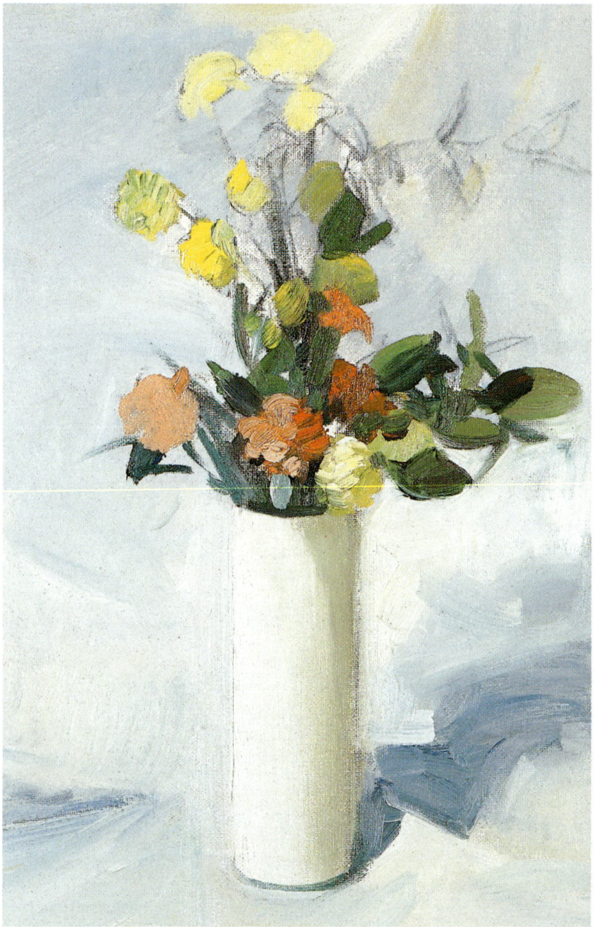

2. Bei einem Bild mit Blumenmotiv ist es wichtig, den Malgrund festzulegen, auf den die Blumen, die Zweige und Blätter gemalt werden sollen. Es ist nämlich einfacher, einen dünnen Stengel auf eine grundierte oder bemalte Oberfläche zu zeichnen, als um diesen Stengel herum zu malen. Wie bei allen anderen Ölbildern auch malen Sie die ersten Schichten mit einer Farbe, die stärker mit Terpentin verdünnt ist als die Farben der darauffolgenden Schichten. Sie beginnen mit einem verdünnten Himmelblau für den Hintergrund. Die Nelken werden direkt als rote Farbtupfer gemalt, ohne ihnen eine exakte Form zu geben. Die Vase wird auf ihrer dunklen Seite mit grün bemalt, das auf dem reinen Weiß des hellen Bereichs abgestuft wird.

3. Kobaltblau, mit Weiß abgetönt, verstärkt den Kontrast des Schattens auf der Vase und dem Hintergrund. Dadurch wird die Form der Blumenvase perfekt herausgearbeitet. Die Blumen wurden bisher in ziemlich schmutzigen Farben gemalt. Jetzt können sie mit viel helleren Tönen bemalt werden. Die darunterliegenden Farben werden jetzt zu den dunklen Farben in den Blumen. Die Pinselstriche auf den Blumen werden als kleine Glanzlichter gesetzt und die Blütenblätter nur angedeutet, ohne sie bis ins Detail auszuführen.

Die meisten Blumenstilleben können mit spontanen Linien und impulsiv gesetzten Pinselstrichen gestaltet werden. Diese Vorgehensweise ist natürlich nicht möglich, wenn das Thema eine exakte Ausführung von Details erfordert.

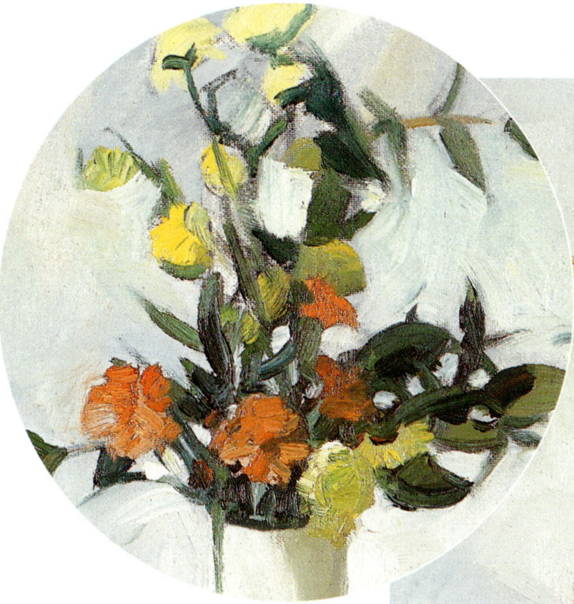

4. Beim nächsten Arbeitsschritt ist es wichtig, die Kontraste zwischen den verschiedenen Grüntönen herauszuarbeiten, um die tatsächliche Helligkeit der Blumen darzustellen. Die Kontraste zwischen verschiedenen Lichtverhältnissen spielen eine grundsätzliche Rolle für die Wirkung des Bildes. Die Zweige, die auf beiden Seiten der Vase herausragen, werden mit einem Farbton in Siena bemalt; sie bilden die Grundlage für die Darstellung der Blätter. Jetzt wird der Hintergrund wieder hergestellt, der den Blättern und Zweigen ihre Umrisse gibt.

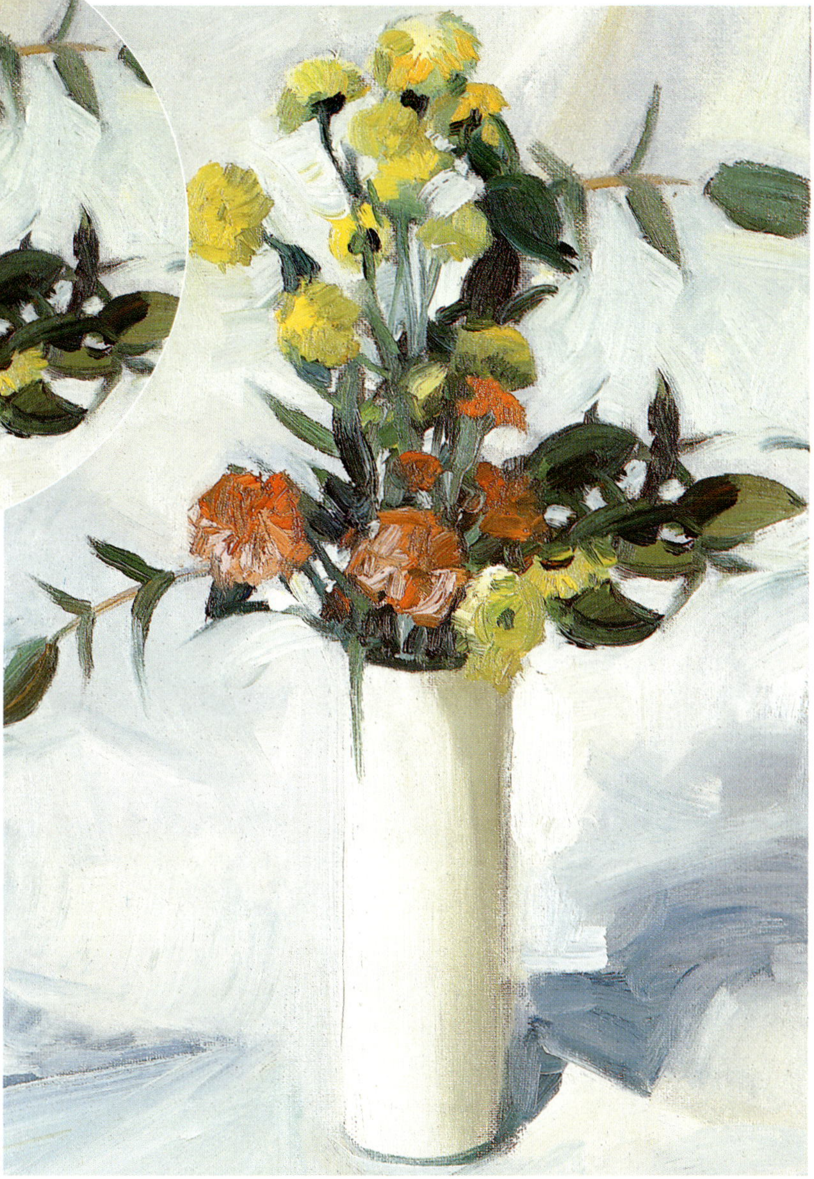

5. Der Hintergrund und die Blumen werden mit sorgfältig ausgearbeiteten Farbflächen gemalt. Jetzt können Sie mit den Stengeln beginnen, aus denen sich der Zweig zusammensetzt. Diese Stengel werden auf den blauen Hintergrund gezeichnet. Dabei wird der Grünton mit dem blauen Grund vermalt. Dies ist eine wichtige Technik, um die Helligkeit der Umgebung wiederzugeben. Die Blumen werden durch sehr helle und direkt aufgetragene Farben herausgearbeitet.

Dem Malgrund kommt nur scheinbar keine große Bedeutung zu. Von der guten Ausarbeitung des Hintergrunds hängt es in erheblichem Maße ab, ob das Hauptmotiv des Bildes herausgearbeitet ist, im Relief ebenso wie in den Farben.

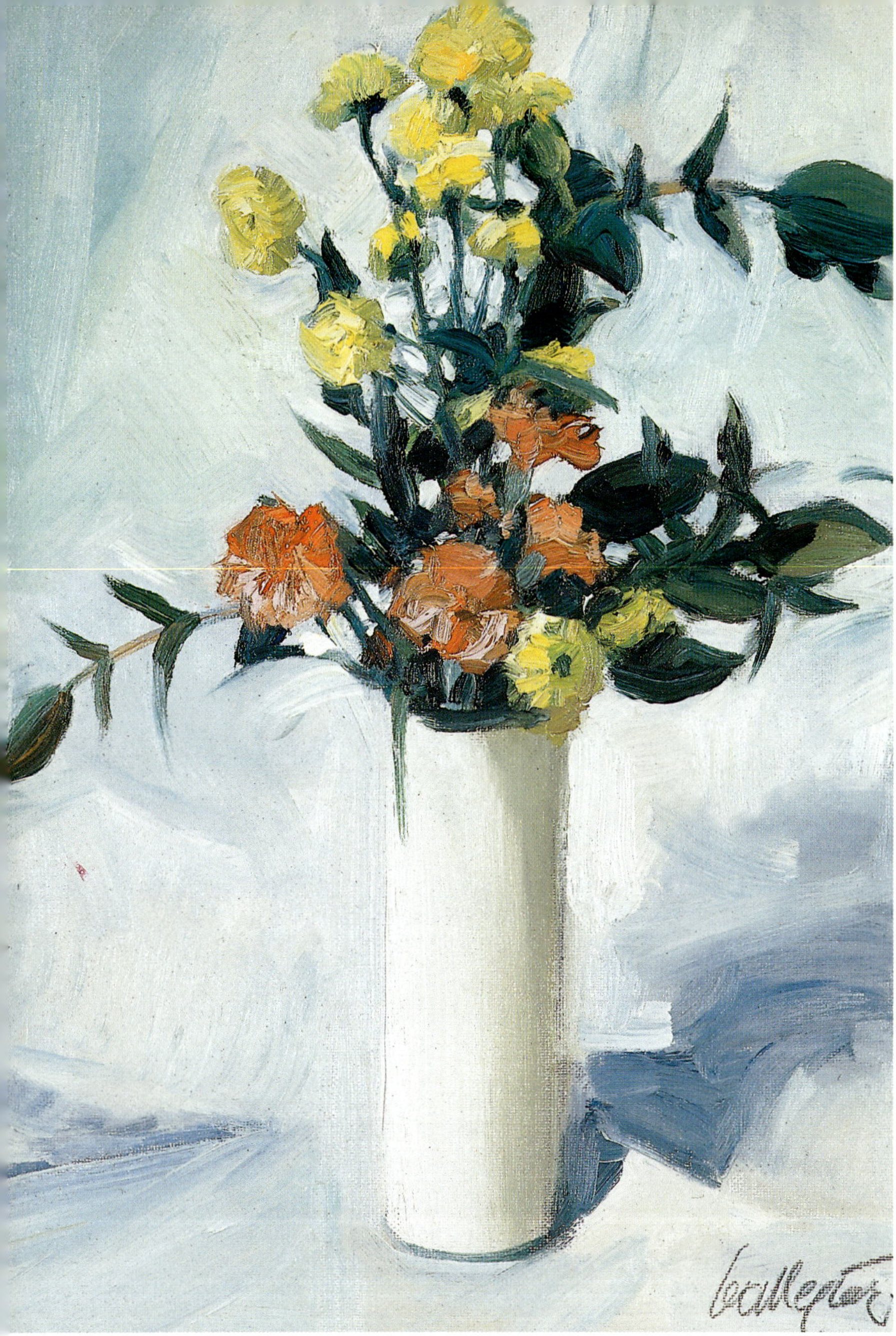

6. Das fertige Blumenstilleben soll lebendig wirken. Deshalb kommt es nicht auf den einzelnen Pinselstrich an. Am Schluß werden die Glanzlichter gesetzt, die eine unmittelbare Wirkung haben. Bei den gelben Blumen verwendet man Kadmiumgelb für die kräftigsten und leuchtendsten Farben und Neapelgelb für die Glanzlichter. Bei den Nelken ist die Farbe für die Darstellung der Lichtpunkte Weiß, das mit Karmin gemischt wird und sich so in Richtung Rosa verändert.

ZUSAMMENFASSUNG

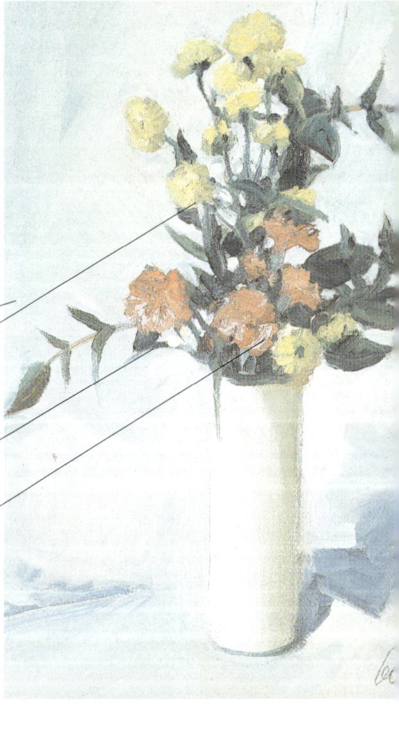

Der Hintergrund wird als erstes gemalt. Die Stengel und die Blumen müssen auf diesen Hintergrund gesetzt werden.

Die Blumen malen Sie nur andeutungsweise, ohne ihre Form allzu genau wiederzugeben. Am Anfang sind die „Flecken" in den gelben Blumen grau gefärbt.

Die Stengel werden zuletzt gemalt und verschmelzen mit einem Teil des Hintergrundes.

Die Glanzlichter auf den Blumen werden im letzten Arbeitsschritt gesetzt. Sehr helle Farben werden direkt aufgetragen. Durch die leuchtenden Töne entsteht ein starker Kontrast.

THEMA

15 Tiefe in der Landschaft

DER AUFBAU DER LANDSCHAFT

Der Bildaufbau einer Landschaft erfordert ein genaues Betrachten der Formen und hängt davon ab, welche Prioritäten der Künstler setzt. Man könnte die Landschaft in diesem Beispiel auch ohne die Wasserfläche darstellen, die hier zwischen die Bäume und den Betrachter gesetzt wurde. Wir haben uns jedoch für diese Komposition entschieden, um durch die Verschiedenheit von Vorder- und Hintergrund dem Bild eine gewisse Tiefe zu verleihen.

Die Landschaftsmalerei in Öl scheint komplexer als sie wirklich ist. Wichtig ist nur, daß man mit den entsprechenden Maltechniken vertraut ist. In diesem Kapitel werden einige der möglichen Probleme erläutert. Es soll gezeigt werden, wie man sie mit Hilfe von Farbe, Pinselführung und Maltechniken lösen kann.

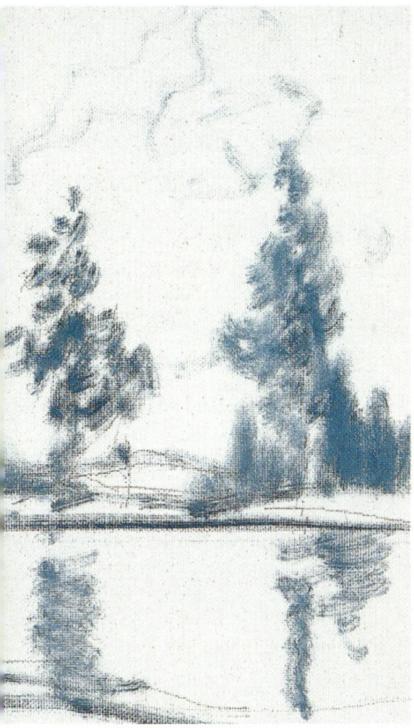

▼ *1. Es ist sehr wichtig, eine Skizze anzufertigen. Dadurch ist es möglich, an der Bildkomposition zu feilen und gleichzeitig alle notwendigen Änderungen vorzunehmen. Die mit Terpentin verdünnte, jedoch sehr trockene Farbe ermöglicht die Ausarbeitung einer Struktur, die bei der allgemeinen Darstellung der Formen hilft.*

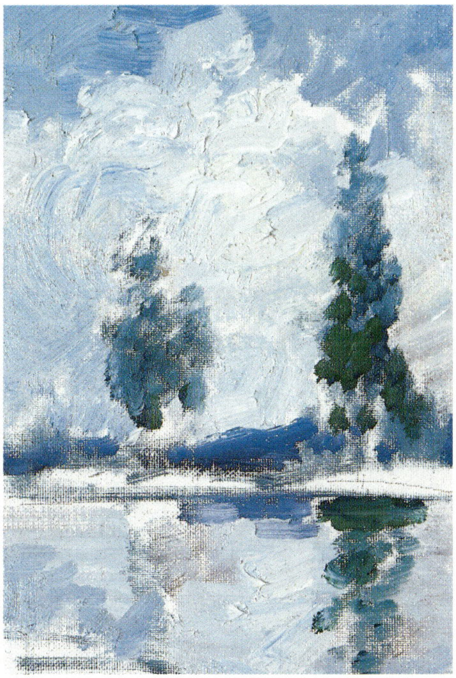

▼ *2. Ausgehend von einem sehr groben Schema, das mit sehr wenig Farbe aufgetragen wurde, beginnt man das Bild mit den hellen Tönen. Bei diesem Arbeitsschritt wird eine beträchtliche Menge Farbe auf das Bild aufgetragen. Deshalb ist es ratsam, sich vorher über die Farben jedes einzelnen Bereichs Gedanken zu machen. Die Farben des Himmels sind bereits die endgültigen, im Gegensatz zu den dunklen Farben der Bäume oder den Lichtreflexen im Wasser.*

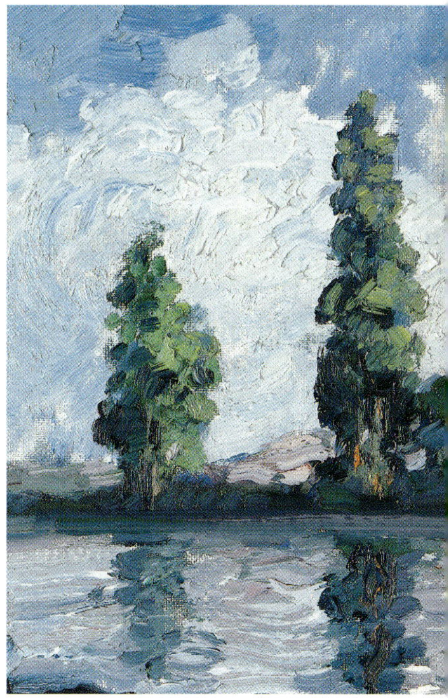

▼ *3. Nachdem Sie die helleren Farben aufgetragen haben, malen Sie als nächstes die dunkleren Töne. Bei dieser Übung darf sich der kurze Pinselstrich, der mit Hilfe der Impasto-Technik aufgetragen wird, nicht mit den Farben der darunterliegenden Schichten vermischen. Die Bäume werden mit zahlreichen, kleinen Pinselstrichen gemalt. Helle Farben für die Bereiche, auf die das Licht fällt, wechseln mit dunklen Farben für die schattigen Bereiche.*

FARBSKIZZEN

Um einer Landschaft Tiefe zu verleihen, arbeitet man mit Farbflächen, die die einzelnen Formen und Gegenstände definieren. Die kleinen Pinselstriche, die die Landschaft aufbauen, leisten einen entscheidenden Beitrag zur Tiefenwirkung der einzelnen Bereiche. Um diese Technik zu üben, werden im folgenden einige Bäume gemalt. Durch einen besonderen Farbauftrag wird der Effekt der Tiefenwirkung verstärkt.

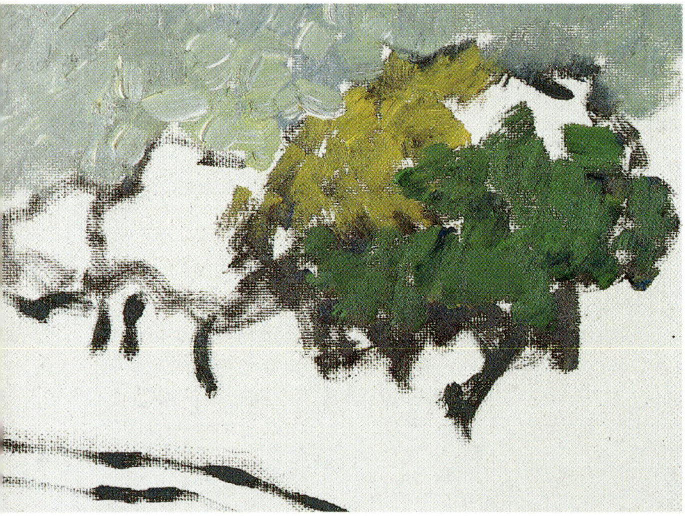

▼ 1. Jeder direkt aufgetragene Pinselstrich definiert die Fläche des zu malenden Gegenstandes. Der Himmel wird mit kleinen Pinselstrichen aufgebaut, die keine bestimmte Richtung aufweisen. Bei den Bäumen folgen wir mit unseren Pinselstrichen der Fläche; zuerst malen wir die helleren Grüntöne. Die schattigen Bereiche werden mit einem dunklen Grün gemalt. Diese Bemalung trägt nicht so viel zum Bildaufbau bei wie die in der helleren Zone.

Um große Flächen auszumalen, können Sie einen mittleren Pinsel in Katzenzungenform verwenden. Er ermöglicht eine breite Pinselführung ohne ausgeprägte Abgrenzungen, was ein schnelles Verwischen der Farben auf dem Bild leichtmacht. Verwendet man einen Pinsel mittlerer Stärke, vermeidet man von vornherein die Ausführung unnötiger Details.

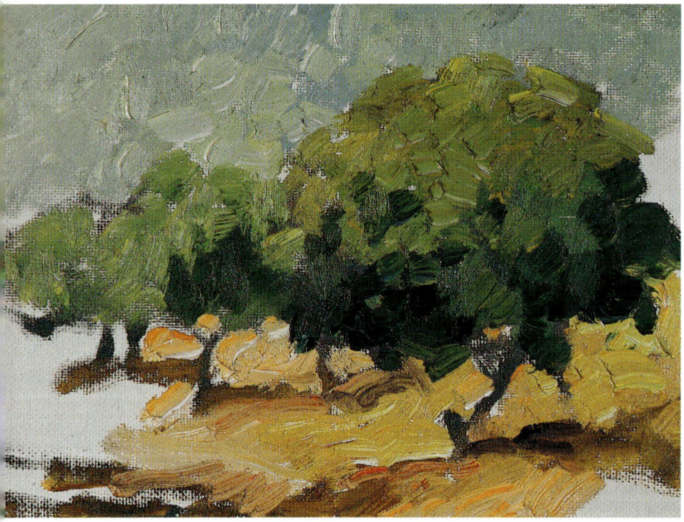

▼ 2. Auf die Baumkronen werden neue Grüntöne aufgetragen. Dabei vermischen sich die hellen und dunklen Töne nicht. Die Pinselspuren überlagern sich, wodurch sich in den Bereichen, in denen sich Licht und Schatten überschneiden, verschiedene Grüntöne abwechseln. Die Pinselführung differiert je nach Entfernung der Bäume. Den Boden bemalen wir mit dunklen Schattierungen: Siena, Karmin, Gelb, Grün und Weiß. In diesem Bereich dominiert die schräge Linie, und jeder Pinselstrich nimmt einen Teil der angrenzenden Farbe mit.

3. Je weiter das Bild fortgeschritten ist, desto präziser werden die einzelnen Pinselstriche. Nach und nach erhält die Fläche ihre Form. ▲

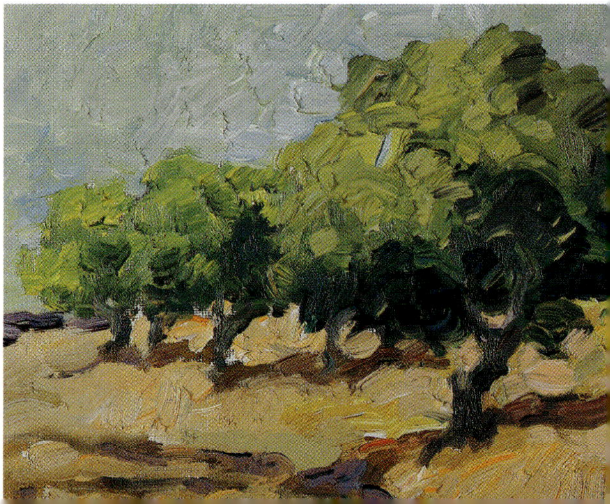

EINIGE TEXTUREN

In diesem Kapitel spielt die Textur des Pinselstrichs eine entscheidende Rolle. Ein paar einfache Farbtupfer können einen dichten Blumenteppich darstellen oder die Baumkronen in der Ferne. Die Ausführung der einzelnen Strukturen variiert entsprechend der Entfernung des darzustellenden Objekts.

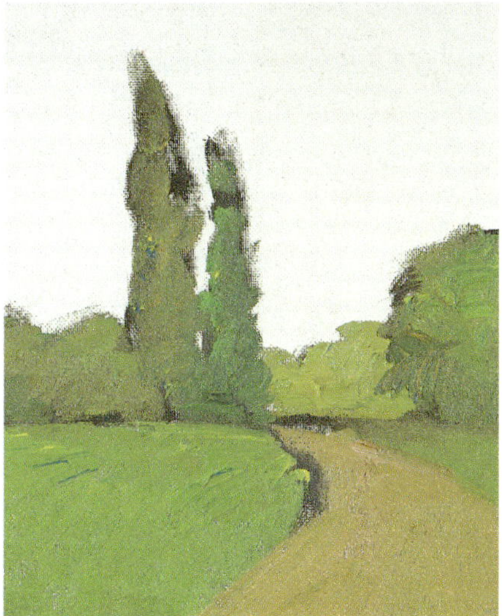

▶ *1. Schon durch die Wahl der Farben läßt sich die Entfernung eines Motivs zum Betrachter festlegen, denn helle und dunkle Farben bewirken jeweils unterschiedliche Tiefeneffekte. In der Landschaftsmalerei werden zunächst immer die grundlegenden Farben aufgetragen, die dann als Basis für spätere Linien, Bemalungen und Strukturen dienen.*

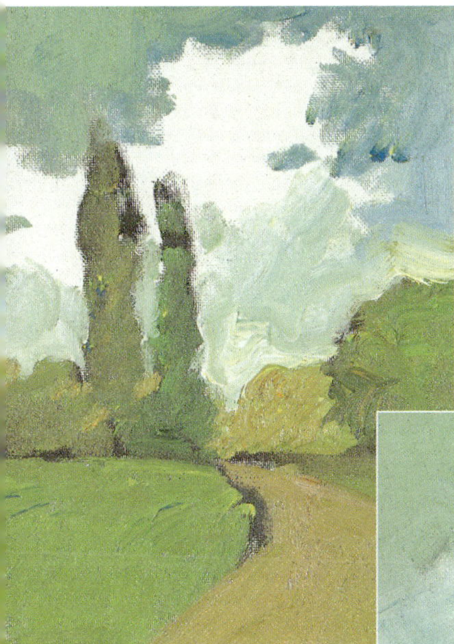

◀ *3. Die kleinen Farbabstufungen differenzieren die einzelnen Flächen des Bildes und geben ihnen Textur, Volumen und Leuchtkraft. Die Wolken werden mit Weiß ausgemalt. Darüber geben Sie wieder die hellblaue Farbe, die schon für die Wolkenumrisse verwendet wurde. Die Schatten der Vegetation werden direkt auf die darunterliegenden Farben gemalt.*

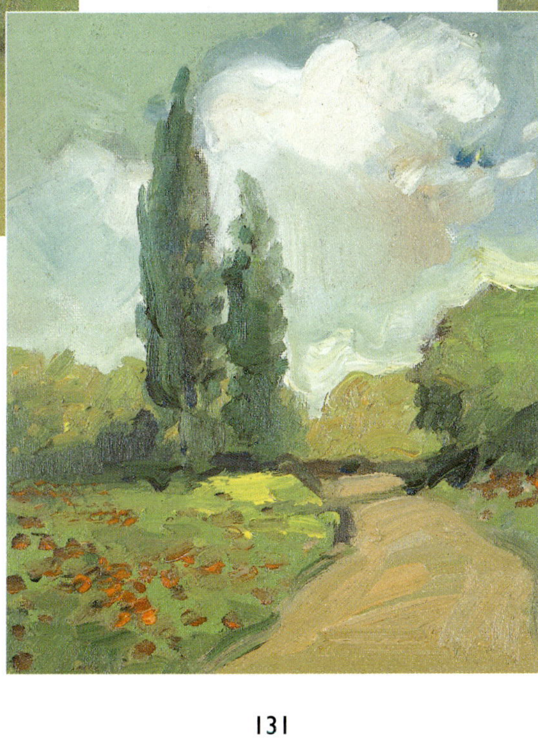

▼ *2. Malen Sie die dunklen Töne und lassen Sie die Bereiche für die hellen Töne zunächst aus. Die für den Himmel vorgesehene Fläche wird blau bemalt, die Umrisse der Wolken heben sich scharf ab. Das Ausmalen der Wolken mit Weiß beginnen Sie aus ihrer Mitte heraus. So vermischt sich die Farbe nicht mit dem Blau des Himmels. Haben Sie den Rand der Wolken erreicht, darf der Pinsel nicht mehr ins Zentrum der Wolke gesetzt werden.*

▶ *4. Durch gelbe Farbtupfer werden die Bereiche mit dem stärksten Lichteinfall dargestellt. Am Schluß werden die Details ausgearbeitet, die die Bildwirkung noch ein wenig verbessern. Ein bißchen Kadmiumrot deutet die Mohnblumen an. Die Textur der näher beim Betrachter liegenden Bereiche ist klarer und kontrastreicher. Bei den Objekten in der Ferne dagegen werden die Details nicht ausgearbeitet.*

TIEFE UND FARBE

Eine Landschaft kann auf vielerlei Arten interpretiert werden, es wäre unmöglich hier alle aufzuzählen. Es wurden bereits verschiedene Schattierungen und Linien, die Wirkung direkt bemalter Flächen und eine Reihe anderer Techniken vorgestellt, die bei der Verstärkung der Tiefenwirkung helfen. Dieser Effekt läßt sich auch durch die Farben erzielen.

1. Bei dieser Landschaft in der Abenddämmerung wird der Himmel orangefarben gemalt, und die Wolken werden zunächst ausgespart. Die Schatten setzt man in Violett. Die beiden Farben, mit denen die Landschaft gemalt werden soll, sind Komplementärfarben. Deshalb entsteht nach dem Auftragen der Farbe Violett ein Spiel der Kontraste, das das Weiß der Wolken viel heller wirken läßt.

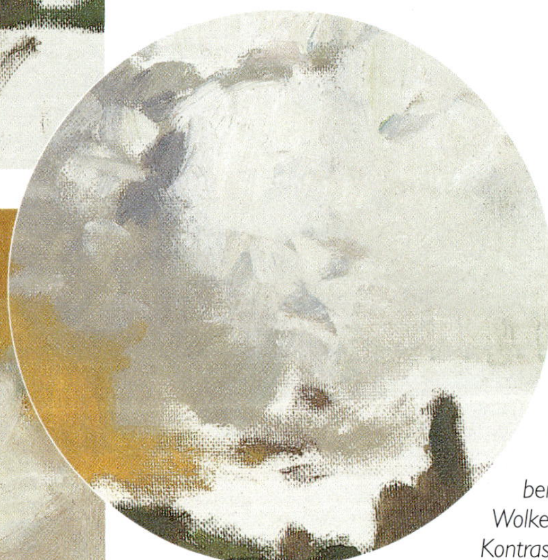

2. Sehr helle Farben schwächen die Tiefenwirkung. Deshalb müssen Sie den starken Kontrast ausgleichen, indem Sie einige leichte Grautöne hinzufügen. Damit bemalen Sie das Weiß der Wolken. Um einen zu starken Kontrast zu vermeiden, werden die Lichtzonen von ihrem hellsten Punkt aus gemalt. Sobald Sie bei den dunklen Tönen angelangt sind, nehmen die hellen einen Teil davon auf und vermischen sich mit ihnen.

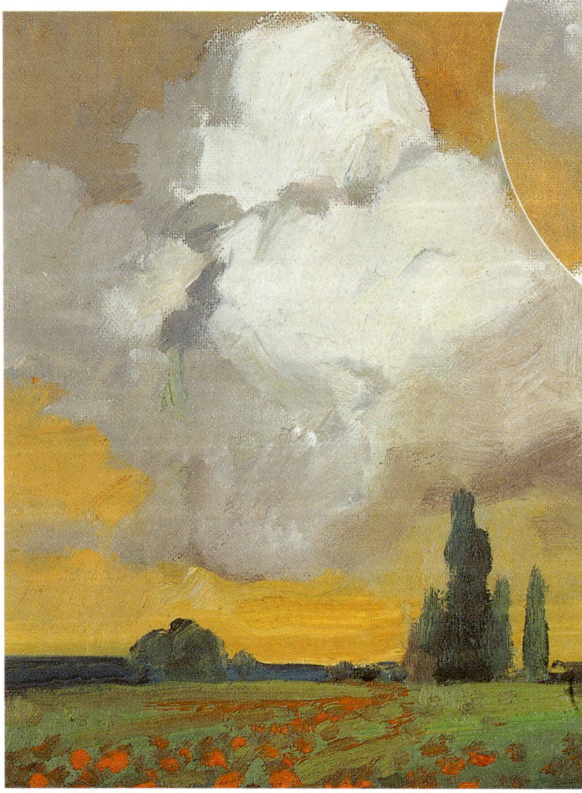

3. Der untere Bereich der Landschaft wird mit zwei verschiedenen Grüntönen bemalt. Im Vordergrund werden vertikale Linien mit dunklen Pinselstrichen gesetzt; im Hintergrund dagegen verlaufen die Pinselstriche horizontal und länger, und der Farbton verändert sich in Richtung Gelb. Jetzt fehlen nur noch ein paar Rottupfer, die einen Kontrast zu der grünen Landschaft bilden.

Schritt für Schritt
Landschaft

Die verschiedenen Techniken der Landschaftsmalerei in Öl sollen im folgenden verwendet werden. Bei dem Motiv, das wir in unserem Beispiel vorschlagen, ist es wichtig, die verschiedenen Tiefen im Modell herauszuarbeiten. Im Vordergrund ist ein kleiner Bach zu sehen, an dessen rechter Seite ein Baum steht. Die Flächen im Hintergrund sind weniger konkret und weisen eine üppige Vegetation auf. Es ist wichtig, den Aufbau der einzelnen Bereiche genau zu verfolgen.

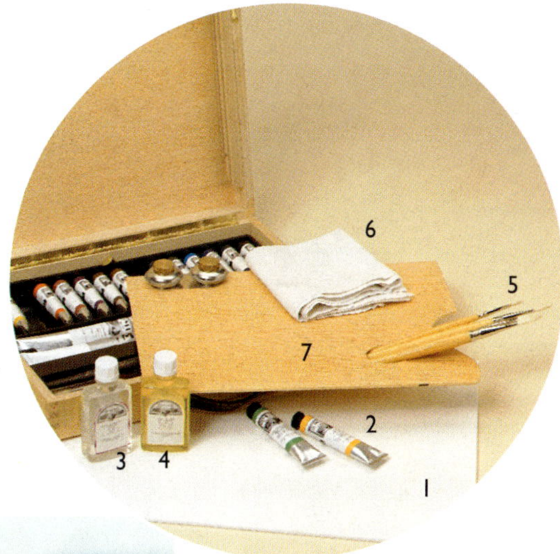

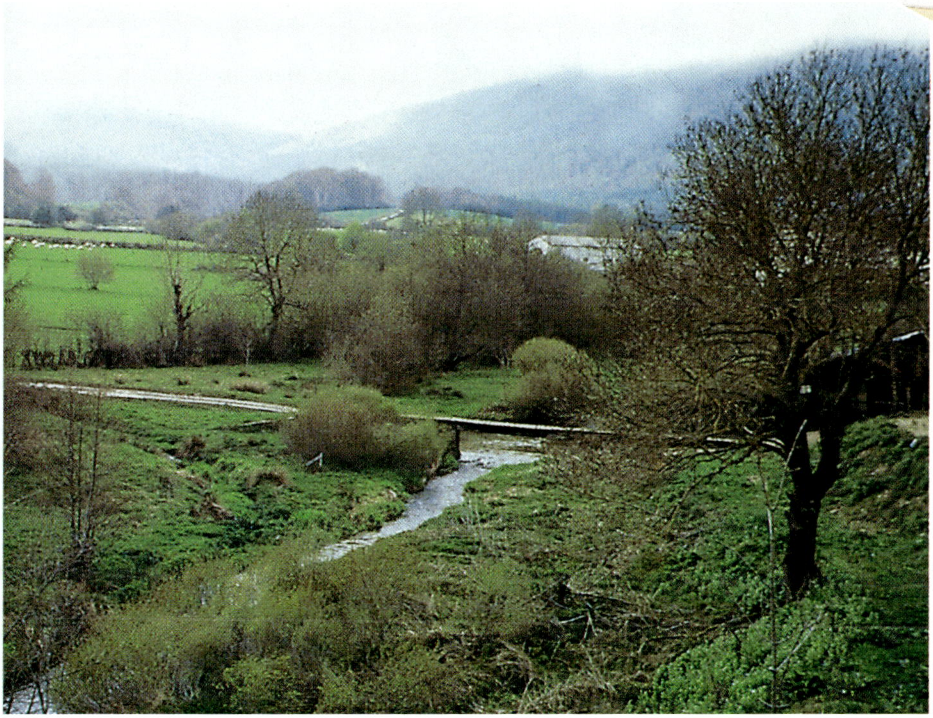

BENÖTIGTES MATERIAL

Leinenkarton (1), Ölfarben (2), Leinöl (3), Terpentinöl (4), Pinsel (5), Tuch (6) und Palette (7).

1. Skizzieren Sie die Landschaft mit verdünnter Farbe und bauen Sie die verschiedenen Flächen mit sehr trockenen Pinselstrichen auf. Die dicksten Bäume des Hintergrundes werden durch dichte, dunkle Farbflecke dargestellt. Bei anderen Motiven sollten Sie versuchen, sich mit der Skizze so weit wie möglich der allgemeinen Form des Motivs anzunähern. Legen Sie zunächst nur die grundlegenden Linien der einzelnen Bereiche fest.

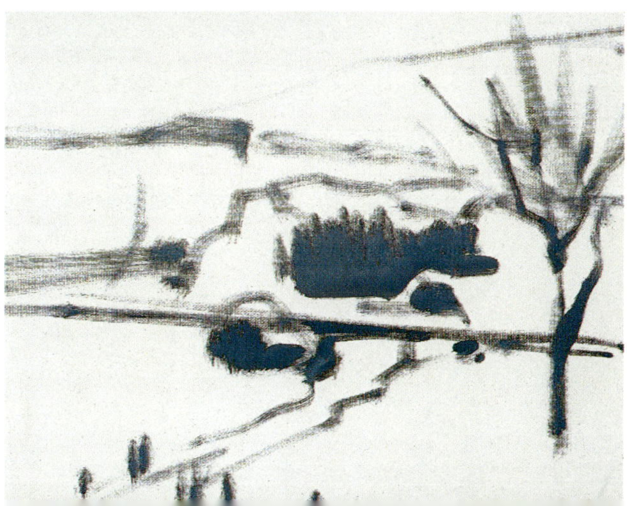

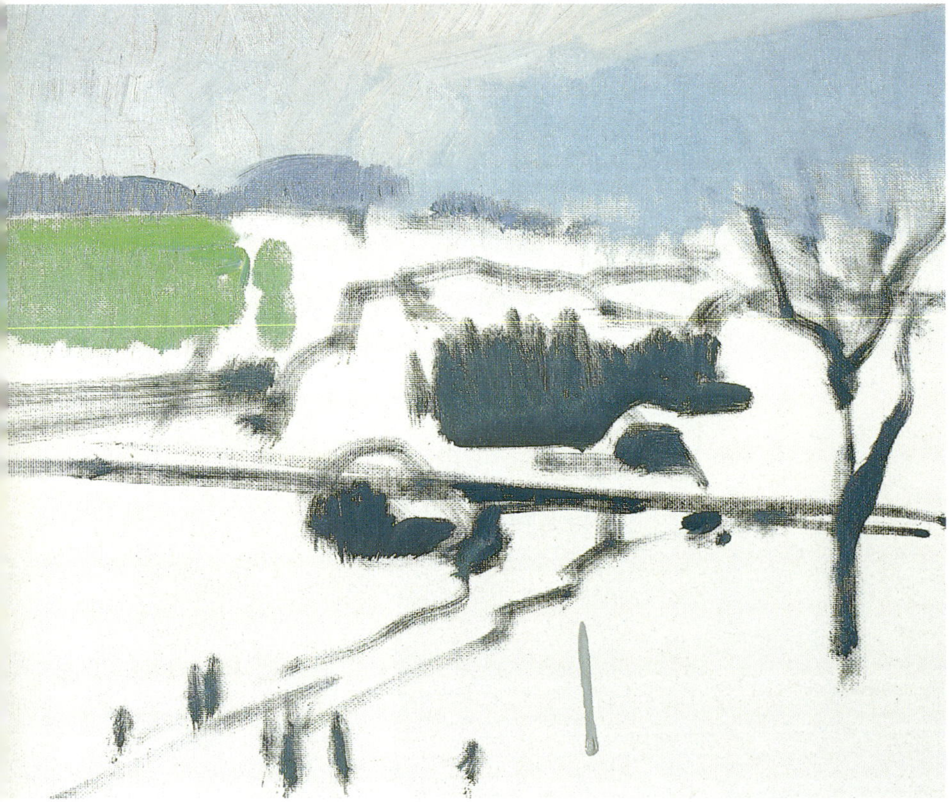

2. Nachdem Sie das Bild skizziert haben, bemalen Sie den Himmel mit einer Mischfarbe aus viel Weiß, Blau, Himmelblau und etwas Karmin. In dieser ersten Phase arbeiten Sie mit langen Pinselstrichen, die miteinander verschmolzen werden. Sie müssen darauf achten, daß die Farbe auf die einzelnen Flächen der Landschaft unterschiedlich aufgetragen wird. Zuerst malen Sie die Flächen, die am weitesten entfernt sind. Danach kommen die dem Betrachter nahen Flächen an die Reihe. Sie werden mit kleineren Pinselstrichen in der Impasto-Technik gemalt. Der Effekt, der durch die Linien und Pinselstriche erreicht wird, verhilft jeder Fläche zu ihrer Tiefenwirkung. Danach wird die erste Schicht Grün der Vegetation im Hintergrund gemalt.

Um jeden einzelnen Bereich des Bildes korrekt zu bemalen, müssen zuvor die wichtigsten Schattenbereiche definiert werden. Bereits bemalte Flächen können mit einem terpentingetränkten Lappen korrigiert werden. Falls zuviel Farbe aufgetragen wurde, nehmen Sie die überschüssige Farbe mit Hilfe eines Spachtels ab.

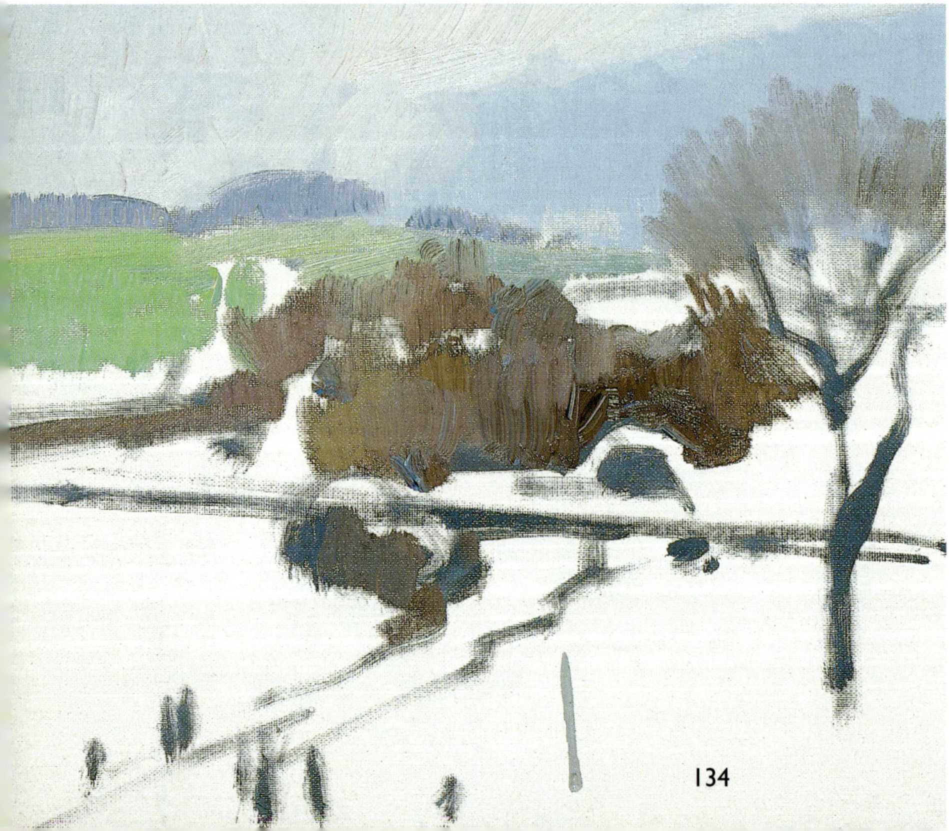

3. Die Farben im Vordergrund werden mit einer geringeren Menge Weiß gemischt als diejenigen für die weiter entfernten Motive. Dadurch wird der Kontrast zu den entfernteren Flächen erhöht. Die Baumgruppe in der Mitte der Landschaft wird mit kleinen Pinselstrichen in der Impasto-Technik ausgeführt. In diesem Bereich werden die Striche aufgetupft, ohne daß die Farben des Untergrundes mit verwischt werden.

4. In der Mitte malen Sie die Umrisse der Baumgruppe. Beginnen Sie, von der oberen Zone aus blaue Linien auf das helle Grün des Hintergrundes aufzutragen. Diese kurzen, vertikalen Pinselstriche werden vermischt, ohne sie mit der Farbe des Hintergrundes zu verschmelzen. Um diesen Bereich setzen Sie kürzere Pinselstriche. In der Mitte und auf der linken Seite des Flusses tragen Sie verschiedene Grüntöne auf.

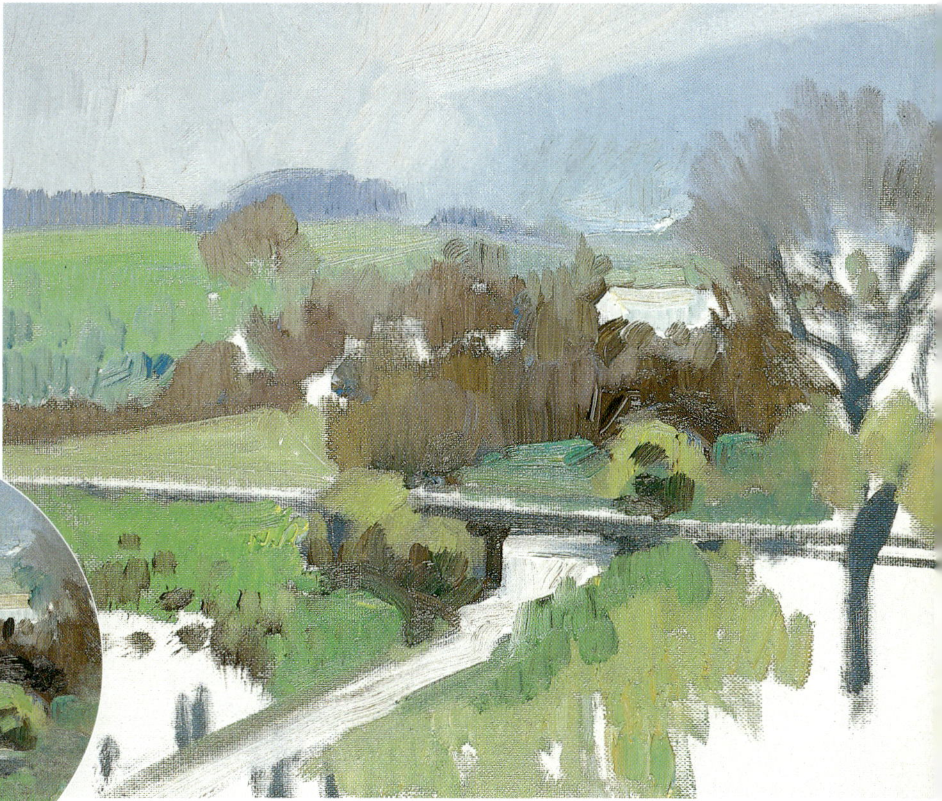

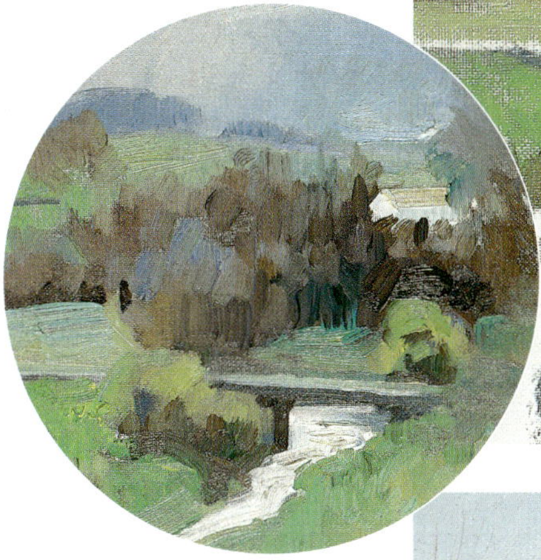

5. Bei den Bäumen in der Mitte setzen Sie verschiedene kurze Pinselstriche in Violett, Blau und dunklem Karmin.

6. Die dunkelsten Kontraste setzen Sie im Zentrum der Baumgruppe. In diesem Bereich ziehen Sie die hellsten Linien mit sehr hellen Violett-Tönen. Für die dunkleren Bereiche verwenden Sie Dunkelgrün und Blau. Am linken Ufer des Flusses sind die Linien dunkler und kontrastreicher als auf der rechten Seite. Im Vordergrund arbeiten Sie den Baum heraus. Beginnend mit der Baumkrone, setzen Sie kurze Pinselstriche, die einen Teil der darunterliegenden Farbe mitnehmen. Der Stamm wird in einem sehr dunklen Braunton gemalt.

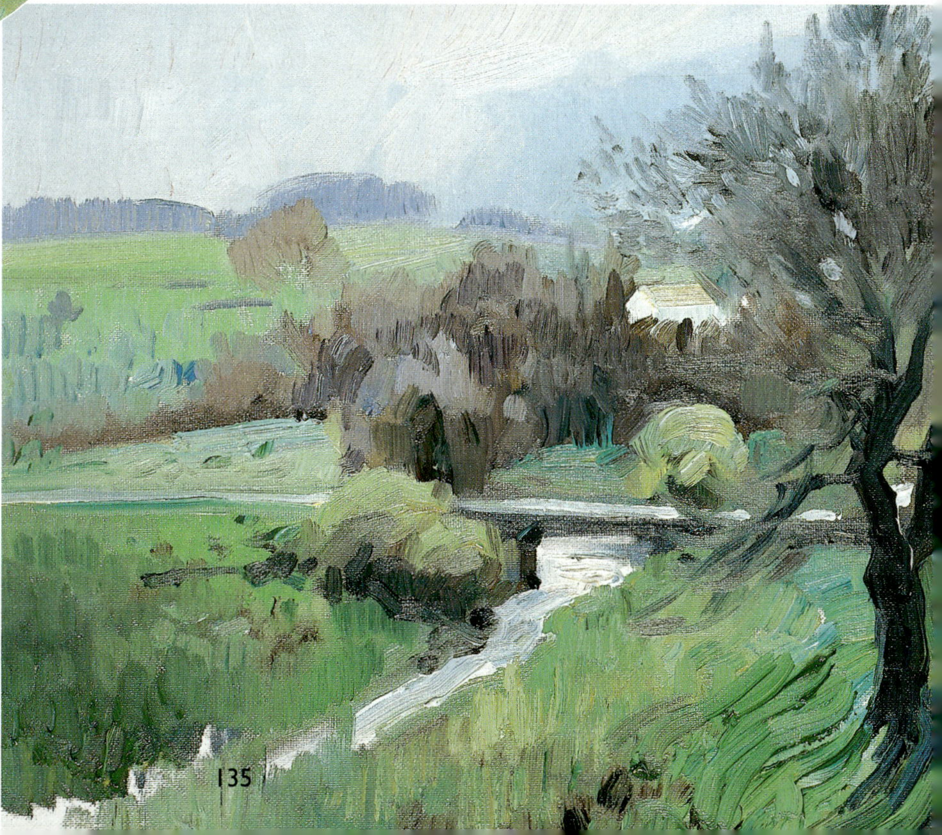

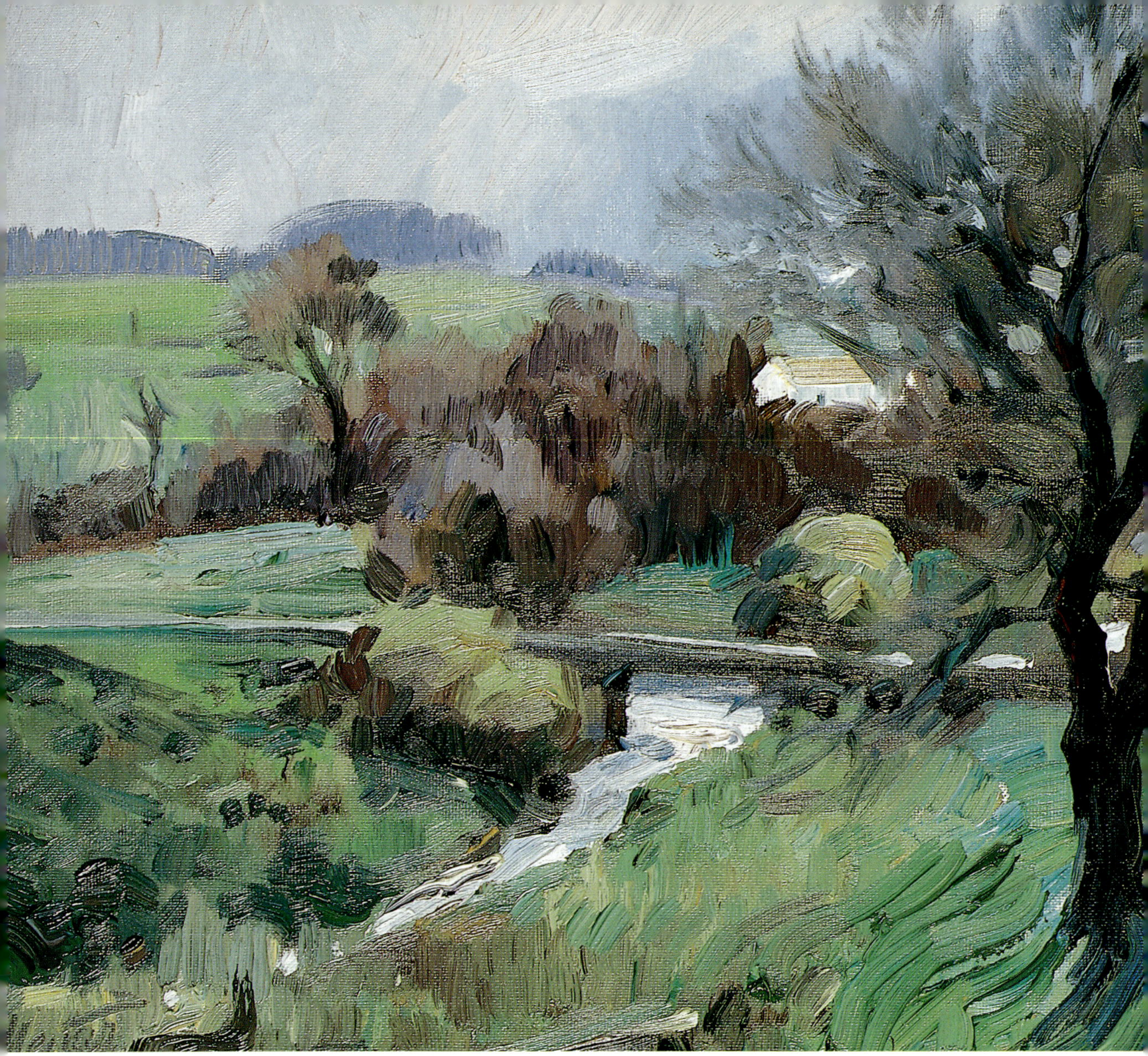

7. Jetzt müssen Sie nur noch die Kontraste verstärken. Das tun Sie mit kleinen Pinselstrichen, die den Farbton intensivieren und gleichzeitig die Flächen im Vordergrund der Landschaft definieren. Auf der linken Seite des Flusses malen Sie neue, dunkle Farbtöne. Damit wird der Kontrast zu dem hellen Wasser verstärkt. Auf der rechten Seite verstärken Sie den Kontrast der Zone im Vordergrund.

ZUSAMMENFASSUNG

Zuerst wird die Farbe des Himmels aufgetragen.

Die Farben des Hintergrunds beinhalten Weiß, um die Tiefenwirkung zu verstärken.

Die dunkelsten Farben in der Mitte der Landschaft werden mit kleinen, vertikalen Pinselstrichen gesetzt.

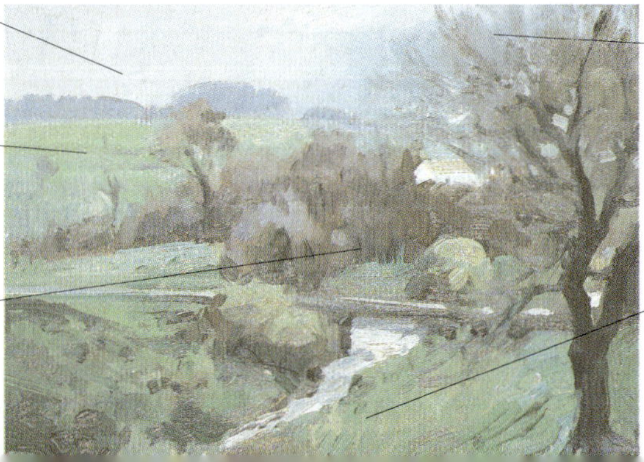

Die Baumkrone des großen Baumes im Vordergrund wird nach und nach gemalt. Dabei setzen wir kurze Pinselstriche auf Farbtöne, die stärker mit dem Hintergrund verschmolzen sind.

Die Pinselstriche im Vordergrund werden immer kleiner und kontrastreicher.

16 Der Himmel

DIE STRUKTUR DER WOLKEN

Das Malen des Himmels ist ein Kapitel innerhalb der Landschaftsmalerei in Öl, das dem Künstler einen relativ großen Spielraum läßt. Auch wenn man immer wieder eine bestimmte Landschaft malt, so bleibt der Himmel doch niemals gleich. Die Veränderungen des Himmels beeinflussen die Farben der Landschaft und den Stimmungscharakter des Bildes. Jedesmal wenn man einen bestimmten Himmel darstellt, ist es, als würde man ein neues Bild malen.

Man sollte immer daran denken, daß die Darstellung jeder Form – so abstrakt sie auch sein mag, wie z.B im Fall einer Wolke – bestimmten Regeln zu folgen hat, die von der Technik der Ölmalerei bestimmt werden.

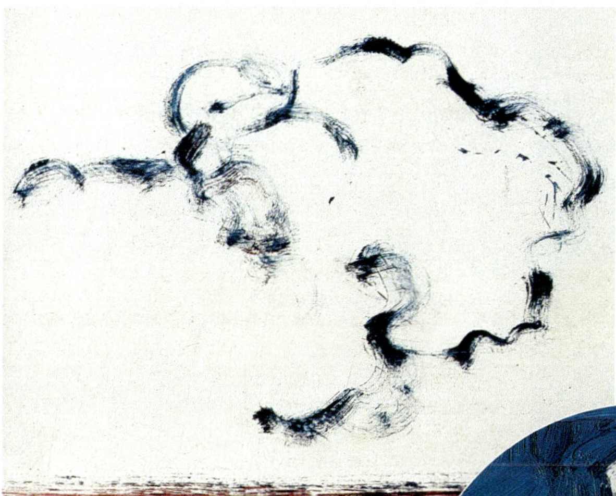

▼ *1. Die Wolken werden zuerst schematisch dargestellt, um die Farben und Schattierungen richtig anzulegen. Für die Skizzierung der Form der Wolken verwenden Sie einen terpentingetränkten Pinsel mit sehr wenig Farbe. Die Spur, die der Pinsel hinterläßt, reicht völlig aus, um die Grundform der Wolke zu gestalten.*

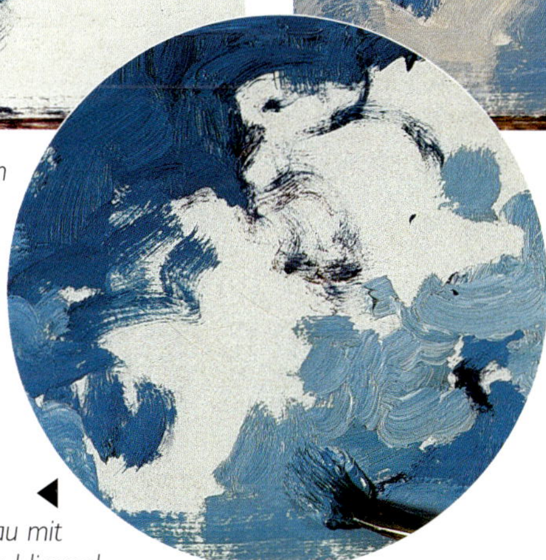

◀ *2. Auf der Palette mischen Sie Himmelblau mit Preußischblau und Weiß. Sie bemalen den Himmel, der die Wolken umgibt, bis ihre Umrisse vollständig herausgearbeitet sind. Die Wolken werden mit leicht bläulichen Grautönen gemalt. Die Bereiche, auf die das Licht fällt, bleiben ohne Farbauftrag.*

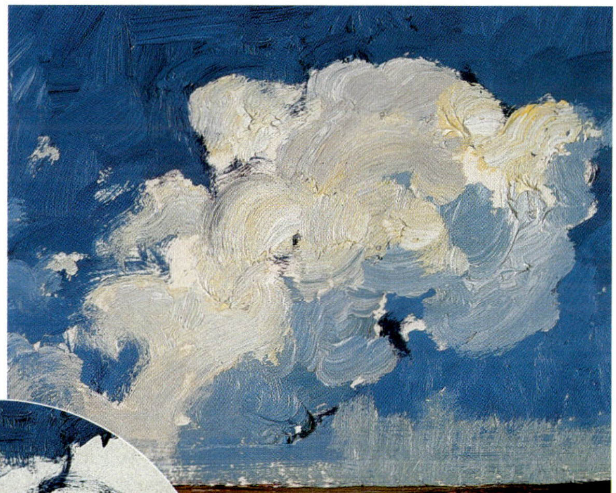

▼ *3. Nachdem die dunklen Farben aufgetragen wurden, kommen die wichtigsten, unvermischten Weißtöne an die Reihe. Wenn Sie kein pures Weiß verwenden möchten, können Sie es mit Neapelgelb mischen. Damit mildern Sie die extreme Helligkeit. Auch auf das Blau malen Sie einige Tupfer Weiß.*

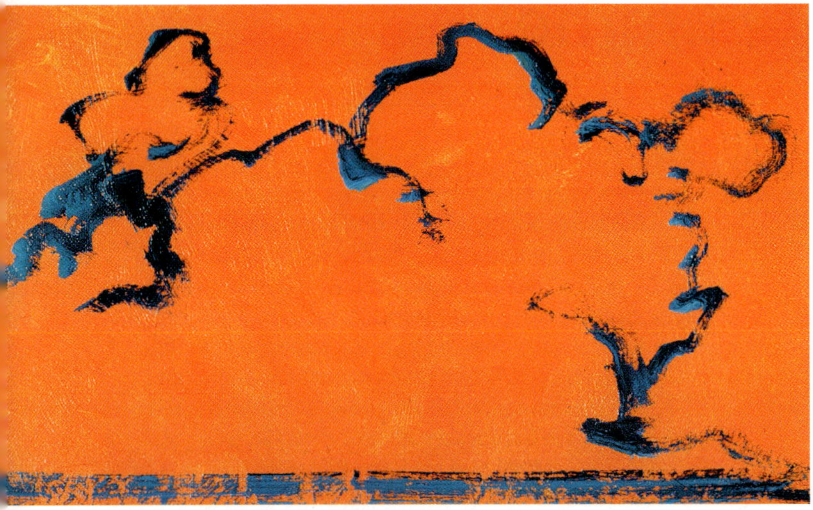

▶ 1. *Für die ersten Farbschichten müssen Sie die Farbe mit etwas Terpentin verdünnen. Damit wird das Fließen der Ölfarbe auf dem Bild erleichtert und gleichzeitig der Untergrund für die darauffolgenden, viel fetteren Farbschichten vorbereitet. Sie beginnen mit einem Entwurf der Wolken, der direkt mit Ölfarben skizziert wird. Wie Sie an dem Beispiel sehen, ist hierfür keine große Präzision notwendig.*

EINSATZ VON WEISS

In dieser Übung werden wir uns mit der Verwendung der Farbe Weiß bei der Erarbeitung von Wolken beschäftigen. Das Beispiel ist einfach umzusetzen, man muß jedoch mit der Anwendung der verschiedenen Farbskalen vertraut sein. Bevor man mit der Arbeit beginnen kann, muß der Malgrund vorbereitet werden. Man verwendet am besten einen Leinen-Malkarton, der mit Acrylfarbe grundiert wurde. Da die Acrylfarbe sehr schnell trocknet, kann man fast sofort mit dem Auftragen der Ölfarben beginnen.

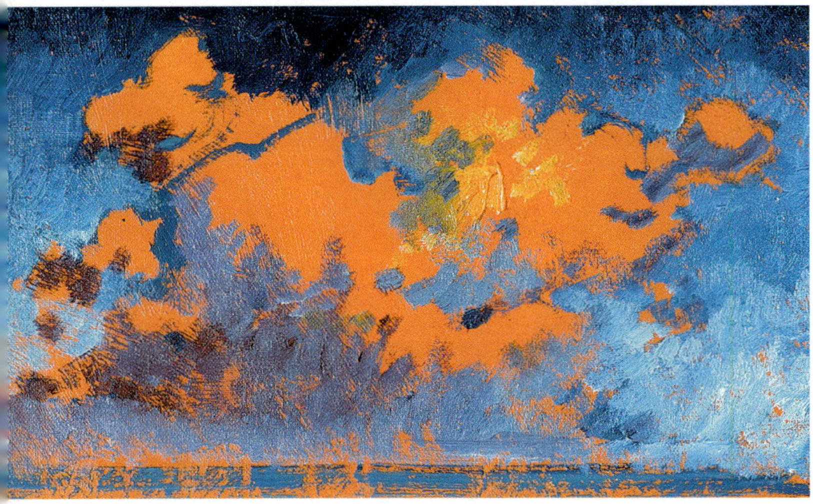

▶ 2. *Malen Sie die Umrisse der Wolken mit blauer Farbe. Sie wird zum Horizion hin abgestuft. Im oberen Teil malen Sie mit einem fast reinen Blau und markieren so die Umrisse der Wolken. Das Blau verschmilzt im unteren Teil mit dem Weiß. Bei der Ölmalerei können die einzelnen Farbtöne, unabhängig von ihrer Helligkeit, übereinander gemalt werden.*

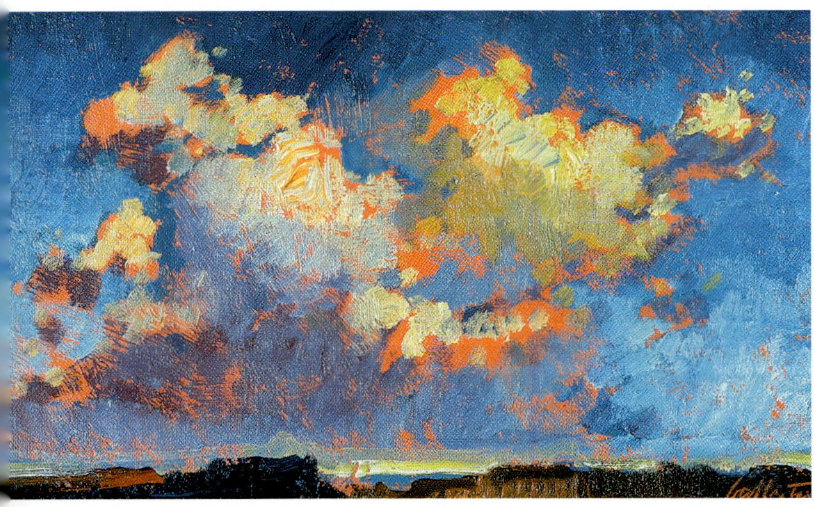

▶ 3. *Beginnen Sie bei der Darstellung der Wolken mit den dunklen Tönen. Die weißen Bereiche und die Glanzlichter werden erst zum Schluß gesetzt. Es wird kein sehr scharfer Kontrast zwischen hell und dunkel aufgebaut. In einigen Bereichen vermischen sich die hellen und dunklen Töne. Das Weiß wird erst während der letzten Arbeitsschritte aufgetragen. Damit werden die Lichtpunkte gesetzt, die vorher ausgespart wurden. Zum Schluß werden die hellsten Bereiche gemalt.*

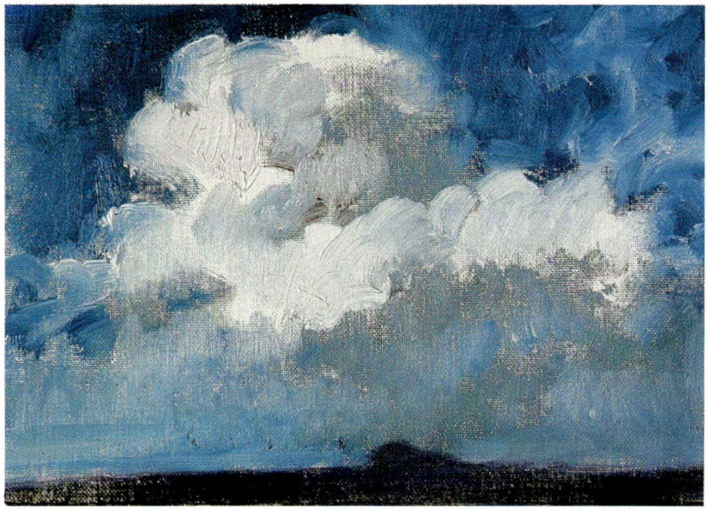

1. Mit dem ersten Farbauftrag wird der Himmel nur angedeutet. Danach malen Sie die Blautöne und legen damit den Umriß der Wolken fest. Die Farbe wird mit leicht hingeworfenen Pinselstrichen aufgetragen, ohne daß die verschiedenen Blautöne miteinander verschmelzen. Das Ausmalen der Wolken geschieht ebenfalls mit leichten Pinselstrichen. Zuerst setzen Sie die Grautöne zur Umrandung der Glanzlichter und ganz zuletzt die Bereiche mit dem hellsten Weiß.

DIE FARBE DES HORIZONTS

Je nach Tageszeit, Wetterlage und dem Standort des Betrachters kann sich das Aussehen des Himmels deutlich verändern. Um die Herausarbeitung dieser subtilen Effekte zu üben, wird jetzt ein Himmel gemalt, wobei die bisher erlernten Techniken angewendet werden. Wenn der Himmel fertiggestellt ist, werden die einzelnen Farben und Töne solange verwischt, bis keine Linienführung mehr zu erkennen ist. Schauen Sie sich genau an, wie die Farben auf dem Streifen, der den Horizont darstellt, aufgetragen werden.

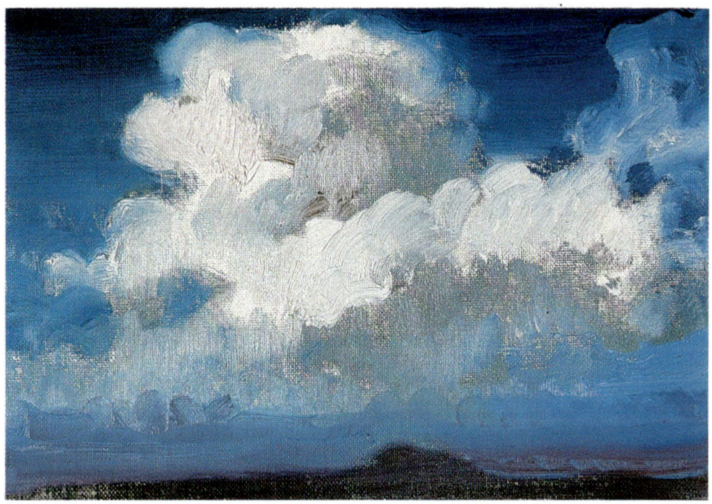

2. Bis jetzt wurden die Farben sehr direkt und spontan aufgetragen. Der Unterschied in den Farbtönen im Verhältnis zum Horizont ist offensichtlich. Man beginnt nun mit dem Verwischen der Farben. Mit einem flachen Pinsel schwächen Sie die Blautöne ab; die Grenzen zwischen den Pinselstrichen werden völlig verschmolzen.

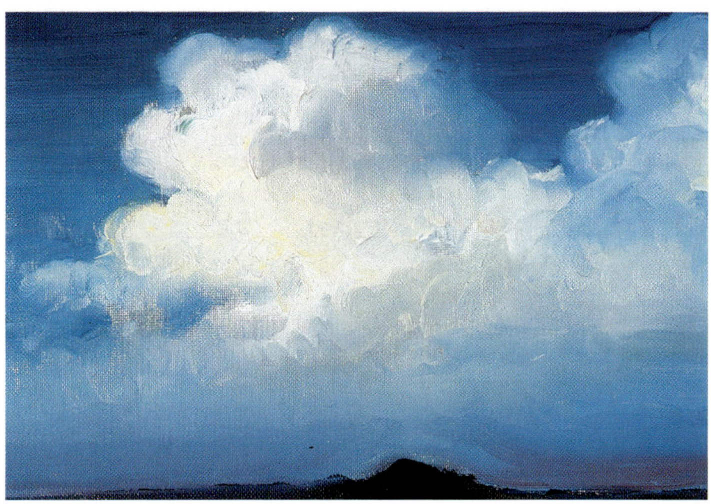

3. Während Sie mit weichen Pinselstrichen auf dem Blau des Himmels malen, fügen Sie neue Farbtöne hinzu und bereichern damit die Farbgebung des Bildes. Für den oberen Teil des Himmels nehmen Sie Violett und einige leichte Rottöne. Die Pinselstriche müssen weich und flüssig gesetzt werden. Wiederholen Sie den Farbauftrag solange, bis die Farben sich mit den zuvor aufgetragenen Tönen vermischen, ohne daß eine Linienführung sichtbar wird.

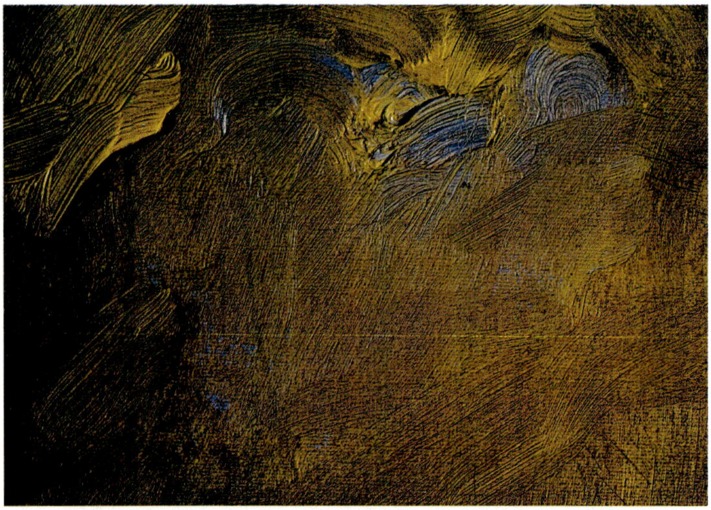

1. Bei dieser Übung wird die Farbe dick aufgetragen. Wenn man nicht mit sehr direkten und starken Kontrasten arbeitet, kann eine Skala heller Farbtöne als Ausgangspunkt dienen. Malen Sie die Wolke mit den entsprechenden mittleren Farbtönen und umranden Sie sie mit Neapelgelb. Damit erzielen Sie eine starke Lichtwirkung. Der Himmel muß nicht immer mit der Farbe Blau wiedergegeben werden.

SKIZZEN

Mit Skizzen erzielt man eine schnelle und spontane Wiedergabe der Wolken. Eine direkte Skizze, wie die hier vorgestellte, kann auch als Anhaltspunkt für die Erarbeitung anderer Ölbilder oder einfach nur als Fingerübung dienen. Die Farben können dabei auf verschiedene Arten aufgetragen werden: einmal, indem die Pinselstriche nur angedeutet werden oder aber durch Verschmelzung der Farben. In der Skizze stehen beide Verfahren gleichwertig nebeneinander. Die nur angedeutete Variante kann in Verbindung mit der Impasto-Technik zu interessanten Effekten führen.

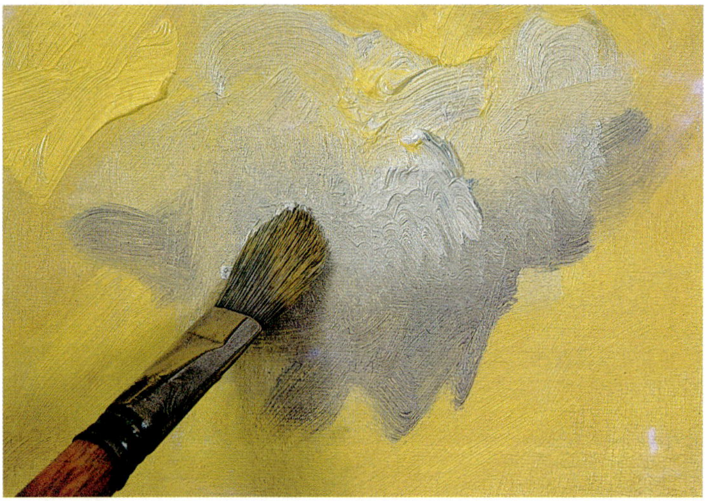

2. Nachdem Sie die hellen Farben aufgetragen haben, geben Sie der Wolke mit den dunklen Farbtönen ihre Form. Dafür dürfen Sie allerdings kein Schwarz verwenden. Die Schattierungen können in Braun, Grau oder einem dunklen Blauton gesetzt werden. Man malt die erforderlichen Grautöne im Inneren der Wolke. Danach wird auf diese ein helles Weiß gesetzt.

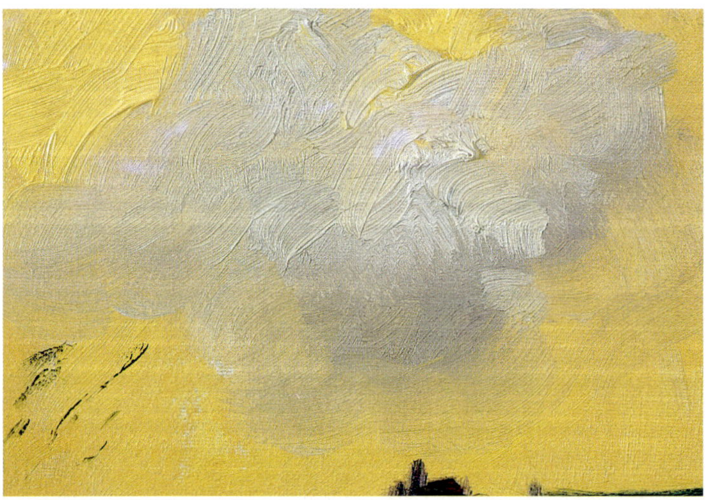

3. Zum Abschluß verwischen Sie einige Breiche der Wolke mit dem gelben Himmel. Damit wird eine dichte und leicht neblige Atmosphäre geschaffen.

Schritt für Schritt
Himmel mit Wolken

Ein Himmelsmotiv ist leichter darzustellen als ein Stilleben oder eine Figur. Außerdem ermöglicht es einen größeren Spielraum bei der Wiedergabe der Landschaft. In dieser Übung soll ein bewölkter Himmel gestaltet werden. Obwohl in dem Modell keine Landschaft zu sehen ist, kann man einen dünnen Streifen Landschaft hinzufügen, um die Pracht der Wolken hervorzuheben.

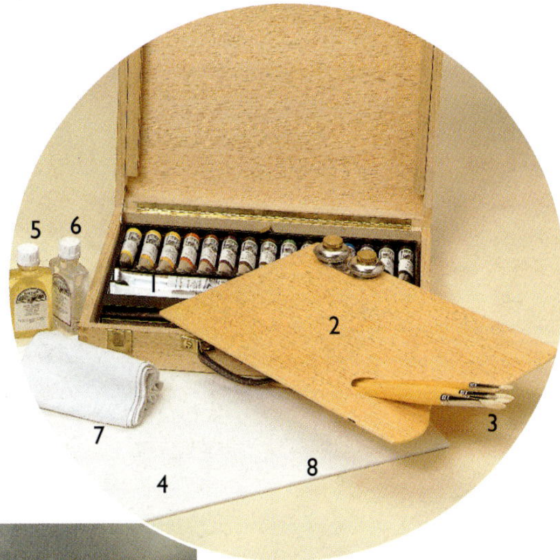

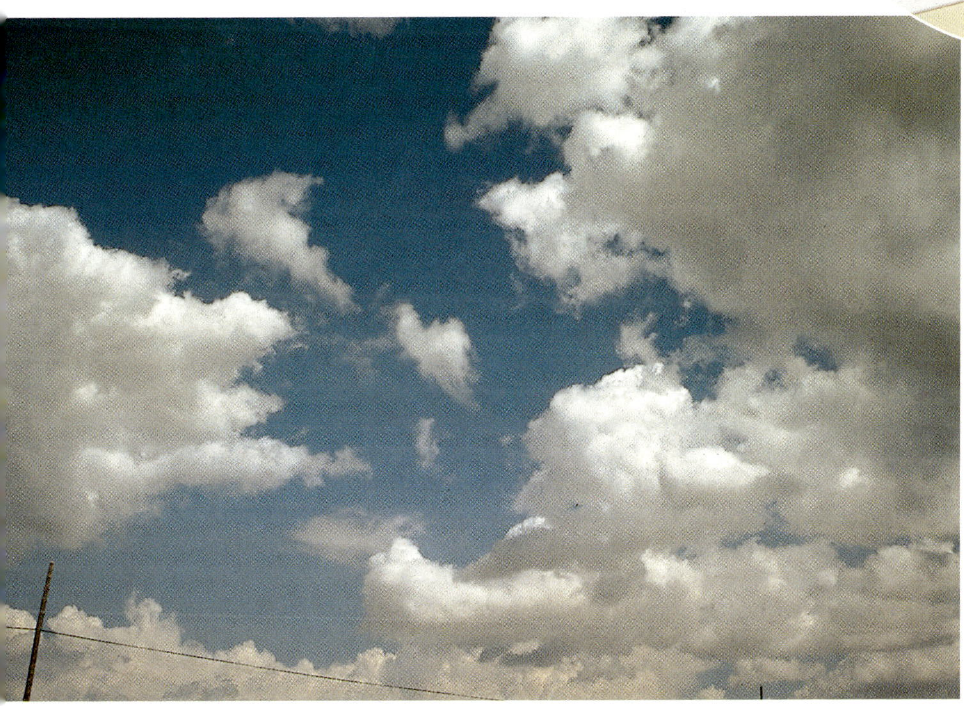

BENÖTIGTES MATERIAL

Ölfarben (1), Palette (2), Pinsel (3), Leinen-Malkarton (4), Leinöl (5), Terpentinöl (6) und ein Tuch (7).

1. Mit den ersten Linien werden die grundlegenden Formen und die Verteilung der Wolken am Himmel festgelegt. Damit der Pinsel leicht über die Leinwand gleitet, verwenden Sie Kobaltblau, das mit etwas Terpentin verdünnt wurde. Die Wolken nehmen den größten Teil der Bildfläche ein. Das Blau des Himmels wird kaum sichtbar. Mit der ersten Zeichnung werden die wichtigsten Formen der Wolken umrissen, ohne jedoch ins Detail zu gehen.

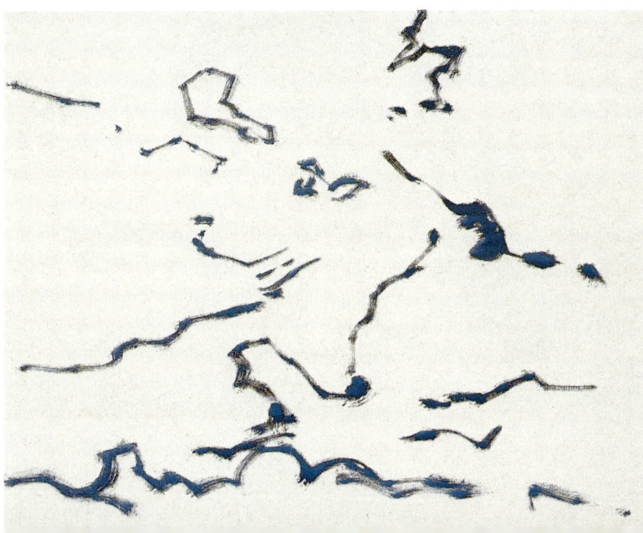

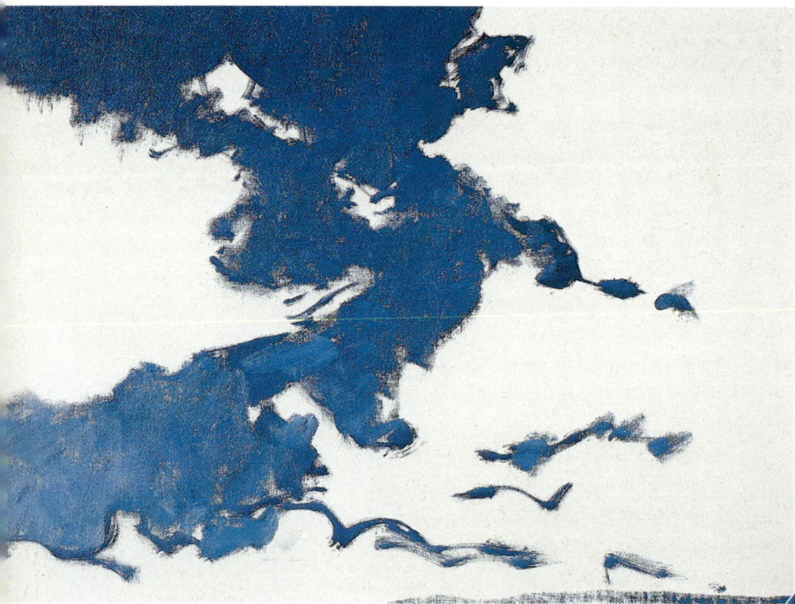

2. Nachdem Sie die Form der Wolken skizziert haben, malen Sie den Himmel. Dazu verwenden Sie Preußischblau, das mit Himmelblau gemischt wird. Je weiter Sie sich dem unteren Teil des Himmels nähern, desto stärker wird der Anteil von Himmelblau. Damit wird eine weiche Abstufung erreicht, mit der ein perspektivisch dargestellter Himmel gemalt wird. Die vorher skizzierten Wolken werden durch das Blau des Hintergrunds perfekt abgegrenzt.

3. Mit grauer Farbe, die mit etwas Blau gemischt wurde, malen Sie den Streifen, der dem Horizont entspricht. Danach werden die Wolken ausgemalt. Dazu verwenden Sie gräuliche Farben, die aus einer Mischung der ursprünglichen Farben und Weiß gewonnen werden.
Die große Wolke links bemalen Sie mit einer Mischung aus Preußischblau und Weiß. Dabei erhöhen Sie nach und nach den Anteil der blauen Farbe. Der hellste Bereich dieser Wolke wird mit Neapelgelb gemalt. Im unteren Bereich, bei den Farbtönen in der Nähe der Horizontlinie, setzen Sie einige sehr helle, violette Töne.

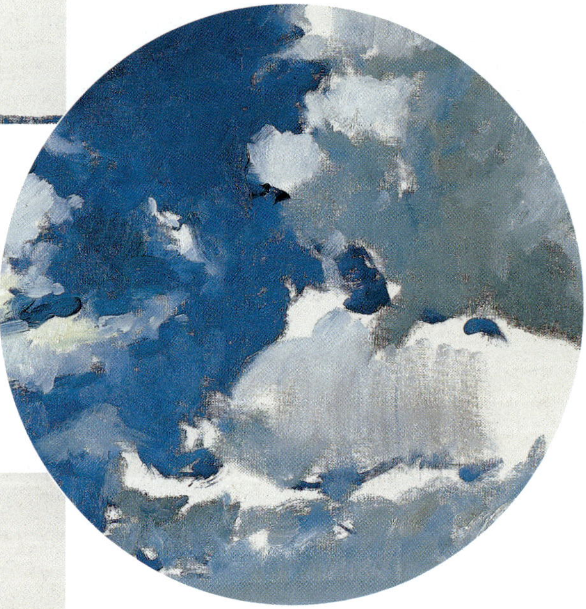

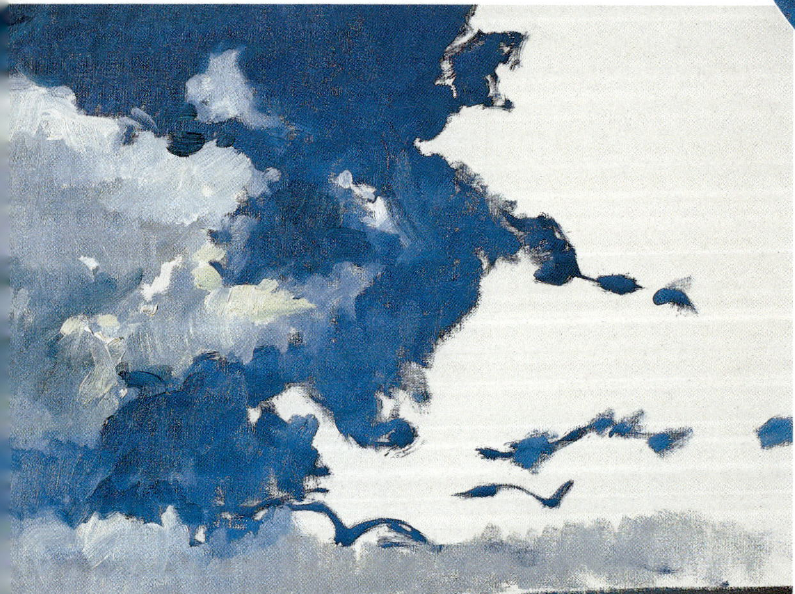

4. Die hellsten Lichtzonen der großen Wolke links malen Sie in einem Himmelblau, dem viel Weiß beigemischt wurde. Bei der Wolke rechts verwenden Sie dunklere Farben. Sie werden hergestellt, indem den gemischten Grautönen Van Eyck-Braun hinzugefügt wird.

Es ist empfehlenswert, sich ein gutes Fotoarchiv anzulegen, das nach Themenbereichen klassifiziert wird. Sie können dazu eigene Fotos und Bilder aus Zeitschriften verwenden.

5. Im unteren Bereich des Bildes werden die Grautöne dunkler. Mit diesen Grautönen, die mit Van Eyck-Braun, Preußischblau und Weiß gemischt wurden, malen Sie über die helleren Farben, die bereits am Anfang aufgetragen wurden. Zwischen die Wolken links setzen Sie einige Bereiche in Blau, die einen Kontrast zu den dunklen Farben im unteren Bereich der großen Sturmwolke bilden.

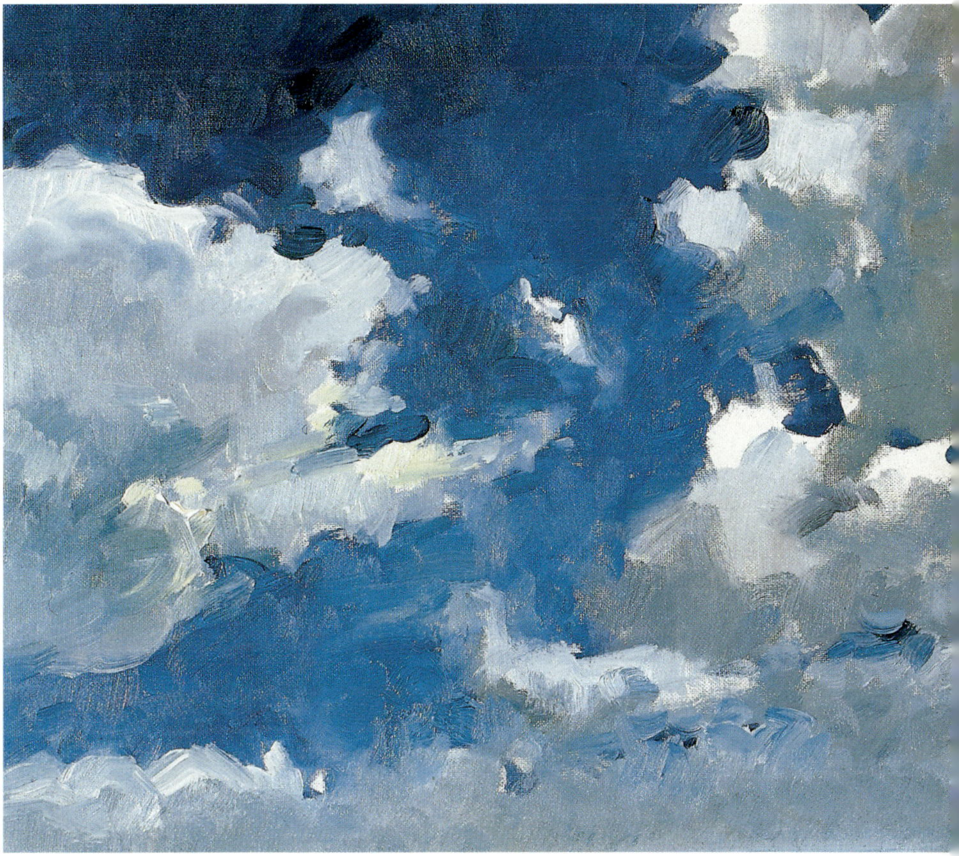

Für die Herstellung der Grautöne sollte man kein Schwarz, sondern braune oder andere dunkle Farben benutzen. Bei der Verwendung von Schwarz zum Abdunkeln der Farben wirken die gewonnenen Töne schmutzig und fade. Fügen Sie der Mischung noch Gelb hinzu, verfärbt sich das Grau, das wir mit Schwarz hergestellt haben, zu einen schmutzigen Grünton.

6. Die hellen Töne der Wolken werden mit einem Weiß bemalt, das vorher mit den Farben auf der Palette vermischt wurde. Im unteren Bereich in der Nähe des Horizonts arbeiten Sie mit sehr kurzen Pinselstrichen, die einen Teil der darunterliegenden Farbe mitnehmen. Über dem Horizont skizzieren Sie mit einer dunklen Farbe die Umrisse einiger Bäume. Bei den größeren Bäumen werden die Kontraste stark herausgearbeitet.

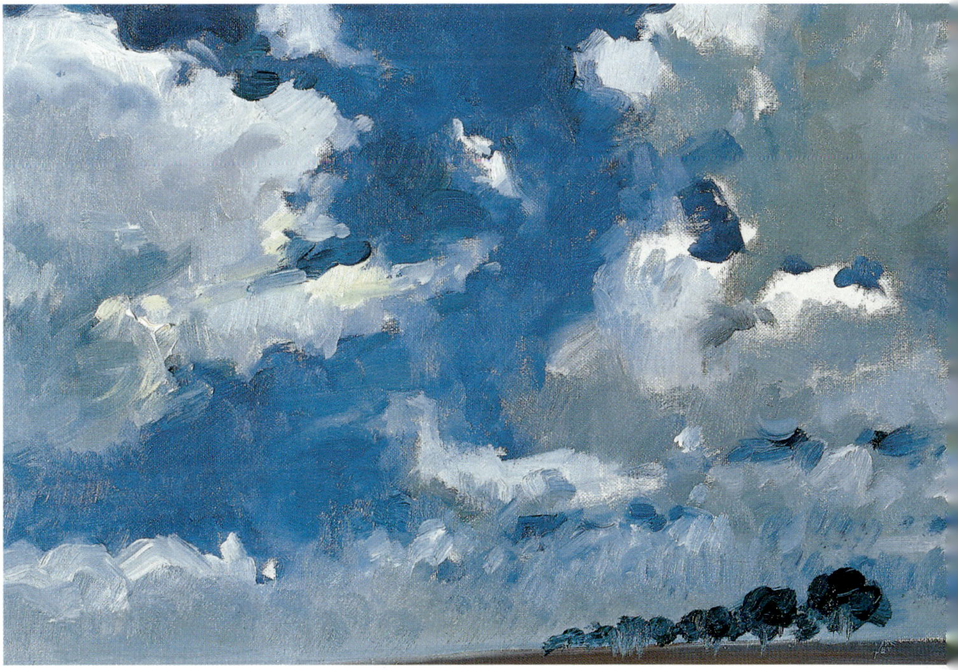

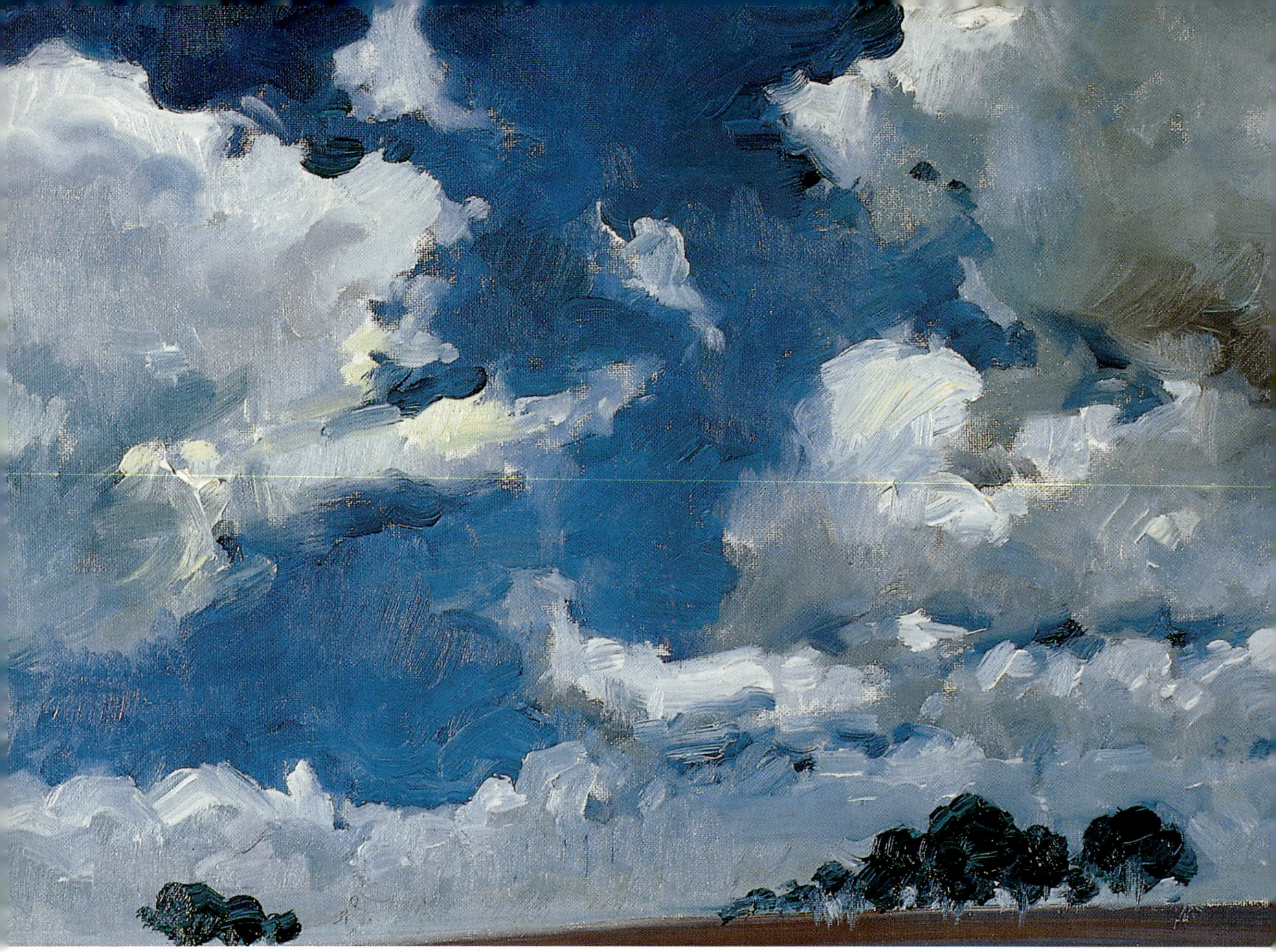

7. Auch auf die linke Seite des Horizonts werden einige Bäume gesetzt. Am Schluß malen Sie mit fast weißen Tönen die hellen Zonen der Wolken, auf die das Licht fällt. Damit bemalen Sie jetzt die Flächen, die bisher ausgespart geblieben sind. In dieser Phase arbeiten Sie mit viel präziseren Pinselstrichen. Die Wolke auf der rechten Seite muß sorgfältig ausgearbeitet werden.

ZUSAMMENFASSUNG

Die Schematisierung der Wolken erfolgt mit einer blauen Farbe, die etwas mit Terpentin verdünnt wurde. Der Anfang dieses Ölbildes unterscheidet sich im Hinblick auf die Technik nicht von anderen mit Öl gemalten Bildern.

Die helleren Töne werden zuletzt gemalt. Die Ausarbeitung der Details erreichen Sie durch direktes Auftragen der Farbe.

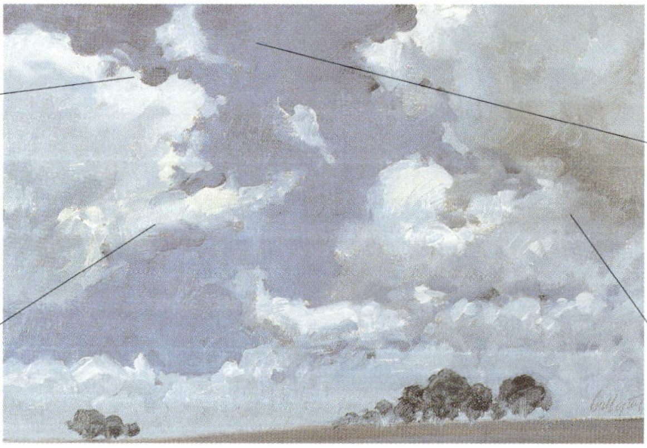

Das Blau des Hintergrunds begrenzt die Form der Wolken. Die Grautöne dunkeln die Schattenbereiche der Wolken ab. Diese Farbtöne dürfen nicht mit Schwarz hergestellt werden.

Die dunkleren Grautöne werden mit Van Eyck-Braun hergestellt. Sie modellieren die Wolken und geben ihnen ihre Form.

17 Bäume und Vegetation

DIE ANATOMIE DES BAUMES

Ein Baum ist niemals nur ein Pfahl, dem zwei oder drei Äste entspringen. Seine Form ist gewunden und enthält oft Eigenheiten wie kleine Knoten oder eine besondere Maserung im Holz. Bei der Darstellung eines Baumes muß man von elementaren geometrischen Formen ausgehen. Im folgenden Beispiel soll gezeigt werden, wie sich ein Baum aus einfachen Linien entwickeln läßt.

Bäume sind Elemente in der Landschaft, die eine eingehende Beschäftigung mit der Natur voraussetzen. In diesem Kapitel werden wir uns mit den Strukturen von Stamm und Ästen beschäftigen. Darüber hinaus eignen wir uns Kenntnisse über die Darstellung der verschiedenen Arten von Vegetation an. Dabei geht es nicht nur um die Farben, sondern auch um die Pinselführung in den einzelnen Zonen. In den folgenden Übungen werden wir die Landschaftsmalerei mit einigen neuen Techniken umsetzen.

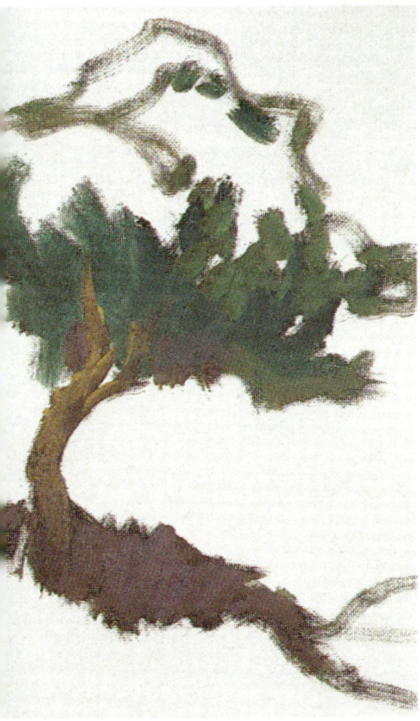

▼ *1. Nachdem Sie den Baum skizziert haben, malen Sie zuerst die dunklen Töne der Baumkrone und des Stammes. Achten Sie auf die Richtung des Pinselstrichs, mit dem Sie die Struktur des Baumes herausarbeiten. Am Anfang dürfen die Formen nicht mit den Farbtönen modelliert werden, damit man die Licht- und Schattenbereiche gut unterscheiden kann.*

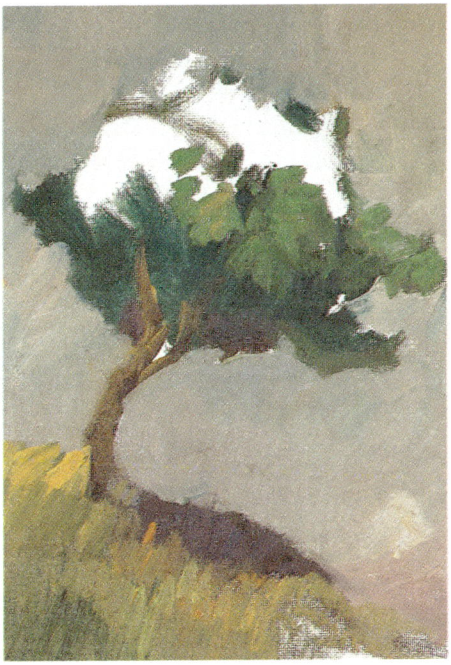

▼ *2. Um die Form der Baumkrone vollständig aufzubauen, müssen Sie den Hintergrund bemalen, um die hellen Bereiche abzugrenzen. Sie benutzen dazu einer Farbmischung aus Blau, Weiß und Rot. Außerdem fügen Sie noch einige der schmutzigen Farben hinzu, die bereits auf der Palette sind.*

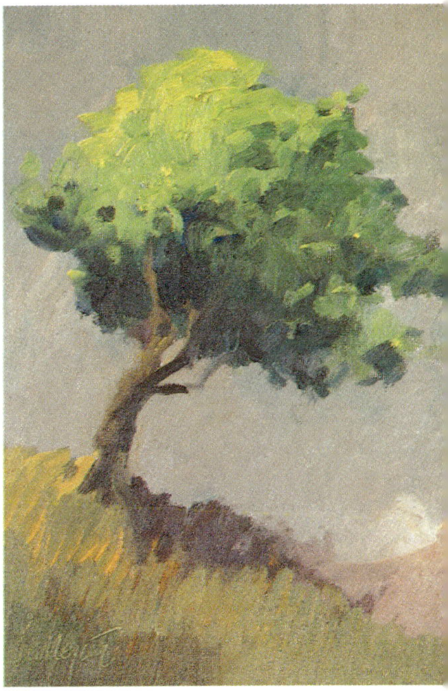

▼ *3. Nachdem Sie die hellen Bereiche festgelegt und die dunklen Tonwerte gesetzt haben, verstärken Sie die hellen Bereiche der Baumkrone, auf die das Licht fällt. Beachten Sie die Struktur, die der Pinselstrich auf der Leinwand hinterläßt. Es wird mit kleinen, dick aufgetragenen Pinselstrichen gemalt. Einige gelbe Linien vermischen sich direkt auf dem Bild.*

DIE BAUMKRONE

In der vorherigen Übung wurde ein einzelner Baum herausgearbeitet. Versucht man diesen Baum in eine Landschaft einzufügen, können einige Schwierigkeiten auftreten. In der folgenden Übung wird eine Baumkrone in den Hintergrund des Bildes integriert. Dabei muß die Farbe des Hintergrundes als natürlicher Kontrast zur Farbe des Baumes gesehen werden.

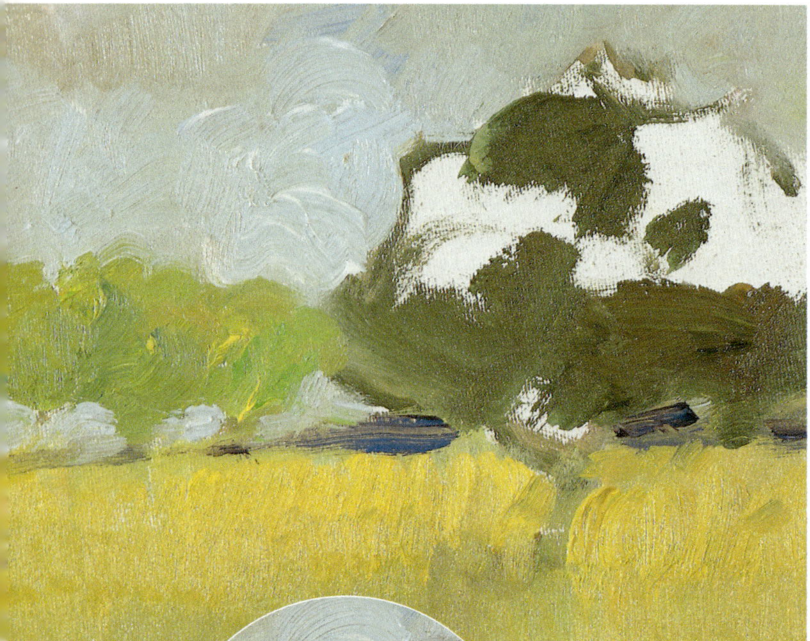

▶ *1. Diese Übung stellt einige Bäume in der Ferne dar. Im Vordergrund steht ein einzelner Baum in der Nähe des Betrachters. Die Bäume im Hintergrund werden in Tönen gemalt, die aus der Farbe der Umgebung bestehen. In diesem Fall ist das ein weißliches Grün, dem Neapelgelb beigemischt wird, damit die Töne nicht zu pastellfarben wirken. Genau wie in der ersten Übung werden durch das Malen des Hintergrunds die grundlegenden Formen der Baumskizze abgegrenzt. Die Kontraste zwischen Vorder- und Hintergrund sind stark.*

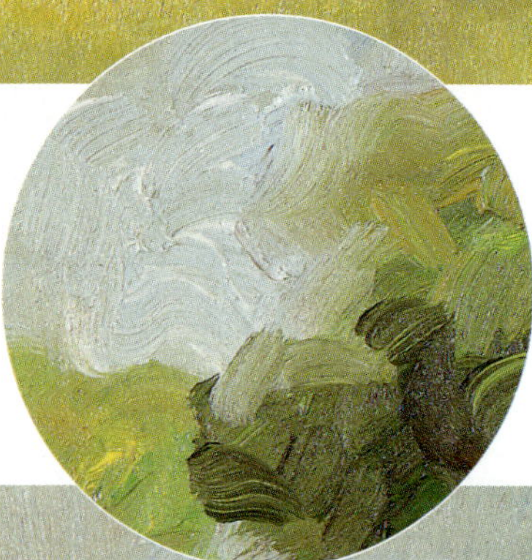

▶ *Ausschnitt, der die Verschmelzung zwischen Hintergrund und Baumkrone verdeutlicht.*

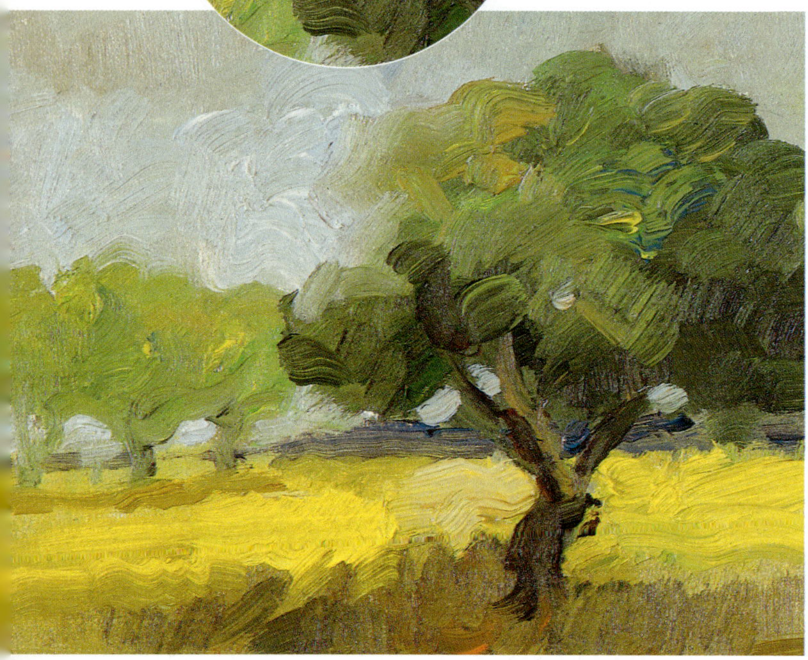

▶ *2. Malen Sie den Baum im Vordergrund mit einer Mischfarbe, die kein Weiß enthält. Gleichzeitig verstärken Sie den Kontrast mit dunkelgrünen Tönen, Dunkelbraun und Blau. Auf die gleiche Art und Weise verfahren Sie mit der Landschaft. Im Vordergrund dominieren die gelben, roten und braunen Töne ohne Weiß. Der Hintergrund wird in Pastelltönen gemalt.*

ÄSTE

Die Struktur der Äste kann zu Schwierigkeiten führen, wenn man das Modell nicht aufmerksam beobachtet. Zunächst einmal verlangt jede Baumstudie von Anfang an ein intensives Studium der Baumstruktur. Die Basis dazu bilden die Verästelungen, die aus dem Stamm herauswachsen. Anhand zweier Übungen werden jetzt Äste analysiert und gemalt.

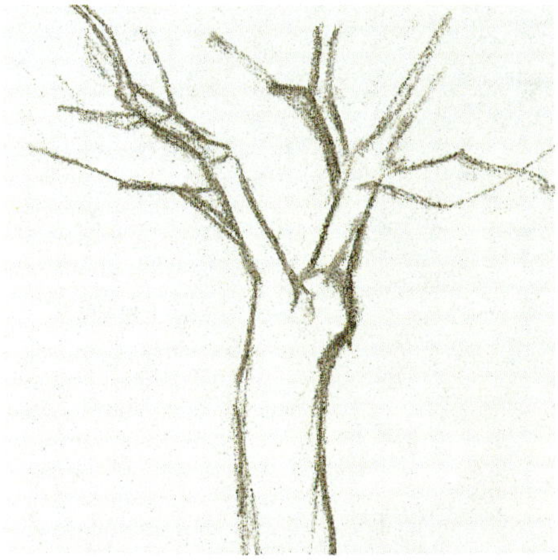

▼ *1. Es ist möglich, zu Beginn eine Skizze mit Zeichenkohle anzufertigen. Von den dicken Ästen aus skizzieren Sie mit einigen sanften Linien die dünneren Äste.*

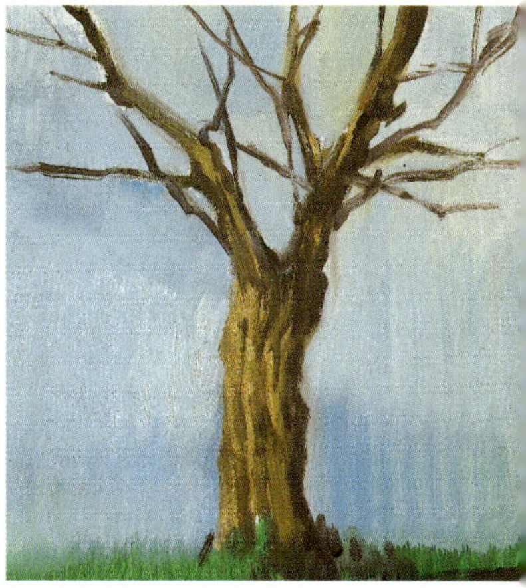

▼ *2. Die Kohleskizze bietet eine gute Grundlage für die Arbeit mit den Farben. Die dunklen Tonwerte des Stammes werden bis hin zu den dünneren Äste aufgetragen. Die Farbe des Hintergrunds wird über die Anfangszeichnung gelegt. Über diesen Hintergrund malen Sie dann erneut die Äste, dieses Mal mit dem Pinsel.*

1. Die zweite Übung wird direkt mit Ölfarbe, die mit Terpentin verdünnt wurde, und mit einem relativ trockenen Pinsel ausgeführt. Nachdem Sie die grundlegenden Linien des Baumes skizziert haben, malen Sie sein Inneres mit verschieden intensiven Farbtönen aus. Einige Pinselstriche setzen Sie transparent, andere eher deckend. Dann skizzieren Sie die Äste. ▲

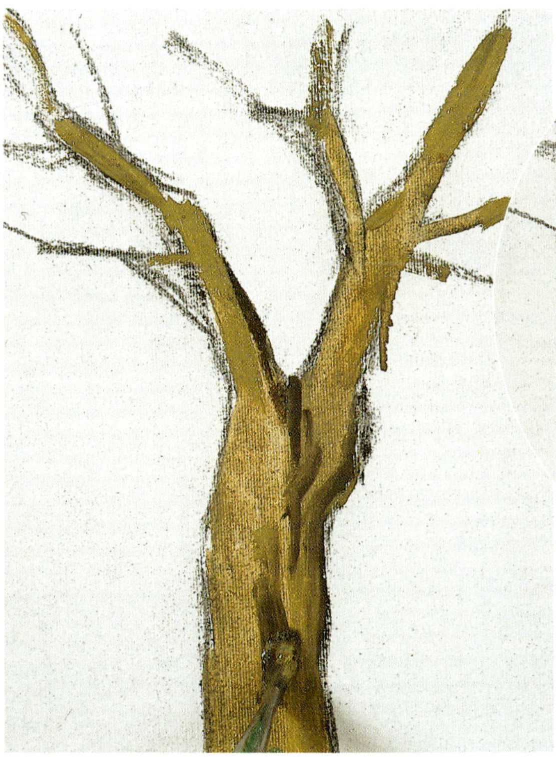

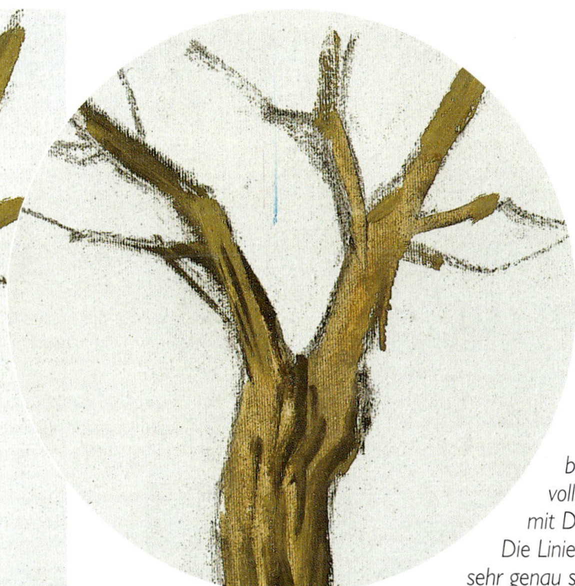

▶ *2. Die Äste in den Schattenbereichen vervollständigen Sie mit Dunkelbraun. Die Linienführung muß sehr genau sein. In diesem Bereich tragen Sie die Farben jetzt viel dicker auf als am Anfang. Um diese Übung zu beenden, malen Sie verschieden intensive Grüntöne, die mit einigen von den dunklen Linien vermischt werden.*

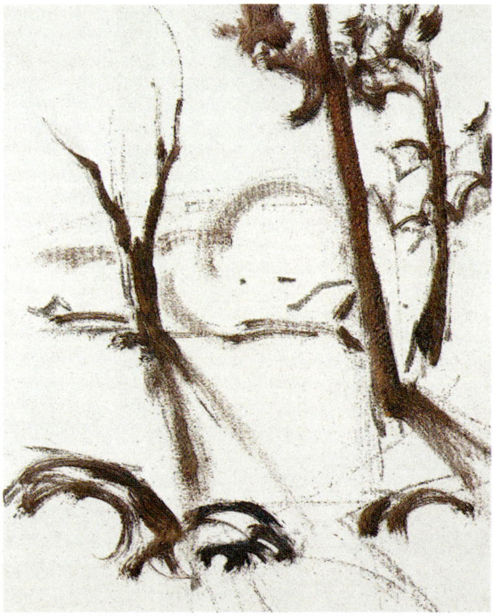

BAUMGRUPPEN

Nachdem Sie bis jetzt einzelne Baumstämme wiedergegeben haben, soll nun eine kleine Baumgruppe dargestellt werden. Um diesen Vorschlag in die Praxis umzusetzen, wird als Modell eine kleine Ecke im Wald gewählt, die nicht zu dicht bepflanzt ist. Im Vordergrund sind einige Bäume zu sehen.

▶ *1. Genau wie bei der Wiedergabe von Stamm und Ästen müssen Sie auch hier zuerst eine Skizze von den wichtigsten Baumstämmen und ihren Verästelungen anfertigen. Zuerst wird die grobe Form mit Zeichenkohle skizziert. Darüber malen Sie mit einem sehr dunklen Violett-Ton. Die Linien, die mit dem Pinsel und etwas verdünnter Farbe aufgetragen werden, legen sich perfekt über die vorläufige Kohlezeichnung. Mit diesem Farbauftrag, der eher den Charakter einer Zeichnung hat, skizzieren Sie die Bäume, ebenso wie die wichtigsten Linien der Landschaft.*

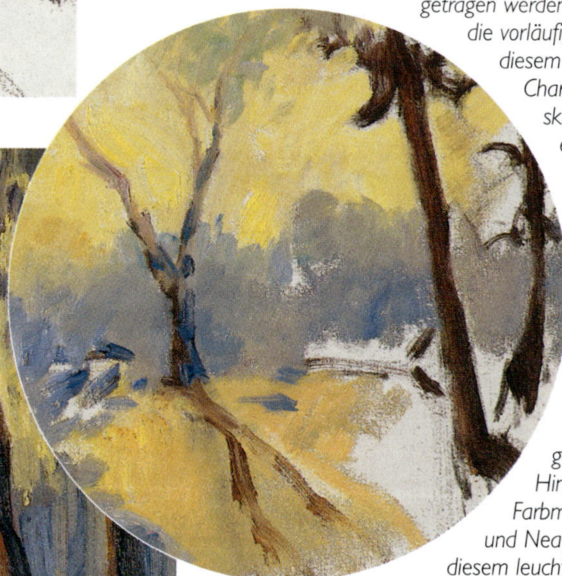

▶ *2. Der erste starke Kontrast wird herausgearbeitet, indem der Hintergrund mit einer Farbmischung aus Goldgelb und Neapelgelb bemalt wird. Mit diesem leuchtenden Farbton wird die Form der Bäume begrenzt. Die Bepflanzung im Hintergrund wird mit einem sehr ins Gelbe tendierenden Grün gemalt. Dieser Grünton wird um einige bläuliche Töne bereichert. Damit bemalen Sie den Vordergrund und fügen noch einige Striche Orange hinzu. Der Schatten des Baumes wird mit Karmin gesetzt.*

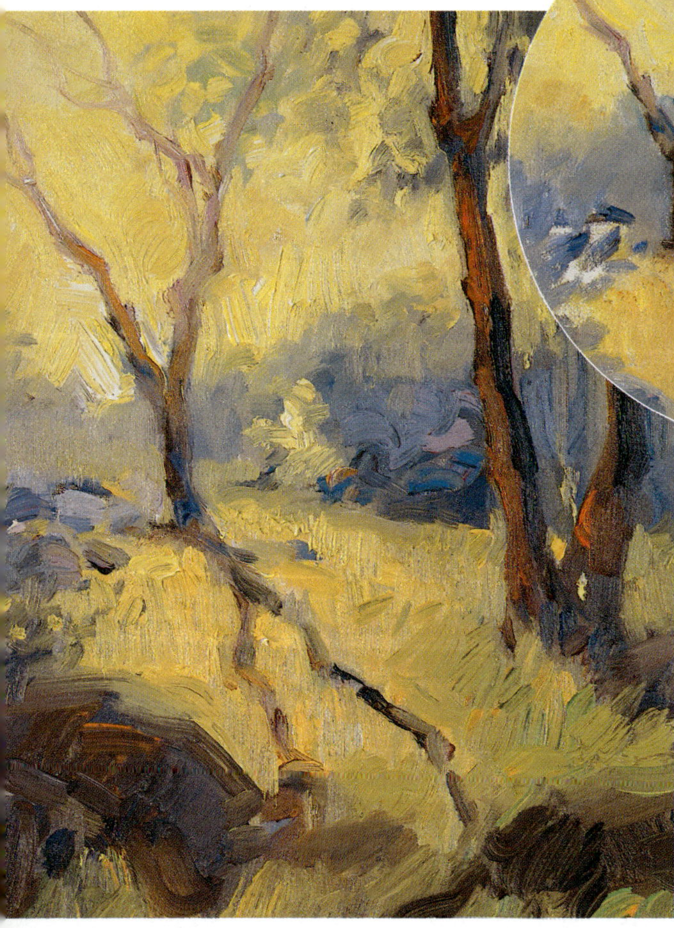

▶ *3. Für den hellsten Bereich der Landschaft verwenden Sie ein leuchtendes Orange. Damit haben Sie zwei Komplementärfarben – Orange und Violett – nebeneinander gesetzt. Die Baumstämme erhalten einige dichte Pinselstriche in einem rötlichen Farbton.*

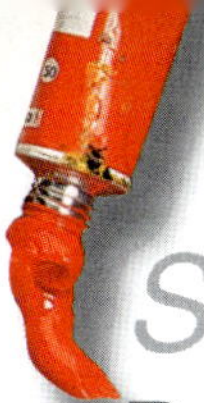

Schritt für Schritt
Bäume in der Ferne

Vor allem im Gebirge herrscht oftmals eine neblig-dunstige Atmosphäre. Wird dieses Phänomen auf einem Gemälde wiedergegeben, spricht man von einer atmosphärischen Wirkung. Aufgrund der Entfernung läßt die Dichte der Nebelschwaden die Farbtöne im Hintergrund weißlich erscheinen. Dieses Phänomen ist sehr interessant, um mit Öl einige spezielle Effekte auszuprobieren. Man erzielt die spezifische atmosphärische Wirkung, indem man der Farbe immer mehr Weiß beimischt.

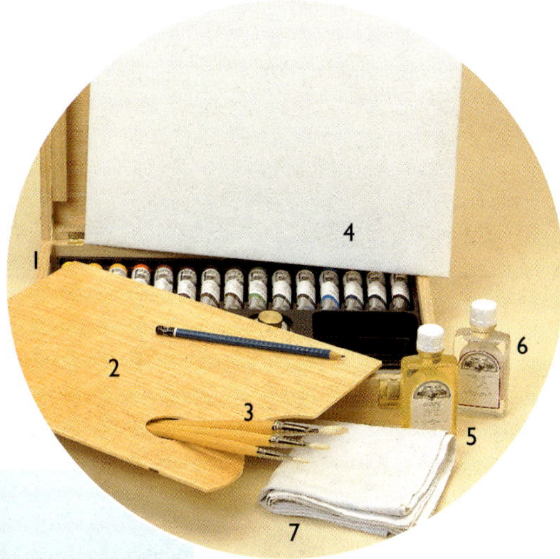

BENÖTIGTES MATERIAL

Ölfarben (1), Palette (2), Pinsel (3), Leinen-Malkarton (4), Leinöl (5), Terpentinöl (6) und ein Tuch (7).

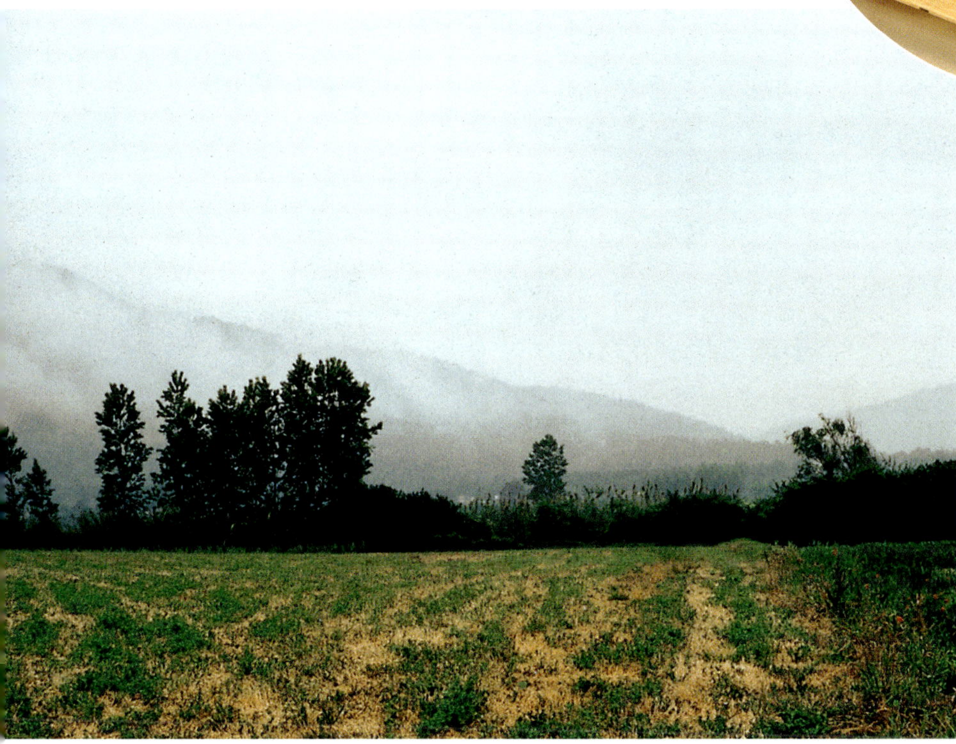

1. Wenn Sie eine Baumgruppe in der Ferne darstellen, sind die Details völlig unwichtig. Wichtig ist vielmehr, daß Sie die Form der Baumgruppe mit einer Linie wiedergeben, die stark mit den restlichen Linien des Bildes kontrastiert.

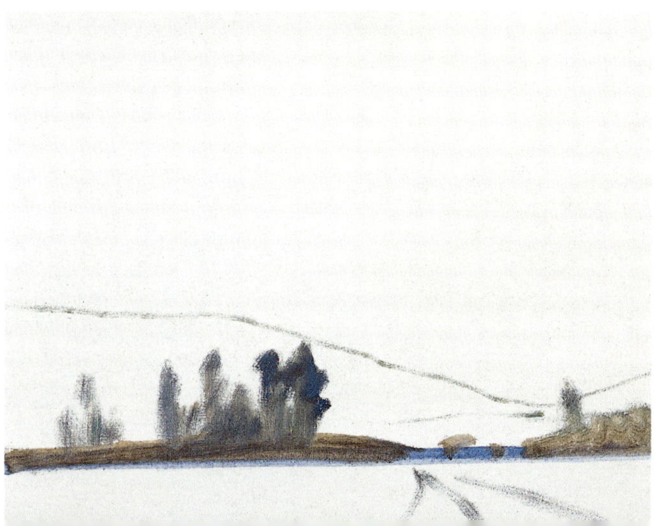

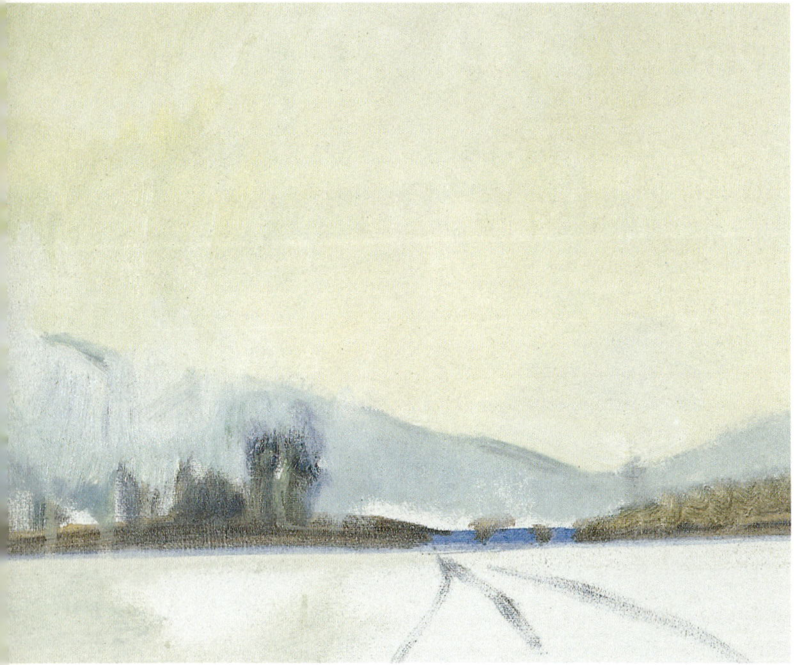

2. Beginnen Sie, die Farbe in dem Bereich aufzutragen, der am weitesten vom Betrachter entfernt ist - in diesem Fall sind das die Berge im Hintergrund. Diese Fläche bemalen Sie mit viel Weiß, dem sehr wenig Kobaltblau und Violett beigemischt wurde. Um den gewünschten Farbton zu erzielen, genügt es, wenn man dem Weiß nur eine Spur Farbe beimischt. Wichtig ist, daß das Bild mit den hellsten Farbtönen begonnen wird. Um den Himmel zu bemalen, mischen Sie ebenfalls eine sehr helle Farbe aus Weiß und Neapelgelb.

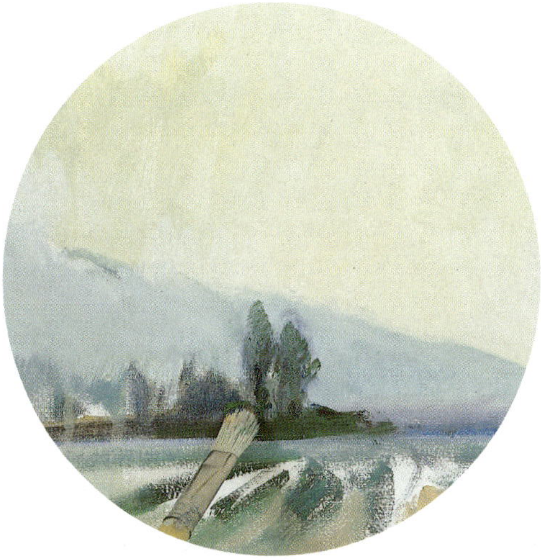

3. Der Horizont wird mit kalten Farben wiedergegeben, die, je weiter sie sich vom Betrachter entfernen, immer mehr zu Pastelltönen werden. Auf dem Horizont, ebenso wie bei der Baumreihe in der Ferne verschmelzen die Farben mit denen des Hintergrunds. Die Pinselbewegung erzeugt dort, wo die beiden Bereiche aufeinandertreffen, etwas gesprenkelte Töne. Dieser winzige, unscharfe Bereich dient als Verbindung zwischen dem Hintergrund und den Umrissen der Bäume.

4. Über die leicht pastellfarbenen Töne werden nun nach und nach immer mehr Kontraste gemalt. Damit werden die Umrisse der wichtigsten Bereiche herausgearbeitet.
Die Bäume malen Sie mit kleinen, präzisen Pinselstrichen in Grün, das manchmal ins Weißliche geht. Damit geben Sie die atmosphärische Wirkung wieder. Für die Bäume in der Nähe des Betrachters verwenden Sie dunklere Grüntöne, die mit den zuvor aufgetragenen kontrastieren.

5. Der Hintergrund aus Violett, dem viel Weiß beigemischt wurde, dient als Basis für die Bäume am Horizont. Trotz der Entfernung malen Sie auch diese Bäume in einem dunklen Grünton, der jedoch mit Weiß abgetönt wird, um den Nebel darzustellen, der zwischen Bildhintergrund und Bildvordergrund liegt. Im unteren Bereich des Bildes beginnen Sie mit der Ausarbeitung von Details. Dabei arbeiten Sie mit kurzen, vertikalen Pinselstrichen und dunklen Farben.

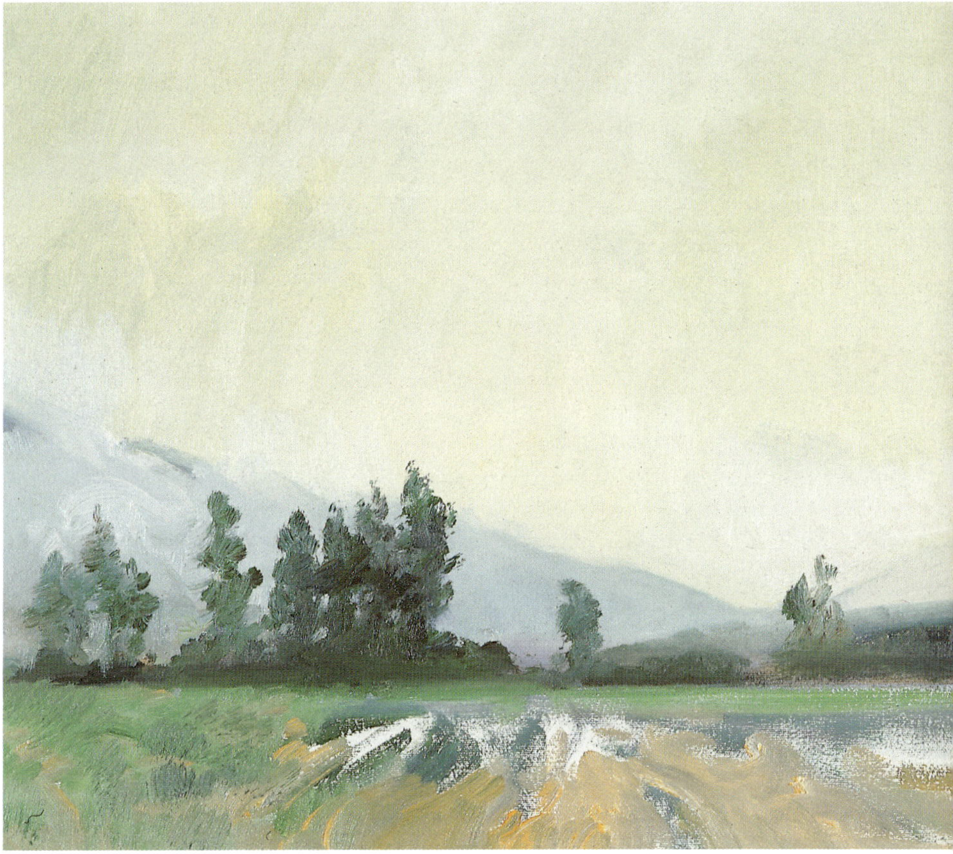

6. Auf die Zone der Baumbepflanzung werden weiterhin kurze, mit gut gefülltem Pinsel aufgetragene Striche gesetzt, die einen endgültigen Kontrast zu den weißlicheren Tönen des Hintergrunds bilden. Jetzt wird auch mit der Bemalung der Wiese begonnen. Hier verwenden Sie Grüntöne, die reiner sind als die bisher aufgetragenen. Der Kontrast zu den vorher gemalten Farbtönen gibt die dichte Atmosphäre wieder. Die Kontraste werden zunehmend verstärkt. Die Farben in der Nähe des Horizonts sind immer noch ziemlich weiß.

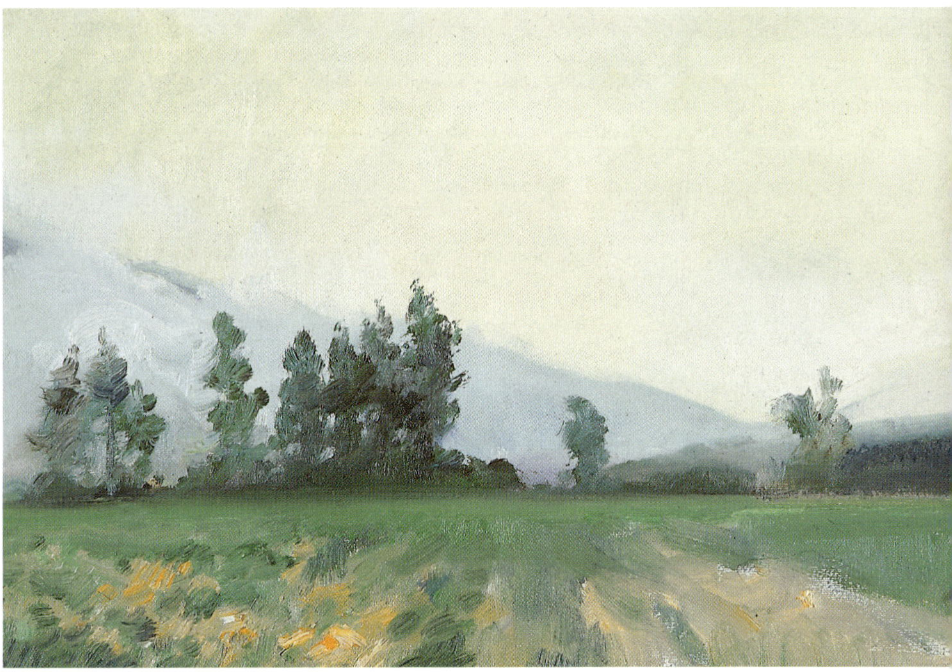

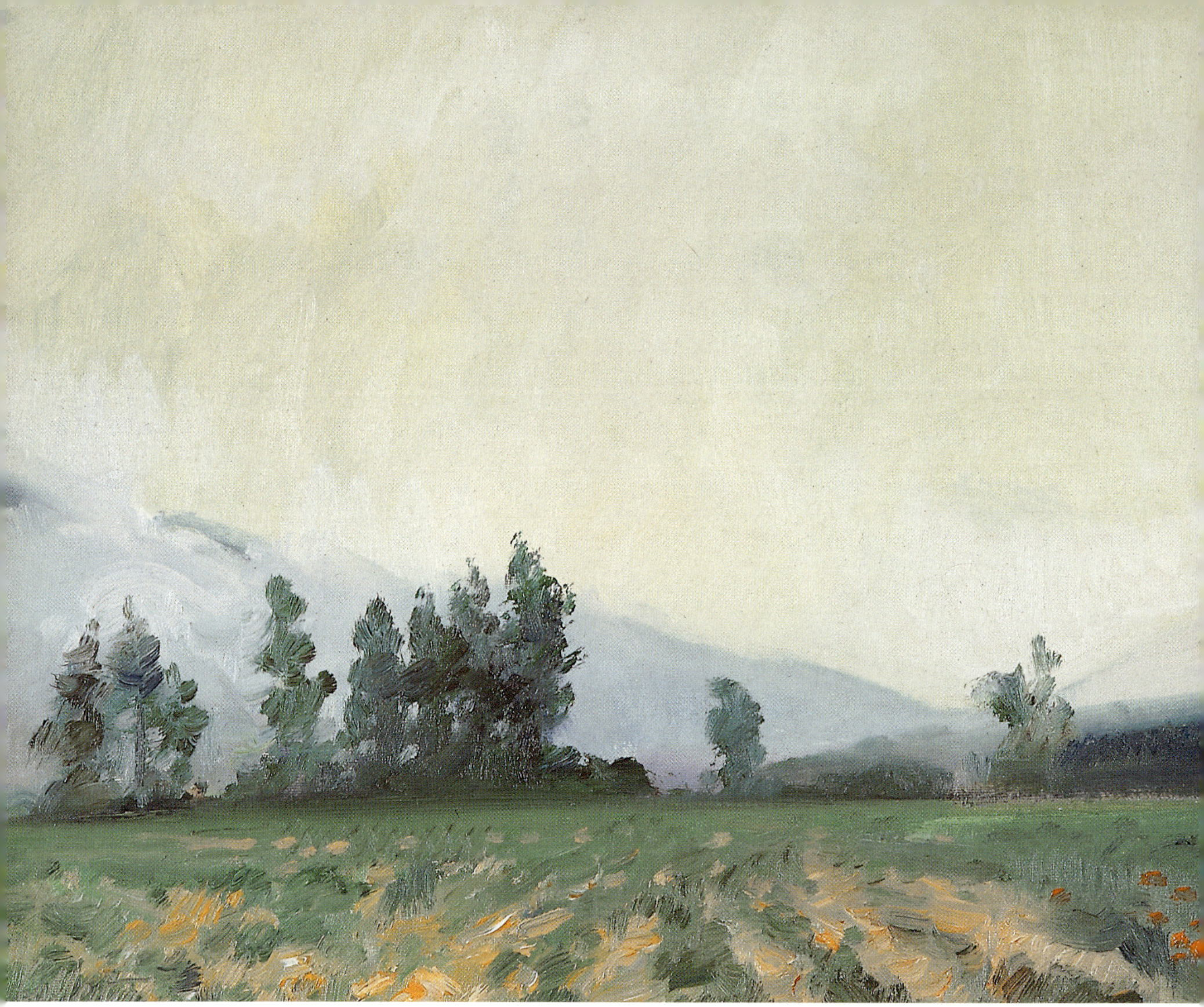

7. Bei der Baumgruppe im Hintergrund werden die Bäume mit kleinen direkten Pinselstrichen angedeutet. Die dunklen Töne verschmelzen dabei mit den mehr pastellfarbenen Tönen des Hintergrunds. Durch verschiedene Kontraste im Vordergrund wird die Tiefenwirkung erhöht. Mit diesen kontrastreichen Farben gewinnt der pastellfarbene Hintergrund an Tiefe. Die Bäume werden perfekt in die Landschaft integriert.

ZUSAMMENFASSUNG

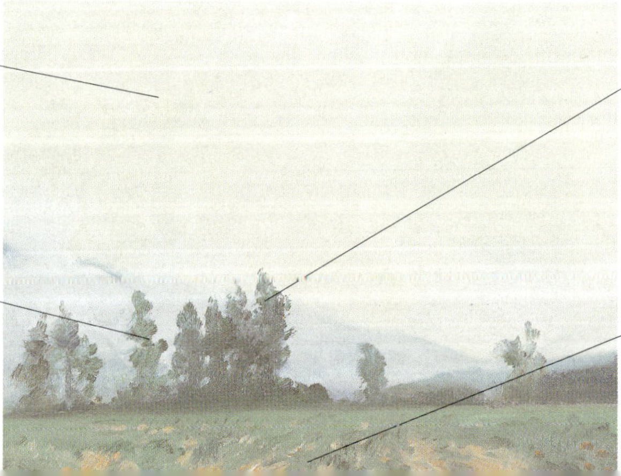

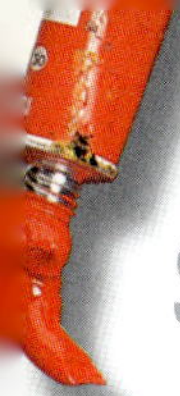

So malte
Claude Monet
(París 1840–Giverny 1926)

Seerosen

Monet war einer der produktivsten Künstler seiner Epoche. Als Wegbereiter des Impressionismus entwickelte er einen Malstil, der mit allen vorher gültigen akademischen Traditionen brach. Viele der heutigen Strömungen in der Malerei beziehen sich in der einen oder anderen Weise auf den Impressionismus oder auf Strömungen, die aus ihm hervorgegangen sind. Das Werk Monets ist besonders geeignet, um an ihm die verschiedenen Ölmalerei-Techniken aufzuzeigen und zu studieren.

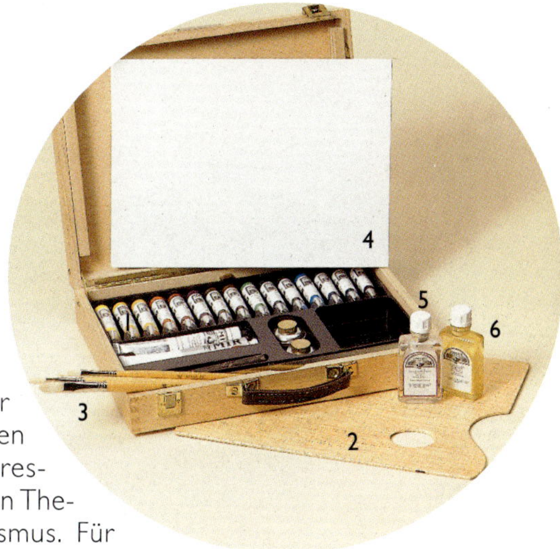

In seinen Bildern war er besonders am Einfangen der Lichtwirkung interessiert – eines der großen Themen des Impressionismus. Für seine Seerosen-Bilder ließ Monet extra einen Teich anlegen, in dem sich die Pflanzen vermehrten, damit er sie in natura malen konnte. In seinen letzten Lebensjahren malte er eine Serie von großformatigen Bildern, die er im Kreis anordnete. Auf diese Art und Weise gab er dem Betrachter das Gefühl, in das Bild einzutauchen.

BENÖTIGTES MATERIAL

Ölfarben (1), Palette (2), Pinsel (3), Leinen-Malkarton (4), Terpentinöl (5) und Leinöl (6).

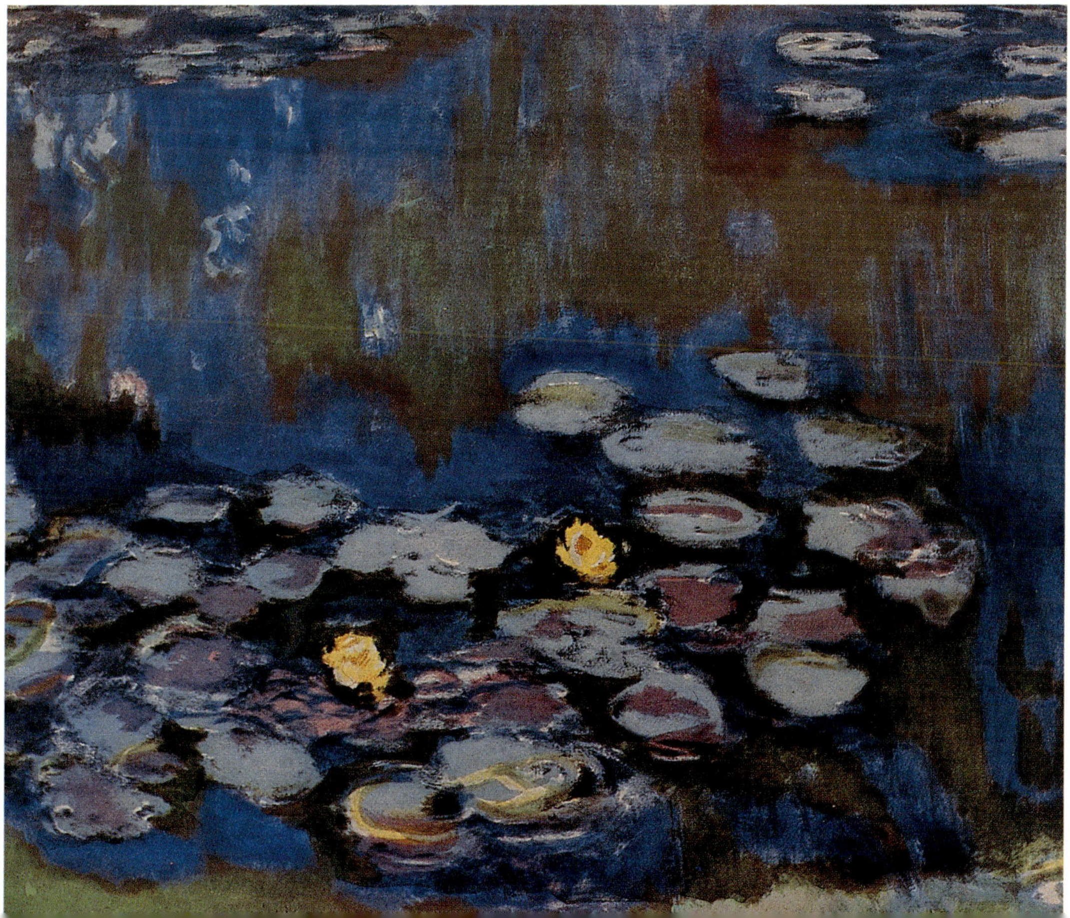

SCHRITT FÜR SCHRITT: Seerosen, von Claude Monet

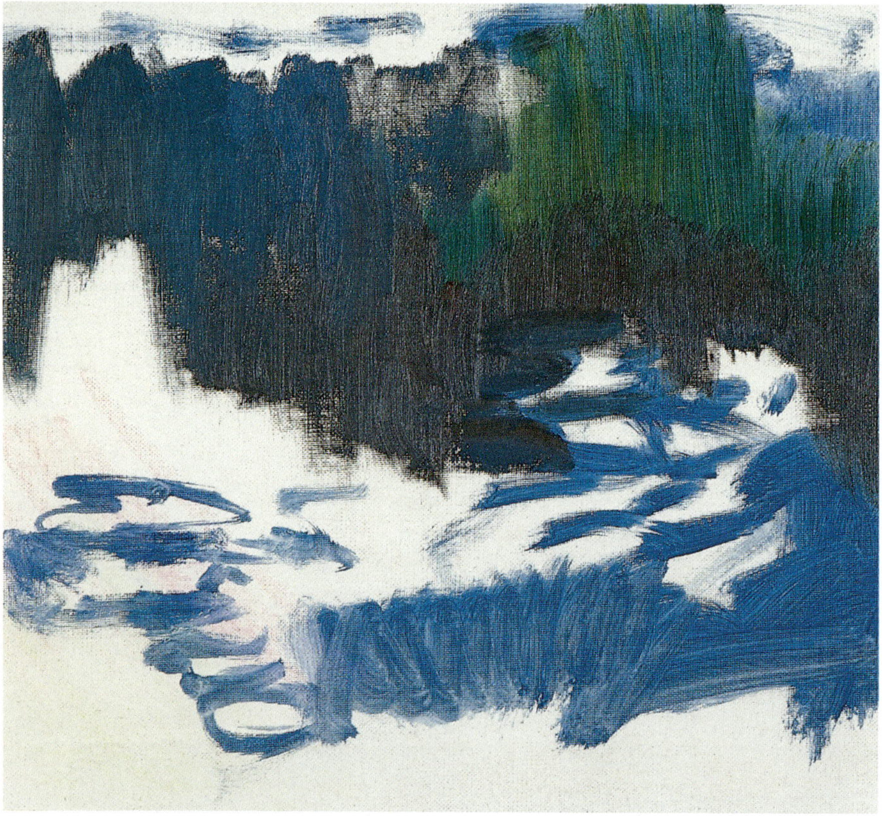

1. Bei den „Seerosen" fällt im Zusammenhang mit dem Bildaufbau sofort eine Besonderheit auf. Monet verzichtet auf eine detaillierte Zeichnung der Formen. Das Bild wurde mit einem stark verdünnten Farbauftrag begonnen. Damit wurden die stehenden Gewässer im Hintergrund gemalt. Die Ölfarbe wurde verdünnt, ohne sie jedoch ganz flüssig werden zu lassen, damit sich die Farben nicht untereinander mischen. Das Original hat ein sehr großes Format. Hier wurde das Format verkleinert, aber es soll trotzdem versucht werden, einige der wichtigsten Techniken nachzuvollziehen, wie beispielsweise die leichte Verschmelzung der Grün- und Blautöne des Hintergrunds.

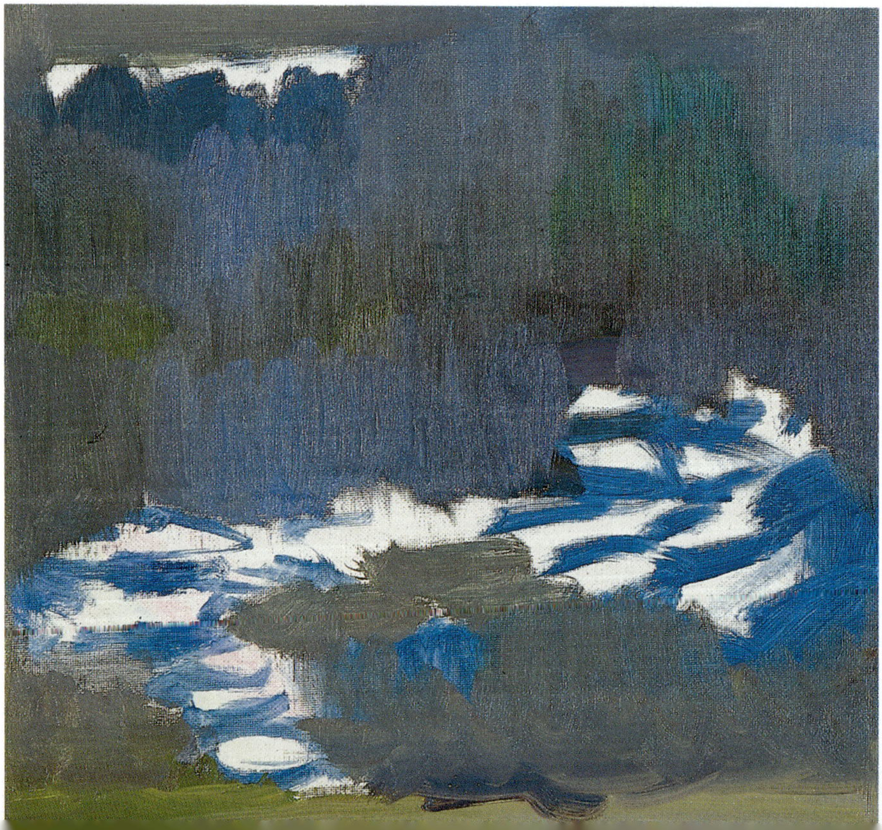

2. Tragen Sie die Farbe mit vertikalen Pinselstrichen auf und sparen Sie dabei die Flächen, auf denen später die Seerosen liegen sollen, aus. Die leuchtend blauen Pinselstriche dienen als Skizze für die Seerosen und markieren gleichzeitig die Flächen, die sie voneinander trennen. Wenn man das Originalmodell genau betrachtet, wird man feststellen, daß die Seerosen auf der Leinwand in der Form des Buchstabens S angeordnet wurden.

3. Man beginnt mit dem Auftragen der verdünnten Farbe. Der weiße Hintergrund scheint durch die ersten Farbschichten hindurch. Nachdem die Farben des Hintergrunds aufgetragen wurden, werden die weiter entfernten, schwimmenden Blätter im linken oberen Bereich mit genaueren Pinselstrichen gemalt. Dabei werden jedoch keine ganz exakten Formen festgelegt.

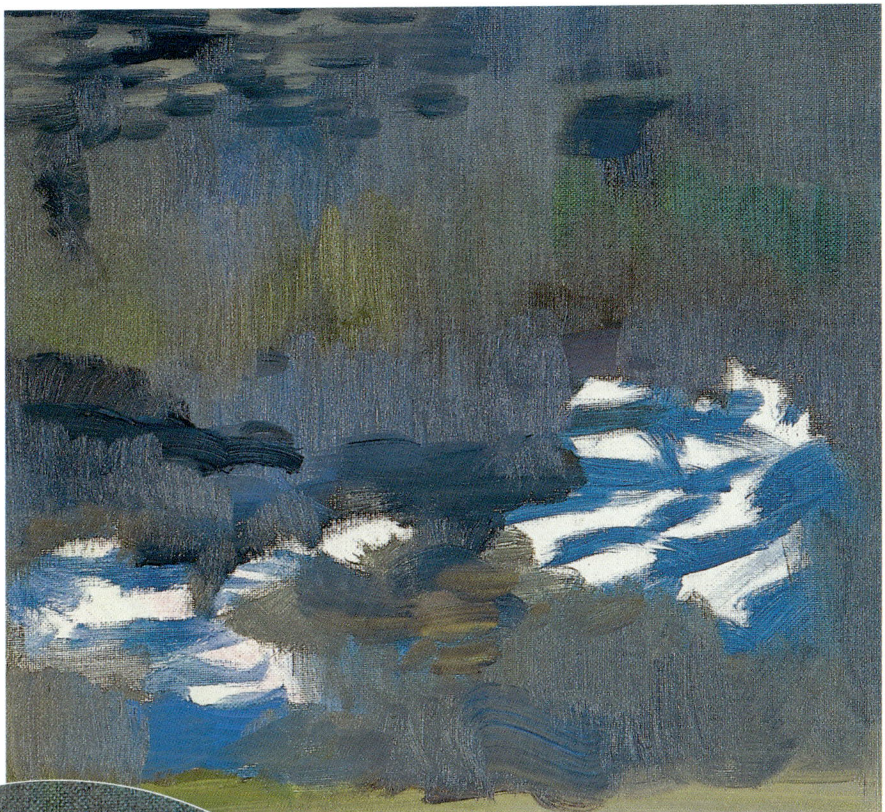

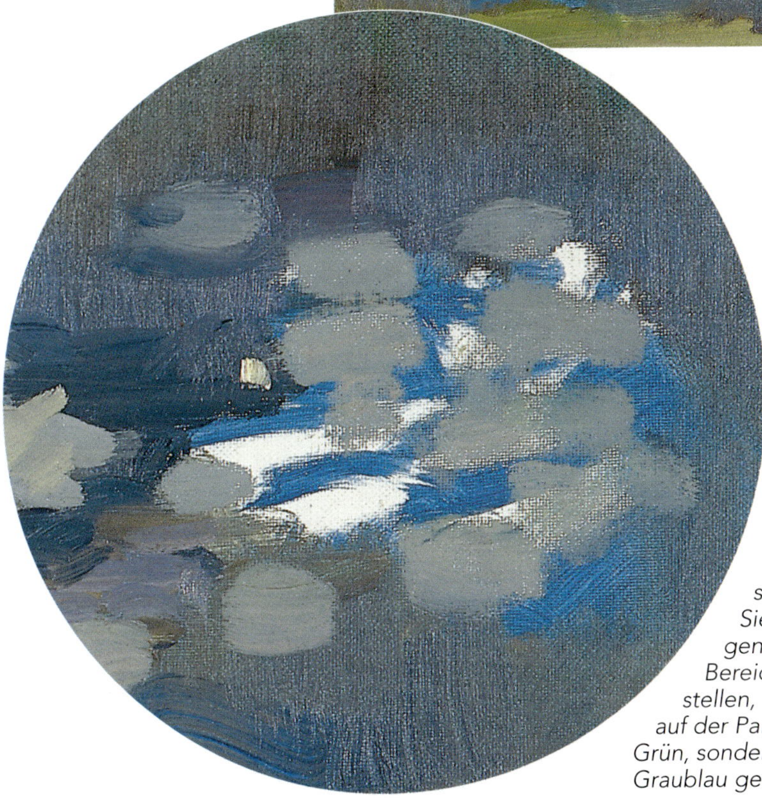

Wenn sich die Gelegenheit bietet, sollte man sich die Originale der Bilder in den entsprechenden Museen oder Galerien ansehen. So kann man viel leichter erkennen, welche Techniken der Maler angewendet hat.

4. Die Form der schwimmenden Blätter wird mit Farbtupfern definiert, die sich in der Wasseroberfläche wiederholen. Wie man in dem nebenstehenden Ausschnitt erkennen kann, verliert sich die Wirkung der einzelnen Pinselstriche, sobald man diese für sich allein betrachtet. Sieht man sie jedoch in ihrer Gesamtheit, fangen sie die Lichtwirkung in den einzelnen Bereichen ein. Um diese Schattierungen darzustellen, muß man von den Farben ausgehen, die auf der Palette gemischt wurden. Es ist kein reines Grün, sondern ein Farbton, der mehr in Richtung Graublau geht.

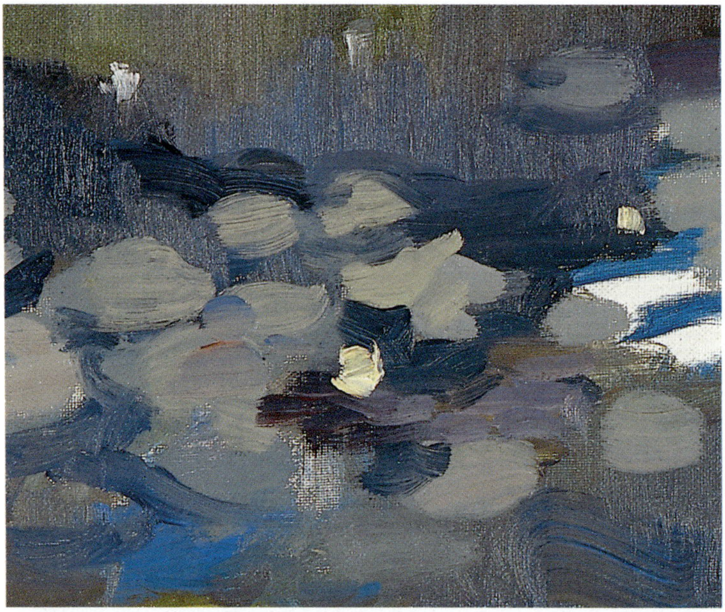

5. Auf der linken Seite des Bildes wird der Farbauftrag für die Seerosenblätter wiederholt. Jetzt wird auch Kobaltblau, dem etwas Ultramarinblau beigemischt wurde, verwendet, um einen Kontrast zum Blau des Wassers herzustellen. Wie man auf dem Bild erkennen kann, erscheinen die Seerosen aufgrund des Kontrastes zu dem dunkel gemalten Hintergrund jetzt viel heller. Mit kurzen, präzisen Pinselstrichen werden einige Blumen auf das Wasser des Teiches gemalt.

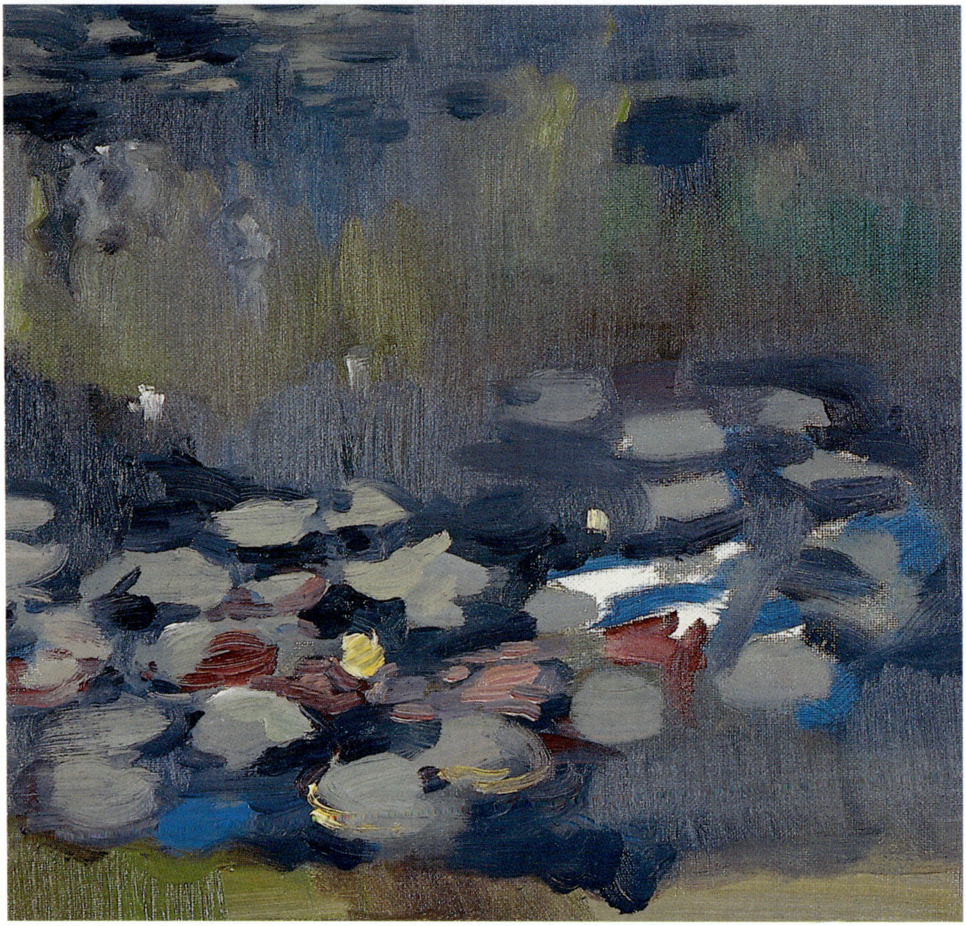

6. Die Farbe, die den gesamten unteren Teil des Bildes bestimmt, setzt man sehr kontrastreich. Die Pinselstriche werden immer dichter, die Farbe wird unmittelbar aufgetragen, ohne mit den Farbtönen der unteren Schichten zu verschmelzen. Genauso werden auch die Blautöne gemalt, die die Seerosenblätter umgeben. Über die Blume in der Mitte gibt man einige Tupfer Gelb. Danach verwendet man ein gedämpftes Karminrot, mit dem die Kontraste zu den kalten Farben erhöht werden.

7. Im oberen Teil des Bildes setzt man die Lichtreflexe mit weichen, wellenförmigen Pinselstrichen, die herabfließen und dabei die senkrechte Richtung des Bildes suchen. Mit diesen Strichen nimmt man einen Teil der Farbe aus den unteren Farbschichten mit. Nachdem Sie die Blume in der Mitte genauso gemalt haben wie die erste gelbe Blume, konzentrieren Sie sich jetzt auf den oberen Bereich. Dort deuten Sie mit wenigen Farbtupfern die Wasseroberfläche an, die von den sich ausbreitenden Seerosenblättern bedeckt wird.

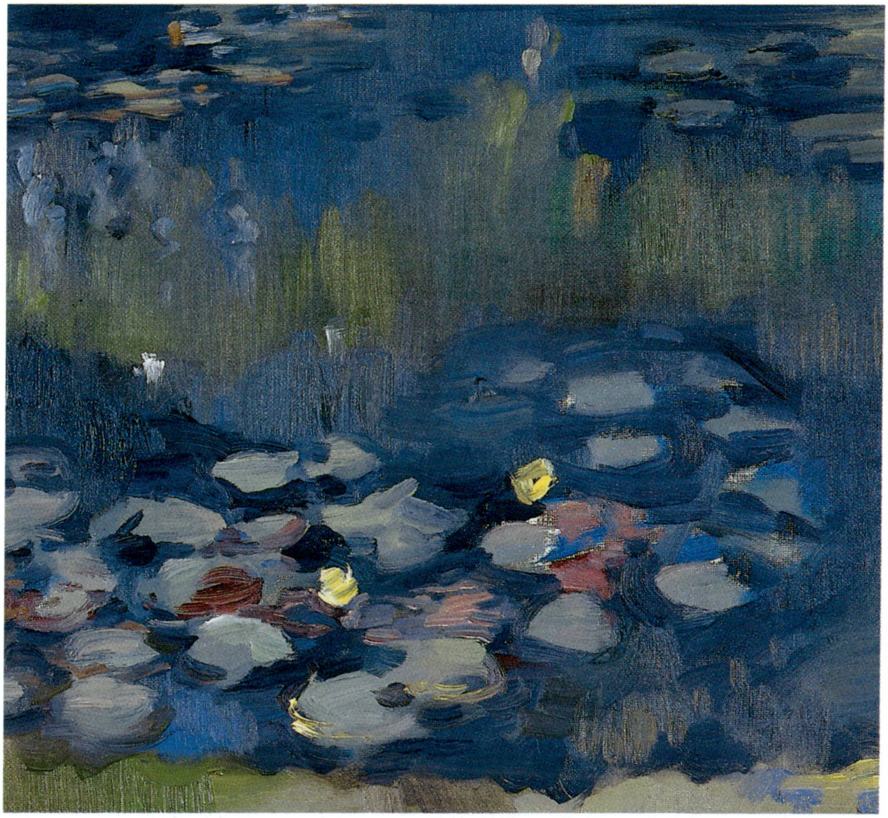

8. Man kann erkennen, wie im oberen Bereich des Bildes mit einigen wenigen, sehr hellen Pinselstrichen die schwimmenden Blätter endgültig festgelegt wurden. Dieses Mal bildet die Farbe einen ausreichenden Kontrast zu den Blautönen, die sie umgeben. Man verwendet Dunkelblau, um die Wirkung dieses Kontrastes zu erhöhen. Mit karminroten Tönen und einem Graugrün geben Sie den Blättern ihre Form.

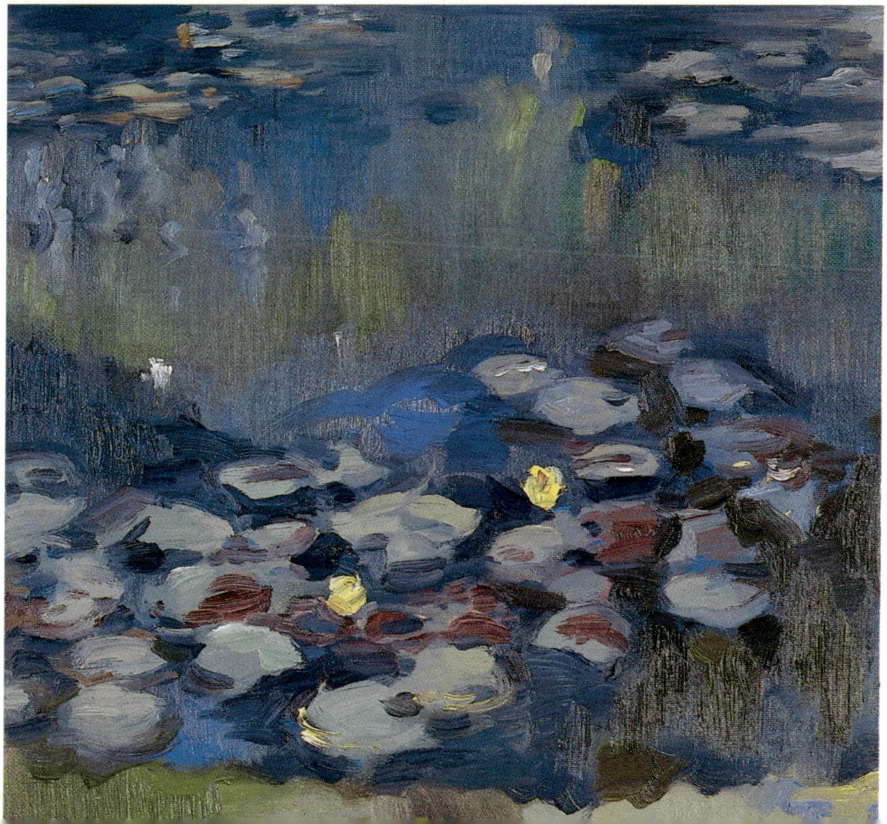

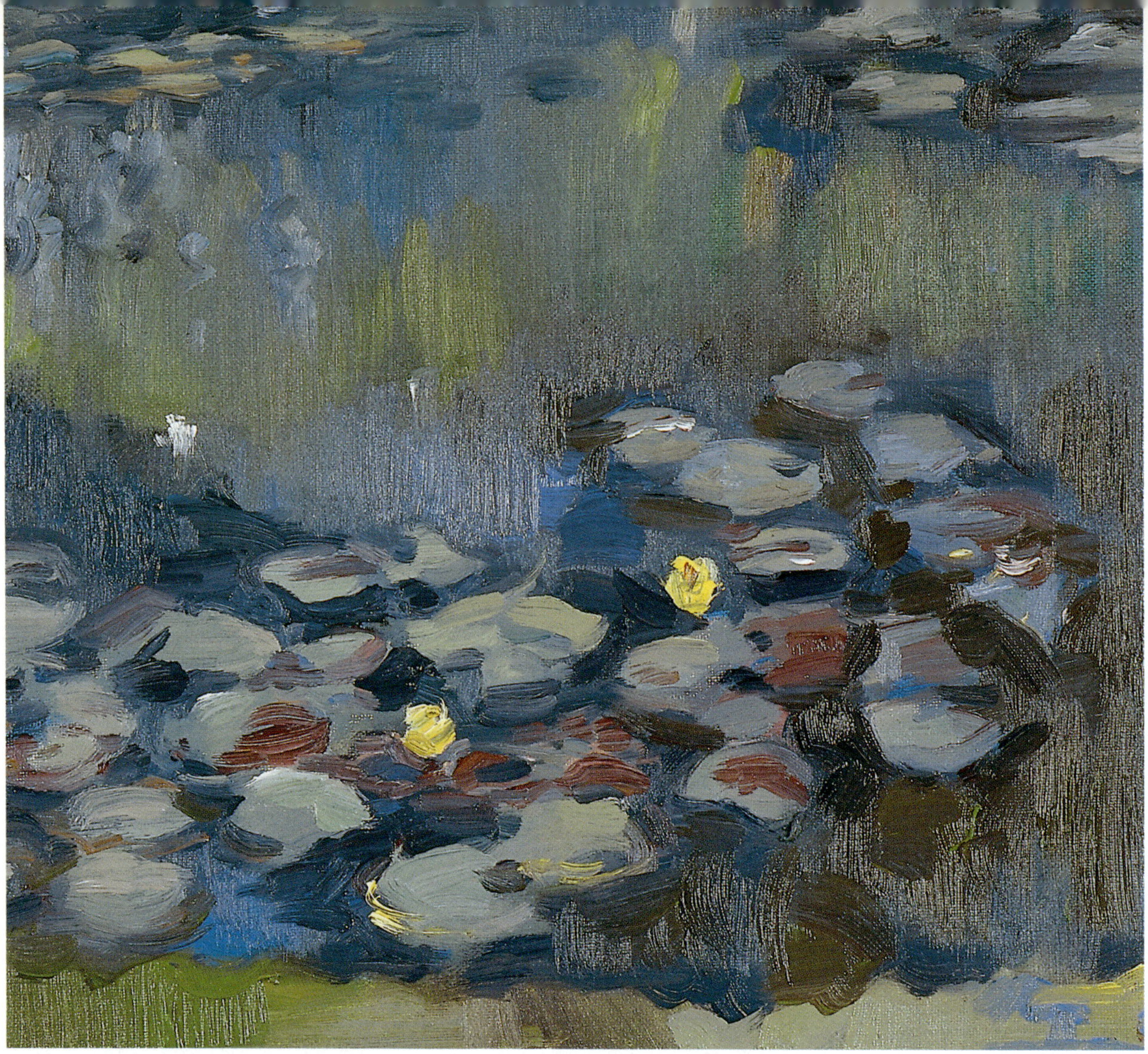

9. *Um das Bild fertigzustellen, müssen Sie jetzt nur noch die sehr dunklen und dichten Kontraste setzen. Diese zuletzt aufgetragenen Farbtöne erlauben uns, einige Bereiche von mittlerer Helligkeit hervorzuheben. Die dunklen Grüntöne, die in dieser letzten Arbeitsphase aufgetragen werden, bilden keine Formen, sondern dienen dazu, die hellen Farben der Blätter auf der Wasseroberfläche abzugrenzen.*

ZUSAMMENFASSUNG

Die ersten Farben, die man aufträgt, werden mit viel Terpentin verdünnt. Da die Farbe somit flüssig ist, gleitet sie über die Leinwand und läßt den Hintergrund durchscheinen.

Die leuchtend blaue Farbe bestimmt die Formen der Blätter und grenzt sie gegeneinander ab.

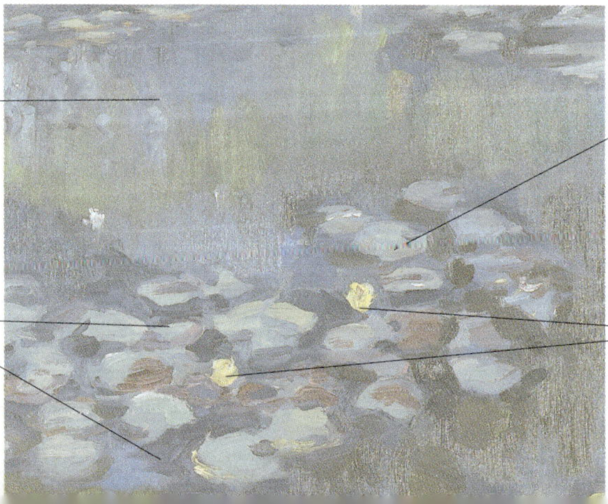

Die Blätter werden mit einer gebrochenen Farbe, die in Richtung Grau geht, gemalt. Diese Farbe hebt sich von den dunklen Tönen ab, mit denen das Wasser dargestellt wird.

Die Blumen werden in Gelb gemalt und entfalten eine direkte Bildwirkung.

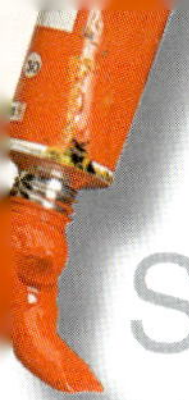

So malte
Vincent van Gogh
(Groot Zundert 1853-Auvers 1890)

Blühender Pfirsichbaum

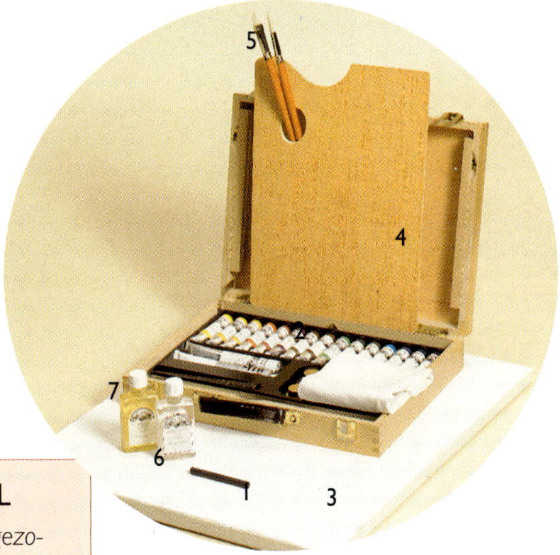

BENÖTIGTES MATERIAL

Zeichenkohle (1), Ölfarben (2), aufgezogene Leinwand (3), Palette (4), Pinsel (5), Terpentinöl (6) und Leinöl (7).

Das Werk Vincent van Goghs blieb zu seinen Lebzeiten weitgehend unbeachtet. Erst nach seinem Tode wurde dessen Genialität erkannt. In der Art und Weise wie er den Pinsel geführt und die Farben eingesetzt hat, näherte er sich zunehmend dem Expressionismus. Van Gogh ist Wegbereiter der modernen Malerei. Ohne ihn gäbe es viele der aktuellen Strömungen in der Kunst nicht.

Das Gesamtwerk van Goghs strahlt Energie und Leidenschaft aus. Seine Meisterschaft basiert nicht nur auf einem großen Zeichentalent, sondern gründet auch auf der beeindruckenden Kraft, die in seiner Verwendung von Farben und in seinen Pinselstrichen zum Ausdruck kommt. Die Themen – einfache Menschen und alltägliche Motive – sind fast immer eng an die Realität angelehnt. Der ausdrucksvolle Stil ist charakteristisch für seine Malerei. Van Gogh suchte nicht nach schwierigen oder abstrakten Themen. Ihm genügte als Motiv z. B. ein Garten mit einem blühenden Mandelbaum.

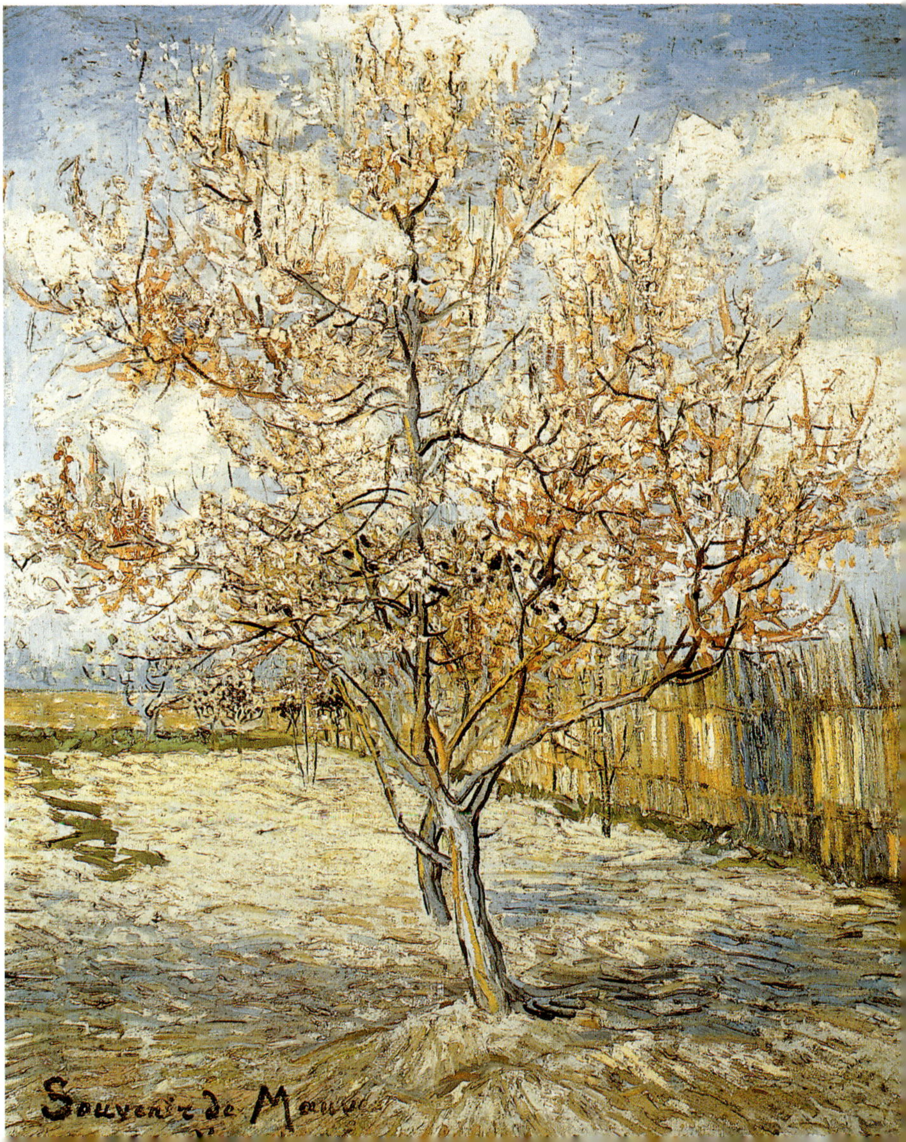

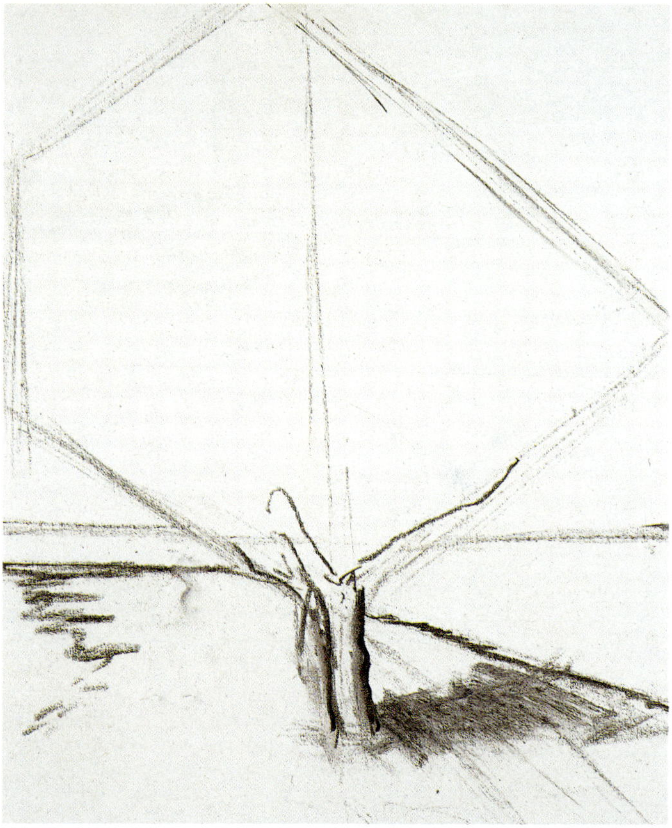

1. Da es sich hier um einen Entwurf handelt, der sehr einfach aussieht, sollte der Hobbymaler zumindest ein wenig stutzig werden. Und in der Tat ist Vorsicht geboten. Die Komposition dieses Bildes kann den Betrachter täuschen, denn der Baum steht nicht genau im Zentrum, und sein Volumen nimmt eine ziemlich genaue Form an, die leicht übersehen wird, wenn man den grundlegenden Linien nicht genug Aufmerksamkeit schenkt. Der Entwurf mit Zeichenkohle hilft uns, diese Formen und die grundlegenden Linien des Zauns, der den Garten umgibt, zu verstehen.

Wenn man versucht, ein Bild von van Gogh nachzumalen, muß man lernen, wie die Farben dick übereinander auf die Leinwand aufgetragen werden.

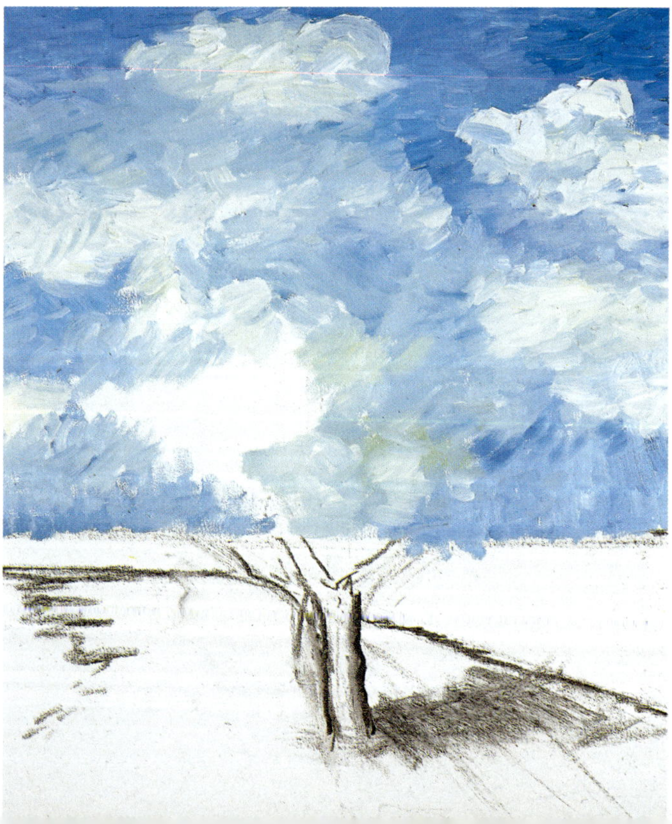

2. Am besten beginnt man das Bild mit dem Himmel. So kann die Farbe auf den gesamten Bereich aufgetragen werden, der später den blühenden Ästen des Pfirsichbaums als Hintergrund dient. Nicht alle Wolken wurden auf dieselbe Weise festgelegt. Diejenigen im oberen Teil des Bildes kontrastieren ein wenig mit dem Blau des Himmels. Die tiefer hängenden Wolken neigen jedoch dazu, sich mit dem Himmelblau zu vermischen. Es empfiehlt sich, nicht reines Weiß zu verwenden, sondern ein mit Neapelgelb vermischtes.

SCHRITT FÜR SCHRITT: Blühender Pfirsichbaum, von Vincent van Gogh

3. Zuerst wird der Himmel gemalt, dann die Landschaft und der Zaun. Genau wie im Werk des Künstlers wechselt sich am Boden ein interessanter Rhythmus aus Farben und Farbtönen ab. Im Hintergrund ist die Farbe sehr hell; dazu verwendet man als Grundlage Neapelgelb, dem ein bißchen Ocker und etwas sehr helles Grün hinzugefügt wird. Zum Bemalen der Fläche der Landschaft, die dem Betrachter am nächsten ist, nimmt man mehr bleifarbene und etwas dunklere Töne, die sich immer innerhalb der Skala der kalten Farben bewegen. Im Vordergrund werden erdfarbene Töne aufgetragen. In diesem Bereich arbeitet man mit langen Pinselstrichen, die in Richtung des großen Baumes weisen. Der Zaun wird mit vertikalen Pinselstrichen gemalt, die nur im Hintergrund dazu neigen, sich zu vermischen.

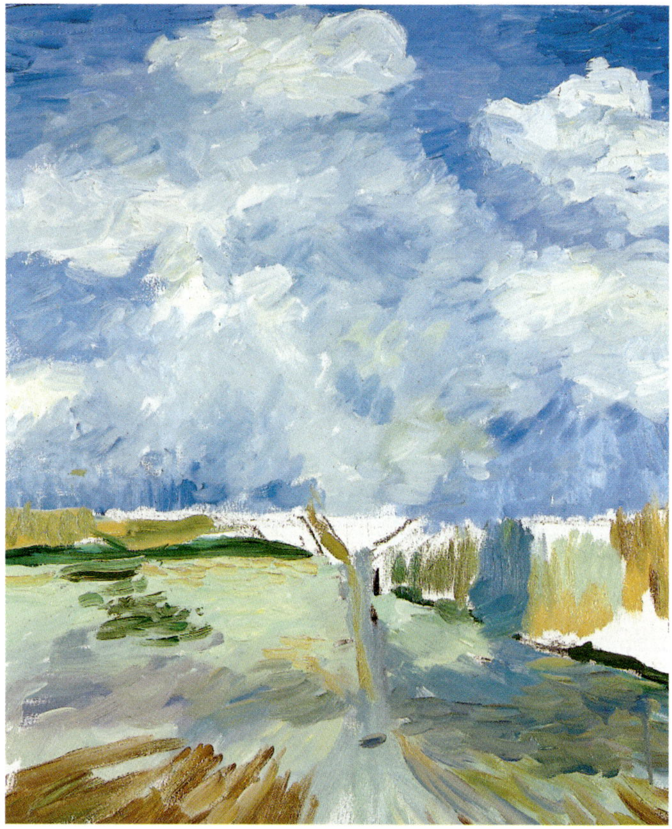

4. Der Grund ist jetzt komplett mit Farbe bemalt. Nun werden die einzelnen Zonen festgelegt. Dazu sieht man sich genau an, wie der Pinselstrich gesetzt und die Farbe in diesen Bereichen verwendet wurde. Um die Farben im Vordergrund auszugleichen, setzte van Gogh kurze Pinselstriche in verschiedenen, sehr hellen Grüntönen in die Bildmitte. Die Schatten der Landschaft werden mit Blau gemalt, die Bereiche, auf die die Sonne scheint, mit Ocker.

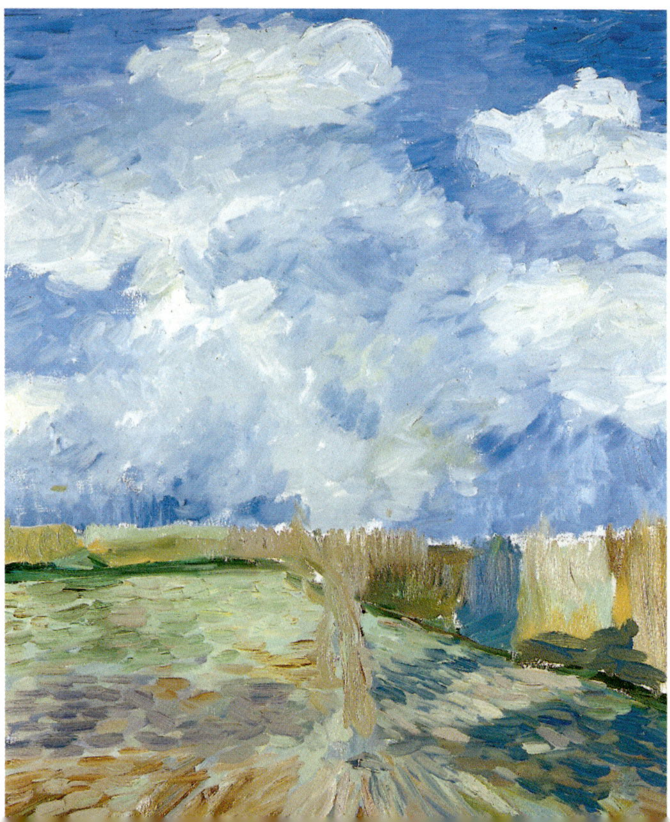

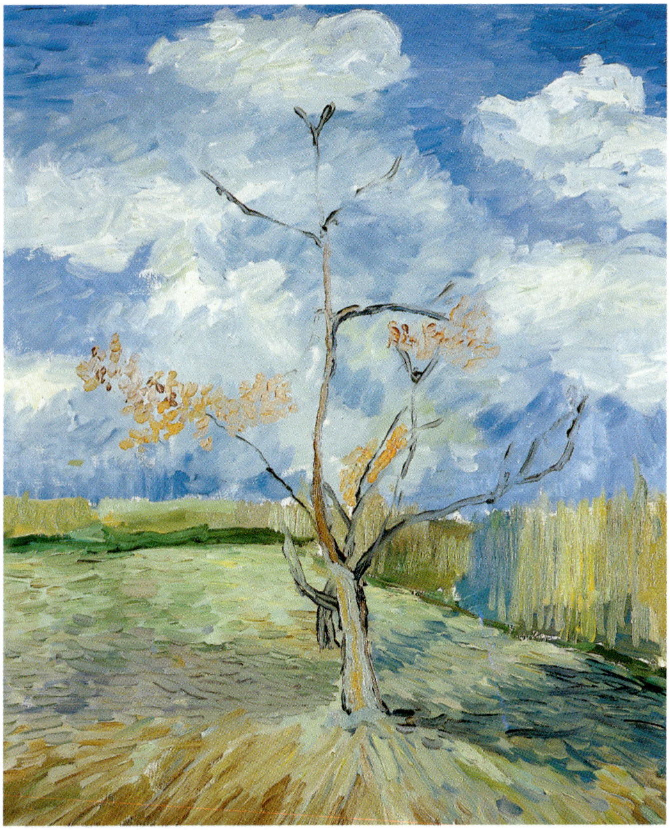

5. Mit einem dünnen Pinsel werden die Umrisse des großen Baumes skizziert. Dabei verwendet man mehrere Farben. Einerseits die Farbe Schwarz, auf der anderen Seite Siena, das sich in einigen Bereichen des Pinselstrichs mit dem Hintergrund und mit der Kohlezeichnung vermischt. Zunächst malt man den wichtigsten Ast, von dem dann alle weiteren Äste ausgehen. Man fährt mit der Bemalung der Landschaft fort. Hier werden zahlreiche Pinselstriche gesetzt, deren Farben und Töne sich je nach Lichteinfall abwechseln.

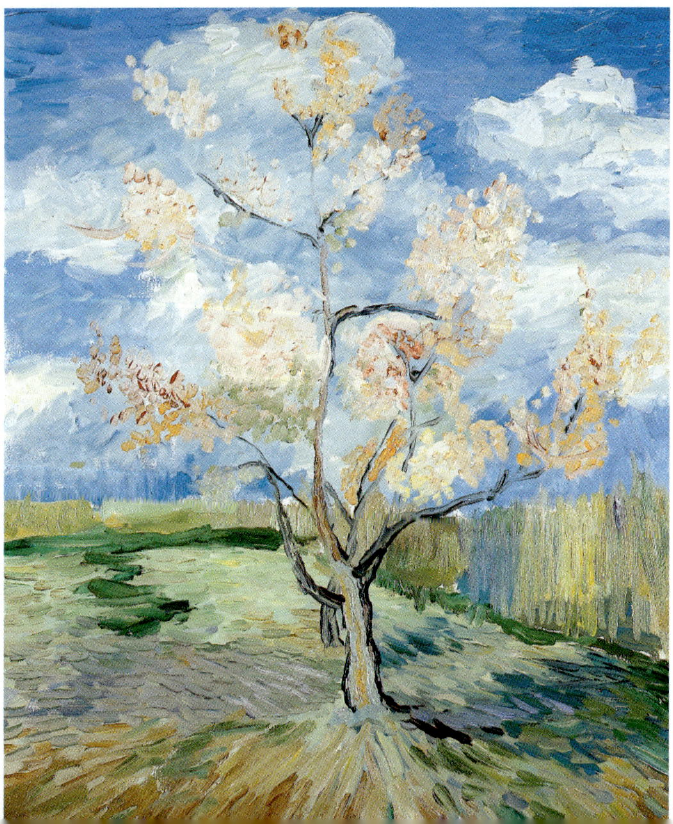

6. Nachdem die wichtigsten Äste und ihre ersten Ausdehnungen gezeichnet wurden, malt man die Blätter des Baumes. Dieser Arbeitsschritt ist besonders schwierig, da man leicht Gefahr läuft, die Farben in dem Bereich der Baumkrone zu dick aufzutragen. Es ist wichtig, diesen Schritt energisch, aber gleichzeitig maßvoll auszuführen. Die Farben, die man für die Rosatöne der Äste verwendet, sind Karmin, Orange, Ocker, Neapelgelb und Weiß. Wie man in der Abbildung erkennen kann, wurden auch einige wenige Grüntöne aufgetragen.

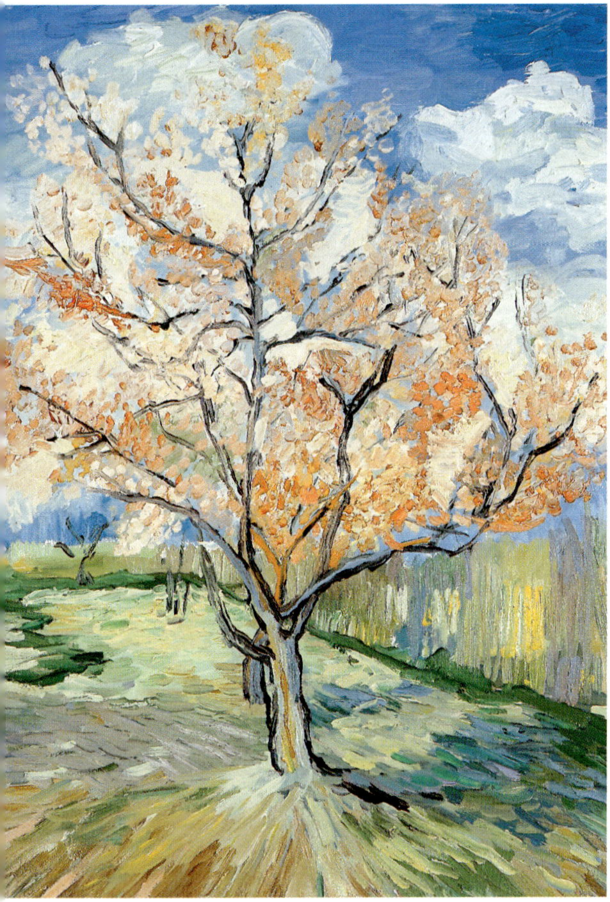

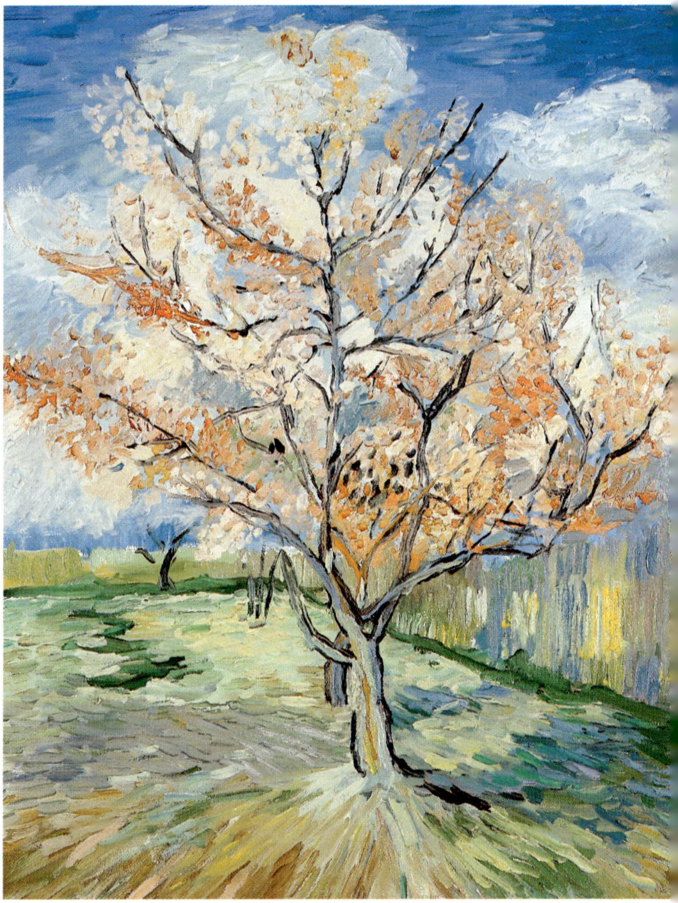

7. Achten Sie darauf, dem Verlauf des Pinselstrichs in den einzelnen Bereichen der Baumkrone exakt zu folgen. Die Pinselstriche müssen kurz sein, dürfen jedoch nicht zu Punkten werden. Ebenso versucht man in jedem Bereich, eine vollständige Skala an Farbtönen zu verwenden, indem mit jedem Pinselstrich Spuren verschiedener Farbwerte hinzugefügt werden. In der Mitte des Baumes setzt man einige orangene Farbtöne, rechts dominiert Rot, das mit Neapelgelb und Weiß abgetönt wurde. Während man die Baumkrone malt, muß man auch die Form einiger Äste berichtigen. Sie werden als dünne Striche wiedergegeben, die von dichter rosa Belaubung durchbrochen werden. Der Stamm wird mit Blautönen und in einer Kürbisfarbe bemalt.

8. Im nächsten Arbeitsschritt werden einige Details eingefügt, die der Krone des Pfirsichbaumes ihre Form geben. In einigen Bereichen setzt man kleine schwarze Pinselstriche, die stark mit den übrigen, leicht pastellfarbenen Tönen der Umgebung kontrastieren. Die dünnsten Äste werden mit dem feinsten Pinsel gezeichnet, ohne dabei die hellen Farben des Untergrundes aufzunehmen.

In Bildern, bei denen dicke Farbaufträge verwendet werden, muß man die Farben direkt auf der Leinwand mischen. Damit ergänzt man die Farben, die auf der Palette gemischt wurden.

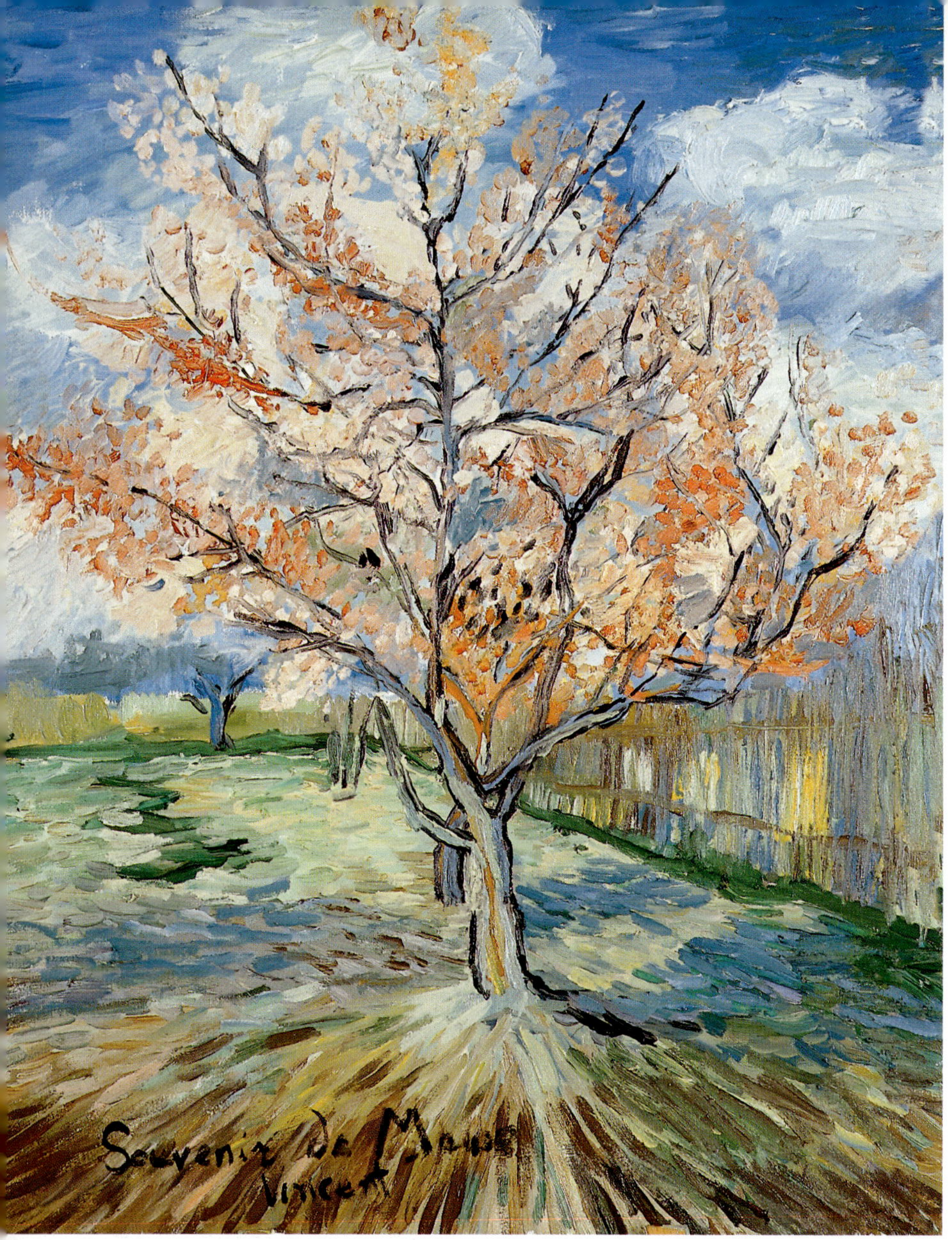

9. Die zahlreichen Pinselstriche, die auf die Baumkrone aufgetragen werden, haben immer reinere Farben. Man fügt sogar reines Rot oder Karmin hinzu, das stark mit den fast weißlichen Farben des Hintergrunds kontrastiert. Die Arbeit an der Landschaft ist genau und wird mit kleineren und kräftigeren Pinselstrichen als bisher ausgeführt. Auch die Arbeit am Zaun zeichnet sich durch expressive Intensität aus.

ZUSAMMENFASSUNG

Man malt den Horizont himmelblau; die Wolken dagegen werden in verschiedenen weißlichen Tönen ausgearbeitet.

Die Farbtöne der Landschaft entsprechen den verschiedenen Helligkeitswerten, die durch den Lichteinfall ausgelöst werden.

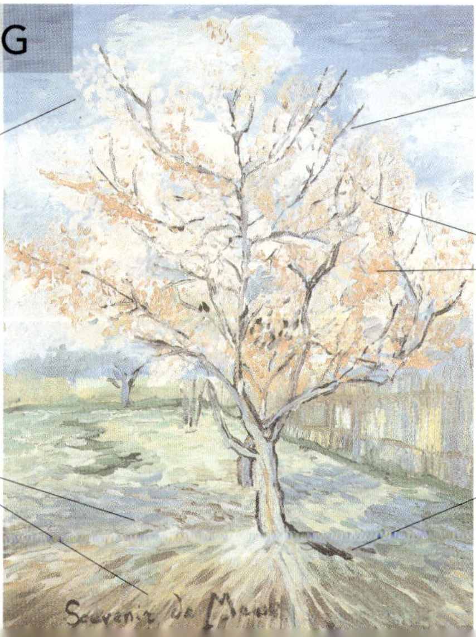

Der Umriß des großen Baumes wird mit einer Linie skizziert, die ihn perfekt definiert.

Die Blätter werden in Pastelltönen gemalt, die größtenteils mit Weiß und Neapelgelb gemischt werden.

Je mehr man mit der Ausarbeitung des Bildes fortschreitet, desto präziser werden die Striche und Farben der Landschaft gesetzt.

So malte

André Derain

(Chatou 1880-Garches 1954)

Die Algerierin

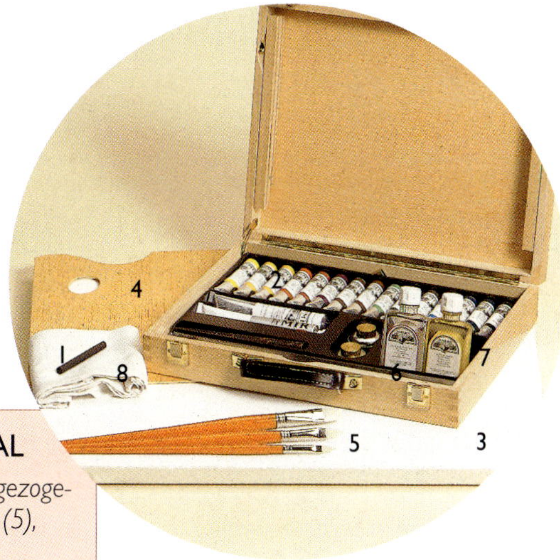

Derain ist einer der bekanntesten Vertreter der postimpressionistischen Bewegung des Fauvismus. Typisch für diesen Malstil ist der intensive Einsatz von Farben, der nahezu ungehemmt wirkt, aber gerade bei Derain auf einer meisterhaften Beherrschung der Farbtheorien gründet. Das Werk Derains läßt akademischen Eifer erkennen, doch seine Bilder sind sehr ausdrucksstark und sehr kraftvoll.

BENÖTIGTES MATERIAL

Zeichenkohle (1), Ölfarben (2), aufgezogene Leinwand (3), Palette (4), Pinsel (5), Terpentinöl (6), Leinöl (7) und ein Tuch (8).

Typisch für den Fauvismus ist der Gebrauch von Komplementärfarben und die strenge Linienführung bei der Formgebung der dargestellten Gegenstände. Das nebenstehende Bild ist charakteristisch für diesen Malstil und nicht allzu schwierig nachzumalen. Die Umsetzung ist technisch einfach, so daß sie auch dem Hobbymaler keine zu großen Schwierigkeiten bereitet.

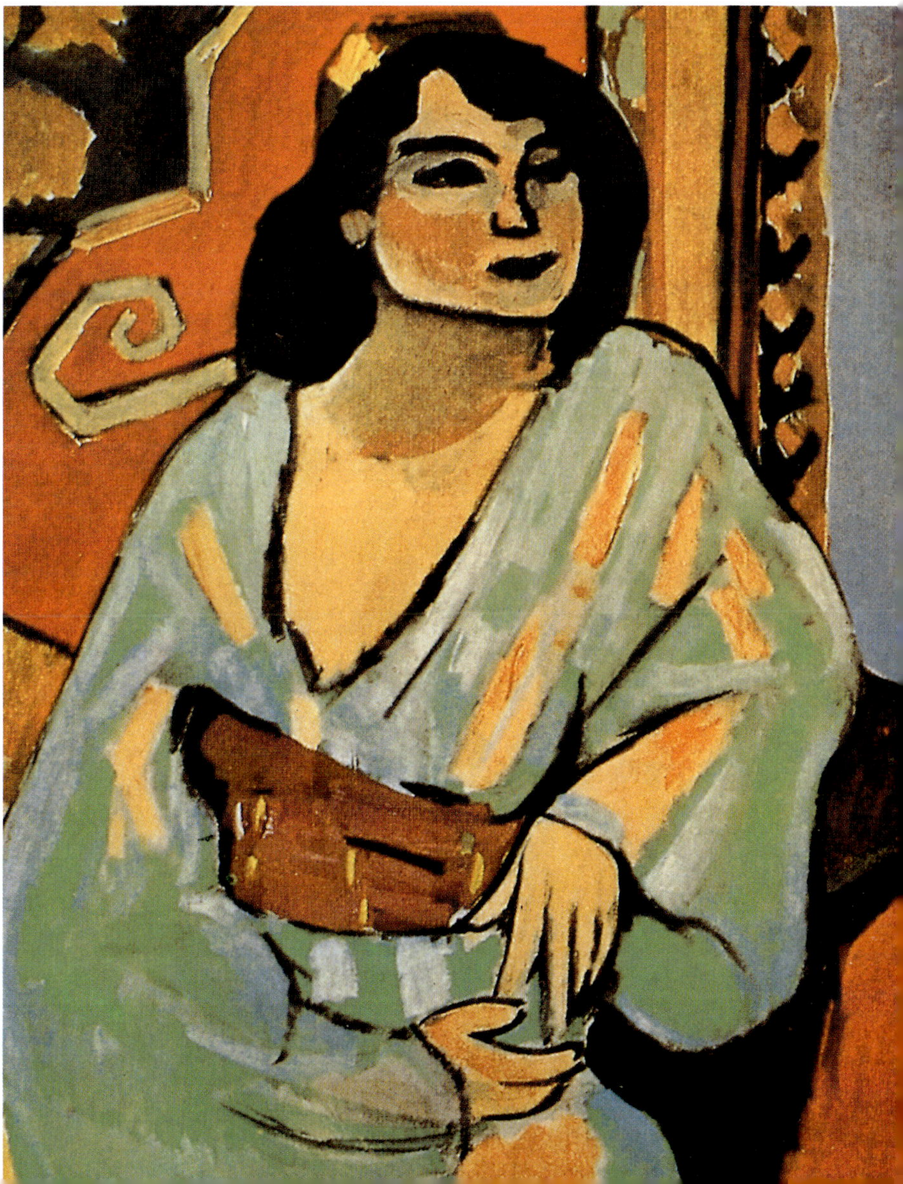

SCHRITT FÜR SCHRITT: Die Algerierin, von André Derain

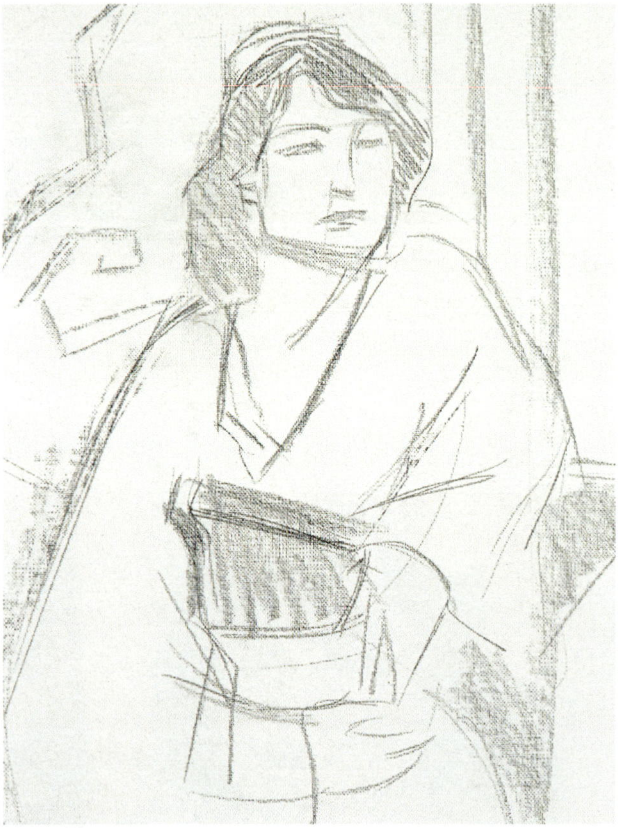

1. Bei vielen Techniken in der Ölmalerei ist das Anfertigen einer Vorzeichnung wichtig. Hier wird es unentbehrlich, da die Farben völlig flach aufgetragen werden. Außerdem fehlt jede Form der Modellierung oder Verschmelzung der Farbtöne. Der Umriß der Zeichnung muß genau sein, um später durch die Farbe der Linie, ebenso wie durch die Farbmengen in jeder Zone, weiterentwickelt werden zu können. Auf der anderen Seite können, wenn man mit Kohle vorzeichnet, viele der undeutlichen Linien korrigiert werden, indem man mit einem Lappen darübergeht.

Die erste Zeichnung oder Skizze muß mit einem Malmittel erstellt werden, das leicht zu korrigieren ist. Dazu eignet sich Zeichenkohle oder auch die Ölfarbe selbst. Viele Maler verwenden für die Skizze eine Acrylfarbe, die sich, solange sie noch frisch ist, leicht korrigieren läßt. Sie trocknet rasch und harmoniert gut mit den Ölfarben.

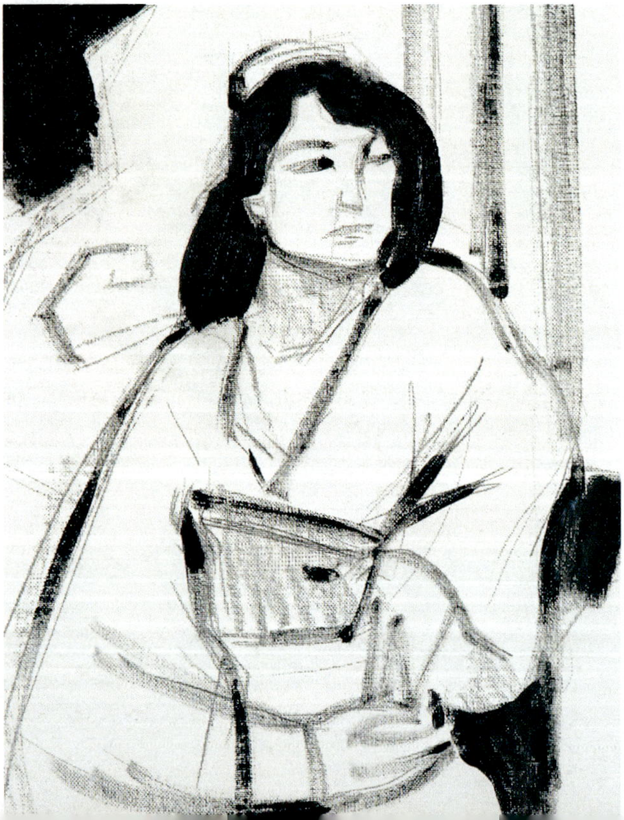

2. Nach dem Skizzieren der Figur müssen die Hauptlinien der Zeichnung angelegt werden. Bei dieser Übung ist es sehr wichtig, daß die Zeichnung genau ausgeführt wird, bevor man mit dem Farbauftrag beginnt. Die Linie vermittelt zwischen den einzelnen Bereichen der Figur und zwischen Figur und Hintergrund. Die Pinselstriche, die gesetzt werden, müssen ziemlich dick sein, damit sie auch als Trennlinien in den folgenden Arbeitsschritten benutzt werden können.

3. Da die gröbsten Linien vorgezeichnet worden sind, kann mit dem Farbauftrag in den abgegrenzten Bereichen begonnen werden. Derain begann mit Farben zu malen, die im Bild leicht eine Komplementärfarbe finden. Er malte den Türspalt auf der rechten Seite der Komposition in sehr hellem Violett. Daneben setzte er die Türangel in einem Rosaton. Der untere Bereich wird mit einer Farbe bemalt, die zwischen diesen beiden Tönen liegt. Links von der Figur wird der Grund in einem rötlichen Ton, der später noch viel intensiver gesetzt werden kann, bemalt. Das Gesicht wird mit einem hellen Rosaton bemalt; für den Schatten auf dem Hals verwendet man ein dunkles Violett.

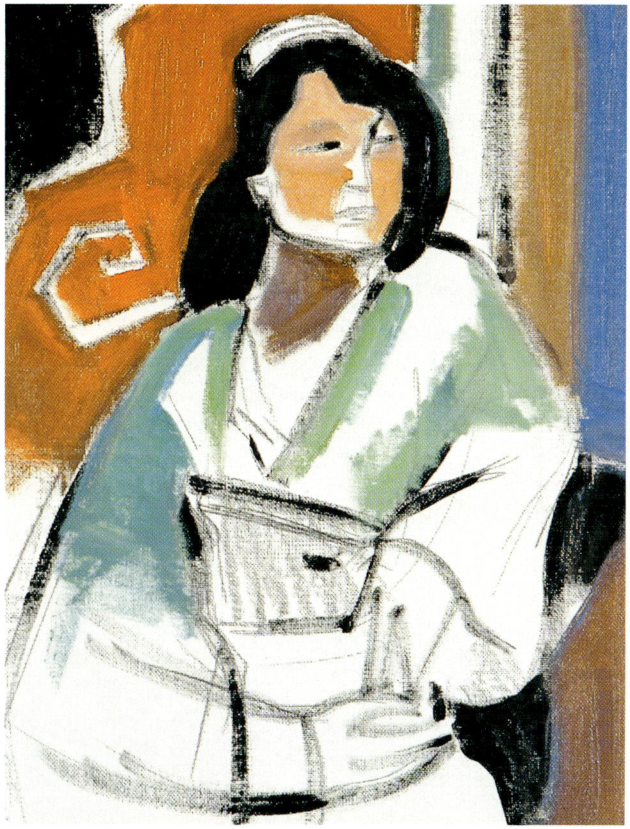

Wenn man mit sehr reinen Farben arbeitet, muß man das Mischen der Farben auf der Leinwand nach Möglichkeit vermeiden, vor allem das Mischen mit Schwarz.

4. Das Kleid wird zuerst in Grüntönen gemalt, die mit Weiß etwas abgetönt wurden. In diesem Bereich trägt man jedoch, vor allem auf den Ärmel, auch andere Farben auf, mit denen die Farbwirkung des Bildes bereichert wird. Der Grund wird vollständig mit Farben gemalt, die flach aufgetragen werden. Das Gesicht wird in einzelne Bereiche zerlegt, dabei arbeitet man auf den zuvor aufgetragenen Farben. Jede neue Zone entspricht einer anderen Fläche, auch wenn es zwischen ihnen keine Trennlinie gibt.

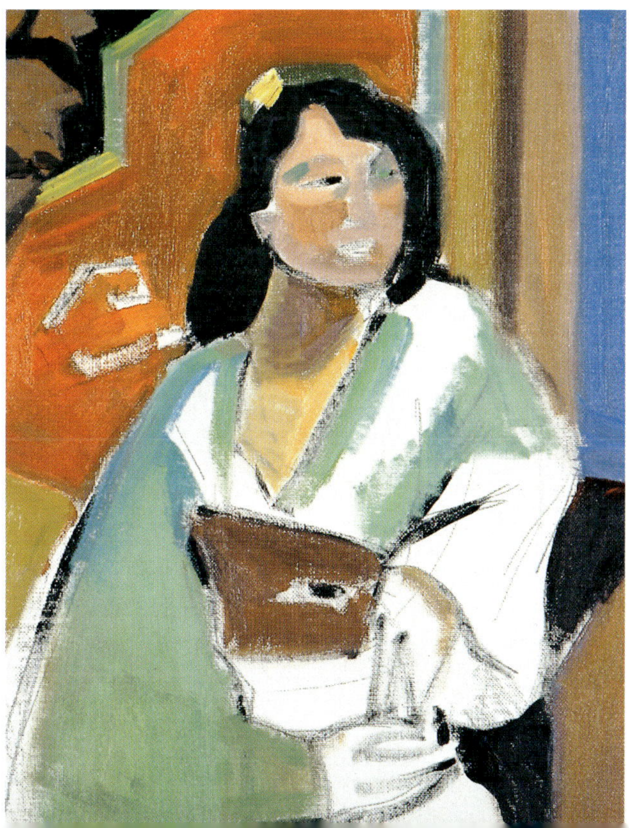

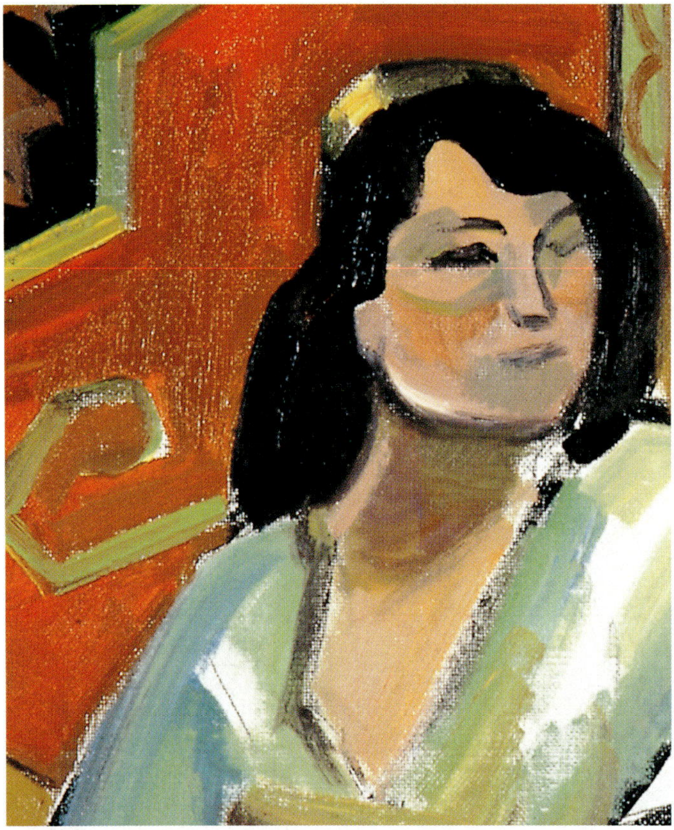

5. In allen Bereichen, auch wenn sie weiß belassen wurden, wird die Farbe flach aufgetragen. Diese Farbe dient gleichzeitig als Trennlinie. Man beachte auf der linken Seite des Bildes und auf dem Hintergrund, wie die grünen Striche die einzelnen Bereiche voneinander trennen. Die Spirale, die vorher weiß geblieben war, wird jetzt in einem hellen Grün bemalt. Über die grüne Türangel setzt man mit einem bogenförmigen Pinselstrich einen Rand in einem Rotton. Mit einem dünnen Pinsel wird mit dem Ausmalen des Gesichts begonnen. Diesmal arbeitet man mit genaueren und feineren Pinselstrichen.

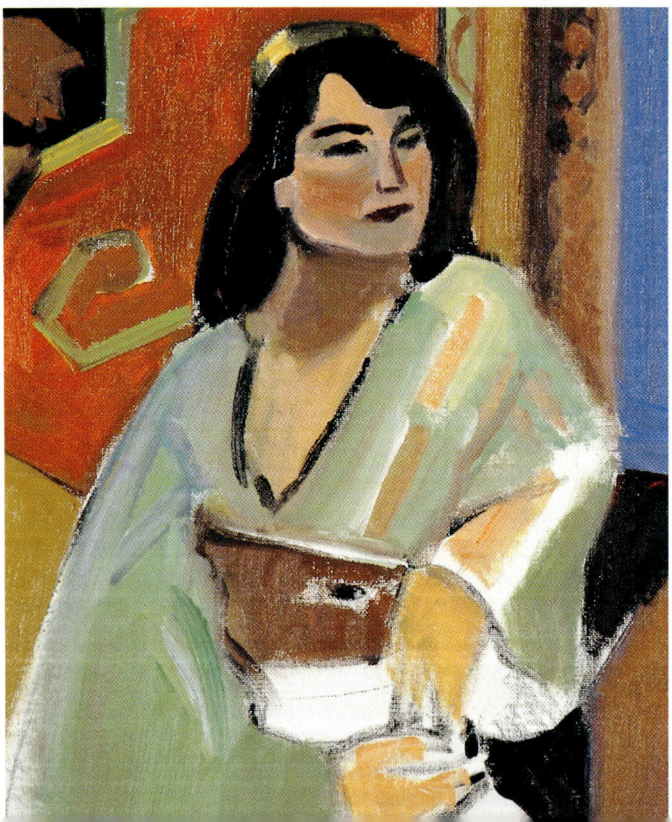

6. Nachdem die wichtigsten Gesichtszüge herausgearbeitet wurden, skizziert man die Nase mit einem dünnen Pinsel, der mit Schwarz und Violett gefüllt ist. Die Lippen werden mit Karmin bemalt. Das Kleid malt man in verschiedenen Farben aus, gleichzeitig erschafft man mit den flach aufgetragenen Farben neue Bereiche. Auf der linken Seite trägt man ein Hellblau auf, das mit Weiß etwas abgetönt wurde. Rechts, auf die Flächen, die weiß belassen wurden, wird ein fleischfarbener Ton aufgetragen. Die Hände bemalt man mit einer gelblichen Farbe, die als Grundlage für den nächsten Arbeitsschritt dient.

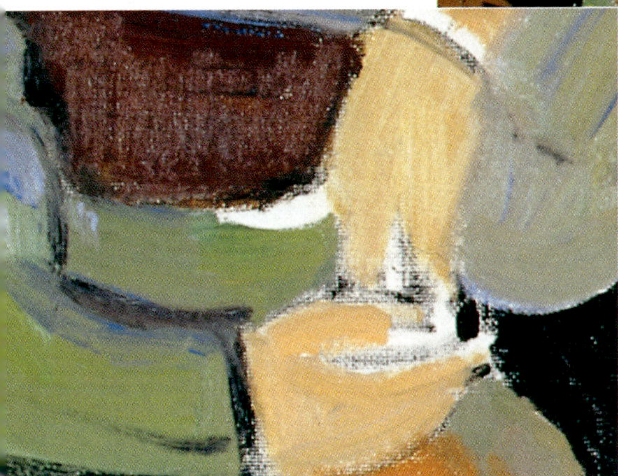

7. Auf die vorher aufgetragene Farbgrundlage der Hände wird eine etwas hellere, leicht orangene Farbe gesetzt. Dafür verwendet man Ocker, Neapelgelb, etwas Karmin und verhältnismäßig viel Weiß. Mit sehr hellem Grün bemalt man den Ärmel des Kleides; die Schärpe wird dunkelviolett gefärbt.

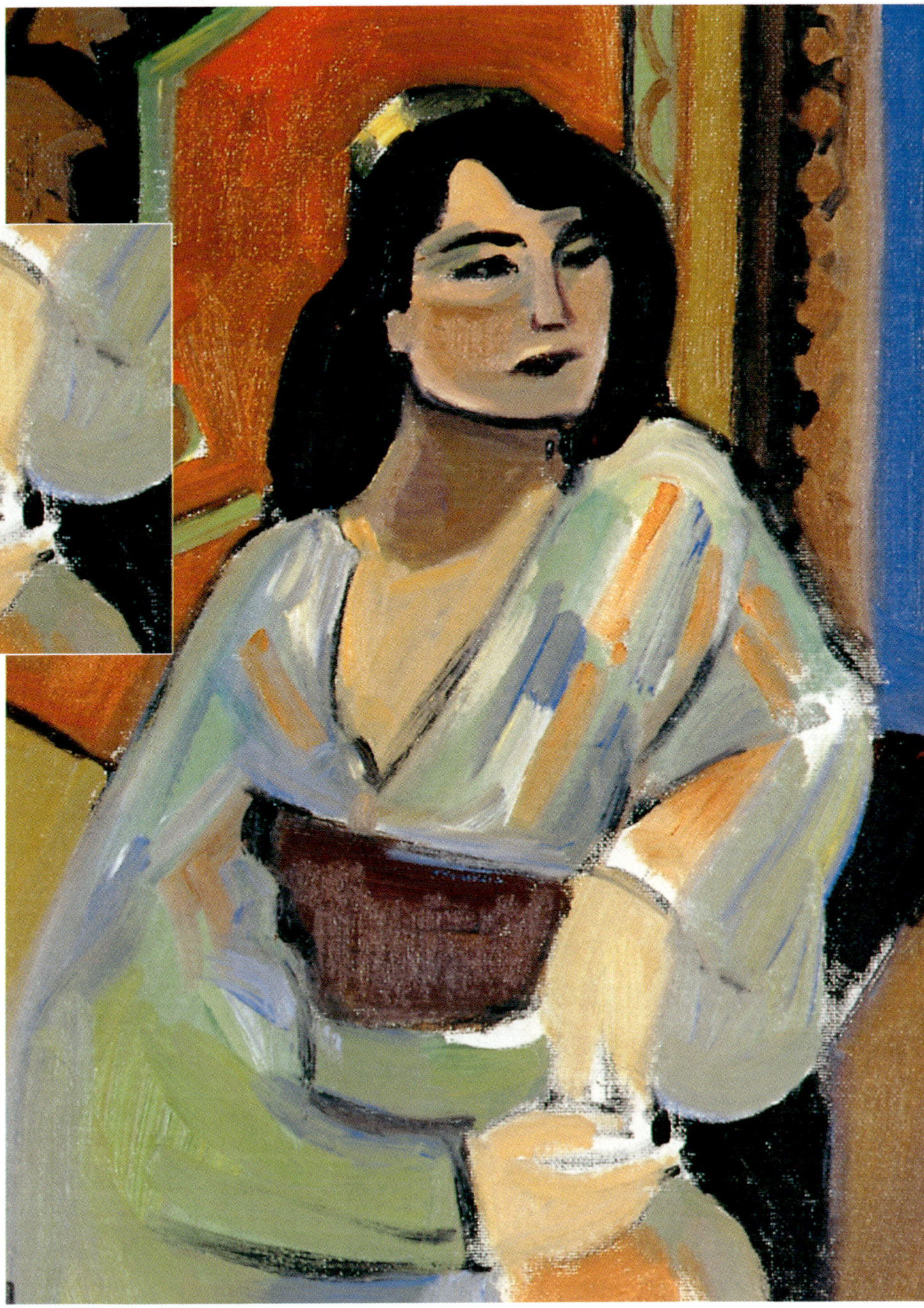

Die endgültigen Kontraste werden erst kurz vor der Fertigstellung des Bildes herausgearbeitet. So kann man noch Schattierungen hinzufügen und so die Gesamtfarbwirkung des Bildes bereichern.

8. Mit einem feinen Pinselstrich wird das Gesicht der Frau skizziert. Auf die Wangenknochen setzt man einen Strich, der sie hervorhebt und die Lichtzonen um das Auge begrenzt. Der weiße Bereich um die Augen wird mit demselben hellen Grün wiedergegeben wie die Schatten der Augenbrauen und der Lider. Die Verzierung des Türrahmens rechts wird in dunklem Braun gemalt.

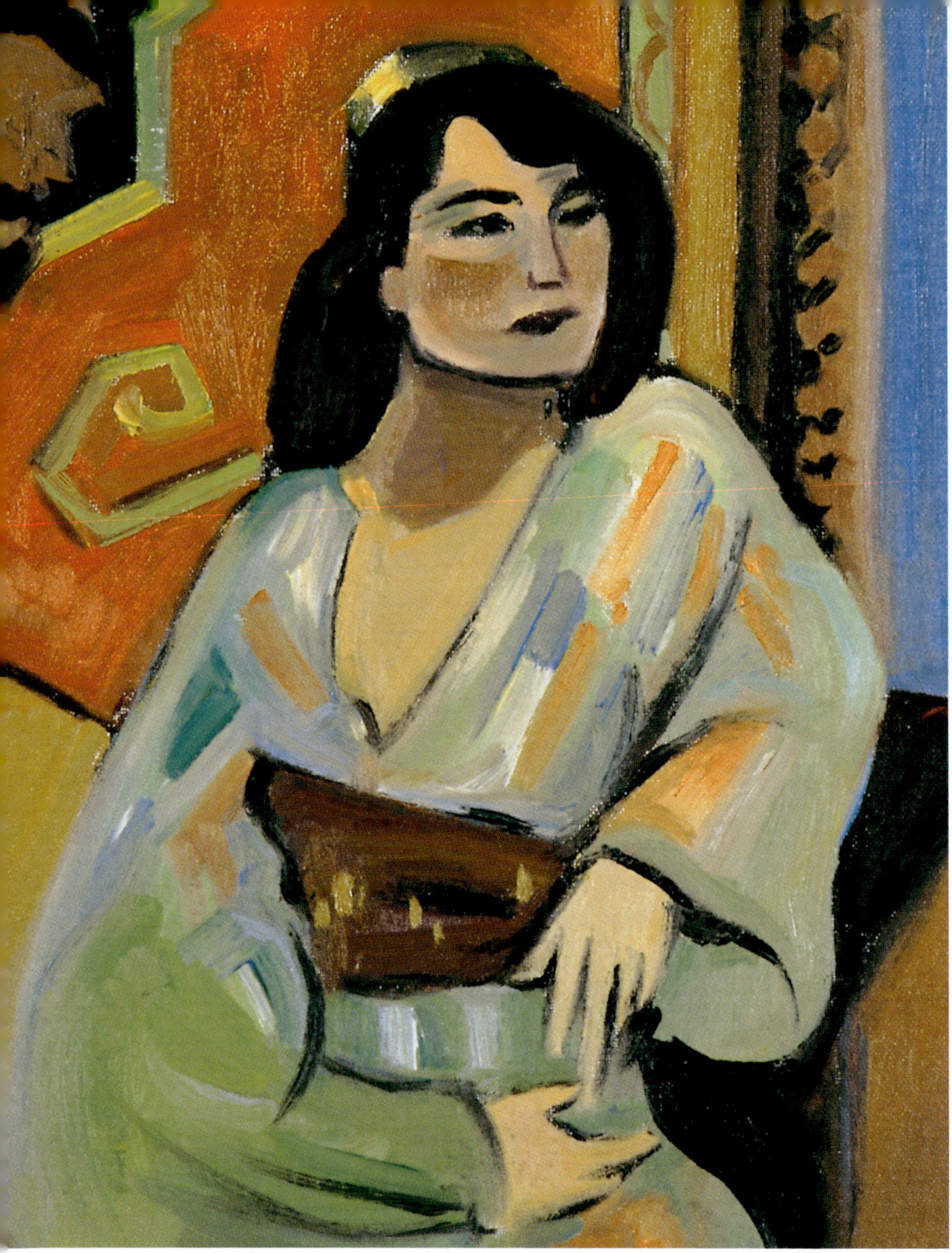

9. Nachdem auf das Bild die flachen Farben komplett aufgetragen wurden, muß man nur noch die kleinen Krümmungen, die noch weiß geblieben sind, fertigstellen. Man skizziert also nun die schwierigsten Linien und vollendet so die Kopie dieses Bildes von Derain.

Während man die letzten Striche setzt, muß man auf die Farben des Bildes achten. Möchte man die Helligkeit bestimmter Bereiche aufheben, muß die Ausführung der Pinselstriche so geschehen, daß die Farben darunter atmen können.

ZUAMMENFASSUNG

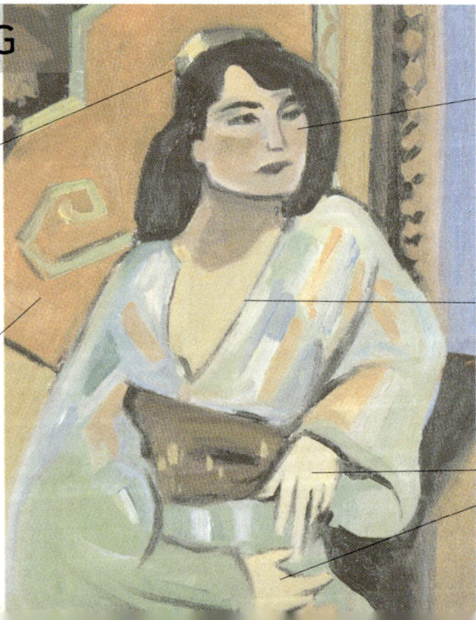

Die Anfangsskizze führt man mit Zeichenkohle aus, um eventuell falsch gesetzte Striche leicht korrigieren zu können.

Auf dem Hintergrund kontrastiert das starke Rot lebhaft mit den hellen Grüntönen und den violetten Tönen – eine der Haupteigenschaften dieses Malstils.

Im Gesicht nimmt jede gemalte Farbe eine Fläche ein. Die einzelnen Striche legen die Gesichtszüge wieder neu an.

Alle Bereiche werden nach dem Bemalen mit derselben Farbe oder mit Schwarz abgegrenzt.

Die Farbgebung der Hände wird nach und nach in einem zweiten Farbauftrag festgelegt.

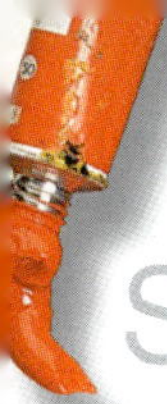

So malte
Paul Cézanne
(Aix-en-Provence 1839-Aix-en-Provence 1906)

Stilleben

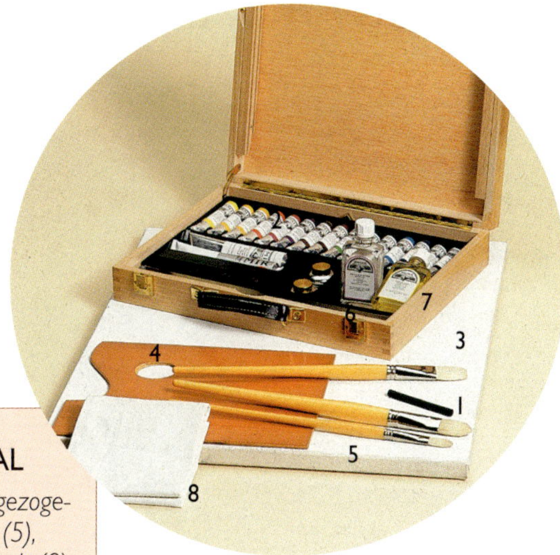

Cézanne war, gemeinsam mit Gauguin und van Gogh, einer der wichtigsten Wegbereiter der Klassischen Moderne. Er wurde von seinen Zeitgenossen dermaßen bewundert, daß sie ihm den Beinamen „Der Weise" gaben. Das Werk des Malers nimmt eine Schlüsselstellung in der zeitgenössischen Kunst ein.

BENÖTIGTES MATERIAL

Zeichenkohle (1), Ölfarben (2), aufgezogene Leinwand (3), Palette (4), Pinsel (5), Terpentinöl (6), Leinöl (7) und ein Tuch (8).

Typisch für Cézannes Bilder ist der Versuch, in ihnen eine Synthese verschiedener Ansichten eines Gegenstandes zu erschaffen. In diesem Stilleben ist der eigenwillige Stil des Malers noch nicht voll entwickelt, es läßt jedoch die Annäherung an bestimmte spätere Techniken in seinem Werk schon erkennen. Man beachte die Ausführung der Tischfläche im Verhältnis zu den anderen dargestellten Gegenständen des Stillebens, ebenso die Art und Weise, mit der die Pinselstriche die Formen in kleinen Flächen herausarbeiten.

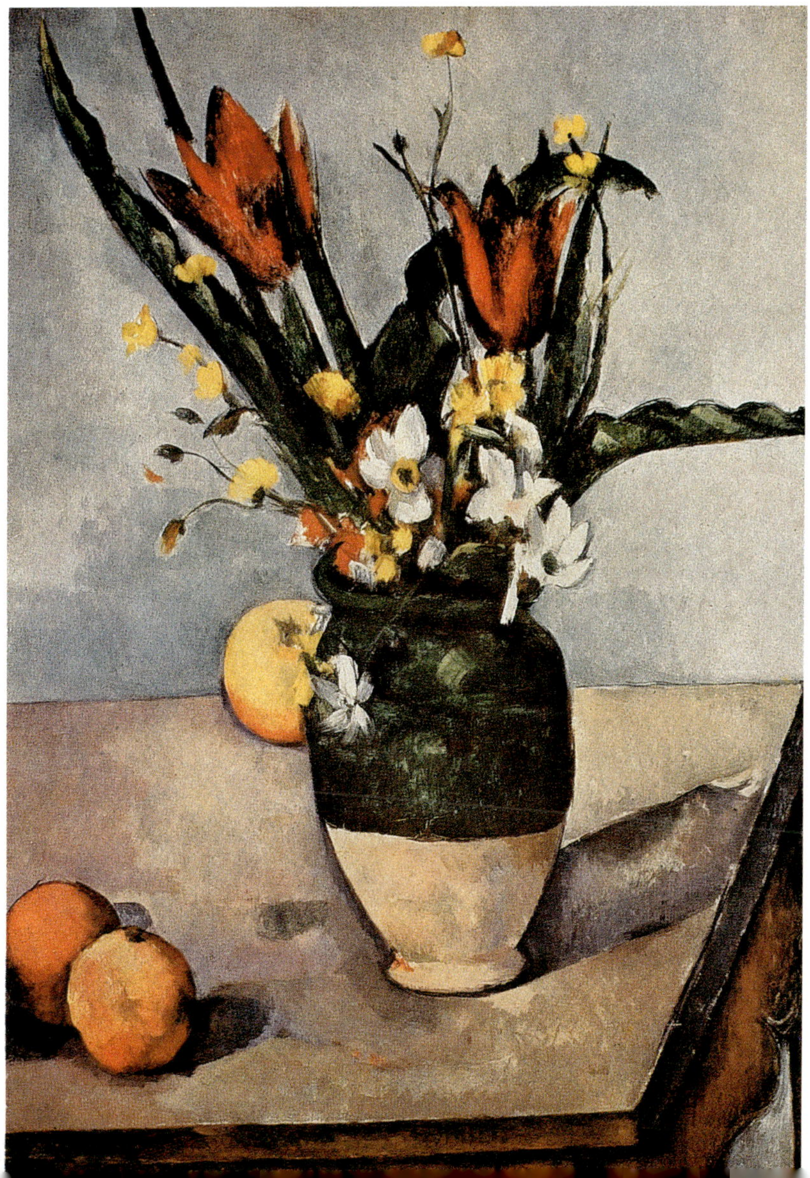

SCHRITT FÜR SCHRITT: Stilleben, von Paul Cézanne

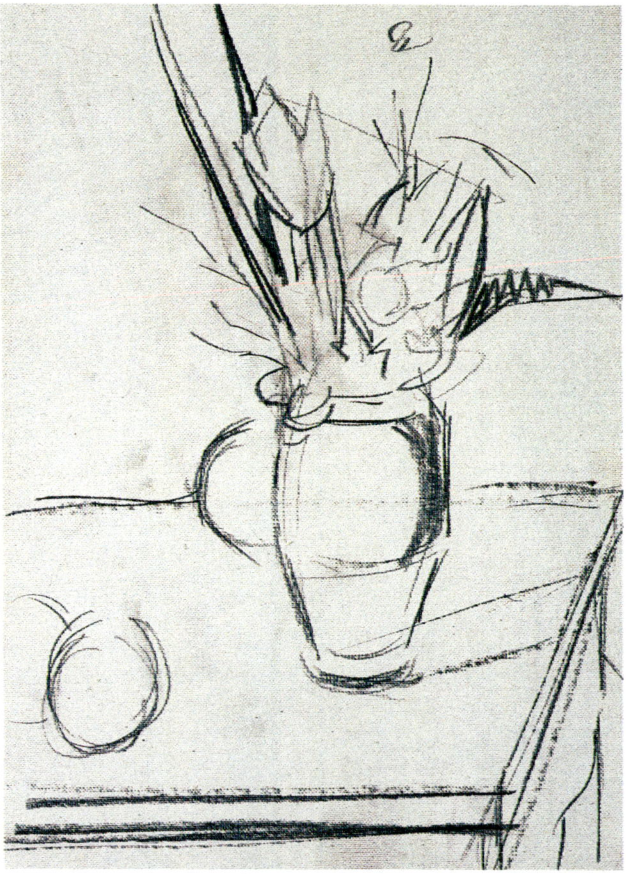

1. Cézanne hatte immer ein besonderes Interesse am Studium der Komposition. Trotzdem geht seine Kompositionstechnik von einem progressiven Bildaufbau aus, bei dem die Formen nach und nach herausgearbeitet werden. Mit Sicherheit hat Cézanne das Stilleben nicht vorskizziert. Es erleichtert jedoch die Interpretation seines Werkes, wenn man die wichtigsten Linien skizziert; dazu verwendet man Zeichenkohle. Die geraden Linien werden mit der flachen Längsseite der Kohle vorgezeichnet. Man arbeitet die Zeichnung zunächst unvollständig aus, wobei nur die wichtigsten Flächen und Umrisse skizziert werden.

Nachdem die Grundkomposition angelegt wurde, muß man sie, sofern man sie als Basis für die Struktur des Bildes verwenden will, mit Fixierspray behandeln. So bleibt die Zeichnung unverändert, auch wenn man darüber malt oder Korrekturen auf dem Bild vornimmt.

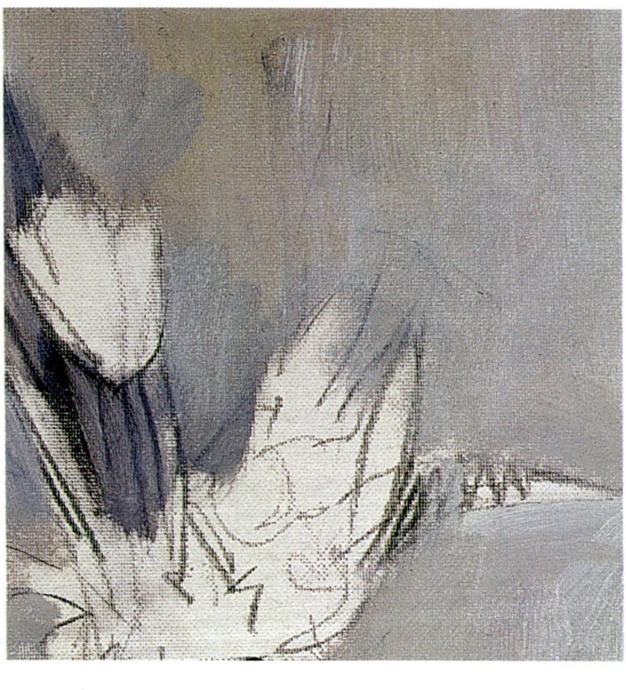

2. Zuerst trägt man die Farbe auf den Hintergrund auf. Dabei arbeitet man mit stark verdünnter Farbe. Auf diese Weise bleiben die Linien der Formen in der darunterliegenden Zeichnung erhalten. Die Farbe wird unregelmäßig aufgetragen. Man verwendet keine völlig reinen Töne. Dem Blau wurde etwas Weiß und ein wenig Ocker beigemischt. Der nebenstehende Ausschnitt zeigt, wie der Pinselstrich das Innere der gezeichneten Formen durchdringt. In den darauffolgenden Arbeitsschritten wird die Farbe dicker und mit weniger Terpentin verdünnt aufgetragen. Sie legt sich perfekt über die zuerst angelegten transparenten Schichten des Hintergrundes.

3. Der Hintergrund wird mit intensiven Blautönen fertiggestellt. Dabei sind unterschiedliche Striche für die verschiedenen Flächen zu setzen. Die Farbe wird auf der Palette gemischt. Gleichzeitig malt man so, daß der Pinselstrich einen Teil der darunterliegenden Farbtöne aufnimmt. Beim Malen der Vase versucht man, unterschiedliche Flächen darzustellen, ohne hierbei die Formen zu modellieren. Hier läßt sich beobachten, wie die ausgedehnten Pinselstriche sich nicht miteinander vermischen, sondern übereinander gesetzt werden. Damit die Farben nicht miteinander verschmelzen, darf man die Pinselstriche jeweils nur einmal setzen.

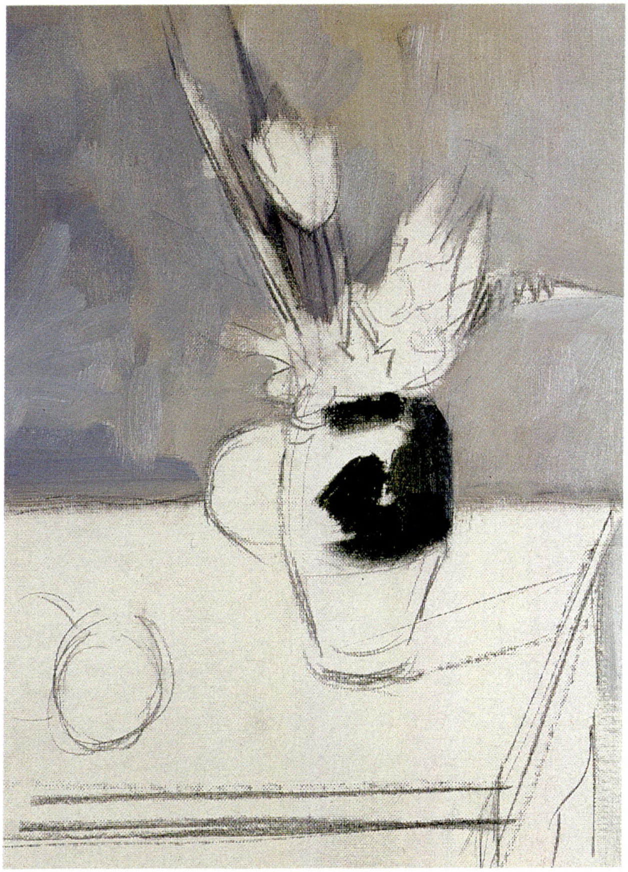

Man muß versuchen, daß Bild in einem Zug zu malen. So werden die einzelnen Zonen gleichzeitig fertig, und man kann den Farbauftrag viel leichter korrigieren.

4. Mit langen Pinselstrichen und nebeneinander gesetzten Farben wird die Blume dargestellt. Wie man erkennen kann, ist die Farbe flach aufgetragen worden. Die gelben Blumen sind mit direkten Pinselstrichen gemalt, die ihre exakte Form nicht herausarbeiten. Die Frucht im Hintergrund wird gelb gemalt. Ihren Schatten setzt man mit einer direkten roten Linie. Den Tisch malt man in verschiedenen Farbtönen von Siena und Weiß. Auf der Seite des Schattens verwendet man Violett, das mit Weiß abgetönt wurde, um einen Grauton zu erzielen.

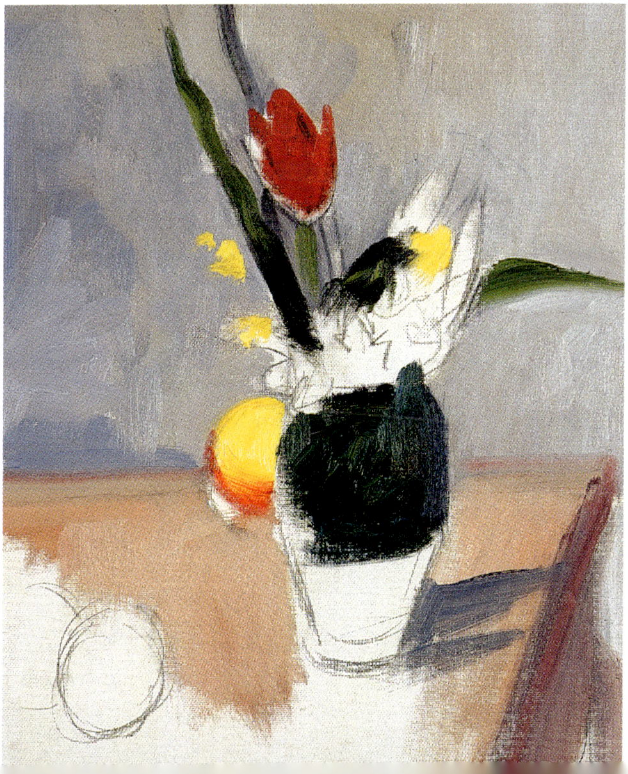

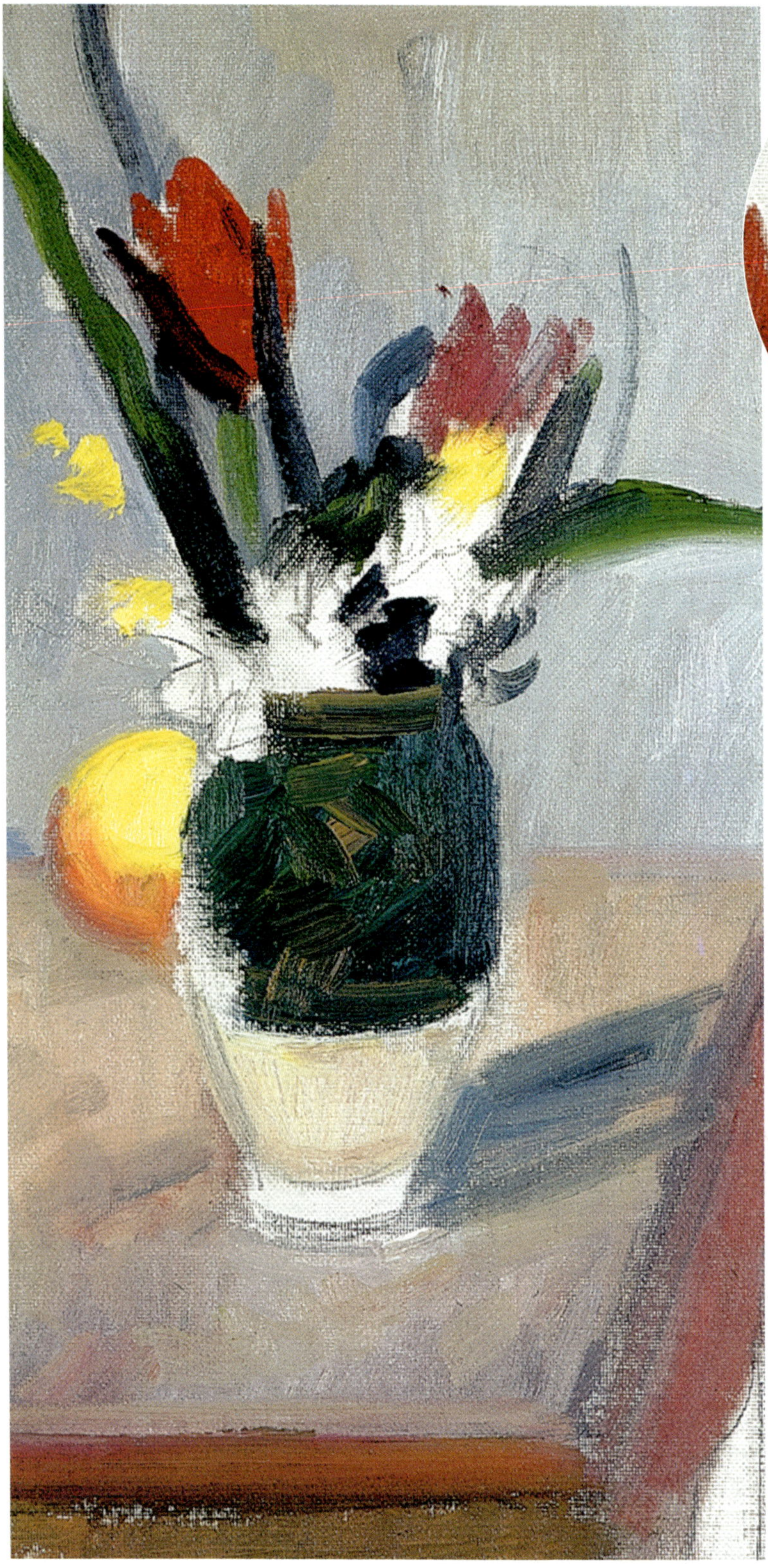

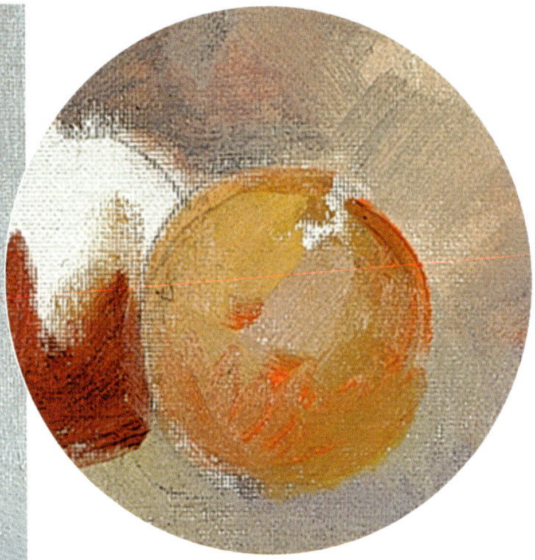

5. Einige Pinselstriche sind bläulich und gleichzeitig mit etwas Weiß vermischt. Andere dagegen sind rötlich und in Richtung Orange gehend. Die verschiedenen Pinselstriche lassen Flächen entstehen, die sich kreuzen und die Farben des Hintergrunds durchscheinen lassen. Die Orange auf der linken Seite wird in einem schnellen Farbauftrag dargestellt. Dabei sind die Farben durch die Vermischung mit dem Weiß leicht grau getönt. Durch die Farbe Weiß in den einzelnen Mischungen erzielt man eine Skala von gebrochenen Farbtönen.

6. Unter Ausnutzung der Farbbasis des Tisches werden neue Farbtöne aufgetragen, die Karmin und verschiedene Blautöne beinhalten. Wenn man sie auf der Palette mit Weiß mischt, erhält man rosafarbene, leicht violette Farbtöne. Mit rötlichem Karmin, das mit Weiß abgetönt wurde, und mit der Farbe Braun nähert man sich der dunklen Farbe des Tisches an. Die Form der Vase wird mit weißlichen Pinselstrichen im unteren Bereich fertiggestellt. Dafür verwendet man Neapelgelb, Siena und Weiß. Im oberen Bereich der Vase werden einige kleine Flächen mit Ocker bemalt. Die Blume auf der rechten Seite erhält sehr helle Töne, die später mit den reinen Farben kontrastieren.

7. Auf der Vase werden auf der rechten Seite sehr dunkle Bereiche angelegt, wobei niemals die Farbe Schwarz verwendet wird. Um die Farben dunkler erscheinen zu lassen, nutzen wir den Effekt, der durch die Anwendung von Simultankontrasten entsteht. Cézanne hielt sich an die Theorien der Impressionisten, die die Verwendung von Schwarz bei der Darstellung der Lichtverhältnisse ausschlossen. Da im übrigen Bild sehr helle Farben verwendet werden, genügt es, in diesem Bereich einen dunklen Farbton aufzutragen, damit sich die beiden Extreme verstärken. Die hellen Farben wirken viel heller, ebenso wie die dunklen Farben sich verdichten. Mit dunkler Farbe setzt man die Pinselstriche, die den Blättern der Blume ihre Form geben. Auch in dem hellen Bereich der Vase werden Schatten angedeutet, und zwar mit Pinselstrichen, die nicht mit dem Hintergrund vermischt werden.

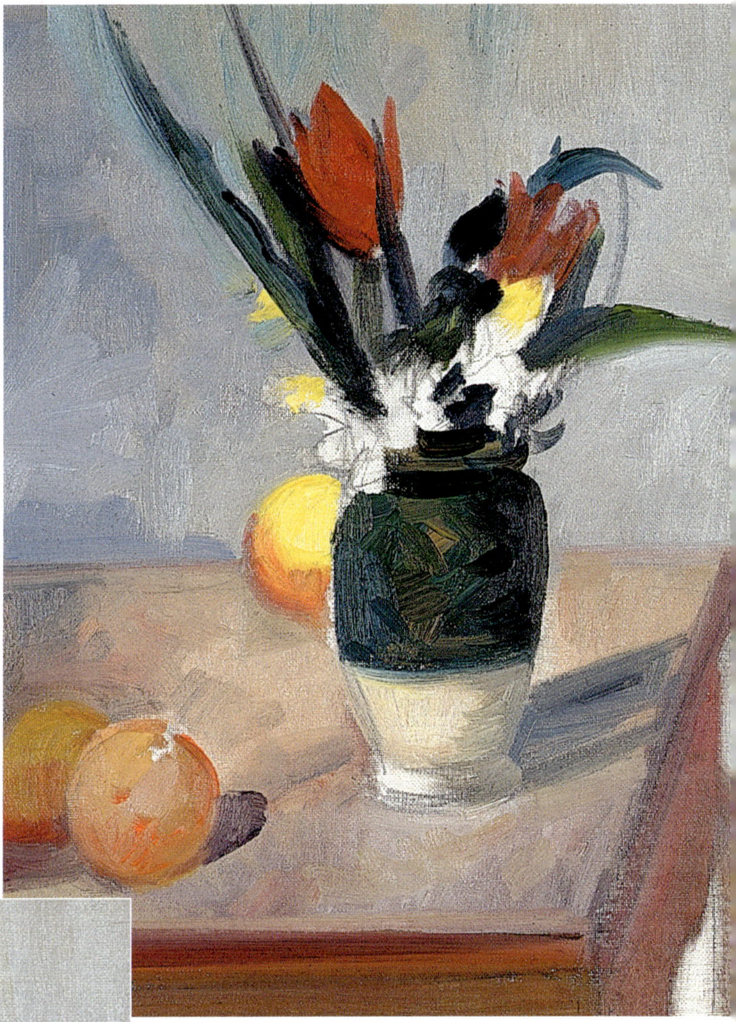

Eine der Theorien von Cézanne besagt, daß sich alle Gegenstände auf einfache geometrische Formen reduzieren lassen. Jeder Fläche eines Gegenstandes kann eine Farbe, die sich im übrigen Bild nicht wiederholt, entsprechen.

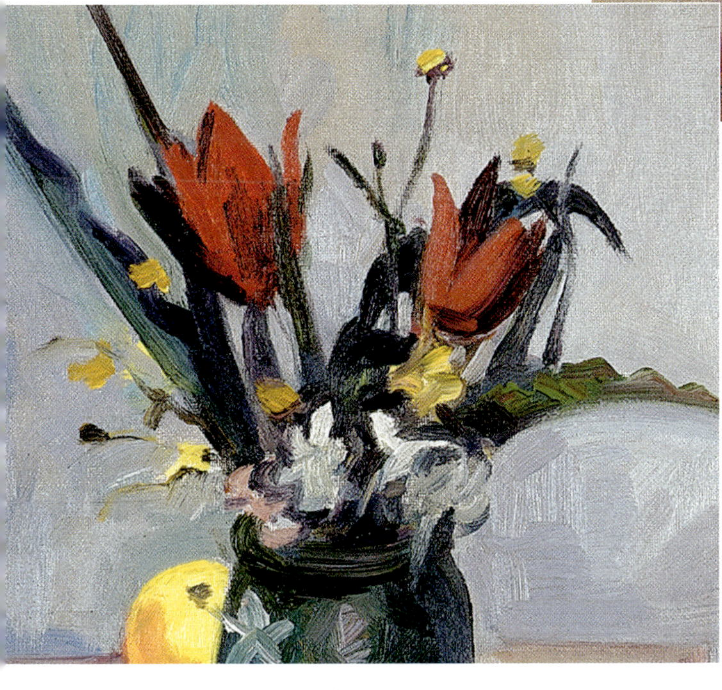

8. Mit reinen Farben und flachen Pinselstrichen werden alle Blumen im Bild herausgearbeitet. Die Unterschiede zwischen den einzelnen Bereichen werden durch verschiedene Farbtöne kenntlich gemacht, die unvermittelt aufgetragen werden und sich nicht miteinander vermischen. Die kleinsten Blumen werden direkt aufgetupft, ohne irgendwelche Details herauszuarbeiten.

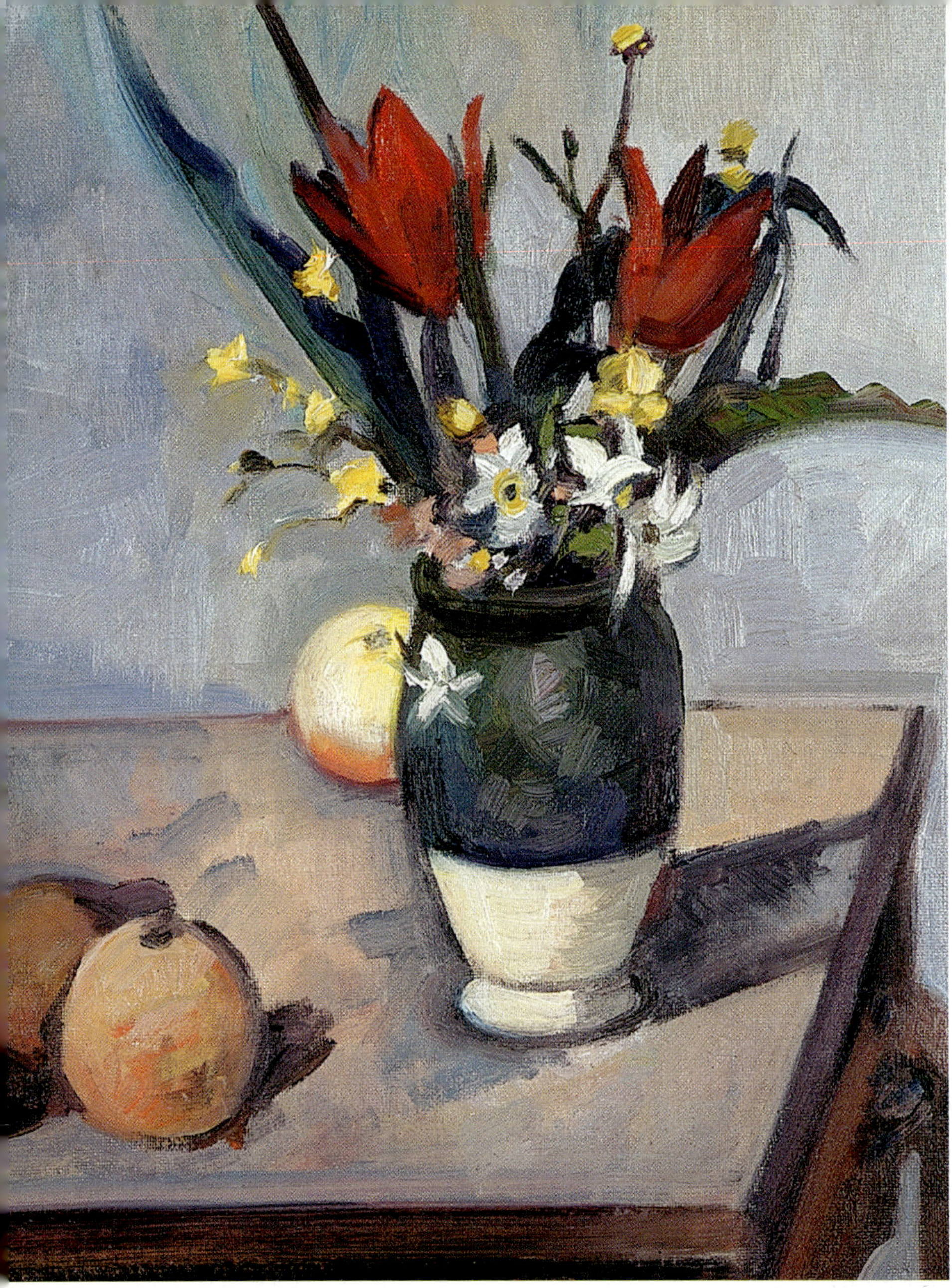

9. Um das Bild abzuschließen, werden die Formen der einzelnen Flächen skizziert. Auf der einen Seite beendet man die Darstellung der Vase mit der Skizzierung ihrer Umrisse. Für die Abdunklung verwendet man einen Blauton auf der Oberfläche des Tisches. Die Frucht im Hintergrund wird mit Weiß aufgehellt, um Farbtöne zu erreichen, die dem Original möglichst nahekommen. Die Orangen auf der linken Seite werden durch eine Abdunklung ihrer Umgebung mit Blautönen herausgearbeitet. Die verschiedenen Flächen des Tisches werden mit einer Verstärkung der dunklen Bereiche fertiggestellt.

Zur Vermeidung eines unnötig dicken Farbauftrags sollte man das Bild zwischen zwei Sitzungen einen Tag trocknen lassen. Dadurch erreicht man eine viel reinere Farbgebung.

ZUSAMMENFASSUNG

Die Originalskizze basiert auf einfachen geometrischen Formen, die es erlauben, die Formen des Modells nachzubilden.

Der Hintergrund wird mit Blautönen bemalt, die mit Weiß abgetönt wurden. Die Farbtöne verschmelzen nicht, sondern bauen voneinander unabhängige Flächen auf.

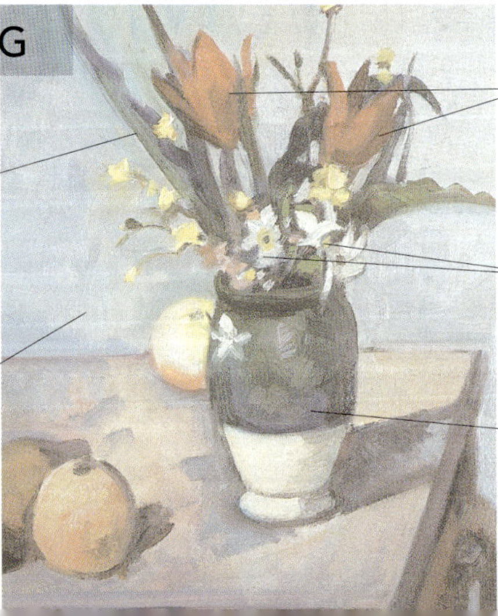

Die allmähliche Zunahme der Farben in den Blumen geht von einer flachen Farbe aus und wird in den verschiedenen Zonen herausgearbeitet.

Die kleinen Blumen werden mit direkter Farbwirkung in Gelb und Weiß gesetzt.

Auf der Vase werden die einzelnen Farbänderungen direkt aufgetragen, ohne daß sich die Farben miteinander vermischen.